神曲·炼狱篇

La Divina Commedia

Purgatorio

〔意大利〕但 丁／著

田德望／译

名著名译丛书

人民文学出版社
PEOPLE'S LITERATURE PUBLISHING HOUSE

炼 狱 篇

目 录

第一章 …… 251
第二章 …… 260
第三章 …… 267
第四章 …… 275
第五章 …… 283
第六章 …… 294
第七章 …… 305
第八章 …… 315
第九章 …… 326
第十章 …… 337
第十一章 …… 346
第十二章 …… 356
第十三章 …… 366
第十四章 …… 374
第十五章 …… 387
第十六章 …… 397
第十七章 …… 406
第十八章 …… 417
第十九章 …… 430
第二十章 …… 442
第二十一章 …… 460
第二十二章 …… 470
第二十三章 …… 483
第二十四章 …… 494

第二十五章 …… 509
第二十六章 …… 521
第二十七章 …… 532
第二十八章 …… 543
第二十九章 …… 556
第 三 十 章 …… 570
第三十一章 …… 582
第三十二章 …… 593
第三十三章 …… 608

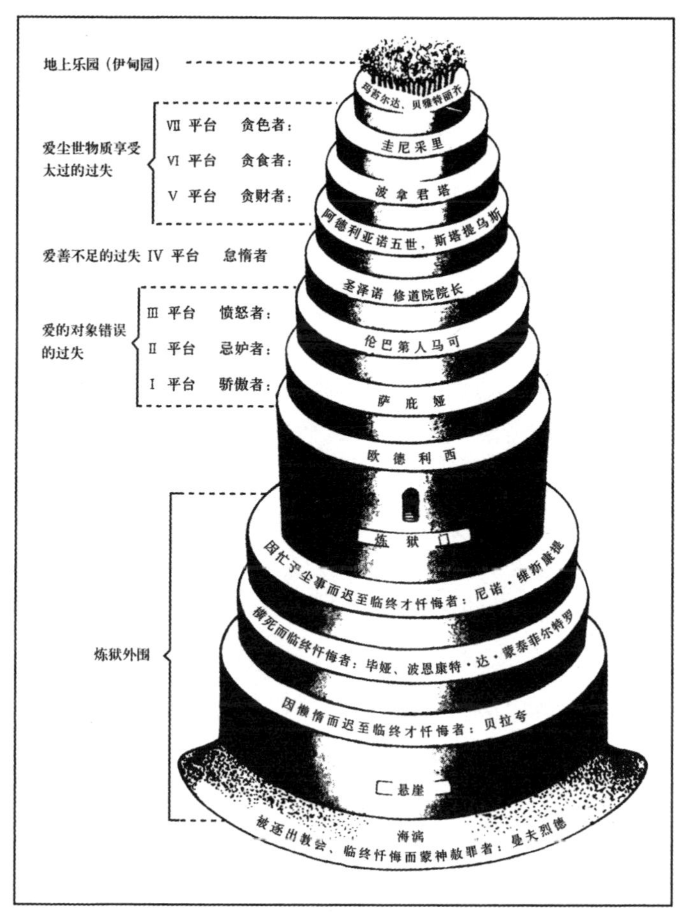
地上乐园（伊甸园）
玛苔尔达、贝雅特丽齐
爱尘世物质享受太过的过失
Ⅶ 平台　贪色者：
圭尼采里
Ⅵ 平台　贪食者：
波拿君塔
Ⅴ 平台　贪财者：
阿德利亚诺五世，斯塔提乌斯
爱善不足的过失 Ⅳ 平台　怠惰者
圣泽诺 修道院院长
爱的对象错误的过失
Ⅲ 平台　愤怒者：
伦巴第人马可
Ⅱ 平台　忌妒者：
萨庇娅
Ⅰ 平台　骄傲者：
欧德利西
炼狱门
因忙于尘事而迟至临终才忏悔者：尼诺·维斯康提
横死而临终忏悔者：毕娅、波恩康特·达·蒙泰菲尔特罗
炼狱外围
因懒惰而迟至临终才忏悔者：贝拉夸
悬崖
海滨
被逐出教会、临终忏悔而蒙神赦罪者：曼夫烈德

第一章

我的天才的小船把那样残酷的大海抛在后面，现在要扬帆向比较平静的水上航行。我要歌唱人的灵魂在那里消罪，使自己得以升天的第二个王国[1]。

啊，神圣的缪斯啊，让死亡的诗在这里复活吧，因为我是属于你们的[2]；让卡利俄珀稍微站起来，用她的声音为我的歌伴奏吧[3]，当初可怜的喜鹊们感受了她那声音如此沉重的打击，以至于失去了被宽恕的希望[4]。

我刚一走出了使我伤心惨目的死亡气氛[5]，凝聚在直到第一环[6]都明净无云的天空上那种东方蓝宝石[7]般柔和的颜色，就顿时使我的眼睛重新感到愉快。那颗引起爱情的美丽的行星使整个东方都在微笑，把尾随着它的双鱼星遮住[8]。我向右转身，注视另一极[9]，看到四颗除了最初的人以外谁都未曾见过的明星[10]。天空似乎由于它们的光芒而显得喜气洋洋：啊，北方的陆地呀，自从你失去了能看见它们的眼福后，你是多么空虚呀[11]！

我刚一停止注视它们，把身子稍微转向大熊星已经隐没的另一极[12]时，就瞥见一位老人[13]独自站在我面前，他的容貌看来是那样值得人对他毕恭毕敬，就连儿子对父亲应有的尊敬都比不上它。他的胡须很长，和两绺垂到胸前的头发一样花白[14]。那四颗神圣的明星的光芒把他的面孔照耀得那样发亮，我看他就好像太阳在前面一般[15]。

“你们是什么人，由那条阴暗的河逆流而上，逃出了永恒的牢狱[16]？”他抖动着令人肃然起敬的长须说，“谁引导你们来着？或者什么是你们的明灯，照着你们走出那使地狱之谷永远漆黑的深沉的夜[17]？难道地狱深渊的法律就这样被破坏了[18]吗？还是天上改换了新的法令，使你们被打入地狱者来到我这山崖？”

我的向导于是抓住我，用话、用手、用眼示意要我低头，双腿下跪，表示恭敬，随后就回答他说："我不是自己要来的：一位圣女[19]从天上降临，我应她的请求，作为这个人的旅伴扶助他。但是，既然你想要我更详细地如实说明我们的情况，你的要求我是不可能拒绝的。这个人还没有看到他的最后一夕，但由于他的痴迷，他距离这个时刻已经很近，眼看就要到了[20]。正如我所说的，我是被派到他那里去救他的；除了我所走的这条路以外，没有别的路可以救他[21]。我已经让他看到一切罪人[22]，现在打算让他去看那些在你的监管下消除自己的罪孽的灵魂。我是怎样带他来的，要说给你听，话就长了；从天上降下的力量帮助我引导他前来见你，听你的指示。现在但愿你肯准许他来。他是来寻求自由的[23]，为自由舍生的人知道自由如何宝贵；你是知道的，因为在乌提卡为自由而死你不以为苦，在那里你丢下了你的外衣，它在那个伟大的日子将大放光明[24]。我们并没有破坏永恒的法律，因为这个人是活人，我也不受米诺斯管束[25]；我是在你的玛尔齐亚的贞洁的明眸闪光的那一环里，她的神情表示她仍在恳求你，啊，神圣的胸怀呀，承认她是你的妻子[26]：为了她的爱，请你俯允我们的请求吧：让我们走过你的七重王国[27]。如果你允许在下面那个地方提到你，我就把你的恩惠报告给她[28]。"

于是他说："我在世上时，玛尔齐亚在我的眼里是那样可爱，无论她要求什么，我都照办。如今她既然住在那条恶河的彼岸，根据我从那里出来时制定的法律，她再也不能使我动心了[29]。但是，如果正如你所说的那样，是一位天上的圣女感动了你，指引你来的，那就无须说什么恭维的话：你以她的名义来要求我就够了。那么，你就去吧，要注意把一棵光滑的灯心草[30]束在他腰间，并且给他洗脸，去掉脸上的一切污垢；因为，眼睛被什么烟雾遮住，到第一位来自天国的使者[31]面前去，是不合适的。这个小岛周围的海滨，在受波涛冲击的低处，柔软的泥中生长着灯心草[32]。任何别的能长出枝叶的或者能变得坚硬的植物，由于不能经受海浪打击，都不能在那里生长[33]。事毕之后，你们就不要再回到这里[34]；现在正升起的太阳会指给你们从何处登山比较容易[35]。"

他说完就不见了；我默默无言地站起来，紧紧靠拢我的向导，把目

那颗引起爱情的美丽的行星使整个东方都在微笑,把尾随着它的双鱼星遮住。

光转向他。他开始说:“儿子啊,你跟随我的脚步:我们向后转吧,因为这片平原从这里一直倾斜到它最低的边缘[36]。”

黎明正战胜在它前面逃散的早祷时刻的夜色,使得我远远地看出大海的颤动[37]。我们在那片荒凉的平原上向前走去,如同正在返回迷失的路上的人,在回到那里以前,觉得一直在走徒劳的路[38]。当我们走到露水由于在阴凉处不易蒸发而能抵抗日光的地方时,我的老师把伸出的双手轻轻地放在草上:我明白他的意图,就把泪痕斑斑的面颊凑到他跟前;在那里,他使我那被地狱的烟雾遮住的面色完全显露出来。

我们随后就来到荒僻的海岸上,这海岸从未见过任何航行于它的海域、后来能生还的人[39]。在那里,他遵照另一位[40]的意旨给我束腰:啊,真是奇迹呀!因为他所选的那一棵谦卑的植物,立刻就从他拔它的地方照样再生出来[41]。

注释:

① 但丁按照古代史诗的惯例,在诗的开端先点明主题。他把自己比做航海者,驾着天才的小船离开了风涛险恶的海面(指地狱),扬帆驶向风平浪静的海面(指炼狱),也就是说,他已写完《地狱篇》,现在动笔写《炼狱篇》。“第二个王国”指炼狱。

② 点明主题后,他随即向司文艺的九位女神缪斯求助。“死亡的诗”指《地狱篇》以写死人的世界为主题。“在这里复活”意即《炼狱篇》描述灵魂通过消罪而获得永生的过程。但丁请求缪斯赐给他灵感,把诗的风格提高,以适应这一崇高的主题。他称缪斯为“神圣的缪斯”,因为他把诗看成神圣的事业。他对诗神说:“我是属于你们的”,因为他献身于这种事业。

③ 卡利俄珀(Calliope)是九位文艺女神(缪斯)中的长姊(见《变形记》卷五),为司史诗的女神。维吉尔在史诗《埃涅阿斯纪》卷九描写图尔努斯同特洛亚人激战的场面时,向她求助。《神曲》也是史诗,所以但丁在这里特别向她请求赐与灵感。“稍微站起来,用她的声音为我的歌伴奏吧”,意即请求她帮助,在《炼狱篇》中把诗的风格提高;“稍微”意即略高于《地狱篇》,而在《天国篇》中则要达最高的程度。

④ “可怜的喜鹊们”指色萨利亚(Thessalia)王皮厄鲁斯(Pierus)的九个女儿,她们异常狂妄,胆敢向九位缪斯挑战,竞赛唱歌。女神们推卡利俄珀起来应战,由女仙们作裁判,结果,公认女神胜利;九个姐妹就谩骂起来,惹怒了九位女神,使她们变成了喜鹊。(见《变形记》卷五)“以至于失去

了被宽恕的希望”意即终于受到惩罚。

⑤ 指地狱的气氛。“死亡”是地狱的同义词。

⑥ “第一环”指地平线。

⑦ 东方蓝宝石(oriental zaffiro):“它是一种淡蓝色的,或者说,天蓝色和蔚蓝色的宝石,非常美观……有两种蓝宝石,一种名为东方蓝宝石,因为产于东方的米底(Media)。这是比较优良的一种,它不是透明的。另一种有种种不同的名称,因为产于不同的地方。”(布蒂的注释)

⑧ “引起爱情的美丽的行星”指金星,地球上用肉眼看到它是在清晨或黄昏,清晨出现在东方时叫启明,黄昏出现在西方时叫长庚,这时它是天空中最亮的一颗星。在《筵席》第二篇,但丁根据星占学指出,世上人的灵魂在金星天的影响下燃起爱的火焰,也就是说,金星天是爱的本源。天文学家也以罗马神话中爱的女神维纳斯作为金星的名称。因此诗中称它是“引起爱情的美丽的行星”。但丁在清晨时分望见这颗星时,它是天空中最亮的星,所以诗中用“使整个东方都在微笑”这一形象化的说法描写它的光芒在东方闪耀的情景。“把尾随着它的双鱼星遮住”意即金星这时位于双鱼宫,它的光芒把双鱼星座遮住。但丁虚构的地狱、炼狱和天国三界的旅行时间是1300年春天,那时太阳在白羊宫,白羊宫在黄道十二宫中紧挨着双鱼宫,面向北看,从东往西数,位于双鱼宫之前。因此,这句诗说明这是复活节早晨日出前一个多小时,也就是说,是两位诗人起程后第四天的黎明时分,距离他们开始从地心向炼狱山麓的地面攀登的时刻已经二十多小时。

有的学者吹毛求疵地指出,根据天文学推算,1300年春天,金星并非作为晓星(启明)出现在东方,而是作为昏星(长庚)出现在西方,诗中的说法是错误的。我们认为,这种差错无关宏旨,因为《神曲》是诗,不是学术论文,何况这句诗的命意在于通过描写日出之前的景物,来说明诗人来到炼狱山下的具体时间是凌晨时分,而启明出现在东方又是这个时间常见的景物。我们在专心读这些诗句时,也不会想到1300年春天金星出现究竟在清晨还是在黄昏时分的问题。

⑨ 但丁看到启明星时,面向东方,向右转身后,就面向南方了。“另一极”指南极,因为但丁居住在北半球。

⑩ 四颗明星象征“谨慎”“正义”“坚忍”“节制”四种基本美德(virtù cardinali),通称智、义、勇、节四枢德。大多数注释家认为“最初的人”指人类始祖亚当和夏娃,他们未犯罪时,在炼狱山顶上的地上乐园(伊甸)中,看见过这四颗明星,犯罪后,被赶到北半球居住;人类作为他们的后代在这里生息繁衍,谁都看不到这四颗明星。这里寓意显然是:惟有纯真无邪的最初的人具备这四种美德,以后世风每况愈下,尤其是到了诗人所处的时代,就很难看到具备这些美德之人了。

⑪ “北方的陆地”指北半球的人。“空虚”原文是 vedovo(没有……的,失去了……的),这个词在这里极为含蓄,意味深长。译者苦于找不到贴切的译法,勉强译为“空虚”。但诗人的命意是明确的:他慨叹世人立身行事不复遵循“谨慎”“正义”“坚忍”“节制”四种美德。

⑫ 指北极。

⑬ “老人”指古罗马政治家玛尔库斯·波尔齐乌斯·卡托(Marcus Porcius Cato,公元前 95—前 46)。因与其曾祖著名的监察官老卡托同名,而被称为小卡托。他是斯多噶派哲学信徒,以德行严峻闻名。公元前63 年,担任护民官,政治上属于元老贵族派。当激进派政治家卡提利那反对元老院被击败后,他支持西塞罗处死卡提利那的同谋者,成为元老派的领袖之一。后来,他反对恺撒、庞培、克拉苏“前三头”执政。内战开始后,他站在庞培一边,庞培失败后,他逃往亚非利加省,与庞培的岳父麦泰卢斯·西庇阿联合抗击恺撒,结果彻底失败。他困守孤城乌提卡(Utica),因不愿为敌人所俘虏,尤其不愿看到贵族共和国灭亡而自杀。

作为异教徒、恺撒的坚决反对者和犯自杀罪者,卡托死后,灵魂应入地狱,在第七层第二环受苦,但丁却选他作炼狱的监管者,预言他最后将入天国,原因何在? 多数注释家认为,首先是由于受维吉尔史诗的启发,《埃涅阿斯纪》中不把卡托的灵魂放在塔尔塔路斯(Tartarus,地狱最深处),而放在埃吕西姆(Elysium,乐土)。此外,也由于西塞罗和卢卡努斯都对卡托评价甚高,后者在史诗《法尔萨利亚》中甚至把他写成美德的化身。但丁在自己的著作中也盛赞他的崇高的德行和酷爱自由的精神,说他是“真正自由的最严峻的战士”,“为了在世界上激发起对自由的热爱,他宁可作为自由人舍弃性命,而不肯作为丧失自由者苟全性命,以此来证明自由是多么宝贵”(见《帝制论》),这些话非但不把他的自杀视为罪行,而且誉为以身殉自由的高尚行为;他还说卡托是“认识和相信人生的目的就在于追求严峻的美德的人之一”,“他完全体现出高贵性在人生各个时期的特点”,甚至有这样的溢美之辞:“凡人当中哪一个比卡托更配指上帝呢? 肯定没有。”(见《筵席》第四篇第二十八章)

⑭ 卢卡努斯在《法尔萨利亚》卷二中说,从内战开始之日起,卡托就不再剃须剪发。但丁在诗中说“他的胡须很长”,显然是根据卢卡努斯的话。卡托死时实际年龄是四十八—四十九岁。诗中说他须发花白,也是近情理的,何况这里的卡托是一个理想人物的形象,气派十分庄严,足以引起景仰之情。但丁在这个人物身上,确实“把古罗马英雄的形象和《圣经》中远古时代族长的形象融合在一起了。”(莱蒙迪〔Raimondi〕的评语)

⑮ 这四颗明星象征四种美德,所以是“神圣的”。“好像太阳在前面一般”意即好像太阳从正面照着他的脸似的,其寓意是:四种美德在卡托身上得到发扬光大,使得他看来几乎像受到上帝的启示一般。

⑯ “阴暗的河”指《地狱篇》第三十四章末尾提到的那条从炼狱山流到地球中心的小河；它在地下暗流，所以诗中说它是“阴暗的”（cieco，隐蔽的）。但丁和维吉尔从地狱底层来到炼狱山下，就是顺着这条“隐秘的道路”逆流而上的。“永恒的牢狱”即地狱。

⑰ “地狱”在这里原文是 la valle inferna（下界之谷），指地狱深渊。意大利语 inferno 本来是形容词，含义为“下方的，地下的，下界的”，后来变成名词，指宗教神话中的地狱，它是永远不见天日的幽冥世界。

⑱ 地狱的法律禁止在其中受苦的鬼魂逃走。

⑲ 指贝雅特丽齐。

⑳ “最后一夕”指死亡。“在字面的意义上，指肉体的死亡，在寓言的意义上，指精神的死亡。”（布蒂的注释）“痴迷”（follia）指但丁迷失了正路，在“幽暗的森林”中彷徨，也就是说，在精神上误入歧途，眼看就要失去灵魂得救的可能性。

㉑ 指地狱、炼狱和天国之行（参看《地狱篇》第一章注㉘）。

㉒ 指在地狱中受苦的各种罪人。

㉓ 这里所说的自由指解脱罪恶的自由，即道德上的自由，这种自由是一切自由（包括政治自由）的基础。

㉔ 参看注⑬。乌提卡是古代非洲北部的滨海城市，位于巴格拉达斯（Bagradas）河（即今梅遮尔达〔Medjerda〕河）河口附近，在迦太基和现今突尼斯西北约三十英里处，原为腓尼基人的殖民地，后来被罗马占领，在内战时期，是庞培的残兵败将抗击恺撒的最后的战场。卡托是在这里自杀的，因而被称为乌提卡的卡托（Cato Uticensis）。

“外衣”指灵魂的外衣，即躯壳。“伟大的日子”指上帝进行最后审判的日子。“大放光明”指卡托的遗体将和圣徒们一样光芒耀眼；他的灵魂将升入天国，因为炼狱不复存在，他的职务也随之终结。

㉕ 米诺斯在第二层地狱入口处审判亡魂，维吉尔的灵魂在第一层地狱（“林勃”）中，不受他的审判。

㉖ 玛尔齐亚（见《地狱篇》第四章注㉟）是卡托的继配，生下第三个孩子后，卡托把她让给自己的朋友霍尔腾修斯（Hortensius），后者死后，她说服卡托和她重新结合（见《法尔萨利亚》卷二）。但丁在《筵席》第四篇第二十八章中提到此事，并且详细描述玛尔齐亚怎样用充满深情的话恳求卡托承认她为自己的妻子。

玛尔齐亚死后灵魂在“林勃”中。维吉尔在这里特意提到她的明眸和她脸上表现出恳求卡托仍然认她为妻子的神情，以此来引起卡托对夫妻间的恩爱的回忆。

“啊，神圣的胸怀呀，”一语表达出维吉尔对卡托的崇敬之情，《筵席》第四篇第五章中也有类似的话：“啊，卡托的最神圣的胸怀呀，谁敢于谈论你呢?”

㉗ “为了她的爱”意即为了她对你的爱。“七重王国”指炼狱山坡上的七层环山平台,是亡魂们通过磨练来消除骄傲、忌妒、愤怒、怠惰、贪财、贪食、贪色七大罪之处。

㉘ “下面那个地方”指地狱第一层(“林勃”)。“你的恩惠”指卡托答应维吉尔的请求,准许他和但丁走过那“七重王国”。“报告给她”意即等他回到“林勃”,见到她时,他要为卡托由于对她的情意而对他们施恩,向她表示感谢。

㉙ “恶河”指阿刻隆河,玛尔齐亚所在的“林勃”位于此河的彼岸。“法律”指天条,它把得救的灵魂同不得救的灵魂严格分开,使前者对后者无动于衷。“我从那里出来时”指卡托从“林勃”中出来时。卡托于公元前46年自杀,在基督被钉死在十字架上以前约八十年,那时“人的灵魂没有得救的”(《地狱篇》第四章),所有的人死后都不能去炼狱,而统统下地狱;生前立德、立功、立言者被选入“林勃”,有的永远留下(如维吉尔和玛尔齐亚),有的则在基督死后降临地狱时,被他救出,接引升入天国(如《旧约》中的圣哲和先知)。卡托作为德行崇高的异教徒,也被基督救出,去做炼狱的监管者。上述的“法律”就是从那时开始生效的。

㉚ 灯心草象征谦卑(参看注㉜)。

㉛ 指把守圣彼得之门(炼狱之门)的天使。但丁和维吉尔登山去第一层平台,必须经过此门,其余六层平台入口处也都有天使把守,因此诗中说明他是“第一位”使者。

㉜ 灯心草是多年生草本植物,生于沼泽湿地,茎细圆而长,高达四五尺,夏日,茎上部侧生花梗,多分枝,开黄绿色小花,茎可织席编篮子,中心部分用做油灯的灯心;草茎柔韧,经得住风浪打击,所以用它来象征谦卑的美德非常恰当。

㉝ “能变得坚硬的植物”指生有木质茎的植物,即木本植物。生长枝叶的或者木本的植物,受风浪打击就会折断,因而不能在海边的软泥中生长。寓意是:任何其他美德都不能促使人悔罪自新;惟有谦卑能使人认识自己的罪,真心忏悔,甘于经受磨练来消罪。

㉞ 有些注释家认为这句话的寓意是:悔罪自新的人不要再走回头路。

㉟ 太阳作为上帝的象征在炼狱中起着决定性的向导作用,因为太阳一没就不能登山,而必须等到次日清晨。

㊱ 辛格尔顿在注释中指出,但丁和维吉尔到达炼狱山的具体地点显然在山麓的斜坡上,距离海岸有一段路。但丁站在那里,起初面向东方,也就是说,背对着山,接着,就转身向右,面向南方,望见南极天空那四颗明星,然后又转身面向北极,发现北斗七星已经隐没,接着,就瞥见卡托在他跟前,看到南极那四颗明星的光芒照在卡托的脸上,这说明卡托面向南方。

维吉尔对但丁说:“我们向后转吧。”这句话表明他们转身向南,绕着岛大致向南走,去寻找海边生长的灯心草。现在他们是顺时针方向环山而行,后来他们开始登山时,就逆时针方向前进。

“这片平原从这里一直倾斜到它最低的边缘”,意即地势从他们站着的地方向海边倾斜。

㊲ “早祷时刻”(ora mattutina)指天主教会规定的僧侣每天凌晨的祈祷时刻,它在黎明之前,是黑夜的最后一部分。有的注释家把 ora 理解为 aura(微风),认为这句诗的大意是:黎明驱逐日出以前常起的微风,吹皱海水。这种解释不切合诗中描述的情景。根据上下文来看,诗句的大意是:东方的曙光驱散最后的夜色,使但丁能看出海波的荡漾。

㊳ 据万戴里(Vandelli)的注释,大意是:他们走在荒野上,如同正回到迷失的正路上的人一样,怀着焦急的情绪前进,在未回到正路以前,好像一直是徒劳跋涉,因而极力加快脚步,以免耽误时间。

格拉伯尔(Grabher)在注释中指出:诗句写出在荒野中旅行的艰辛,寻找迷失的道路时的焦急情绪以及回到正路前感到一路徒劳跋涉的内心痛苦,但丁作为常年流浪者和孤独的探求者,对此是有深切体会的。

㊴ 这里暗指尤利西斯冒险远航,驶向炼狱山时,船沉身死的故事。(见《地狱篇》第二十六章)

㊵ 指卡托,或者指上帝,因为卡托是秉承上帝的意旨行事的。

㊶ 《埃涅阿斯纪》卷六叙述,埃涅阿斯游地府前,神巫告诉他说,谁要想下到地府的深处,必须先把一条黄金的树枝摘下来献给冥后普洛塞皮娜,“这金枝摘下之后,第二枝金枝又会长出来”。但丁对灯心草的构思显然受到这个故事的启发,但他另加上寓意,用灯心草象征谦卑。尤利西斯由于骄傲不能到达炼狱山;但丁要想登上这座山,就必须以谦卑作为自己的“金枝”,才能如愿以偿。

“照样再生出来”,寓意是:“从一件谦卑行为产生另一件谦卑行为”(本维努托的注释),或者:“美德是不可能毁灭的,它能传给任何想得到它的人。”(布蒂的注释)

第 二 章

太阳已经到达子午线最高点在耶路撒冷上空的那条地平线上[1]，和太阳对着运行的黑夜正带着天秤出现在恒河上，当她一占优势，天秤就从她手里掉下来[2]；所以，我所在的地方，美丽的曙光女神由于上了年岁，白色和红色的面颊逐渐变为橙黄色[3]。

我们还留在海滨，如同考虑自己的路途的人们，心里想走，身子停步不进[4]。瞧！好像在晨光映射下[5]，火星从西方的海面上透过浓雾发出红光[6]一样，我看到这样的一个发光体——但愿我能再看到它——渡海而来[7]，来得那样快，任何鸟飞的速度都比不上它的运动。为了问我的向导，我的眼睛离开了它片刻，当我再看到它时，它已经变得更亮更大。随后，在它的两侧出现了一种我不知道是什么的白东西，在它的下面又逐渐出现了另一种白东西[8]。我的老师仍然没有说话，直到最初的白东西显出是翅膀来；当他明确认出这位舵手后，他就喊道："赶快，赶快跪下。你看，那是上帝的天使，双手合掌[9]吧，今后你还会见到这样的使者。你看，他鄙视人间的工具，所以他在相隔如此遥远的两岸之间[10]航行不要桨，也不要帆，而把自己的翅膀做帆。你看，他把翅膀向天翘起，用他的永恒的羽毛划破空气，这羽毛不像尘世间的羽毛那样会发生变化[11]。"

后来，这只神鸟向我们这里来得越近，就显得越明亮；因而我的眼睛在近处不能忍受他的光芒，只好把目光垂下；他驾着一只船向海岸驶来，船那样轻那样快，一点也不吃水。船尾上站着这位来自天上的舵手，他脸上似乎写着他所享的天国之福[12]；船上坐着一百多个灵魂[13]，他们大家齐声合唱"In exitu de Aegyto"和这一诗篇的全部下文[14]。随后，他向他们画了神圣的十字，于是，他们大家就都跳上海岸[15]，他就像来时那样飞快地离开了。

那一群留在那里的幽魂似乎对于这个地方很陌生，如同试图了解新事物的人似的东张西望。太阳已经用准确的箭把摩羯座逐出中天[16]，正把光芒射向四面八方，这时，那一群新来的灵魂抬头向着我们，对我们说："如果你们知道的话，就指给我们上山的路吧。"维吉尔回答说："也许你们以为我们熟悉这个地方，但我们和你们一样是外来人。我们刚来，比你们早到一会儿，走的是另一条路，那条路那样艰险难行[17]，使我们觉得，登山对我们来说，会和游戏一样。"

那些幽魂从我的呼吸看出我还活着，都不禁大惊失色。犹如人们向手持橄榄枝的信使跑去听消息[18]时，无不争先恐后地往前挤，同样，那些幸运的幽魂全都凝视着我的面孔，好像忘了要前去净化自己[19]似的。

我看到其中的一个[20]走上前来，怀着那样深厚的感情拥抱我，使我感动得也像他那样做。啊，仅有外表的空虚的幽魂[21]哪！我三次把两手绕到他背后去搂抱他，每次两手都落空回到我胸前。我想，我脸上显露出了惊奇的神色；那幽魂对此微微一笑，就向后倒退，我紧跟着他向前走去。他用温柔的声音叫我站住[22]；于是，我认出了他是谁，就请他停留片刻，和我交谈。他回答说："正如我在肉体中时爱你，如今我离开了肉体一样爱你；但是，你为什么来到这里呀[23]？"

我说："我的卡塞拉，我作这次旅行是为了日后再回到现在我所在的这个地方[24]，但是，你为什么被剥夺了这么多时间[25]？"

他对我说："如果那位愿意何时接走何人就何时接走的舵手曾多次拒绝我过海到这里来，对此我一点都不感到委屈，因为他的意志是来源于公正的意志[26]。然而，三个月来，凡是想上船的，他都一律毫无异议地予以运载[27]。所以，当时我向台伯河水变咸处的海边[28]走去，就被他和蔼地接受下来。现在他已经把翅膀指向那个河口，因为凡是不向阿刻隆河堕落的总在那里集合[29]。"

我说："如果新的法律没有使你失去对那种常使我心中一切烦恼平静下来的爱情歌曲的记忆或歌唱的可能性[30]，那就请你以此来稍稍安慰一下我的灵魂吧，它带着肉体到这里来，是如此疲惫不堪！"

于是，他就唱起"爱神在我心中和我谈论"[31]来，唱得那样甜美，如今那甜美的声音依然在我心中回荡。我的老师和我以及那些同卡塞拉在一起的幽魂看来都那样心满意足,好像谁也不把别的放在心上了。我们大家正在专心听他的曲调,听得入神;瞧!那位可敬的老人喊道:“怠惰的灵魂们,这是怎么回事?为什么这样疏忽,这样停留着?跑上山去,蜕掉那层使你们不能见上帝的皮㉜吧。”

犹如鸽子啄食小麦或者毒麦粒,聚在一起吃它们的食物时,都很安静,不现出惯有的傲气㉝,如果一出现它们害怕的事物,就立刻把食物丢开,因为它们为更大的忧虑㉞所袭击;我看到那一群新来的灵魂这样丢开了歌曲,像拔步就走而不知会走到何处的人似的,向山坡跑去;我们也同样飞快地离开了。

注释:

① 但丁在这里使用一些天文名词表示时间,这对于理解诗句的意义是一种障碍。美国但丁学家葛兰坚(Grandgent)的注释比较简明,他说:“我们须要知道,地球上任何地方的子午线都是天空中一个直接越过该地上空,贯穿(南北)两个天极的大圆圈。某一地方的地平线是一个在和该地的子午线相距 90 度处环绕地球的大圆圈。子午线和地平线因此总是交叉成直角的;例如,北极的地平线就是天球赤道——它也是南极的地平线,因为南北两极相距 180 度。由于耶路撒冷和炼狱各在地球上相反的两面,彼此相距 180 度,所以它们就有共同的地平线:当耶路撒冷见日出时,炼狱就见日落,反过来也是这样。这两个地方的时差正好是十二小时,所以耶路撒冷的中午就是炼狱的午夜,耶路撒冷上午六时就是炼狱下午六时,以此类推。”
“太阳已经到达子午线最高点在耶路撒冷上空的那条地平线上”意即太阳已经到达和耶路撒冷的子午线交叉成直角的那条地平线上,也就是说,已经到达耶路撒冷的地平线上,从下文可以看出,这里指的是耶路撒冷西方的地平线,说明耶路撒冷已经是日没时分。

② 但丁根据当时的地理学说,认为人类居住的北半球大陆极东为印度的恒河口,极西为西班牙的埃布罗河的源头(或者西班牙的加的斯城),东西相距经度共 180 度,时差十二小时,耶路撒冷是北半球中心,与两地相距均为 90 度,时差六小时。“和太阳对着运行的黑夜”指午夜,在这里但丁把“夜”人格化,想象她也是一颗行星,在另一半球和太阳同时绕着地球运转;“带着天秤”是形象化的说法,意即她当时正在天秤宫,因为但丁虚构的地狱、炼狱和天国之行在 1300 年春分时节,太阳在天秤宫对面的白

羊宫;“出现在恒河上”意即这时印度恒河口正是午夜时分,耶路撒冷是日没时分,西班牙埃布罗河源头和加的斯城是中午时分。

“当她一占优势”(原文 quando soverchia 含义是:当她超过时),指秋分以后,天变得夜长昼短;“天秤就从她手里掉下来”是形象化的说法,指秋分以后,太阳进入天秤宫,“夜”进入天蝎宫,天秤宫就不再由她掌握了(但丁游炼狱时,正是南半球秋分以后)。

③ 大意是:所以,当耶路撒冷夕阳西下,恒河口午夜来临时,炼狱山下旭日初升的东方天空已经由白色变为红色,再由红色逐渐变为橙黄色。但丁和维吉尔是早晨四点到五点之间来到炼狱山下的,也就是说,在日出之前;同卡托交谈和到海滨去,费了一些时间,现在已经是早晨六点来钟,因为太阳已经出现在地平线上。但丁用比喻说明日出前后天色变化的过程,把它比拟成曙光女神由于年老红白的面颊变成黄色,由娇艳的少女变成黄脸婆。这一形象在诗中出现与整个气氛颇不和谐,使人读后产生不愉快的感觉,而且艺术趣味欠佳。

使用天文学名词来说明时间,在《炼狱篇》中屡见不鲜。不少评论家认为这种说明只不过是炫示才学,没有什么诗意。萨佩纽说:“整个这段使用天文学名词写成的冗长复杂的迂回说明,以及和它相关联的神话尾巴,是一种纯粹中世纪的矫揉造作的艺术风格。”

④ 这个比喻真切地表现出两位诗人急于登山但又不认识路,因而感到迷惘的情景;“心里想走,身子停步不进”原文是 che va col cuore e col corpo dimora,句中连用两个由颚音 c 构成的双声,读起来有障碍重重之感,对于表达他们这种身心矛盾的状态也有良好的艺术效果。

⑤ 这句话主要说明时间是“在清晨时分”;旧版本原文作 sul presso del mattino(将近清晨时)。

⑥ 关于火星,但丁在《筵席》第二篇第十三章中写道:“火星能使东西干燥,能烧着东西,因为它的热像火的热一样;这就是它的颜色为什么是火红的原因,这种颜色由于伴随着它的雾气厚薄不同,而有时鲜明,有时暗淡。”这种说法是根据当时流行的一种据说来源于亚里士多德的《气象学》的理论。

⑦ “发光体”是驾船的天使的面孔,但丁由于距离太远,只隐隐约约地看到它的亮光。“但愿我能再看到它”这句话流露出但丁希望死后灵魂能得救进入炼狱之意,因为这个“发光体”就是接引得救的灵魂去炼狱的天使。

⑧ 在发光体下面出现的白东西是天使的白衣。

⑨ “双手合掌”是祈祷时的姿势。

⑩ “相隔如此遥远的两岸之间”指罗马附近的台伯河口到炼狱山的海边。

⑪ “尘世间的羽毛”原文是 mortal pelo(会死的毛),多数注释家都认为泛指

动物的羽或毛，格拉伯尔认为专指人的毛发，因为世上只有人能和天使相比。“发生变化”指变色、变稀和脱落。

⑫ 译文根据旧版本原文 tal che parea beato per iscripto；它用形象化的语言表现出天使脸上露出享受天国之福的神情。佩特洛齐的校订本把 parea 改为 **farea**，只有一字之差，含义却迥然不同，大意是：他（指天使）使每一个未见到他而只听到对他的描写的人都能体验天国之福。校订本文字的艺术效果不如旧版本。

⑬ “一百多”是不定数，意即许多。

⑭ 这是拉丁文《圣经》《旧约·诗篇》第一百十四篇的第一句，中文本《圣经》译文是“以色列出了埃及”，本来指以色列人逃离埃及，摆脱了埃及人的奴役。但丁对它作出新的解释说，从秘奥的意义看，诗中所指的是“从罪恶中解脱出来，灵魂在其力量上就变得神圣了，自由了”（见《筵席》第二篇第十三章）。后来又在给堪格兰德·德拉·斯卡拉呈献《天国篇》若干章的一封拉丁文信中，详细说明了这一诗篇的寓意：“……如果从精神哲学的意义看，它所指的就是灵魂从罪孽的苦恼，转到享受上帝保佑的幸福；如果从秘奥的意义看，它所指的就是笃信上帝的灵魂从罪恶的束缚中解放出来，达到永恒光荣的自由。”（译文见朱光潜《西方美学史》第五章）

布蒂把刚来到炼狱的亡魂们合唱这一诗篇的原因说得很清楚：“作者假想那些灵魂唱这一诗篇……是为了表明他们感谢上帝使他们从魔鬼和罪孽的奴役中解放出来，到达了希望之乡。”

⑮ 天使向他们画十字表示向他们祝福；“跳上海岸”表现出他们急于登山的愿望。

⑯ 太阳（当时在白羊宫）升起在地平线上时，摩羯座距离白羊座 90 度，在子午线上，差不多正在炼狱上空。太阳逐渐升高，摩羯座也相应地移动，离开了子午线。诗中形象地描写这一现象，把太阳比拟为猎人（太阳神阿波罗善射，常常被描绘成狩猎者），用他的百发百中的箭把摩羯座从子午线上赶走（“逐出中天”）。

⑰ “走的是另一条路”指经过地狱的路，尤其是“由那条阴暗的河逆流而上”的那条漫长、曲折、崎岖的地道。

⑱ 在古代，信使手持橄榄枝作为和平的象征，在但丁时代，一般作为好消息的象征。“人们纷纷跑去集合在信使周围，尤其是当他手里有橄榄枝时，因为这表明他带来了和平或者胜利的消息。”（兰迪诺的注释）

⑲ 来到炼狱的灵魂是“幸运的”，因为他们能进天国。“净化自己”指通过磨练消除罪孽。

⑳ 此人是但丁的朋友卡塞拉（Casella）。布蒂的注释说：“……卡塞拉是佛罗伦萨人，是一位优秀的歌唱家和谱曲家，曾把作者的某一首十四行诗

或者颂歌谱成歌曲……他是个好行乐的人，在世时，直到临终都忙于空虚的娱乐，很晚才进行忏悔。”但丁的儿子彼埃特罗的注释、本维努托的注释以及兰迪诺的注释也都说他是佛罗伦萨人；惟有佛罗伦萨无名氏的注释说他是庇斯托亚人。从诗中看来，他是在但丁游炼狱三个月前不久死去的。

㉑ 但丁在《地狱篇》第六章中说，犯贪食罪者的灵魂只有人形，但是空虚、无实体；在第三十二章中却说，自己亲手揪住一个犯叛国罪者的灵魂的头发，逼着他说出姓名，从这一事实看来，灵魂显然是有实体的；然而这里又说，那一群新来的灵魂是“仅有外表的空虚的幽魂”；这些自相矛盾的说法都是由艺术上的需要产生的。在《炼狱篇》第二十五章中，但丁阐述人死后灵魂具有空灵体的学说，但在诗中却灵活掌握，根据所要描写的具体情景，有时遵循、有时违背这个学说。

㉒ 卡塞拉让但丁站住，不要再试图拥抱自己。

㉓ 问但丁活着为什么来到炼狱。

㉔ 但丁说明此行是为了使自己死后能重来炼狱，使灵魂通过磨练得以升天。

㉕ 但丁问卡塞拉，为什么他死了好长一段时间之后，现在才来到炼狱。

㉖ “舵手”指接引亡魂来炼狱的天使。卡塞拉认为，天使多次拒绝渡他，并非对他不公正，因为天使的意志来源于上帝的意志，上帝乃至高无上的正义。

卡塞拉的回答并未说明天使为什么迟迟不肯渡他。但丁学家对于迟延的原因有种种不同的解释，但都是臆说，不足置信，对于这个问题我们只好存疑。

㉗ “然而，三个月来”指自从教皇卜尼法斯八世宣布的大赦年（公元 1299 年圣诞节—1300 年圣诞节）开始以来。教皇的训令中只规定，对这一年去罗马朝圣的人赦罪，并未提对死者赦罪。但是十三世纪的神学家（尤其是托马斯·阿奎那斯）认为，教会恩许的赦罪也适用于亡魂，而且一般人都相信这种说法。因此，但丁设想，凡是大赦年间请求到炼狱去的亡魂一律受到天使接引。

㉘ “当时”（原文 ora 在这里含义与 allora 相同）究竟指当时，还是指很久以前，难以确定，因为卡塞拉的卒年不详。

“台伯河水变咸处的海边”指奥斯提亚（Ostia）海滨，台伯河在这里流入第勒尼安海。但丁在诗中没有说明地狱之门在何处，但他明确指出，凡是去炼狱的亡魂都在台伯河口集合，等待天使接引，这个河口是教会的中心圣城罗马的港口。

㉙ 指一切得救的不入地狱的人。

㉚ “新的法律”指炼狱的法律，它对于卡塞拉来说是新的，因为他已离开人

世，作为亡魂进入炼狱这一陌生的新世界。有的注释家把“新的”解释为“但丁所不知道的”；这种解释虽然讲得通，但不如前一种说法切合诗中所讲的具体场合。“爱情歌曲”，据萨佩纽的注释：“技术上指的大概是那种与风格高华的普洛旺斯抒情诗或模仿普洛旺斯诗风的（早期意大利）抒情诗密切结合的独唱歌曲。”

“失去对那种……爱情歌曲的记忆或歌唱的可能性”意即忘掉了唱那种爱情歌曲的技能或者被禁止唱那种爱情歌曲。

“烦恼”原文是 doglie（痛苦），和下文“疲惫不堪”（affannata）前后呼应；异文作 voglie（欲望），这里泛指情绪、激情，从上下文看也讲得通。

㉛ 原文是 Amor che ne la mente mi ragiona。这是但丁在《筵席》第三篇所诠释的一首颂歌的首句，这首颂歌原是歌颂爱情的诗（大概是为《新生》中那位在贝雅特丽齐死后对但丁表示怜悯的高贵女性写的），后来，作者在《筵席》中才对它作了寓言性的解释，把它说成是歌颂哲学的诗。据一些早期注释家说，卡塞拉把它谱成了歌曲，所以他在这里选唱这首歌曲是很自然的，当然纯粹是作为爱情歌曲来唱，并不寄托什么寓意。

㉜ “皮”原文是 scoglio，这里含义是 scorza（果皮、蛇皮、鱼皮），作为比喻，指生前的罪孽如同一层皮似的，仍然包着灵魂，使它无法看见上帝。

㉝ “惯有的傲气”指鸽子行走时，经常挺着胸脯，抬着头，仿佛炫耀自己的羽毛似的那种神气。

㉞ 指它们感到，现在逃命要紧，得飞往安全的地方。

第 三 章

虽然突如其来的逃遁迫使那些亡魂在平原上四散，奔向正义使我们经受磨难的山[1]去，我却靠拢着我的忠实旅伴：没有他，我怎么走呢？谁带我上山呢？我看他似乎自己感到内疚[2]：啊，高尚纯洁的良心哪，对于你微小的过失是多痛苦的悔恨哪！

当他的脚步脱离了使一切举动丧失尊严的慌忙状态[3]后，我的心原先贯注在一点上[4]，现在放开注意力，像渴望认识新事物一样，举目仰望那座从海中耸入云霄的最高的山。太阳在我们背后射出红光，在我的身体前面被遮断，因为它的光线在我身上遇到障碍[5]。当我看到只有我面前的地上有影子时，我就转身向旁边看，生怕被抛弃；我的安慰把身子完全转过来[6]，开始对我说："你为什么还怀疑？你不相信我和你在一起，在引导你吗？当初我在其中使我能投下影子的肉体被埋葬的地方现在已经是晚祷时刻；那不勒斯保存着它，是从布兰迪乔移去的[7]。如果现在我前面没有影子，对此你不要比对诸天一层挡不住另一层的光更感到惊异[8]。神的力量使得像我这样的形体能感受热和冷的种种刑罚，但他不肯揭示给我们他怎样使它能这样[9]。谁希望我们的理性能探索三位一体的神所走的无限的道路，谁就是痴狂[10]。人类呀，你们满足于知其 quia[11]吧；因为假若你能知道一切，当初马利亚就不必生育了[12]；你们曾见过那样的人物，他们希望知道一切而毫无结果，假若人能知道一切的话，他们的愿望是会得到满足的，而这种愿望却成为永远施加给他们的惩罚[13]；我所说的是亚里士多德和柏拉图，还有许多别的人。"他说到这里，就垂头不语，一直面带烦恼的表情[14]。

在这同时，我们来到了山脚下：我们发现那里岩石异常陡峭，即使两腿矫捷，要想攀登也是徒然[15]。莱利齐和图尔比亚之间[16]的最荒僻、最崎岖险阻的山路，和它相比，就是一道便利、宽阔的阶梯。我的老师停住脚步说："现在谁知道这山坡哪边坡度小，可使没有翅膀的能上去？"

当他正在眼睛向着地，心里考虑着路途，我正在仰望那座绝壁周围时，我看到左边有一队灵魂出现，他们移动脚步向我们走来，走得那样慢，仿佛脚步没有移动似的[17]。我说："老师，你抬头看：你瞧，那里有一些人，如果你自己想不出什么办法，他们会给我们出主意的。"于是，他望了一眼，面带宽慰的神情回答说："我们到那里去吧，因为他们来得很慢；亲爱的儿子，你要坚定你的希望。"[18]

我们走了一千步后，那些人距离我们还有优良的投石手用手投石所能投出的那么远，就全都拥到高高的悬崖的坚硬岩石跟前，挤在一起，站住不动，犹如行人感到疑惧时止步观望一样。维吉尔开始说："啊，结局美好[19]的人们，啊，已被选中的灵魂们，我以我相信为你们大家所等待的那种平安[20]的名义请求你们告诉我们，这座山哪里坡度小，使人能够上去；因为最知道时间宝贵的人最嫌浪费时间[21]。"

犹如一群羊先有一头，接着有两头，随后又有三头走出羊圈，其余的都畏畏缩缩，站着不动，眼睛和鼻子向着地；那第一头怎么做，别的羊也怎么做，如果它站住，它们就跟着向它拥上来，样子都很老实安静，自己也不知道为什么这样做；当时，我看到那一群幸福的灵魂中领头的几个就这样移步向我们走来，面带谦卑的表情，举动安详稳重[22]。

当那些走在前面的灵魂看到日光在我右边的地上被遮断，从我身上把我的影子投到岩石上时，他们就停下来，倒退了几步，那些在后面跟着来的全都这样做，自己也不知道为什么[23]。我的老师这样对他们说："我不等你们问，就向你们声明，你们看到的是一个活人的身体；因此日光在地上被分开了。你们不要惊异，而要相信，他企图克服攀登这道悬崖绝壁的难关，不是没有得到来自天上的力量。"那一群配升天国的灵魂用手背指示方向说："那么，你们就掉头走在我们前面吧。"[24]随后，其中的一个开口说："不论你是谁，请你一面走，一面扭过脸来看[25]，想一想你在世上曾见过我没有。"我转过身来向他定睛细看：他头发金黄，容貌俊美，仪态高贵，但是有一道眉毛被一刀砍断。当我谦恭地说我未曾见过他时，他说："现在你看，"一面把胸膛上部一个伤口指给我。随后就微笑着说："我是康斯坦斯皇后的孙子曼夫烈德[26]；因此我请求你，回去后，到我的美丽的女儿那里去，她是西西里和阿拉冈的光荣[27]之母，如果关于我有别的说法，就把实情告诉她[28]。当我身上受了两处致命伤后，我就哭着向乐意饶恕的上帝忏悔[29]。我的罪行是可怕的[30]；但是无限的善有那样大的手臂，凡是投入他的怀抱的，他全都接受。假若当初被克力门指派来迫害我的科森萨的牧人正确认识到上帝这一面貌的话，我的尸骨就仍然埋在本尼凡托附近的桥头，在沉重的石堆的守护下。如今它却在王国境外维尔德河边被雨淋风吹，是他拿着吹灭了的蜡烛移到那里的[31]。只要希望还有一点绿色，人就不会由于他们的诅咒永远失去永恒之爱而不能复得[32]。但是，任何至死都拒不服从圣教会的人，即使他临终悔罪，也必须在这道绝壁外面停留三十倍于他傲慢顽抗的时间，除非善人的祷告[33]促使这条法律规定的期限缩短。现在你看，你能不能把你见到我的情况和这条禁令告诉我的善良的康斯坦斯，使我感到欣喜[34]；因为这里的人借助于世人的祷告可以前进许多。"

注释：

① 指炼狱山。"正义"原文是 ragione，根据戴尔・隆格的注释，"ragione 指司法，也指执法的地方"。萨佩纽认为，这句诗的大意是：神的正义使我们在这座山受磨难来消除自己的罪孽。

② 维吉尔"感到内疚"，并非由于听到卡托的训斥，因为他的训斥是针对那一群灵魂，而不是针对两位诗人的。但它也使维吉尔间接受到触动，感觉自己一时没有尽到向导和导师的责任。

③ "慌忙的脚步……对于有尊严的人来说是不适宜的。"（本维努托的注释）

④ 意即心里一直只想着卡塞拉的歌唱和卡托的斥责。

⑤ 维吉尔和但丁正在向山走去，现在他们面向西方，所以清晨的太阳的红光照射在他们背上，把但丁的影子投射到地上；维吉尔是来自"林勃"的幽魂，没有肉体，也就没有影子。

⑥ "我的安慰"指维吉尔，但丁在极端紧张的心理状态中这样称呼他。"把身子完全转过来"表现维吉尔对但丁的极度关怀之情。

⑦ "我在其中使我能投下影子的肉体"："我"指维吉尔的灵魂；他活着的时候，灵魂在肉体中与肉体结合，肉体能挡住光线，使自身的形象映在地面或其他物体上，成为人影。他于公元前 19 年 9 月 21 日病死在意大利半

岛南部亚得里亚海滨城市布伦迪西姆(Brundisium),即诗中所说的布兰迪乔(Brandizio),今名布林的西(Brindisi)。按照罗马皇帝奥古斯都屋大维的命令,遗体被运往那不勒斯附近安葬。维吉尔对但丁说这番话,是在炼狱时间上午六点至八点之间,那时炼狱的对跖点耶路撒冷已是日落后的黄昏时分,根据但丁的说法,意大利在耶路撒冷以西 45 度,那时是下午三点至六点之间,即晚祷时刻。

⑧ 根据中世纪的说法,诸天均由一种特殊的第五要素(其余四要素是土、水、火、气)构成,这种要素是透明的,所以它所构成的各重天这一重的光线均可以透过另一重。死人的灵魂(鬼魂)现出的空灵的形体也是由第五要素构成的,因而挡不住光,也就没有影子。

⑨ "像我这样的形体"指鬼魂的空灵的形体。"能感受热和冷的种种刑罚"指地狱里的鬼魂能感受到烈火焚烧和寒冰冷冻种种苦刑的折磨。鬼魂的空灵的形象虽然和活人的肉体不同,却能同样感受种种痛苦,这种说法难以置信,但是对于基督来说则是必要的前提,否则,教会所说的地狱和炼狱就失去了其存在的理由。但丁作为中世纪的人和虔诚的教徒,对此说法深信不疑,却无法解释,在诗中只好借维吉尔之口说这是理性不可能知道的奥秘,因为上帝不肯揭示给世人他如何使鬼魂的空灵的形体也能感受苦刑。

⑩ 诗的大意是:三位一体的神的本质及其无穷的造化之功对于人的理性来说,都是无法探索的奥秘。《旧约·以赛亚书》第五十五章中说:"耶和华说,我的意念非同你们的意念,我的道路非同你们的道路。天怎样高过地,照样我的道路高过你们的道路,我的意念高过你们的意念。"《新约·罗马书》第十一章中说:"深哉,上帝丰富的智慧和知识,他的判断何其难测,他的踪迹何其难寻!""痴狂"原文是 matto,雷吉奥的注释说,在这里含义是 stolto(愚蠢,傻);但这个词本义为 pazzo(疯狂),从诗句的上下文看,这样去解释也讲得通。因此姑且译为"痴狂"。

⑪ "quia"是拉丁文。雷吉奥的注释说:"在经院哲学用语以及一般中古拉丁文中,quia 引起肯定句:实际上,在意大利文中,具有'dire'(说)、'affermare'(断言)含义的动词后面都有一个连词'che',相当于中古拉丁文的 quia。所以它是和 perché(因为)对立的。"诗句大意是要人们对于神秘的事物满足于知"其然",不要妄想知"其所以然"。

⑫ 本维努托的注释说:"假若上帝肯使人知道一切,当初就不会告诫人类的始祖不要吃那棵使人能分别善恶的树上的果子了;假若他们没有吃那果子,人类就不会有罪受惩罚了;假若人类不是有罪受惩罚,基督就不必降生和受难来赎救我们了。"这种解释为许多现代但丁学家所接受。有些学者提出另一种解释:假若人的理性足以知道一切,启示就是不必要的了,也就是说,马利亚就不必生下耶稣基督来给世人启示真理了。根据

诗句的上下文看,后一种解释更为确切。

⑬ 大意是:人的理性如能知道一切,亚里士多德和柏拉图等伟大哲人的无限的求知欲是会得到满足的;然而实际上理性的能力是有其限度的,他们的无限的求知欲凭借理性不可能得到满足,结果就成为他们死后灵魂在"林勃"中所受的永久的惩罚,即渴望获得至高无上的绝对真理(见到上帝)而不能如愿之苦。

⑭ 维吉尔自己也在那样的伟大哲人之列;由于他已经认识到理性的局限性,他谈到这里不禁情绪波动,垂头不语,一直面带烦恼的表情。

⑮ 意即那里都是悬崖绝壁,人腿脚纵然灵便,也上不去。这句话和下面维吉尔的话:"可使没有翅膀的能上去?"前后呼应。

⑯ 莱利齐(lerice)是斯培西亚海湾东岸的一座城堡,图尔比亚(Turbia)是尼斯(今属法国)附近的一个乡镇:这两个地方标志着利古里亚海岸的东西两端,海岸地带峰峦壁立,当时几乎无路可通。

⑰ 这些都是被逐出教会而迟至临终才忏悔者的灵魂。"就寓意上说,但丁设想这些人走得很慢,是因为他们都迟迟不肯悔罪。"(布蒂的注释)

⑱ 大意是:你要坚信登山的希望不会落空,那一队灵魂一定会给我们指路。

⑲ 意即蒙受神恩而死。

⑳ 指天国永恒的平安。

㉑ 这句诗异常简练含蓄,已经成为格言。原文 perder tempo a chi più sa più spiace,直译是:损失时间对于最知道的人是最不愉快的。"最知道时间宝贵的人"意义不明确,有的注释家理解为"智者"。译文根据多数注释家的解释。

㉒ 这是《神曲》中最著名的比喻之一。关于这个比喻,法国学者拉莫奈写道:"见过群羊走出羊圈的人都会在这些诗句中重新看到那种情景。这些诗句给但丁的描绘所具有的惊人的真实性提供了一个实例,他观察大自然时,不忽略任何特点,把看到的特点以极端忠实的笔法表现出来,犹如一面镜子反映出种种物体,绝无虚假或不明确之处;绝无无用之处……"通过这个比喻,但丁把那些灵魂逐渐解除了疑惧、目光低垂着、一个跟着一个地慢步向他们二人走来的情景表现得栩栩如生。

㉓ 两位诗人转身向左去迎那队灵魂,这时他们右边是山,左边是海和太阳,因此但丁的影子被投射在右边的山岩上。细节描写的准确入微使情景的真实性更加突出。

灵魂们的动作完全和比喻中的那群羊的动作一样:走在前面的看到但丁的影子时,突然站住,倒退了几步,并非由于害怕,而是由于惊奇和困惑;走在后面的没有看到但丁的影子,不知道前面的同伴们为什么站住和后退,但他们也都像走在后面的羊似的做出了同样的动作。

㉔ 他们让两位诗人转回头,在他们前面和他们一同向右走去。

㉕ 那个灵魂请但丁不要站住，要一面走，一面扭过脸来看他，免得浪费宝贵的时间。

㉖ 曼夫烈德（Manfredi）是西西里王和神圣罗马皇帝腓特烈二世（见《地狱篇》第十章注㉜）的私生子，大约1232年生于西西里。1250年腓特烈逝世时，他刚十八岁，以摄政身份统治意大利半岛南部和西西里，直到其异母兄弟康拉德四世从德国南下即王位为止。1254年康拉德去世，王位的合法继承人是其三岁的儿子康拉丁，但曼夫烈德受西西里贵族们拥戴，重新摄政。在此期间，他通过卓越的政治才能建立了威信。1258年，谣传康拉丁已死（谣言大概是他令人散布的）；他由贵族们劝进，在巴勒莫登上那不勒斯和西西里王宝座。康拉丁的母亲伊丽莎白王后对此提出抗议，曼夫烈德反驳说，由一妇人和一幼儿执政，不符合王国的利益。教皇英诺森四世作为康拉丁的监护人，宣布把曼夫烈德开除教籍，他担心那不勒斯和西西里王国在曼夫烈德统治下强大起来，危及教皇领地的安全。曼夫烈德作为全意大利吉伯林党的领袖，继续实行其父腓特烈二世的政策，同教廷进行斗争。继任的教皇亚历山大四世和乌尔班四世都把他开除教籍。乌尔班四世是法国人，还把那不勒斯和西西里王位授予法国国王路易九世的弟弟安茹伯爵查理，他的后继者克力门四世也是法国人，邀请查理率领大军来意大利夺取曼夫烈德的王国。1265年查理来到罗马，被加冕为那不勒斯王（根据雷吉奥的注释，加冕的日期是1265年2月28日，根据辛格尔顿的注释，则是1266年1月6日）。之后，查理率法军入侵王国领土，1266年2月26日同曼夫烈德军在本尼凡托交战。曼夫烈德奋不顾身，英勇杀敌，但因法军在数量上占优势，寡不敌众，最后死在战场上。查理乘胜长驱直入，占领了那不勒斯和西西里王国全境，建立了安茹王朝的统治。1267年，曼夫烈德的侄子、十五岁的康拉丁率军从德国南下，企图从查理手中夺回应由自己统治的王国，结果战败，被敌人俘虏杀害（见《地狱篇》第二十八章注⑧），霍亨斯陶芬家族在意大利南部的统治以此告终。

“我是康斯坦斯皇后的孙子”，康斯坦斯（公元1154—1198）是西西里和那不勒斯王国诺曼王朝国王罗杰二世的女儿和最后的继承人。她同神圣罗马皇帝腓特烈一世的儿子亨利六世结婚，生下腓特烈二世。通过这种婚姻关系，霍亨斯陶芬王朝获得了意大利南部这块富庶的领地，腓特烈二世既是西西里国王，又是神圣罗马帝国皇帝。

曼夫烈德为何不说自己是腓特烈二世皇帝之子，而说自己是康斯坦斯皇后之孙呢？注释家们对此提出了不同的解释：有的认为，由于他是腓特烈二世的私生子；有的认为，由于腓特烈二世的灵魂被打入地狱，而康斯坦斯的灵魂则在天国中，被称为“伟大的康斯坦斯”；还有一些人认为，曼夫烈德企图以此来说明自己确实有权继承西西里和那不勒斯王位。后一种解释更有说服力。

㉗ “我的美丽的女儿”：曼夫烈德以自己祖母的名字给她起名为康斯坦斯。她同阿拉冈王彼得罗三世结婚，生了三个儿子：阿尔方索、贾科莫和斐得利哥。由于同康斯坦斯结婚，彼得罗三世认为自己有权继承西西里王位。1282年，意大利人民不堪忍受安茹王朝的残酷压榨，在首府巴勒莫举行了“西西里晚祷起义”，歼灭了岛上的法军，彼得罗三世进行干涉，从而即位为西西里国王，建立了阿拉冈王朝的统治。1285年，彼得罗死后，他的长子阿尔方索为阿拉冈王（公元1285—1291），次子贾科莫为西西里王（公元1285—1296）。1291年，阿尔方索死后，贾科莫继任为阿拉冈王（公元1296—1327），令其弟斐得利哥代替他为西西里王（公元1296—1337）。“西西里和阿拉冈的光荣”：早期注释家一致认为，这指的是康斯坦斯所生的次子阿拉冈王贾科莫二世和三子西西里王斐得利哥二世，但丁虚构的游炼狱的时间（公元1300），他们还在位。有一些现代但丁学家反对这种说法，因为但丁在《炼狱篇》第七章和《天国篇》第十九章以及《筵席》第四篇第六章和《论俗语》第一卷第十二章提到他们时都严加斥责。但是诗中这句话并非出自但丁之口，而是由他们的外祖父曼夫烈德说出的，他可能是由于他们能抗击安茹王朝，保持对西西里岛的统治，而这样称赞他们。萨佩纽和雷吉奥认为，“光荣”（onor）在这里并非赞语，而是“王权”“王位”的同义词，引申义为拥有王权、王位的“君主”。

㉘ “如果关于我有别的说法，就把实情告诉她”：意谓世上如果谣传我因被逐出教会，死后灵魂在地狱里，你就告诉我女儿说，你曾亲眼看到我已来到炼狱里。

㉙ “两处致命伤”：指眉毛和胸部两处重伤。“哭着”表明他真心悔罪。诗中的描述大概根据当时流行的有关曼夫烈德在临死的最后一刻悔罪的传说。

㉚ 关于曼夫烈德的罪行，维拉尼在《编年史》中说：“他和他父亲一样放荡，或者更甚……他喜欢看到魔术师、宫廷侍臣和妃嫔在他周围……他的全部生活都是享乐主义的，既不把上帝，也不把圣徒们放在心上，只顾享受肉体的快乐。他是圣教会、教士和僧侣的敌人。他和他父亲一样占据了教堂……”（见《编年史》卷六第四十六章）。他的敌人们还指控他杀害了他父亲，他的兄弟康拉德和两个侄子，还企图杀害他的侄子康拉丁。但丁的老师布鲁内托·拉蒂尼在《宝库》第一卷中提到过这些或真或假的罪状。

㉛ “科森萨的牧人”指科森萨大主教巴尔托罗麦奥·皮尼亚台里。曼夫烈德战死后，因为他是被逐出教会者，查理不肯把他葬在教堂或墓地中，而葬在本尼凡托附近卡罗勒河的桥头，命令每个士兵都在他的墓上投一块石头，结果堆成了一个大石堆。后来，奉教皇克力门四世之命对曼夫烈

德进行迫害的科森萨大主教令人从坟墓中掘出他的尸骨,按照埋葬被逐出教会者的仪式,举着熄灭的蜡烛把尸骨运到那不勒斯王国的国境之外,弃置在维尔德河边,任其受风吹雨打。

“上帝这一面貌”指上帝的仁慈,因为上帝既有严正的一面,又有仁慈的一面,对怙恶不悛者给以应受的惩罚,对真心悔罪者予以宽恕赦免。科森萨大主教只看到上帝的严正的一面,没有认识他的仁慈的一面,否则,他就不至于使曼夫烈德遭到掘墓弃尸之祸。

“维尔德河”(il Verde)大概指黎里河(il Liri),中世纪的文献中称之为维利德河(il Viride),即今嘉利里亚诺河(il Garigliano),那里是当时那不勒斯王国和教皇领地在第勒尼安海一侧的交界地区。

㉜ “只要希望还有一点绿色”,意即只要希望还存在(还没有枯死),也就是说,只要人还活着,还有可能悔罪。“他们的诅咒”指教皇们把人逐出教会。“永恒之爱”指上帝的恩典。诗的大意是:被教皇开除教籍的人,只要一息尚存,能真心忏悔,还是能受到上帝的宽恕赦免的。实际上,根据天主教会的教义,开除教籍并不能使人死后灵魂必然入地狱,何况教皇把曼夫烈德逐出教会纯粹是由于愤怒和仇恨而进行的一种政治迫害,在但丁看来,这是滥用威权,因而也是无效的。

㉝ “善人”指受上帝的恩典的活人。

㉞ 意即使我能借助于她的祈祷早日进入炼狱之门。

第四章

当灵魂由于某一感官接受愉快或者痛苦的印象而全神贯注于这一感官时，显而易见它就不再顾及其他的感官：这一事实正和那些认为我们心中一个灵魂上面点燃着另一个灵魂的人所持的错误说法相反①。所以，当某一种听到或者看到的事物强烈地吸引着我们的灵魂时，我们就觉察不到时光的流逝；因为觉察时光流逝的是一种功能，吸引住整个灵魂的是另一种功能：后者可以说是绑着的，前者可以说是放开的②。我在凝神倾听和注视着那个幽魂叙说时，对此有了真实的体验③；因为，当我们来到了一个地方时，太阳已经上升了50度，我都没有觉察出来；那些灵魂一到那里，就向我们齐声喊道："这就是你们所问的地方④。"

在葡萄开始变为黑紫色的时节，农村里的人常用一小叉子荆棘堵塞篱笆上的缺口，这种缺口都大于那一队灵魂离开我们时，我的向导在前面、我在后面，二人独力登山所走的小路⑤。人们只用脚就能走到圣雷奥，下到诺里，登毕兹曼托哇，并且到达顶峰⑥；但是在这里人们就非得飞不行，我的意思是说，跟随着给与我希望、做我的指路明灯的向导，凭借伟大愿望的矫捷羽翼飞上去⑦。我们从岩石的裂缝里攀登，两边的岩壁紧夹着我们，下边的地面须要手脚一起着地行走⑧。

当我们爬到高堤的堤沿儿上，到达开朗的斜坡时⑨，我说："我的老师，我们往哪儿走啊？"他对我说："你一步都不要走偏了⑩；要跟着我一直向山前进，直到我们面前出现熟练的向导。"

山顶之高非目力所能及，山坡的坡度之大远远超过从四分之一圆周的中点画到圆心的直线⑪。我已经疲惫不堪，开始说："啊，亲爱的父亲，你回过头来看，你要不站住，我就一个人落在后头啦。"他说："你努力把身子拖到这儿来吧，"一面指给我一个稍微靠上些的台地，这台地从那边环绕全山[12]。他的话鞭策着我,使得我竭力跟在他后面匍匐前进,直到我的脚踏上了那个环山台地。我们俩在那儿坐下来,面向我们的来路所在的东方,因为回顾来路常使人感到欣慰[13]。我先把目光投向下面的海岸;然后举目仰望太阳,使我惊异的是:它从左边照射着我们[14]。那位诗人明确地看出,我对于光之车在我们和北方之间运转惊诧不置[15]。因此,他对我说:“假使卡斯托耳和波吕丢刻斯同那面把光向上下传送的镜子在一起的话,你会看到那发红光的黄道带运转得更靠近大、小熊星座,除非它偏离了它的旧轨道[16]。你要想在思想上明确何以如此,你就要集中精神在心中想象,锡安山和这座山在地球上的方位是这样的:二者具有一个共同的地平线,但各自在不同的半球[17];因此,如果你的心智理解得很清楚,你就可以想见,法厄同由于不会驾驶日车而遭到不幸的那条路经过那座山的一边,同时就必然经过这座山的另一边[18]。”我说:“我的老师,的确,我对于自己的聪明似乎不足以理解的事物,从来没有像现在对于这一点领会得如此清楚:永远在太阳和冬天之间的、在某一种科学中叫做赤道的、位于最高的运转的天体中央的那个圆圈,由于你所说的原因,从这里向北看它,就如同当初希伯来人向炎热的地方看它时一般远[19]。但是,如果你高兴的话,我愿意知道我们还要走多少路,因为这座山耸入云霄,我的眼睛望不到它的顶峰。”他对我说:“这座山的情况是这样:从下面开始攀登时,一直很艰苦,越往上走,就越不觉得劳累。因此,等到你觉得往上走如同乘船顺流而下一样容易时,你就到达这条路的终点了[20]。你等待着在那里休息,消除疲劳吧。我不再多回答了,我知道这是真情实况[21]。”

他的话刚一说完,从近处就传来了一个人的声音说:“也许在那以前你就得坐下来[22]!”一听到这个声音,我们都转过身来,看到左边有一块他和我都没有注意到的巨大的岩石。我们拖着脚步向那里走去;只见那里有些人坐在岩石后面的阴凉里,如同人们由于懒惰坐下来休息似的[23]。其中的一个似乎很疲倦,抱膝而坐,把头低垂到膝间。我说:“啊,我的亲爱的主人哪,你定睛细看那个人的样子,要比懒惰是他的姐妹还懒得出奇[24]。”于是,那个人转脸向着我们注视起来,只把目光贴着大腿移动了一下,说:“那你就往上走吧,你是勇敢的嘛[25]!”于是,我认出了他是谁，那阵儿劳累还使我有点喘吁吁的，但没能阻止我向他走去；当我来到他跟前时，他稍微抬了抬头，说："你真明白了怎么太阳赶着车在你左边走吗㉖？"他的懒洋洋的动作和简短的话语使我的嘴唇不禁微微一笑；我随后就开始说："贝拉夸，现在我不再为你难过了；但是，告诉我，你为什么就在这儿坐着啊？你在等着人护送吗？还是你又故态复萌啦㉗？"他说："啊，兄弟呀，往上走又有什么用呢？因为坐在山门口的上帝的天使不肯让我进去受磨练㉘。我生前天围绕我转了多久，现在我就得在山门外滞留多久，因为我把良好的叹息推迟到临终时刻㉙，除非蒙受天恩的活人心中发出的祈祷先来帮助我；那种天上不肯倾听的、别的活人的祈祷有什么用呢㉚？"

这时，那位诗人已经在我之前登山了，他说："快来吧；你看太阳已经接触了子午线，黑夜用脚盖住了海岸上的摩洛哥㉛。"

注释：

① 指柏拉图学派关于人有三个灵魂的说法：柏拉图认为植物性（生长性）灵魂在肝脏，感觉性灵魂在心脏，理智性灵魂在脑，三者是相继形成的，有高低之分；诗中用隐喻说明这一点：一个灵魂上面又有另一个灵魂，如同一个火焰上面点燃着另一个火焰一般。
亚里士多德在《论灵魂》卷三中驳斥此说，认为人只有一个灵魂，它同时具有生长、感觉、理智三种功能。感觉包括视觉、听觉、味觉、嗅觉和触觉。当某一感官感受到客观事物的强烈刺激时，灵魂就完全贯注在这一感觉上，其他的功能就都暂时停止，这就是所谓一心不可二用的道理。亚里士多德的说法为经院哲学家如托马斯·阿奎那斯所接受。但丁在《筵席》第三篇第二章中也赞同此说。

② 觉察时光流逝的是理智的功能，吸引住整个灵魂的是感觉的功能，这里具体指听觉和视觉。
"后者可以说是绑着的，前者可以说是放开的"含义比较晦涩，注释家有种种不同的解释，尚无定论。这里采用的是万戴里的注释，大意是：感觉的功能（这里指听觉和视觉）可以说是绑在灵魂上，灵魂因而意识到听见的和看见的事物；理智的功能可以说是放开的，也就是说，脱离了灵魂，暂时不发生作用，灵魂因而觉察不出时光的流逝。

③ "那个幽魂"指曼夫烈德。但丁一面走，一面注视着他，细听他叙说自己如何得救，听得入神，没有觉察到时光的流逝。

④ 根据托勒密的天文学说，太阳围绕地球运转，每小时走 15 度。从清晨出

现在地平线上到现在已经上升了50度，也就是说，时间已经过了三小时二十分。按当时的计时法，日出大约在清晨六点钟，所以现在时间是上午九点二十分左右。

“这就是你们所问的地方”意即：这就是山势坡度稍小、比较易于攀登的地方。在前一章中，维吉尔曾向这队灵魂问路。

⑤ 这个比喻取材于农村生活，清新朴素。秋天葡萄将熟时，农人常用荆棘堵塞篱笆上的缺口，以防有人钻进来摘葡萄。但丁善于选用取材于现实生活的比喻以加强描写的真实性。

“独力登山”意即只我二人登山，没有人给我们带路。

⑥ 但丁举出当时意大利的一些最陡峭、狭窄、艰险的山路，和他们二人现在登山所走的小路相比，来强调后者无比难行：“圣雷奥”（Sanleo）：蒙泰菲尔特罗山区的一个小城，距离圣马力诺不远，坐落在小山上，山势陡峭，当时仅有一条在岩石上开凿的小路可通。

“诺里”（Noli）：利古里亚沿海地带西端的一个小城，距离萨沃纳不远，三面环山，前临大海，当时由陆上去此城，必须顺着在城背后陡峭的山坡上开凿的台阶爬下去。

“毕兹曼托哇”（Bismantova）：指毕兹曼托哇石（La pietra di Bismantova）。这是勒佐·艾米利亚地区亚平宁山脉的一座高山，山坡悬崖壁立，山顶为半圆形小台地，只有一条羊肠小道可通，顶峰在台地西南部，高1047米。本维努托在注释中说，此山形似诗中所描写的炼狱山。

“顶峰”原文为cacume。有异文作Caccume，为斯卡尔塔齐-万戴里的注释本和波斯科-雷吉奥的注释本所采用，认为指罗马东南方的城市弗罗齐诺内附近的卡库梅山。但卡西尼-巴尔比、彼埃特罗波诺、格拉伯尔、牟米利亚诺、萨佩纽均采用cacume。彼埃特罗波诺尖锐地指出，卡库梅山并不难登。况且诗人所列举的三个地方一处比一处艰险难达，假若最后又举出卡库梅山，岂不令人读后有虎头蛇尾之感。

⑦ “凭借伟大愿望的矫捷羽翼飞上去”意即要想登上这悬崖峭壁，必须靠渴望见到贝雅特丽齐的伟大心愿的精神力量。注释家毕亚吉奥里（Biagioli）指出，诗人描写这条山路的陡峭艰险，命意在于向我们说明，人要想从罪孽中解脱出来，进入忏悔之门，须要经过艰苦的历程，只有借助于对天国之福的向往和理性之光的指引，才能克服一切障碍。

⑧ 形容山路的狭窄、陡峭。寓意是：“忏悔之路是艰苦的、狭窄的、高峻的。”（布蒂的注释）《圣经》中说：“引到永生，那门是窄的，路是小的，找着的人也少。”（《新约·马太福音》第七章）

⑨ “高堤”：指构成炼狱山脚的悬崖绝壁。“堤沿儿上”：指悬崖绝壁顶上靠边的地方。即两位诗人所走的小路的尽头，从这里起就是宽敞开朗的

山坡。

⑩ 原文是 Nessun tuo passo caggia，直译是“你一步都不要往下走”；但维吉尔如果这样说，他这句就是多余的，因为他们俩一直在往上爬，分明知道应当继续攀登。本维努托的解释很确切：“既然这里没有明确标出的道路，你一步都不要向右走，也不要向左走。”也就是说，要勇往直前，继续向高处攀登。

⑪ 四分之一圆周成 90 度角，由其中点画一条直线到圆心，就成 45 度角。诗人以此来说明炼狱山的坡度之大远远超过 45 度，几乎是直上直下的。

⑫ “从那边”：意即从他们俩当时所在的地方能看到的那一边。

⑬ 意即“回头看一看我们登山已经走过的路，常常给我们带来好处和快乐，使我们觉得经历的艰苦是甜蜜的”。（丹尼埃罗〔Daniello〕的解释）这是登山者的经验之谈。“从道德意义上讲，已经走上美德之路的人回顾起过去的邪恶的生活时，就感到安慰，而决意彻底摆脱那种生活，继续沿着已经开始走上的道路前进。”（维卢泰罗〔Vellutello〕的解释）

“我们的来路所在的东方”：这里明显指出但丁和维吉尔是从炼狱山的东侧开始登山的。

⑭ 但丁和维吉尔当时坐在炼狱山东侧的悬崖峭壁上面向东方。他们所在的地方是在赤道以南，所以但丁望见太阳转到他们东北边，把光芒投射到他们的左肩上；因为但丁向东望，北方就是他们的左边，南方就是他们的右边。这种情况恰恰和位在北半球的意大利相反：那里在春分时节上午的中段时间人们向东望，就看到太阳在天空东南方；但丁在家乡见惯了这样的情景；当时看到太阳上午转到天空东北方这一异常现象，自然感到惊讶。

⑮ “光之车”（carro della Luce）指太阳，显然源于日神驾车在天空行驶的古代神话。我国古时有类似的神话，因此旧诗中也有“日车”之类的隐喻。

“北方”原文是 Aquilone（北风），常用来指北方。诗句大意是：维吉尔看出，但丁对于当时太阳从他们俩面向的东方天空向北运转，面上显露出十分惊异的表情，因为在北半球的人上午向东望时，太阳是从东向南转的。

⑯ “卡斯托耳（Castor）和波吕丢刻斯（Polydeuces）”：据希腊神话，他们是孪生兄弟，手足情深，互相依恋，因此天神宙斯让他们成为天上的双子星座（Gemini）。“那面把光向上下传送的镜子”：指太阳，因为太阳把它从天使接受的光反射到地球上；“向上下传送”：意即太阳半年把光直射北半球，即直射赤道以北，或者说，赤道上方，另一半年把光直射南半球，即直射赤道以南，或者说，赤道下方。

“发红光的黄道带”：地球一年绕太阳转一周，我们从地球上把它看成太阳一年在天空中移动一圈，太阳这样移动的路线叫做黄道（ecliptic）。它是天球上假设的一个大圆圈,即地球轨道在天球上的投影。黄道和赤道平面相交于春分点和秋分点。黄道两旁各宽 8 度的范围叫做黄道带(zodiac),日、月、行星都在带内运行。古代把黄道带分为十二等份,叫做黄道十二宫,每宫包括一个星座。它们的名称,从春分点起,依次为白羊、金牛、双子、巨蟹、狮子、室女、天秤、天蝎、人马、摩羯、宝瓶、双鱼(参看黄道十二宫图)。“发红光的黄道带”:指黄道带中太阳逐渐运行到的地方,这里引申为太阳本身。“大熊星座”是距离北极星不远的一个星座,其中最亮的星是北斗七星;“小熊星座”是天空北部的一个星座,其中的恒星排列成勺状,以北极星为最明亮;这两个星座泛指北方。“偏离了它的旧轨道”指太阳偏离了它一贯运行的路线,即偏离了黄道,这种情况出现在法厄同驾日车的神话故事中(本章注⑱和《地狱篇》第十七章注㉒)。

诗的大意是:假如双子座和太阳在一起,你就会看到太阳运转得还要靠北,除非它偏离了黄道,也就是说,假如现在不是春分时节(太阳春分时节在白羊宫),而是夏至时节(太阳从 5 月 21 日至 6 月 21 日在双子宫),太阳就会更靠近北回归线,也就是说,比现在还更靠北,因为现在太阳差不多在赤道上。

⑰ 锡安山是圣城耶路撒冷的两座小山之一,这里指耶路撒冷。“这座山”指炼狱山。圣城耶路撒冷在北半球,炼狱山在南半球,二者互为对跖地,所以有共同的地平线(参看第二章注①)。

⑱ “法厄同由于不会驾驶日车而遭到不幸的那条路”指太阳运行的轨道。据希腊神话,日神的儿子法厄同驾日车遨游太空,由于不能驾驭神马,致使日车离开了他父亲指示的路线,闯下大祸,法厄同被宙斯的雷霆所殛(详见《地狱篇》第十七章注㉒)。“那座山”指锡安山,“这座山”指炼狱山。诗的大意是:由于耶路撒冷和炼狱在地球上是对跖地,前者在北半球,即赤道以北,后者在南半球,即赤道以南,所以从耶路撒冷看,太阳是从左向右转,经过锡安山的南边,从炼狱看,就必须是从右向左转,经过炼狱山的北边,因此,但丁在上午的中段时间向东望,就看到太阳在东北方。

⑲ “位于最高的运转的天体中央的那个圆圈”指天球赤道;最高的运转的天体即原动天(第九重天),围绕它的就是永恒静止的清火天(第十重天);原动天 24 小时运转一圈,它推动其他的八重天绕着宇宙中心的地球运转。“在某一种科学中”,指在天文学中,位于原动天中央的圆圈叫做天球赤道。“永远在太阳和冬天之间”:“因为,当太阳在南回归线上时,北半球是冬天,当太阳在北回归线上时,南半球是冬天:所以赤道永远在太阳和冬天之间。”(卡西尼-巴尔比的注释)

“由于你所说的原因”:意即由于耶路撒冷和炼狱在地球上是对跖地,所以我们现在从炼狱向北看赤道,就和古代希伯来人从耶路撒冷向南(炎热地方)看赤道一般远,也就是说,赤道和炼狱之间的距离与赤道和耶路撒冷之间的距离相等。

⑳ 这里的道德寓意是明显的:“美德之路开始是艰难困苦的,但逐渐有行善的习惯,就能达到纯洁无罪的境界,这种境界是真正的幸福和自由。”(卡西尼-巴尔比的注释)“这条路的终点”即山顶上的地上乐园。

㉑ “我不再多回答了”:这句话意味着维吉尔不知道更多的情况,因为他的知识局限于炼狱的范围内。“我知道这是真情实况”:意即我只能告诉你这些,但是我所说的都是真实情况。

㉒ 这个人是但丁的朋友贝拉夸(Belacqua)(详见注㉗)。“也许在那以前你就得坐下来!”:这是一句温和的嘲讽话,不带有丝毫的恶意,朋友之间互相打趣时,常常说这样的话。

㉓ 现在是临近正午的时候,阳光已经相当热了;但丁和维吉尔面向东方,那块遮住阳光的岩石在他们左边,也就是在他们北边。

㉔ 诗人用速写的笔法勾画出贝拉夸的懒惰的姿态;还用“要比懒惰是他的姐妹还懒得出奇”这句夸大的话启发读者的想象力,使懒汉的形象突出。

㉕ 诗句强调贝拉夸懒得出奇,他注视两位诗人时,连头都懒得抬起来,“只把目光贴着大腿移动了一下”,看到但丁因登山累得喘吁吁的刚坐下来休息,就用那句温和的嘲讽话打趣他。

㉖ 诗句继续勾画贝拉夸的懒惰的姿态:方才他只把目光贴着大腿端详他们,现在但丁来到他跟前,他不得不抬起头来,但也只是稍微抬了一抬,懒得多费劲。

“你真明白了怎么太阳赶着车在你左边走吗?”又是一句温和的嘲讽话,贝拉夸说这句话,不是讥笑但丁理解力迟钝,而是讥笑他对这样一个问题竟有如此浓厚的兴趣;在贝拉夸看来,这种问题是毫无意义的,因为他自己不仅生活上是懒汉,而且思想上也是懒汉,对于任何科学问题,都不可能有什么求知欲。

㉗ 贝拉夸生平事迹不详。早期注释家说,他是佛罗伦萨人,以制作乐器为业,是但丁的朋友。据德贝奈戴提(Debenedetti)考证,贝拉夸是杜丘·迪·波纳维亚(Duccio di Bonavia)的诨名,住在圣普洛柯罗(San Procolo)区,邻近但丁的家,文献证明,1299年6月2日还在世,1302年3月4日已经去世,大概死于但丁游地狱、炼狱、天国前不久。佛罗伦萨无名氏的注释说:“他(指贝拉夸)是前所未有的最懒惰的人。据说他早晨一来到店里,就坐下来,除了要去吃饭和睡觉以外,决不站起来。作者(指但丁)大概是他的熟人,常常责备他这样懒惰;因此,有一天,责备他时,贝拉夸用亚里士多德的话回答说:sedendo et quiescendo anima efficitur sapiens(坐着休息使灵魂聪明);对此,作者回答说:‘当然,要是坐着会使人变得聪明,那就没有人比你更聪明啦。’”

“现在我不再为你难过了”意即现在我看到你在炼狱,知道你已经得救,才放心了,因为我生怕你临终未曾忏悔,死后灵魂入了地狱,心里一直为此苦恼。“故态复萌”:意即懒病复发。

㉘ 把守炼狱本部之门的天使不许他进去经受磨练消罪,因为他由于怠惰迟至临终才忏悔。

㉙ 诸天围绕地球旋转,人生活在地球上,所以也可以说,诸天围绕着人旋转,“转了多久”指人在世上活了多少年。“良好的叹息”指人忏悔时发出的叹息,这种叹息能感动上天,使人得到宽恕。

诗的大意是:我由于怠惰,迟至生命的最后一刻才忏悔,所以不能立刻进入炼狱本部受磨练消罪,必须先在山门外等待,等待的时间和我在世上活的岁数相等。

㉚ 蒙受天恩的活人为留在炼狱山门外的灵魂祈祷,能使停留的期限缩短,不蒙受天恩的活人(即罪人)的祈祷无效,因为他不为上帝所接受。

㉛ “太阳已经接触了子午线”:意即太阳已经在子午线上,也就是说,天已是正午时候,但丁和维吉尔离开曼夫烈德和其他的被逐出教会者的灵魂已经两个半小时了。“黑夜用脚盖住了海岸上的摩洛哥”是形象化的说法,把黑夜人格化,来说明大西洋岸上的摩洛哥现在已是黄昏时分,即夜幕开始笼罩大地的时候。如同西班牙的加的斯和直布罗陀一样,摩洛哥在诗中常常泛指北半球大陆的西端,它和耶路撒冷相距 90 度,因此,炼狱时间是正午,耶路撒冷时间就是子夜,摩洛哥时间就是黄昏时分。

第五章

我已经离开那些灵魂，正跟随我的向导的脚步走去，那时有一个灵魂在我背后指着我喊道："瞧，靠下边的那个人，日光好像没照到他左边，他的举动好像活人似的①！"我一听到这话的声音，就把目光转过去，看见他们带着惊奇的表情只注视着我，只注视着我和被遮断的光②。

我的老师说："你的心为什么这样分散，使得你放慢了脚步？他们在那里嘀咕什么，与你何干？你跟着我走，让人们说去吧：你要像坚塔一样屹立着，任凭风怎样吹，塔顶都永不动摇③；因为心中念头一个接一个产生的人，由于一个念头的力量削弱另一个念头，经常会使自己的目标离开自己更远④。"对此，我除了说："我来了"，还能回答什么？我说了这句话，同时脸上稍微浮泛着那种有时可使人受到宽恕的颜色⑤。

在这同时，稍微在我们前面一点，一群人正沿着山坡横着走来，一句一句地唱着"Miserere"⑥。当他们看出我的身体不透光时，就把他们的歌声转变成一声悠长沙哑的"啊！"⑦，其中有两个人作为使者跑过来同我们相见，请求我们说："让我们知道你们的情况吧。"我的老师说："你们可以回去向那些派你们来的人报告，这个人的身体是真正的血肉之躯。如果像我所猜想的那样，他们是因为看到他的影子才停下来的，这样回答他们就够了：让他们向他表示欢迎吧，这会对他们有好处的⑧。"

我从未见过燃起来的蒸气在夜色降临时划破晴空，或者在日没时划破八月的云层，像他们俩回到山坡上去那样快⑨；他们刚一到那里，就和其他的人一起，掉头向我们跑来，如同一支纵缰奔驰的部队一般。我的诗人说："这一群向我们蜂拥而来的人很多，他们是来求你的，但你还是往前走，边走边听吧。"他们走过来喊道："啊，带着与生俱来的肢体为了获得幸福而来的灵魂哪⑩，你稍停一下脚步吧。看一看你是否见过我们当中哪一个，这样你就可把他的消息带到世上去。请问，你为什么走啊？请问，你为什么不站住啊？我们都是早先死于暴力的，直到最后一刻都是有罪的人⑪；那时，来自天上的光使我们醒悟了，我们通过悔罪和宽恕别人同上帝和解，离开了人世，如今他使我们被切盼去见他的愿望折磨着⑫。”我说：“尽管我端详了你们的面孔，我也没认出是谁来；但是，生来有福的灵魂们，如果你们要我为你们做些我能做到的事，你们就说吧，我愿以那种平安的名义发誓去做，这种平安使我跟随这样一位向导的脚步从一个世界到一个世界去追求它⑬。”一个灵魂开始说：“不用你发誓，我们每个人都相信，除非你心有余而力不足，你一定会做你要做的好事。因此我独自赶在其他的人前头，抢先开口恳求你，如果你一旦看到位于罗马涅和查理的王国之间的那个地方，就劳驾为我在法诺请求人们为我作良好的祈祷，直到我能洗净深重的罪孽⑭。我是那里的人；但是，那些使我流出我所在的血的深重的创伤，是在安特诺尔后裔的怀里受的，我本以为我在那里最安全⑮；这事是埃斯提家族的那个人派人干的，他愤恨我远远超过了正义要求的限度⑯。但是，当我在欧利亚科被追及时，假若当时向拉密拉逃去，如今我还在人世呢⑰。我跑到了沼泽中，芦苇和淤泥把我绊住，使我倒下了：在那里，我看见我的血在地上流成了湖⑱。”

接着，另一个说：“啊，祝愿那个吸引你登上这座高山的愿望能够实现，请你通过有效的怜悯帮助我的愿望实现吧！我生前是达·蒙泰菲尔特罗，如今是波恩康特：乔万娜或其他的人都不关心我了；所以我在这些人中间垂着头走⑲。”我对他说：“什么暴力或者什么偶然事件迫使你远远离开堪帕尔迪诺，使人们永远不知道你的葬身之地⑳？”他回答说：“卡森提诺脚下有一条河流过去，名叫阿尔齐亚诺河，它发源于隐士修道院上方的亚平宁山。我喉部受伤后，徒步奔逃，血染原野，来到这条河不再叫这个名字的地方。在那里，我失去了视觉，我的言语以马利亚的名字告终，在那里，我倒下了，只留下我的肉体㉑。我要告诉你实情，你可要在活人中间把它重述。上帝的天使带走我，那个来自地狱的说：‘啊，你这来自天上的使者呀，你为什么剥夺我？你由于一

我的诗人说：“这一群向我们蜂拥而来的人很多，他们是来求你的，但你还是往前走，边走边听吧。”

小滴眼泪就从我手里夺去他这个人的永恒的部分并把它带走；我要以另一种方式处理那另一部分㉒！’你知道得很清楚，潮湿的水蒸气在空中凝聚，上升到受冷气包围的地方，就立刻重新变成水㉓。那个来自地狱的把他专想作恶的邪恶意志同他的心智结合起来，凭借他的本性赋与他的那种能力掀起了雾和风㉔。接着，在日暮时，他就用雾遮住了从普拉托玛纽到大岭之间的流域；使上面的天空浓雾弥漫，饱含水蒸气的空气变成了水。天下起雨来，地上容纳不下的雨水流入沟壑；从沟壑汇入山洪中后，就迅猛奔向王河，势不可挡。凶猛的阿尔齐亚诺河发现我的冷冰冰的躯壳在河口边，就把它冲入阿尔诺河中，并且松开了我在痛苦不堪时双臂在胸前交叉成的十字。河水冲得我顺着河岸、顺着河底翻滚，后来，就用它的冲积物盖上了我，裹住了我㉕。”

第三个灵魂接着第二个说：“啊，等你回到了人间，从长途劳顿中休息过来时，请想到我，我就是那个毕娅；锡耶纳造的我，玛雷玛毁的我：这件事那个先同我结婚、给我戴上他的宝石戒指的人知道㉖。”

注释：

① “靠下边的那个人”指但丁，他跟在维吉尔后面登山，所以比较靠下些。“日光好像没照到他左边”意即他左边有影子。但丁登山时，面向西方。这时南半球是正午，太阳在北方，也就是在他右边，阳光被他的身体挡住，所以他的影子落在他左边。
“他的举动好像活人似的！”可能指他攀登时显出很费力的样子。美国注释家辛格尔顿指出，诗中重复使用“好像”（par）来强调那个幽魂觉得自己所见的现象是难以置信的。

② “只注视着我，只注视着我和被遮断的光”：这里连用两个“只”字来强调那些幽魂一直不断地注视着，表现出他们既惊异又好奇的神态。

③ 这两句诗由于富有道德意义，表达出但丁的性格特点，已经成为脍炙人口的格言，为人们所熟记和传诵。

④ 大意是：一个人心里如果一再改变想法或计划，就更达不到奋斗的目的，因为一种想法或计划的力量势必削弱另一种想法或计划的力量，其结果是好谋寡断，无所作为。

⑤ 意即由于过失羞愧得脸上泛红。“有时”：意即在某些情况下，而不是在任何情况下；只有犯的过错较轻，脸上泛红是真心悔过的表情时，才可以受到宽恕。

⑥ “稍微在我们前面”指在山坡上较高的地方。“正沿着山坡横着走来”：指那一群人顺着环山的台地走来，对于正在登山的两位诗人来说，那一群人是横向而行的。在面对山坡的人看来，他们在按照炼狱中的规则，逆时针方向环山行走。他们发现但丁的身体有影子时，他们是在但丁左边，也就是在他南边；因为他登山时，面向西方，这时是正午时分，太阳在北方，把他的影子投射到他左边，也就是他南边的地上，所以很容易被那一群人看到。

“Miserere”是《旧约・诗篇》拉丁文译本第一句的第一个词，含义是“怜恤”，全句按中译本的译文含义是“上帝啊，求你按你的慈爱怜恤我”。这一诗篇是天主教礼拜仪式中规定歌唱的七首悔罪诗篇之一，诗中表示自己认罪，祈求上帝大发慈悲，涤除罪孽，因而适于这一群灵魂歌唱。他们用这一诗篇中的话来祈求上帝让他们进入炼狱本部去经受磨练，把罪孽消除净尽，获得新生。

“一句一句地”原文是 a verso a verso。多数注释家把 a verso a verso 理解为“交替”或“轮流”，设想这群灵魂分成两组，一组合唱第一句，接着，另一组合唱第二句，一直轮流唱下去，把全篇唱完。注释家齐门兹（Chimenz）则认为 a verso a verso 含义是“一句一句地”，因为炼狱里的灵魂一般都是集体行动，所以这一群人不是分组合唱，而是全体齐声合唱；“一句一句地唱”强调他们在歌唱时，内心在反省他们的罪孽。

⑦ “一声悠长沙哑的‘啊！’”表明他们突然看到但丁的影子时，惊诧不置。

⑧ 指但丁回到世上能劝说活人为他们祈祷，以缩短他们在山门外滞留的时间。

⑨ 《最佳注释》说：“正如那位哲学家（指亚里士多德）在他的《气象学》中所说，从地中冒出的各种蒸气，各自根据其性质上升”；有的停止在大气的第二区域或者第三区域，变成雪、雨和风；其他的就往上升，由于接近了火界而燃烧起来。“燃起来的蒸气”就成为流星或云层。

诗的大意是：夜晚流星划过天空，夏季黄昏时雷电划过云层，都不如这两个使者跑回去那样快。

弥尔顿在《失乐园》卷四中描写天使尤烈尔乘光线飞行，用流星作为比喻来说明他飞行的速度，显然是借用但丁的比喻：“那时尤烈尔乘着一线的阳光，从黄昏的天空滑下，好像一颗秋夜的流星，闪过茫茫的夜空，……”（见朱维之译《失乐园》卷四第 153 页）

⑩ “为了获得幸福而来”：意即为了获得天国之福而来炼狱消罪。那一群灵魂由于但丁是活人带着肉体来游炼狱，猜想他一定是蒙受神恩得救的人。

⑪ “死于暴力的”泛指阵亡者以及被仇人或亲属杀死的人，他们临死还是有罪的，因为尚未忏悔。

⑫ “来自天上的光”:指上帝的恩泽。他们受上帝的恩泽启迪,醒悟到自己是有罪的人,死后灵魂要入地狱,才忏悔自己的罪,并宽恕杀死他们的人,因而死前能同上帝和解,受到宽恕,不入地狱而来炼狱。“如今他使我们被切盼去见他的愿望折磨着”:意即上帝使我们渴望进天国见他,但是,由于我们迟至最后一刻方悔罪,在相当长的期间不能如愿以偿,一直为此感到苦恼。

⑬ “生来有福的灵魂们”:意即这些灵魂生来注定得救,享天国之福,正如诗中称注定入地狱的灵魂为“不幸生在世上的人的灵魂”一样。

“平安”原文是 pace,宗教上的含义是与上帝的意志合一的境界(见《天国篇》庇卡尔达的话)。这里沿用《圣经》中文译本的译法,这种译法并不确切,但译成“宁静”或“安宁”,仍然和这个词宗教上的含义有一定的距离。

“从一个世界到一个世界”:意即从地狱到炼狱。但丁所追求的“平安”也是炼狱中的灵魂们共同希望达到的境界,所以他以此发誓表示他的诚意。

⑭ “位于罗马涅和查理的王国之间的那个地方”指安科纳边境区(Manca Anconitana),这个地区在罗马涅以南、安茹家族的查理二世所统治的那不勒斯王国以北,大致相当于现今意大利的马尔凯地区(Marche)。

法诺(Fano)是安科纳边境区的城镇,位于安科纳和佩扎罗之间,当时在里米尼封建主马拉台斯塔家族(即弗兰齐斯嘉的丈夫的家族)的统治下。

“良好的祈祷”:指蒙受上帝的恩泽之人的祈祷。在炼狱本部经过磨练才能“洗净深重的罪孽”,“良好的祈祷”能使他提前进入炼狱之门。

⑮ 诗中未提此人的姓名,注释家根据诗中的叙述,一致确定他是雅各波·戴尔·卡塞罗(Jacopo del Cassero),1260 年出生在法诺的贵族家庭,有军事和政治才能,1288 年,同当地的贵尔弗党人一起,参加佛罗伦萨对阿雷佐的吉伯林军的战役,在 1296—1297 年担任波伦亚的主要行政官期间,挫败了斐拉拉侯爵埃斯提家族的阿佐八世(Azzo Ⅷ d'Este)对波伦亚的野心和阴谋,捍卫了波伦亚的独立,阿佐八世怀恨在心,蓄意对他进行报复,1298 年,雅各波应聘出任米兰的主要行政官,赴任时,为安全起见,不经过埃斯提家族的领地,而从法诺由海路到威尼斯,然后经过帕多瓦地区去米兰,但他走到勃伦塔河边的欧利亚科市镇时,被阿佐八世派出的刺客追及、杀死。

“我所在的血”:“我”指雅各波的灵魂,他活着的时候,他的灵魂在他的血里。当时人们都相信血是灵魂所在的地方,这种说法来源于《旧约·利未记》第十七章:“一切活物的生命就在血中。”

“在安特诺尔后裔的怀里”指在帕多瓦境内。安特诺尔(Antenor)是特洛亚的一个首领,特洛亚灭亡后,定居意大利,建立帕多瓦城,他的后裔指帕多瓦人。据中世纪传说，安特诺尔向希腊人出卖了特洛亚，因此，但丁把叛国者的灵魂在科奇土斯冰湖中受苦之处命名为安特诺尔环。雅各波用“安特诺尔的后裔”来指帕多瓦人，言外之意是帕多瓦人和阿佐八世之间在暗杀他的问题上是有默契的。他说这话时，口气缓和，因为他如今已经得救，对生前的仇敌不再怨恨，在这里只不过是如实叙说自己的悲惨的结局，来引起但丁的同情而已。“我本以为我在那里最安全”：因为帕多瓦地区不在阿佐八世的势力范围内。

⑯ “埃斯提家族的那个人”：指阿佐八世，他从1293—1308年统治着斐拉拉（参看注⑮）。但丁在《地狱篇》第十二章中指出他犯有弑父罪。“他愤恨我远远超过了正义要求的限度”：据早期注释家说，雅各波之所以引起了阿佐八世的愤恨，不仅因为他在政治上反对阿佐，也因为他对他进行了人身攻击，例如，拉纳的注释说：“他（指雅各波）不满足于做出一些反对这位侯爵的朋友们的事，还不断用粗鄙的话中伤他本人：说他同他的继母一起睡觉，说他是洗衣妇生的，为人又坏又胆小。他的舌头骂他永远也骂不够。这些言行使侯爵心中对他的仇恨越深，以至于用这种手段将他杀死。”雅各波的话承认自己伤害了侯爵，后者有理由进行报复，因为当时的风俗和法律都容许这样做，但是报复应当以与受害程度相当为限；侯爵派刺客将他杀死，这种报复就“远远超过了正义要求的限度”，背离了人与人的关系的一切准则。他的话义正词严，而并无怨恨之情，因为，他作为得救的灵魂，已经宽恕了自己的仇敌。

⑰ 欧利亚科（Oriaco）今名欧利亚格（Oriago），是帕多瓦和威尼斯之间的一个市镇。从威尼斯通到帕多瓦的大路经过欧利亚科市镇边，继续向拉密拉（La Mira）延伸。根据辛格尔顿的注释，“在欧利亚科被追及”并不是说，侯爵的刺客们在那里捉住雅各波，而是说，在那里突然袭击他，当他向沼泽跑去时，才对他进行追击。这种解释符合诗中所写的情景。

拉密拉是威尼斯至帕多瓦的大路上的市镇，在欧利亚科和帕多瓦之间，靠近一条引勃伦塔河水开掘的运河，当时隶属帕多瓦。雅各波认为欧利亚科附近的沼泽是更安全的藏身之地，因而当时没有逃往拉密拉，现在回想起来，悔恨自己估计错误，惨遭刺客的毒手。辛格尔顿在注释中指出，雅各波的话显然是说，假如当初向拉密拉镇逃去，可能得到市镇居民的援救，或者找到避难的地方，或者再从那里由大路逃走，就会幸免于难。彼埃特罗波诺在注释中指出，“如今我还在人世呢”这句话，与其说是表明雅各波对人间生活的留恋，毋宁说是暗示他依然对自己不应遭受而竟然遭受暴力杀害深感痛心，因为炼狱里的灵魂们并不能立刻去掉人性的种种弱点。

⑱ “我跑到了沼泽中”：卡西尼-巴尔比的注释指出，1282年的一件文献曾提到欧利亚科附近的一大片公有的芦苇地，可见诗中对事实和地点的细

节描述是很真实的。

辛格尔顿说,从诗中“芦苇和淤泥把我绊住”这句话来看,雅各波是骑着马逃走的,他的马被芦苇和淤泥绊住,他才倒在泥里,被刺客们追上、杀死。

彼埃特罗波诺说,诗中用速写的笔触叙述,但叙述的事实足以重现当时的恐怖场面。雅各波着重提自己被芦苇和淤泥绊住,倒下来,“因为那一绊和那一倒正是他死亡的近因。只是在那个时刻他才觉得再也无法逃生。”“他不讲紧接着刺客们就突然来到(谁都会自己想到这种情况),一点都不谈所受的伤(他已经提到伤很深重因而是致命的也就够了);但他描述了他死前的那一瞬间的情景:向自己周围一看,看到他的血‘在地上流成了湖’,这最后一笔,或许是最有力的一笔,也来源于实际。因为是沼泽地,血和水混合,染红了水,可怜的雅各波就觉得好像躺在血湖中一般。这是他从人世间带来的留在记忆中的最鲜明的情景,也是我们一想到他时,就立刻回忆起来的最引人哀怜的情景。”

⑲ “有效的怜悯”原文是“良好的怜悯”(buona pietate),意即劝说蒙受神恩的活人为他作有效的祈祷。

这个灵魂是波恩康特・达・蒙泰菲尔特罗(Bonconte da Montefeltro)的灵魂。他是在第八层地狱第八恶囊中受苦的圭多・达・蒙泰菲尔特罗的儿子,生于1250—1255年间,同他父亲一样,是吉伯林党首领。他很有军事才能,1287年帮助吉伯林党把贵尔弗党逐出阿雷佐。1288年皮埃维・阿尔・托波(Pieve al Topo)之战,指挥阿雷佐吉伯林军打败锡耶纳人,1289年6月11日堪帕尔迪诺之战,率领阿雷佐吉伯林军对佛罗伦萨贵尔弗军作战,受重伤阵亡,但战场上找不到他的尸体。但丁曾参加这一战役,对情景记忆犹新。

“生前是”和“如今是”:原文前者用动词essere(是)的过去完成时fui,后者用现在时sono,因为汉语动词不变位,译者只好借助时间副词加以区别。“达・蒙泰菲尔特罗”表示他是封建贵族。蒙泰菲尔特罗不是他的籍贯,而是他的家族世袭的伯爵封号。他把生前和死后的情况区别开来,因为表示社会地位的贵族称号死后已经消失,只有个人的名字存在。萨佩纽认为,他作出这种区别,表现他作为炼狱中的灵魂的谦卑,也流露出对于死亡使他和亲属幽明异路,彼此隔绝,很快被人忘掉的伤感情绪。乔万娜(Giovanna)是他的遗孀,“其他的人”指别的亲属,尤其是嫁给圭多伯爵家族(i conti Guidi)的女儿玛南台萨(Manentessa)和1300年担任阿雷佐最高行政官的弟弟斐得利哥(Federico)。“垂着头走”表明他由于被亲属迅速忘掉而伤心,走在那一群灵魂中间感觉羞耻,抬不起头来。

⑳ “暴力”指神使用的或者人使用的力量。

“堪帕尔迪诺”是卡森提诺地区的小平原,佛罗伦萨和阿雷佐两军交战的战场。

“葬身之地”指波恩康特阵亡后尸体的下落。

㉑ 卡森提诺(Casentino)是托斯卡那的一个地区(参看《地狱篇》第三十章注⑬),包括阿尔诺河上游和亚平宁山脉的坡地,“脚下”指这个地区较低的地带。阿尔齐亚诺(Archiano)河是阿尔诺河的支流,发源于亚平宁山脉,穿过卡森提诺地区,流入阿尔诺河。“隐士修道院”(L’Ermo = eremo)坐落在卡玛尔多里(Camaldoli),建于十一世纪初年,是个著名的修道院。“不再叫这个名字的地方”指阿尔齐亚诺河流入阿尔诺河的地方。“我的言语以马利亚的名字告终”:意即我生前所说的最后一句话是呼圣母马利亚之名,向她祷告。“只留下我的肉体”:意即他倒在地上死去后,灵魂被天使带走,只留下尸体在那里。

㉒ “你可要在活人中间把它重述”:“为的是让人们知道,我是如何得救的,好让他们为我祈祷,并且认识到,即使像我那样,在临终的时刻乞灵于圣母马利亚,由她替罪人求情也是有效果的。”(斯卡尔塔齐-万戴里的注释)

“带走我”:指天使带走波恩康特的灵魂。“那个来自地狱的”:指魔鬼。“剥夺我”:指天使把应该属于魔鬼的罪人的灵魂夺去。“由于一小滴眼泪”:指波恩康特临死忏悔时滴下的眼泪,这滴表明真诚悔罪的眼泪感动了上天,使他的灵魂得救。“一小滴眼泪”(una lacrimetta)出自魔鬼之口,显然带有嘲讽的意味;他的话大意是:“在最后一刻滴下的一点眼泪,按照你们(天上)的公道,就足以从我手里夺去一个终生曾经属于我的灵魂——他本想以此来暗示他对上帝的公道的怀疑,殊不知这话却歌颂了上帝的无限仁慈。”(彼埃特罗波诺的注释)

“永恒的部分”:指他的灵魂。“以另一种方式处理那另一部分”:“另一部分”,指他的尸体;天使带走他的灵魂后,魔鬼无可奈何,就以自己的方式折磨他的尸体来泄愤和进行报复。

应该指出,魔鬼同天使或圣者争夺人的灵魂的场面在中世纪传说和文学作品中屡见不鲜。《神曲》中除了这里所讲的以外,《地狱篇》第二十七章还有魔鬼同圣方济各争夺波恩康特的父亲圭多·达·蒙泰菲尔特罗的灵魂的场面。这一主题也出现在近代文学中,《浮士德》第二部第五幕中靡非斯托非勒斯同天使们展开的那场为浮士德的灵魂的争夺战就是一个显著的例子。

㉓ 这是中世纪根据亚里士多德的《气象学》阐明雨水成因的学说。

㉔ 托马斯·阿奎那斯断言,天使和魔鬼都有意志和心智。作为万恶之源的魔鬼“把他专想作恶的邪恶意志同他的心智(智力)结合起来”,利用自然力折磨波恩康特的尸体。“凭借他的本性赋与他的那种能力”:魔鬼在背叛上帝以前,也是天使,凡天使都有支配自然力的神通,魔鬼凭借他作

为天使的本性赋与他的这种神通，呼风唤雨，腾云驾雾。

㉕ “从普拉托玛纽到大岭之间的流域”：指堪帕尔迪诺平原。普拉托玛纽(Pratomagno)是亚平宁山脉的支脉，在堪帕尔迪诺平原的西边或右边，“大岭”指卡玛尔多里附近的乔嘉纳(Giogana)岭，这道岭是亚平宁山脉的主体，在堪帕尔迪诺平原东边或左边。“王河”(fiume reale)指阿尔诺河。当时不少的著作中都把流入大海的河称为王河或皇河(fiume imperiale)。

“……阿尔齐亚诺河发现……”：这里把河流人格化，使叙述更为生动、有力。

“在痛苦不堪时”：指临终悔罪、良心感到极度痛苦之际。

“双臂在胸前交叉成的十字”是“纪念基督受难的虔诚姿态”(本维努托的注释)。波恩康特临终悔罪时作出了这种姿态。

“冲积物”原文是 pieda(掠夺物，战利品)，这里作为隐喻：激流的河水冲走泥沙、石子、树枝、灌木等物，犹如战士带走缴获的战利品似的。

㉖ 这第三个也是遭暴力杀害，临死才忏悔的灵魂。诗中对前两个人物的遭遇叙述较详，给读者留下永不磨灭的印象；对这第三个的遭遇仅仅用了六行诗加以概括，而这寥寥数语却使其性格和隐情跃然纸上，确实是神来之笔。她说出自己的名字是毕娅(Pia)。名字前有定冠词 la，带有几分亲切的意味，这是旁人谈论她时，而不是旁人同她说话时的用法。她的生平和事迹不详。多数早期注释家说，她出生于锡耶纳的托洛美(Tolomei)家族，嫁给奈罗·德·潘诺契埃斯齐(Nello dei Pannocchieschi)为妻。她丈夫是玛雷玛(Maremma，即托斯卡那的近海沼泽地，参看《地狱篇》第十三章注①)地区彼埃特拉城堡(castello della Pietra)的领主，1284 年为贵尔弗党联盟的首领，1322 年还在世。诗中毕娅对但丁说：“锡耶纳造的我”(Siena mi fè)指她生于锡耶纳，“玛雷玛毁的我”(disfecemi Maremma)指她在玛雷玛遇害。措词简练，类似维吉尔墓碑上的铭文：“曼图亚生我，卡拉布利亚夺去我〔的生命〕”(Mantua me genuit，Calabri rapuere)。诗中有意识地连用两个词干相同、含义相反的动词 fare(造)和 disfare(毁)，而不用更具体、更露骨的字眼，使叙述含蓄委宛，意在言外。关于她当初是为何遇害的问题，注释家提出种种说法：有的说，她丈夫杀害她是因为她不贞，有的说，是由于她丈夫猜疑她不贞，有的说，是由于他企图娶寡居的女伯爵玛格丽达·阿尔多勃兰戴斯齐(Margherita Aldobrandeschi)为妻；关于她是如何遇害的问题，注释家也有不同的意见：有的说，这一凶杀事件极其隐秘，实情无从知悉，有的说，是她丈夫令人从彼埃特拉城堡的阳台上把她扔下去，摔死在山谷中的。迄今尚无定论。彼埃特罗波诺说：“我们可以设想她的过错是爱情上的过错。但不宜进行过多的考证，考证太多，确定诗人想令其继续隐藏在神秘中

的事物，那样做就会损坏人物的性格……”牟米利亚诺说：“在这一段情节和有关弗兰齐斯嘉的那一段情节中，比在诗中其他的地方，注释家们由于利用历史资料说明诗中的含蓄之处，而不可避免地破坏了诗的魅力。”这些论断是很有见地的。

“那个先同我结婚、给我戴上他的宝石戒指的人”：指她的丈夫奈罗，但她没有说出他的姓名，只强调他是和她正式结婚的。“先”标明他们的爱情和夫妇关系的开始，言外之意就是，后来他杀害了她，使这种关系不幸终结。她不明说是他杀害了她，只说他知道这件事，因为她的灵魂已经得救，不再怀有仇恨之情，而只是在提及这一惨剧时，流露出内心的悲伤而已。

“请想到我”：意即请你在祈祷时，想着为我祷告，使我早日进入炼狱之门。曼夫烈德、雅各波、波恩康特都请求但丁提醒他们的亲属为他们祈祷，毕娅则恳求陌生人但丁自己为她祈祷，因为她觉得世上已经没有任何亲人。她在恳求但丁之前，先想到他此次旅行长途劳顿，需要休息，所以对他说，“从长途劳顿中休息过来时”，再想着为她祈祷；这一句诗充分表现出毕娅的女性特有的温情和对人的体贴入微的关怀，使她的善良的形象深深铭刻在读者心中，对她的悲惨的遭遇充满哀怜之情。

第 六 章

当掷色子的赌局终了,赌徒们离开时,输家怀着愁苦的心情留下,重新掷色子,悲痛地学习技巧[1]:所有的人都跟另一个人一起走;有的走在前面,有的从后面拉他,有的从旁边提醒他关注自己[2];他并不站住,只是听一听这个人的话,又听一听那个人的话;他伸手给了钱的人,就不再挤过来纠缠;他就这样摆脱了那一群人。我在那一群密集的灵魂中的情况也是这样,我向这边又向那边转过脸去对着他们,通过诺言从他们当中脱了身[3]。

这里有死在吉恩・迪・塔科的凶残的手臂下的那个阿雷佐人[4]和在追逐中溺死的另一个阿雷佐人[5]。这里伸着双手请求的,有小斐得利哥[6]和那个使善良的马尔佐科表现出坚忍精神的比萨人[7]。我看见奥尔索伯爵[8]和那个说自己是由于遭到怨恨和忌妒,并不是由于犯了罪而和肉体分离的灵魂;我说的是彼埃尔・德拉・勃洛斯[9];让不拉奔的贵妇人还在人世时就注意这件事,以免因此落到更不幸的人群中[10]。

我一摆脱了所有那些一直在请求别人为他们祈祷使他们从速超升的灵魂,就开始说:"我的光明啊,似乎你在你的诗中某处明确地否定祈祷能改变天命[11];而这些人正是为此而祈祷:那么,他们的希望莫非是痴心妄想,还是你的话我没有理解得很清楚?"

他对我说:"我诗中的文字是简明易懂的;如果用健全的眼光来看,这些人的希望也不是虚妄的;因为,在这里居住的人须要满足的要求,爱的火焰一瞬间就能实现,这一事实并不意味着正义的顶峰的高度降低[12];在我下那一断语的地方,罪是不可能通过祈祷来补救的,因为那种祈祷是和上帝隔离的[13]。但是,你不要把心神放在这样高深的疑难问题上,除非她告诉你这样做,她对于你将是真理和心智之间的光[14]。我不知道你明白了没有:我说的就是贝雅特丽齐;你将在山上,在这座山的顶上看到她微笑,洋溢着天国之福。”

我说:“主人哪,我们快点儿走吧,因为我已经不像以前那样累了,你看,这山现在已经投下了影子[15]。”他回答说:“我们今天白天还能向前走多远就走多远;但是事实和你所想象的不一样[16]。在你到达山顶之前,你将看到太阳回来[17],现在它已经被山坡遮住,所以你不截断它的光线。但是,你看那边一个灵魂,独自坐着,向我们凝视:他会给我们指出最近的路[18]。”我们来到他跟前:啊,伦巴第人的灵魂哪,你的态度多么孤高、目无下尘,你的眼光转动多么庄严、缓慢!他没有对我们说什么,任凭我们走去,只是像蹲着休息的狮子一般注视着[19]。维吉尔独自走近他[20],请求他指给我们最好的登山的路;那个灵魂不回答他的问题,却问我们的籍贯和情况;和蔼的向导开始说:“曼图阿……”那个完全沉浸在孤寂中的灵魂从他原来所在的地方站起来向着他说:“啊,曼图阿人哪,我是你那个城市的人索尔戴罗!”于是,他们就互相拥抱起来。

唉,奴隶般的意大利[21],苦难的旅舍[22],暴风雨中无舵手的船[23],你不是各省的女主,而是妓院[24]!那个高贵的灵魂只因为听到故乡城市的甜蜜的名字,就急切地在这里向他的同乡表示欢迎;然而如今你境内的活人却无时无刻不处于战争状态,同一城墙、同一城壕圈子里的人都自相残杀[25]。可怜虫啊,你环顾你沿海各省,然后看一看你的腹地,是否境内有享受和平的部分。如果马鞍子空着,查士丁尼整修了缰绳有什么用呢?假若没有缰绳,耻辱倒还小些[26]。唉,人们哪,如果你们正确理解上帝对你们的指示,你们就应该虔诚,让恺撒坐在马鞍子上,你们看,自从你们用手去握缰绳后,这牲口由于不被踢马刺纠正,已经变得桀骜不驯[27]。啊,德意志人阿尔伯特呀,你遗弃了这匹变得野性不驯的马,而你本来是应该跨在它的鞍子前穹上的,但愿正义的惩罚从星辰降到你的家族,而且那样神异昭彰,使你的后继者对此感到畏惧[28]!因为你和你父亲被贪心拖住,在那边淹留,容忍帝国的花园变成了荒漠[29]。你这漠不关心的人哪,你来看蒙泰奇和卡佩莱提,牟纳尔迪和腓力佩斯齐:前者已很悲惨,后者在恐惧不安[30]。残忍的人哪,你来看你的贵族们的苦难,治愈他们的创伤吧;你将看到圣菲奥拉如何衰败[31]!

你来看你的罗马,她孀居孤寂,昼夜哭着呼喊:“我的恺撒,你为什么不陪伴着我[32]?”你来看你的人民,他们多么相亲相爱[33]!如果没有丝毫对我们的怜悯之心感动你来,你就来为你的名声感到羞耻吧[34]。啊,在世上为了我们被钉死在十字架上的至高无上的朱庇特呀,如果我可以问的话,莫非你的正义的目光转向了别处,或者,在你的深奥的天意中,这是你为某种完全不能被我们的心智所洞察的幸福而作的准备[35]?因为意大利的城市全都充满了暴君,每个来参加党派斗争的村夫都变成了一个玛尔凯鲁斯[36]。

我的佛罗伦萨呀,你确实可以对这段离题的话感到高兴,多亏你的市民费尽心机,它没有牵涉到你[37]。许多人心中有正义感,由于他们非经过慎重考虑不把箭搭在弓弦上,而发射得迟缓[38];但是你的市民却把正义挂在嘴上。许多人拒绝担任公职;但是你的市民不用召唤就急切地回答,喊道:“我来挑重担!”[39]现在你就扬扬得意吧,因为你很有理由这样:你富强,你享受和平,你明智嘛!我说的这话是否属实,事实可以表明[40]。制定古代法律的、政治那样修明的雅典和拉刻代蒙,对于良好的公共生活做出的贡献,比起你来显得微不足道,你规定如此精细的措施,以至于你十月间纺出来的还维持不到十一月中旬[41]。在你记忆犹新的时间内,你曾有多少次改变法律、币制、官职和风俗,更换成员[42]!如果你好好地反省,有了自知之明,你就会看到,你犹如躺在羽绒褥子上不能安息,而以辗转反侧来躲避她的痛苦的病妇一样[43]。

注释:

① 掷色子是当时盛行的一种赌博,赌时,由二人对局,在平滑的桌面上掷三个色子,每次掷前先喊出一个数目,掷出的色子上的点数的总和如与此数目符合,就算赢了一局。
“重新掷色子”:意即自己一个人试掷,看自己能否猜中掷出的色子上出现的点数。
“悲痛地学习技巧”:意即输了钱以后,才学着提高技巧,希望下次再赌时能操胜算。

② “另一个人”;指赢家。“提醒他关注自己”:意即请求赢家从赢得的钱里抽出一点儿给自己。

③ “通过诺言”:意即通过对那些密集的灵魂作出的诺言:回到人间后,一定

要劝他们的亲属为他们祈祷,使他们早日进入炼狱之门。

④ 指本茵卡萨·达·拉特利纳(Benincasa da Laterina)。此人是十三世纪著名的法学家,在锡耶纳做法官时,因判处吉恩·迪·塔科的两个亲属死刑,后来,在罗马任法官时,"在法庭公案边"突然被吉恩杀死。

吉恩·迪·塔科(Ghin di Tacco)是锡耶纳贵族,后来变成恶名远扬的强盗,盘踞着拉地科凡尼(Radicofani)城堡,纠集党徒,拦路抢劫,煽动当地居民背叛罗马教廷。晚年与教皇卜尼法斯八世和解,借教皇之力,得到锡耶纳政府的宽恕,大约于1303年,在锡耶纳乡间被人暗杀。他是《十日谈》第十天故事第二的主人公。

⑤ "另一个阿雷佐人":指谷丘·德·塔尔拉提(Guccio de' Tarlati)。此人是阿雷佐境内彼埃特拉玛拉(Pietramala)地方的封建主,属于吉伯林党,生活在十三世纪后半叶;据一些早期注释家说,他在追击流亡在外的贵尔弗党人波斯托里(Bostoli)家族时,溺死于阿尔诺河中;据另一些早期注释家说,他是在堪帕尔迪诺之战被敌人追击时溺死的。这两种说法都讲得通,因为原文 correndo in caccia 可解释为 inseguire(追逐,追赶),也可解释为 fuggire(逃走),essere inseguito(被追逐,被追赶)。

⑥ 小斐得利哥(Federigo Novello)是圭多伯爵家族的小圭多(Guido Novello)之子,1289年或1291年,他去援助彼埃特拉玛拉的塔尔拉提家族(见注⑤)时,在比比埃纳(Bibbiena)附近被杀,大概死于波斯托里家族(见注⑤)的成员之手。

⑦ "比萨人":指马尔佐科·德·斯科尔尼利亚尼(Marzucco degli Scornigliani)的一个名叫嘉诺(Gano)的或者名叫法利那塔(Farinata)的儿子,大约在1287年,这个儿子在比萨内部斗争中被乌格利诺伯爵(见《地狱篇》第三十三章)下令杀死,而且不许埋葬。马尔佐科是个有名望的人,1250至1278年间,曾多次担任要职,1286年加入方济各会做修士,在佛罗伦萨圣十字架教堂的修道院中度过一生的最后十年,但丁在这所修道院里听宗教家讲神学时,可能见过他。关于他儿子之死使他怎样"表现出坚忍精神",注释家有不同的说法。据薄伽丘说,他乔装成陌生人,面上毫无悲痛的表情,去见乌格利诺伯爵,恳求准许他去埋葬死者的尸体,伯爵认出了他是谁,惊讶地说:"去吧,因为你的忍耐战胜了我的执拗。"另一种说法是:他表现出来的坚忍精神在于他参加儿子的葬礼时,既不落泪,又无怒容,还劝告亲属宽恕敌人,不要报仇。后一种说法看来比较可信。

⑧ 奥尔索(Orso)伯爵是曼勾纳(Mangona)的阿尔贝尔提(Alberti)家族的拿破仑内(Napoleone)伯爵之子,1286年,被他的伯父亚历山德罗(Alessandro)之子阿尔伯尔托(Alberto)杀害。他父亲拿破仑内和他伯父亚历山德罗因犯兄弟自相残杀罪在第九层地狱的该隐环中受苦。(参看《地狱

篇》第三十二章注㉒)这一家族自相残杀的惨剧一直延续到1325年阿尔伯尔托被一个名叫斯皮奈罗(Spinello)的堂兄弟杀死为止。

⑨ 彼埃尔·德拉·勃洛斯(Pierre dela Brosse)是法国著名的外科医生,得到国王路易九世的宠信,后来又得到腓力三世的宠信,被任命为宫廷大臣。1276年,腓力三世的长子路易突然死亡,彼埃尔指控路易的继母玛利令人用毒药害死了他,为的是使她自己的儿子(腓力四世)能继承王位,这一指控引起了王后和她的亲信们对他的仇恨。1278年,在腓力三世和卡斯提国王阿尔芳索十世之间爆发了战争,玛利王后和朝臣们指控彼埃尔暗中与阿尔芳索勾结,犯有叛国罪,因此国王将他处以绞刑。一些早期注释家还说,玛利王后诬告他曾企图诱奸她。

他(指彼埃尔的灵魂)"和肉体分离"指他死。从诗中的话看来,但丁显然认为,他是无辜的,被处绞刑而死完全是由于遭到王后的怨恨和大臣们的忌妒所致。

⑩ "不拉奔的贵妇人":指玛利王后,因为她是不拉奔(Brabant)公爵亨利六世之女(不拉奔公爵领地包括现今荷兰南部和比利时北部及中部)。

"还在人世时就注意这件事,以免因此落到更不幸的人群中":意即要在活着的时候忏悔诬告彼埃尔的罪行,以免死后堕入第八层地狱第十恶囊中,在犯诬告罪的鬼魂中间受苦,比炼狱中和彼埃尔在一起的那一群人更为不幸。玛利王后1321年才去世,很有可能得知但丁诗中对她提出的警告,因为《炼狱篇》那时已经传抄问世。

⑪ "我的光明":指维吉尔,因为他象征理性,给但丁解除疑难,指明道路。"在你的诗中某处":指在《埃涅阿斯纪》卷六第376行。埃涅阿斯随神巫西比尔游冥土时,遇见他的船队中的主要舵手帕里努鲁斯的灵魂。这个舵手是落海溺死的;凡是尸体没有入土的死者的灵魂,都不得渡过冥土中的斯提克斯河,因此,帕里努鲁斯请求埃涅阿斯助他一臂之力,把他带过河去,但是西比尔对他说:"不要妄想乞求一下就可以改变神的旨意。"

⑫ "用健全的眼光来看":指用不带任何偏见的眼光来看。"在这里居住的人":指在炼狱中的灵魂。"须要满足的要求":指经历赎罪的过程。"爱的火焰":指蒙受天恩的活人怀着满腔热爱为炼狱中的灵魂所作的祈祷,这种祈祷一瞬间就可以完成那些灵魂需要很长时间才能独力完成的赎罪过程。"正义的顶峰":指上帝的至高无上的正义判决,也就是天命。

这三句诗言简意赅,大意是:蒙受天恩的活人怀着热爱为炼狱中的灵魂向上帝祈祷,瞬息间就可以使那些灵魂须要进行的长期赎罪过程完结,这一事实并不意味着上帝的正义判决有所减轻,实际上,上帝的正义判决是不可改变的。

⑬ "那种祈祷是和上帝隔离的":意即由于帕里努鲁斯是异教徒,他的祈祷对象是异教神祇,所以不可能上达三位一体的上帝的天听。

⑭ 对于但丁来说,蒙受天恩者的祈祷能缩短炼狱中的灵魂的赎罪过程,但上帝的正义判决又是不可改变的。“这样高深的疑难问题”:对这种神学问题,象征理性的维吉尔只能约略加以说明,所以他告诫但丁不要再对这种问题多费心思,因为这种问题只能由贝雅特丽齐来解决。“她对于你将是真理和心智之间的光”:意即象征神学和信仰的贝雅特丽齐“使你的心智得以认识真理,正如光使眼睛得以见到物体是什么形象一样”。(伦巴第的注释)

⑮ “一听到贝雅特丽齐的名字,诗人就觉得受到向往之情的激发而振奋起来,灵魂已经登上山顶;因为想见到她的愿望与认识真理的需要融合在一起了。”(托玛塞奥的注释)

两位诗人是中午离开贝拉夸的,和那些遭暴力杀害、最后一刻才忏悔的灵魂交谈耗费了很多时间,现在已经是下午三点时分;他们从这座山的东坡登山,所以这时西下的太阳把山的影子投在他们所在的地方。

⑯ “事实和你所想象的不一样”:意即登山的路程比你所想象的要远。实际上,需要三天才能到达山顶上的地上乐园。

⑰ 意即你将看到数次日出。

⑱ 这个灵魂是意大利最著名的行吟诗人索尔戴罗(Sordello),十三世纪初年诞生在距离曼图亚约十五公里的戈伊托(Goito)地方,出身于清贫的贵族家庭。据一位早期的普洛旺斯传记家说,他是个“美男子,优秀的歌唱家,优秀的行吟诗人,伟大的情人”。他青年时代生活在维罗纳的封建主李卡尔多·迪·圣卜尼法丘(Riccardo di San Bonifacio)伯爵的宫廷,爱上了伯爵的妻子库尼萨·达·罗马诺(Cunizza da Romano)。库尼萨是残暴的封建主埃采利诺(见《地狱篇》第十二章注㉗)的姐妹。埃采利诺由于和李卡尔多在政治上结下仇恨,唆使索尔戴罗诱拐库尼萨逃离她丈夫的宫廷,或者设法帮助她出走,以断绝姻亲关系。大约在1226年,索尔戴罗和库尼萨逃到隶属埃采利诺的特雷维佐边境区(Marca Trivigiana)。数年后,索尔戴罗由于和奥塔·迪·斯特拉索(Otta di Strasso)秘密结婚,被迫离开那里,大约于1229年,投奔普洛旺斯伯爵莱蒙多·贝尔林吉耶里(Raimondo Berlinghieri)四世的宫廷,受到优待。他在宫廷中提高了自己的普洛旺斯语水平,熟练了行吟诗人的创作技巧,用普洛旺斯语写下了许多首爱情诗和讽刺诗。莱蒙多死后,他的女婿安茹家族的查理一世继承了普洛旺斯伯爵领地,索尔戴罗仍然受到优待。查理一世进军意大利,同曼夫烈德作战,索尔戴罗随同他回到自己的祖国。1269年,查理赐给他阿卜鲁齐(Abruzzi)地区的帕雷纳(Palena)采邑和五座城堡。索尔戴罗大概死于1273年以前。

他的诗都是用普洛旺斯语写的,其中最著名的一首是1236年的《哀悼卜拉卡茨先生之死》(Compianto in morte di ser Blacatz)。诗中指名责备当代的君主神圣罗马皇帝腓特烈二世以及法国国王、阿拉冈国王等人的软弱无能，邀请他们分食卜拉卡茨的心，以摄取他的勇气和魄力。这种敢于直言不讳的大无畏精神显然引起了但丁的共鸣，在诗中把他作为爱国心的象征，用简练的笔触塑造出他的孤高、目无下尘的形象。克罗齐在《但丁的诗》中称他为炼狱中的法利那塔。

⑲ “伦巴第人的灵魂”：“伦巴第亚”在中世纪泛指意大利北部的广大地区，“伦巴第人”是意大利北部居民的通称（见《地狱篇》第一章注⑳）。维吉尔的家乡曼图阿在意大利北部，索尔戴罗的家乡在曼图阿附近，所以说他们都是“伦巴第人”，彼此是同乡。

⑳ “独自”原文是 pur。多数注释家（斯卡尔塔齐-万戴里、牟米利亚诺、萨佩纽等）认为 pur 在这里的意义是 solamente，soltanto（仅仅，只），意即只有维吉尔一个人走近索尔戴罗，但丁没有同去；彼埃特罗波诺认为 pur 在这里的意义是 ciononostante（尽管如此），巴尔比认为它在这里的意义是 nondimeno（然而，却），意即虽然索尔戴罗态度那样孤高、目无下尘，维吉尔并没有畏缩不前，而是鼓起勇气走近他。译文根据前一种解释。

㉑ “但丁在《帝制论》卷一第十二章第 7—8 行说：‘人类统一在皇帝之下是完全自由的。’意大利所以是奴隶，因为它没有皇帝的领导，受封建专制和平民政权的支配，为内部斗争所折磨。”（波斯科-雷吉奥的注释）

㉒ 这个隐喻说明意大利是各种苦难集中之地，犹如旅舍是各地旅客汇集之所。

㉓ 诗人把处于危难中而无皇帝领导的意大利比做暴风雨中无舵手的船，以此强调由皇帝领导（掌舵）才能挽救意大利。

㉔ 东罗马帝国（拜占廷）皇帝下令编纂的《罗马民法汇编》（参看注㉖）中说：“意大利不是省，而是各省之主。”这句话一再重见于中世纪的文献中。诗中的意思是说，意大利如今不再像古代罗马帝国时代那样是地中海沿岸各民族的主人。

关于“妓院”的寓意，注释家有不同的解释：有的认为指腐化堕落、道德败坏的地方；有的认为这样说，是因为“这个国家不是按照法律治理，而是谁想要它，就献给谁”（戴尔·隆格的注释）；有的则根据上下文，把“妓院”的含义引伸为“妓女”（换喻、转喻），以与“女主”对称。

㉕ “在这里”：指在炼狱中。炼狱中的灵魂将成为天国的市民，对人世上家乡的感情已不热烈；尽管如此，索尔戴罗一听到维吉尔回答说生在曼图阿，就立刻和他拥抱，显示出深厚的同乡情义。这和世上意大利各小邦之间以及同一城市的市民经常内讧、自相残杀的情况形成鲜明对比。

㉖ 拜占廷皇帝查士丁尼（Justinianus，公元 527—565）下令汇集整理的全部罗马法律文献，统称《罗马民法汇编》，后世称《查士丁尼法典》。但丁把此书比做牵马的缰绳，把意大利比做马，把皇帝比做骑马的人。“马鞍子

空着”:指如今没有皇帝伸张正义,根据法律治理意大利;在这种情况下,查士丁尼编纂的法典还能起什么作用?

“假如没有缰绳,耻辱倒还小些”:意即“假如没有作为缰绳的法律,耻辱倒还小些。野蛮民族的无政府状态不像文明民族的无政府状态那样可耻,那样应受谴责,文明民族明明知道有秩序的、正义的生活的准则,却践踏这些准则”(萨佩纽的注释)。

㉗ “人们”指教会中的当权者,即教皇、大主教、主教和教士等。“你们就应该虔诚”:意即专心致力于宗教事业,让皇帝掌握世俗权力。“上帝对你们的指示”:指《新约·马太福音》第二十二章中耶稣所说的话:“恺撒的物当归恺撒,上帝的物当归上帝。”(“恺撒”指罗马皇帝)“自从你们用手去握缰绳后”:意即自从教皇和主教等企图掌握世俗权力后。“由于不被踢马刺纠正”:意即由于教皇和主教等不会治国安邦,惟一应行使而且能行使这种权力的皇帝又不来意大利。“已经变得桀骜不驯”:意即变成性情暴躁不可驾驭的马,也就是说,意大利的城邦和封建割据的小国已经变得无法无天,不承认任何权威。

㉘ “德意志人阿尔伯特”:指哈布斯堡家族的阿尔伯特一世。他生于1248年,先受封为奥地利伯爵(公元1282—1298),后来当选为德意志王和神圣罗马皇帝(公元1298—1308),但始终未来罗马加冕。教皇卜尼法斯八世起初不承认他是皇帝,“因为他相貌丑陋,只有一只眼睛”,而且娶“属于腓特烈(二世)的毒蛇般血统的”女子为妻,公然宣布,帝位仍然虚悬,由教皇自己代行皇帝的职权。阿尔伯特不仅没有提出抗议,后来还派人与教皇协商,准备把托斯卡那地区全部交给教皇。因此,但丁对他异常愤恨,在诗中祈求上天严惩他的家族。卜尼法斯八世由于同法国国王腓力四世进行激烈斗争,考虑到与阿尔伯特联合有利,最后于1303年承认他为皇帝。1308年,阿尔伯特被他的侄子士瓦本公爵约翰暗杀身亡。

“遗弃了这匹变得野性不驯的马”:指阿尔伯特不行使皇帝的职权,整治不服从帝国权威的意大利。“本来是应该跨在它的鞍子前穹上的”:指阿尔伯特作为神圣罗马皇帝理应统治意大利。但丁在诗中称他为“德意志人阿尔伯特”,丝毫没有民族歧视之意,而是以此来谴责他专在德意志王国内部扩充势力,不尽对意大利的职责。“正义的惩罚从星辰降到你的家族”:许多注释家认为指阿尔伯特的长子鲁道夫于1307年夭折,次年他自己遭到暗杀。

“你的后继者”:指卢森堡王朝的亨利七世。这些历史事实以“事后的预言”形式出现在诗中,可以作为内证来推断《炼狱篇》的写作时间。雷吉奥认为,第六章中这些诗句可能是1308年5月阿尔伯特被暗杀后,同年11月亨利七世当选,但尚未明确表示将南下来意大利加冕时写成的,也可能是在他当选之前不久写成的,后一种可能性更大。

㉙ 阿尔伯特一世的父亲是奥地利公爵鲁道夫一世(公元 1218—1291),他于 1273 年当选为德意志王和神圣罗马皇帝,建立了哈布斯堡王朝。

“被贪心拖住,在那边淹留”:指他们父子二人被贪心所驱使,只顾在德国扩充领土。“容忍帝国的花园变成了荒漠”:但丁认为意大利是帝国最美的部分,所以在诗中称它为“帝国的花园”,它被皇帝遗弃,内讧和战乱频繁,陷于无政府状态。萨佩纽指出:“那边”这个词不指明何处,满含轻蔑的意味,与“帝国的花园意大利形成强烈的对比”。

㉚ 从前人们曾认为蒙泰奇(Montecchi)和卡佩莱提(Cappelletti)是维罗纳的两个世代为仇的贵族,莎士比亚的《罗密欧与朱丽叶》写的就是这两个家族的一对青年男女的爱情悲剧。其实,蒙泰奇是维罗纳的吉伯林家族,卡佩莱提是科雷摩纳(Cremona)的贵尔弗家族,后来这两个家族的名字成为在伦巴第地区争夺霸权的两个敌对党派的名称。十三世纪中叶以后,这两个党派日益衰微,卡佩莱提党在政治上已经无足轻重。但丁用蒙泰奇和卡佩莱提这两个党派的名字来概括拥护皇权和反对皇权的党派的全部政治行动,它们之间的斗争导致伦巴第各城市的衰败和落入野心勃勃的暴君们之手(波斯科-雷吉奥的注释)。

牟纳尔迪(Monaldi)和腓力佩斯齐(Filipeschi)是奥尔维埃托(Orvieto)的两个家族,前者是贵尔弗党首领,后者是吉伯林党首领,因此经常处于敌对状态。这两个家族的名字后来分别变成了奥尔维埃托贵尔弗党和吉伯林党的名称。诗中所说“前者已很悲惨”,指十三世纪末年,蒙泰奇和卡佩莱提两党都已衰落,因为它们互相争夺的城市一一落入那些利用它们的不和坐收渔利的暴君之手。“后者在恐惧不安”指牟纳尔迪和腓力佩斯齐两党由于预感到它们的灭亡即将到来而恐惧不安。

㉛ “你的贵族们”:指帝国的封建贵族们。“圣菲奥拉”(Santafiora)是阿尔多勃兰戴斯科家族的世袭领地,这个家族从九世纪起就拥有这一领地和索阿纳(Soana)领地。1216 年,阿尔多勃兰戴斯科家族分成两个支系,一个拥有索阿纳和皮提利亚诺(Pitigliano)伯爵封号,属于贵尔弗党,一个拥有圣菲奥拉伯爵封号,属于吉伯林党。诗中所指的是后者,它在十三世纪末年已经衰微。但丁以它作为意大利一般封建贵族衰微的例证。

㉜ 按照但丁的想法,罗马是皇帝的天命所注定的配偶,皇帝不在那里,罗马就处于“孀居孤寂”的状态。但丁设想罗马在“孀居孤寂”中昼夜哭喊,哀求皇帝回来的情景时,显然受到《旧约 · 耶利米哀歌》第一章的启发:“先前满有人民的城(指耶路撒冷),现在何竟独坐,先前在列国中为大的,现在竟如寡妇。先前在诸省中为王后的,现在成为进贡的。她夜间痛哭,泪流满腮。在一切所亲爱的中间,没有一个安慰她的。”

㉝ 这是诗人由于痛心而说的反话,实际上是悲叹意大利人为派性所驱使,经常内讧,自相残杀。

㉞ 意即你至少要关心你的声誉,由于你的失职使意大利仍然处于无政府状态,你的声誉已经大大下降,如果你来这里,你会亲身证实这一点而为之感到羞耻。

㉟ 这里以罗马神话中的主神朱庇特来指耶稣基督。

“如果我可以问的话”:但丁觉得向基督提出一个似乎带有责备上天之意的问题,恐怕要犯对神不敬之罪,所以先这样说。

“莫非你的正义的目光转向了别处”:意即莫非神的正义离开了我们,遗弃了我们,不然,基督当初为了给人类赎罪而自己死在十字架上,如今为什么不坚持正义,使我们脱离苦难呢?

“或者,在你的深奥的天意中,这是你为某种完全不能被我们的心智所洞察的幸福而作的准备?”:意即莫非神让我们遭受的这些苦难,是为让我们享受某种我们的心智所不能预见的幸福作准备?

㊱ “暴君”这里指意大利各城市的僭主和一切非法掌握实权的党派首领。“玛尔凯鲁斯”大概指公元前50年任罗马执政官、站在庞培一边坚决反对恺撒的克劳迪乌斯·玛尔凯鲁斯(C. Claudius Marcellus)。这句诗的大意是:每一个充当贵尔弗党首领的乡下佬都反对皇帝的权威,如同古时玛尔凯鲁斯反对罗马帝国的开创者恺撒一样。

㊲ “费尽心机”:意即佛罗伦萨市民费尽心机使佛罗伦萨处于和平状态。这样说显然是用反话来讽刺。

“它没有牵涉到你”也是反话,因为抨击的锋芒特别指向佛罗伦萨。

㊳ “许多人”:指许多别的城市的人,心中有正义感,但不急于表示出来,以免说话失于检点,犹如射手把箭搭在弦上,暂时引而不发,以免失误,射不中目标。

㊴ 大意是:许多别的城市的人不肯担任公职,佛罗伦萨市民不用召唤,就抢着要担任公职,因为他们怀有政治野心。“我来挑重担!”这句话听起来似乎是勉为其难之意,实际上隐藏着争权夺利的意图。

㊵ “你富强”这话是实情,因为佛罗伦萨当时是意大利最大的手工业中心,银钱业也很发达,为欧洲最富的城市。但是这话在诗中却仍是反话,命意在于表明这大量财富是用高利贷等不正当手段获得的,非但无益,而且有害,尽管佛罗伦萨人以此自豪。

“你享受和平”显然是反话,因为佛罗伦萨经常内讧和对外作战。

“你明智”也是反话,因为但丁认为,佛罗伦萨在政治上很不明智,很不稳健。

“事实可以表明”:意即从下列事实可以看出来。

㊶ “拉刻代蒙”(Lacedaemon)即斯巴达,是拉科尼亚(Laconia)的首都。

雅典和斯巴达是古代希腊的两个最重要的城邦。“制定古代法律”:指公元前六世纪梭伦(Solon)为雅典制定的宪法和传说中的立法者吕库尔格斯(Lycurgus)为斯巴达制定的宪法。

“措施”(Provedimenti)指政治和行政措施。“精细”原文是 sottili,本义是“细”,引申义是“细致”。上句说明佛罗伦萨人费尽心机想出种种极其细致的政治和行政措施,下句用隐喻“纺出来”(fili)比拟他们细心想出这些措施来,然而这些措施却实行不了多久,好像纺出来的细线纤弱易断、不能耐久一样。诗句的讽刺性完全在 sottili 这个词的双重意义上。译者苦于找不到具有双重意义的相应的词,只好勉强译成“精细”。

“你十月间纺出来的还维持不到十一月中旬”:泛指佛罗伦萨政府朝令夕改的一般情况,戴尔·隆格认为,特指这一历史事实:白党最后一次执政时,1301 年 10 月 15 日选出的行政官,按照惯例,任期应为两月,但因黑党得势而被迫于 11 月 7 日辞职。诗人特别提到这两个月,因为它们标志着“白党的垮台和他自己的流放”。这种说法为多数注释家所接受。萨佩纽反对此说,认为这句诗讲的并非政权的改变(这在下面的诗句中才讲到),而是政治和行政措施不能实行很久。据译者看来,这两种说法没有什么矛盾,因为政治和行政措施通常都随着政权的改变而改变。

㊷ “风俗”(costume)指生活方式和风气。“成员”(membre)这里指市民。“更换”指佛罗伦萨内部党派斗争不断,有时这一党派得势,有时那一党派得势,随着党派势力的消长,常有一部分市民遭到放逐,另一部分市民则被召回家乡。

㊸ 这个形象生动的比喻是从封建关系向资本主义关系过渡时期的佛罗伦萨的忠实写照。

第七章

得体的、欣喜的欢迎礼节重复了三四次后，索尔戴罗向后退了退，说："你们是谁呀[1]？""在配升到上帝跟前的灵魂们向这座山走来以前，我的骸骨已经被屋大维埋葬[2]。我是维吉尔；我失去了天国，不是由于什么别的罪，只是由于没有信仰[3]。"我的向导当时这样回答。

犹如一个人突然看到自己面前有什么事物使他惊奇，觉得半信半疑，说："它是……它不是……"，索尔戴罗的神情就是这样；随后，他就垂下眼睛，以谦卑的姿态重新向他走去，在卑下者拥抱尊长者的部位拥抱他[4]。

"啊，拉丁人的光荣啊，"他说，"通过你，我们的语言显示出它的能力[5]，啊，我的出生地的永恒的荣耀啊，什么功绩或者什么恩泽使我见到你呀？如果我配听你的话，你就告诉我，你是否从地狱中来和来自哪一层吧[6]。""我一层一层地走遍那个愁苦的王国来到了这里，"他回答他说，"天上的力量推动我，我是借助它而来的。不是因为做什么，而是因为没做什么，使得我见不到你所向往的、被我知道得太晚的崇高的太阳[7]。地狱里有一个地方，情景悲惨并非由于苦刑，而只是由于黑暗，那里的悲哀的声音听起来不是痛苦的叫喊，而是叹息[8]。在那里，我同那些在免除人的罪孽以前就被死神的牙齿咬住的、天真无邪的婴儿在一起[9]；在那里，我同那些没有被三种圣德装饰起来、却完美无缺地认识而且实践一切其他的美德的人在一起[10]。但是，如果你知道而且可以的话，你就给我指点一下，使我们得以更快地走到炼狱真正开始的地方吧[11]。"他回答说："没有指定我们留在一个固定的地点；我可以往上走，也可以环山而行；凡是我能去的地方，我都在你身边做向导[12]。可是，你看天色已近黄昏，夜间是不能往上走的；所以最好是找一个惬意的住宿之处。右边那儿有一些与众隔离的灵魂；如果你同意，我就带你到他们那儿去,认识他们不会不使你感到高兴。”“为什么那样[13]?”维吉尔回答说:“想夜间上山的人会被外力阻止呢,还是由于没有力量而不能上呢?”善良的索尔戴罗用手指在地上画了一条线,说:“你看,太阳没后,你连这条线都不能越过。往上走的障碍不是别的东西,而是夜间的黑暗:黑暗使人不可能上山,从而阻挠人的上山的意志[14]。当地平线关闭着白昼时,在黑暗中的确可以往下走回头路和围绕着山腰游荡[15]。”听了这话,我的主人仿佛感到惊奇的样子,说:“那么,你就把我们带到据你说在那里停留能有乐趣的地方去吧。”

我们离开那里走了不远,我就发现这座山有个地方向内凹陷,如同人世间的山谷使山的地形凹陷一样。那个灵魂说:“我们要到那里去,到那山坡凹陷、自己形成怀抱状的山谷的地方去,在那里等待新的一天来临。”一条既非全然陡峭、又非全然平坦的斜径把我们引到了高度降低了一半多的山谷边缘的末端[16]。黄金和纯银,胭脂红和铅白,靛蓝,磨得平滑、光洁的木材,刚被破开的、鲜明的绿宝石,假如放在那个山谷里,都会被那里的花和草的颜色超过[17],如同较小的被较大的事物超过一样。大自然不但在那里绘出了色彩,而且使千种气味的芬芳合成一种人们所不知道的、无法辨别的香气[18]。

我从那个地方看到一些灵魂坐在花草上唱着“Salve, Regina”[19],因为他们在山谷中,所以从外面看不见他们。把我们带到那里的曼图阿人开始说:“在夕阳目前尚未入巢以前[20],你们不要让我把你们带到他们中间去。从这个高地上你们可以看出他们每个人的动作和面貌,比到下面的山谷里在他们中间去看更清楚些。那个坐在最高处、神情态度表露出他忽略了应该做的事、而且不动口同别人一齐唱歌的人,就是鲁道夫皇帝,他本来可以治愈意大利的致命伤,结果,留待别人去使它起死回生,为时已晚[21]。那另一个似乎在安慰他的人,曾统治着由摩尔达瓦河流入易北河、由易北河流入海中的水发源处的国土,他的名字是奥托卡尔,他在襁褓中就远远胜过他那个生了胡须的沉溺于色欲和怠惰的儿子瓦茨拉夫[22]。那个似乎正同那位面貌异常慈祥者密切商谈着的小鼻子的人,在逃跑时身死,辱没了百合花的光荣[23]:你们看,他正在那里捶胸!你们看,那另一个正用手掌托着腮,唉声叹气,他们是法兰西的祸胎的父亲和岳父；他们知道他的邪恶污秽的生活，从而产生了刺痛他们内心的悲哀㉔。那个看来身躯如此魁梧的、同那个大鼻子的配合唱歌的人，生前曾束着一切美德的腰带㉕；假如坐在他后面的那个青年人继承他为国王，美德确实会从这器皿倒在那器皿里，关于他的其他的嗣子就不能这么说了；贾科莫和斐得利哥都得到了王国，但是谁都没有得到更好的遗产㉖。人的美德很少传到枝条上去；这是恩赐美德者的意旨，为的是让人向他祈求㉗。我的话也适用于那个大鼻子的人，如同适用于那另一个人，那个和他一起唱歌的彼得罗一样，由于这个缘故，普利亚和普洛旺斯如今已经怨声载道㉘。这棵植物之劣于生它的那粒种子，如同康斯坦斯比贝雅特丽齐和玛格丽特更有理由仍然为自己的丈夫自豪一样㉙。你们看，那位生活朴素的英吉利国王亨利独自坐在那里：他在他的枝条中有较好的后嗣㉚。他们当中，那个在最低的位置上席地而坐、抬头向上看的，是圭利埃尔莫侯爵，由于他的缘故，亚历山大里亚和它的战争使蒙菲拉托和卡那维塞哭泣㉛。"

注释：

① "欢迎礼节"（accoglienze）这里指拥抱。"三四次"是不定数，意即多次。"你们"（Voi）指维吉尔和但丁；索尔戴罗在前一章中已经说出自己的名字，现在自然也想知道他们俩是谁。"Voi"之所以大写，是由于在句首；个别的注释本认为它是代词"您"，是索尔戴罗对维吉尔表示尊敬的称呼，这样理解是错误的，因为以后他对维吉尔说话都一直用"你"（tu）来称呼。

② "我的骸骨已经被屋大维埋葬"：公元前 19 年，维吉尔病死在布伦迪西姆，根据屋大维的命令，他的骸骨被运往那不勒斯安葬（参看第三章注⑦）。

"配升到上帝跟前的灵魂们"：指得救的灵魂们。"向这座山走来"：指被接引来炼狱。根据基督教教义，在耶稣基督被钉死在十字架上为人类赎罪以前，没有人能得救，死后灵魂均入地狱，不去炼狱。这两句诗说明维吉尔是基督教兴起以前的人，也说明他为什么不在炼狱中。

③ 维吉尔告诉索尔戴罗自己是谁，还说明自己不能升天国，并非由于犯有什么罪，而只是由于生活在异教时代，"没有信仰"，也就是没有能够信奉基督，而"这种信仰是得救之路的起点"（见《地狱篇》第二章）。

④ 这次拥抱与欢迎礼节上的拥抱不同，关于索尔戴罗这次拥抱的是维吉尔

身体的哪一部位，注释家有不同的解释：有的认为是膝部，有的认为是两脚；佛罗伦萨无名氏注释说，诗中“指的是胸部以下，维吉尔的手臂下面，这是地位较低或年龄较小者通常拥抱尊长者的部位”，这种说法比较可信。高傲的索尔戴罗“听到故乡城市的甜蜜的名字”，知道维吉尔是自己的同乡，就对他亲热起来，按照地位平等的人互相拥抱的方式拥抱他的肩膀，随后又得知他是古罗马伟大诗人维吉尔，对于这千载难逢的奇遇，一时半信半疑，又惊又喜，心中不禁充满了景仰之情，同时又为方才以平等态度对待他感到惭愧，于是，“垂下眼睛”，毕恭毕敬地重新走近他，拥抱他的大腿部分。

⑤ “拉丁人”：指古罗马人和意大利人；但丁认为二者是一脉相传的。“通过你，我们的语言显示出它的能力”：“我们的语言”主要指拉丁文和意大利语（后者是从通俗拉丁语演变成的），但也包括法语、普洛旺斯语、西班牙语，因为这些语言都来源于通俗的拉丁语。“通过你”：意即通过你的诗，“我们的语言显示出它的能力”：意即我们的语言充分显示出它的表达能力。

⑥ “功绩”（merito）指索尔戴罗自己的功绩；“恩泽”指上帝的恩泽。“层”原文是 chiostra（修道院），但丁曾借用这个词指第八层地狱的“恶囊”（参看《地狱篇》第二十九章注⑩）。

索尔戴罗从维吉尔的话里知道他不在炼狱里，就问他是否从地狱里来以及来自哪一层。

⑦ “崇高的太阳”：指上帝。“被我知道得太晚”：指维吉尔死后，灵魂在“林勃”中看到基督降临时，才知道上帝。

“不是因为做什么，而是因为没做什么”：意即“不是因为犯罪，而是因为没有信仰〔基督〕”（佛罗伦萨无名氏的注释）。

⑧ “一个地方”：指“林勃”，即第一层地狱。“林勃中分配给维吉尔和其他的伟大灵魂的地区确实并不黑暗，也没有叹息的声音回荡：但它还是黑暗，因为上帝的恩泽不在那里闪光，而‘不受苦刑折磨的内心悲哀’则是所有住在那一层的灵魂们的共同之处。”（萨佩纽的注释）

⑨ “免除人的罪孽”：指领受洗礼来洗净人的原罪。凡是未领受洗礼而夭亡的婴儿的灵魂均在“林勃”中（见《地狱篇》第四章）。

⑩ 这些人指信奉异教的，因立德、立功、立言而名传后世的伟大人物的灵魂。他们“没有被三种圣德装饰起来”：意即他们不具备信仰、希望、仁爱（简称信、望、爱）三德，因为这三种圣德都是上帝赋予的，只有基督教徒才可能具备。“一切其他的美德”：指一切道德方面的美德和心智方面的美德，特别是谨慎、公正、坚忍、节制（简称智、义、勇、节）四种基本美德（简称四枢德）。信奉异教的伟大人物虽不具备信、望、爱三德，但他们知道谨慎、公正、坚忍、节制等美德，并能付诸实践，作到知行一致，因而他

们的灵魂被分配在“林勃”中。

⑪ “如果你知道而且可以的话”：意即如果你知道去炼狱真正开始的地方的路，而且准许你指给我们。“炼狱真正开始的地方”：指炼狱本部的入口圣彼得之门。但丁和维吉尔直到这时还在炼狱外围。

⑫ “没有指定我们留在一个固定的地点”：“我们”显然指索尔戴罗以及和他情况相同的灵魂们，但他究竟属于炼狱中哪一类型的灵魂，诗中没有明言，注释家也众说纷纭，莫衷一是。不过，他肯定是迟至临终时刻才忏悔的，由于什么原因则不得而知。“我们”可能指那些和他在同一峭壁上面的狭小的台地上的灵魂，也可能泛指一切迟至临终时刻才忏悔的灵魂。

⑬ 指索尔戴罗所说的“夜间是不能往上走的”那句话。

⑭ 这里寓意很明显，太阳象征上帝的恩泽，引导人走上灵魂得救之路，没有上帝的恩泽，人就不能达到灵魂得救的目的，正如《新约·约翰福音》第十二章耶稣所说的话：“应当趁着有光行走，免得黑暗临到你们；那在黑暗里行走的，不知道往何处去。”夜间的黑暗作为登山者的不可克服的障碍，阻挠着他的意志，迫使他打消登山的念头。

⑮ “当地平线关闭着白昼时”：指夜间。这是形象化的说法，夜间太阳隐藏在地平线下，好像地平线把白昼关闭在另一半球似的。“往下走回头路”寓意是：从已经达到的精神境界后退。“围绕着山腰游荡”寓意是：停留在已经达到的精神境界。

⑯ 意即我们由那条斜径来到了谷口旁的山坡上，那里是山谷较浅的地方，山坡高度比山谷其他部分的山坡降低了一半多，所以往下走三步就到了山谷里（见第八章注⑫）。

⑰ 意即黄金的金黄色、纯银的银白色、胭脂红的红色、铅白的白色、靛蓝的深蓝色、磨得平滑光洁的木材（例如经过加工切削或磨光的黄杨木）的浅黄色、刚刚被破开的鲜明的绿宝石的绿色，都不如那个山谷里的花草颜色鲜艳。

⑱ 意即“大自然在这里不仅用各种不同的颜料设色……，而且这里还散发着千种芳香，这些香气又都变成一种混合的香气，人们辨别不出它是由哪些香气合成的。”（布蒂的注释）

⑲ “Salve，Regina”（万福，女王！）是一首歌颂圣母马利亚的拉丁文赞美诗的头两个词，这首赞美诗作于十一二世纪间，后来成为祈祷文，用于宗教仪式中，经教皇格利高里九世明令规定，在星期五晚祷时背诵它。赞美诗全文如下：

万福，女王，怜悯的母亲；
我们的生命，我们的喜悦，我们的希望，万福。
我们这些被放逐的夏娃子女向你呼吁。

我们在这个泪谷中呜咽哭泣着向你叹息。

请你，我们的维护者，把你的怜悯的眼睛转向我们吧。

在我们这放逐生活结束后，让我们见到出自你的子宫的圣子耶稣吧。

啊，仁慈的，啊，亲爱的，啊，和蔼的圣处女马利亚。

索尔戴罗引导但丁和维吉尔来到谷口旁边的山坡上，天已黄昏时分，正是晚祷时间，所以谷中的灵魂们背诵这首诗是适宜的。“我们这些被放逐的夏娃子女”指失去乐园的人类。“泪谷”指人类居住的、充满苦难的世界。他们祈祷圣母帮助，使他们得救，能见到耶稣。山谷中的灵魂都是生前过分热衷于世俗的事物、迟至最后才悔罪的君主，他们为此在炼狱外面淹留，处境与世人很类似，从这一点来说，他们背诵这首诗来祈祷圣母也是恰当的。

⑳ “夕阳……入巢”是隐喻，指日落。

㉑ 鲁道夫皇帝指神圣罗马皇帝鲁道夫一世（见第六章注㉙）。他坐在最高处，因为他在君主中职位最高。“应该做的事”：指南下来意大利伸张正义，消弭内争，恢复和平，这是他作为皇帝应尽的职责。“不动口同别人一齐唱歌”，因为他追悔自己的失职，沉浸在往事的回忆中。“他本来可以治愈意大利的致命伤”：“致命伤”指内部纷争，四分五裂的状态。维拉尼在《编年史》卷七第五十五章中说：“鲁道夫王是有伟大作为的人。他宽宏大量，武艺高强，作战异常英勇，深为德意志人和意大利人所畏惧。假如当时他想南下来意大利，他会所向无敌成为意大利的主人……佛罗伦萨人束手无策；假如他南下的话，肯定会顺从他。那样强大的君主查理王（指安茹王朝的那不勒斯国王查理一世）也很怕他。”但是他没有来意大利被教皇加冕，“因为他一直热衷于增强自己在德国的力量和统治，为了给儿子们扩充领地和势力，根本不想来意大利建立功业。”（《编年史》卷七第一四六章）“结果，留待别人去使它起死回生，为时已晚。”意即：等到别人再去医治它时，已经太晚，不能奏效。大多数注释家认为，这指的是1310年，新当选的皇帝亨利七世南下来意大利，试图伸张正义，消除争端，建立和平，不幸以失败告终。

㉒ 指波希米亚（相当于现今的捷克和斯洛伐克，但版图较大）国王奥托卡尔（Ottokar）二世（公元1253—1278在位）。“由摩尔达瓦河流入易北河、由易北河流入海中的水发源处的国土”：指波希米亚。奥托卡尔二世是鲁道夫一世的死敌，因为他愤恨鲁道夫当选为皇帝，而自己不幸落选，一直拒不承认鲁道夫的帝位。鲁道夫兴兵讨伐，他迎战失败，被迫求和，割让了奥地利等地。1278年，他起兵反抗，在激战中阵亡，由他儿子瓦茨拉夫二世继承了王位。诗中把奥托卡尔同他的仇人鲁道夫放在一起，并且说明他在安慰悔恨自己生前失职的皇帝，目的在于强调，在炼狱中人与人

之间生前的仇恨已消释净尽。“他在襁褓中就远远胜过他那个生了胡须的沉溺于色欲和怠惰的儿子瓦茨拉夫”意即奥托卡尔幼小时候就远远胜过成年的、淫荡怠惰的瓦茨拉夫。佛罗伦萨无名氏的注释中说：“他(指瓦茨拉夫)一般地说是个不中用的、怯懦、温顺的人。”但丁在《天国篇》第十九章中提到他时，除了指出他的“淫荡和奢侈逸乐的生活”以外，还说“他不知道何谓勇气，也不想知道”。

瓦茨拉夫(Wenceslaus)生于1271年，继承王位时，年方七岁，由摄政院摄政，当时鲁道夫已经占领了波希米亚王国的绝大部分，他不得不屈膝求和。鲁道夫接受了他的请求，交还了所占的波希米亚王国的领土，但保留了奥托卡尔割让的奥地利等地。双方和解后，鲁道夫许可他做波希米亚国王，还把自己的女儿嫁给他。1300年，他受波兰骑士们拥戴为波兰国王，1305年去世。

萨佩纽认为，但丁给予他不好的评价，可能是由于他对待教皇卜尼法斯八世态度过于软弱顺从。

㉓ “小鼻子的人”指法国国王腓力三世(公元1270—1285在位)，绰号“大胆的腓力”。他是路易九世(圣路易)之子，安茹伯爵查理(夺得西西里王国后，称查理一世)之侄。他娶阿拉冈王贾科莫一世之女伊萨伯拉为妻，生下他的继承人腓力四世(即诗中所说的“法兰西的祸胎”)和瓦洛亚伯爵查理(即支持佛罗伦萨黑党推翻白党政府，致使但丁遭受放逐者)。1282年，“西西里晚祷起义”使他叔父查理一世失去西西里后，阿拉冈王彼得罗三世(见第三章注㉗)由于是前朝西西里王曼夫烈德之婿而登上了西西里王位。腓力三世受宫廷重臣劝说，在教皇马丁四世的支持下，发动战争，企图侵占阿拉冈。法军攻占了阿拉冈东北部的赫罗纳城，但因舰队被阿拉冈海军击败，供应断绝，被迫退却，途中发生瘟疫，死亡甚多，腓力自己也被传染，1285年死在比利牛斯山脉东北的滨海城市佩皮尼扬。“在逃跑时身死”这句诗即指此事。“辱没了百合花的光荣”，指腓力丧师辱国(法兰西王国的国徽是蓝地衬托着三朵金色的百合花)。

“面貌异常慈祥者”：指那瓦尔国王亨利一世(绰号“肥人亨利”)，他的女儿约安娜是法国国王腓力四世(绰号“美男子腓力”)的妻子。

㉔ 腓力四世(公元1285—1314在位)是但丁深恶痛绝的人之一，但在《神曲》中从未指名提过他；在《地狱篇》第十九章中，教皇尼古拉三世的鬼魂讲到他时，用“当今统治法国的君主”来指他(见该章注㉑)。但丁在这里称他为“法兰西的祸胎”，并且生动地勾画出他父亲腓力三世和他岳父亨利一世对他的邪恶污秽的生活深感痛心，前者用拳头捶胸，后者用手掌托腮叹息的情景；在诗中其他地方，也对他所犯的种种罪行，进行无情的揭发和严正的批判。

㉕ “那个看来身躯如此魁梧的”人：指阿拉冈国王彼得罗三世(公元1276—

1285 在位)。他于 1282 年登上西西里王位。尽管查理一世得到教皇马丁四世的支持(他把彼得罗开除教籍),试图卷土重来,夺回西西里,但以失败告终。在反击法国国王腓力三世入侵阿拉冈的战争中,彼得罗也获得了最后胜利。“生前曾束着一切美德的腰带”:意即彼得罗三世具有一切文武美德,这一隐喻可能取自《旧约·以赛亚书》第十一章:“公义必当他的腰带,信实必当他胁下的带子。”但丁对他的评价,在维拉尼的《编年史》卷七第一〇三章中得到证明:“阿拉冈王彼得罗是一位英明的君主,武艺高强,非常勇敢、睿智,比当时在位的任何其他国王都更为基督教徒所畏惧,他同样为撒拉森人(指信奉伊斯兰教的阿拉伯人)所畏惧或者更甚。”

“那个大鼻子的”人:指查理一世。他生于 1226 年,先被封为安茹伯爵,后来继承他的岳父为普洛旺斯伯爵(见第六章注⑱),1266 年,在本尼凡托之战击败曼夫烈德后,成为那不勒斯和西西里国王,死于 1285 年。诗中把他和他的敌人彼得罗三世放在一起,共同唱歌,目的也在于表明人与人之间生前的仇恨在炼狱中已经涣然冰释。但丁在《天国篇》第八章中严正指出他的恶政引起了“西西里晚祷起义”,在《炼狱篇》第二十章中谴责他残酷地杀死曼夫烈德之侄康拉丁和人们所传说的杀害圣托马斯·阿奎那斯的罪行,但仍然使他居于灵魂得救者之列;根据萨佩纽的解释,这是由于诗人深受佛罗伦萨贵尔弗党传统对查理一世的高度评价的影响,例如维拉尼在《编年史》卷七第一章中写道:“他(指查理)很英明,具有健全的判断力,作战勇猛……,为人宽宏大量,从事任何伟大的事业都抱着崇高的目的,处于任何逆境中都坚定不移,对于自己作出的诺言都信守不渝……”在卷七第八十九章中写道:“他在当时是武功最卓越的、具备各种美德的君王。”万戴里则认为,但丁把他放在炼狱中,可能是因为他像维拉尼在《编年史》卷七第九十五章中所说的那样,忏悔了自己的罪行,作为良好的基督教徒死去。

㉖ “坐在他后面的那个青年人”:指彼得罗三世的最后一个儿子彼得罗,他尚未成年即先于其父死去。有些注释家认为指长子阿尔方索,但这种说法不能成立,因为阿尔方索事实上继承了阿拉冈王位,虽然在位只有六年(公元 1285—1291),不仅如此,他还留下了不好的名声。

“美德确实会从这器皿倒在那器皿里”:这个比喻来源于《旧约·耶利米书》第四十八章:“摩押自幼年以来,常享安逸,如酒在渣滓上澄清,没有从这器皿倒在那器皿里,……”波雷纳(Porena)认为,诗中这句话不能理解为美德从父亲传给儿子,因为确实曾经有过这样的事例,而必须理解为美德从一位君主传给另一位君主。

“他的其他的嗣子”指次子贾科莫二世和三子斐得利哥二世(参看第三章注㉗),前者从 1285 年至 1296 年为西西里王,1291 年,其兄阿尔方索三世死后，他登上阿拉冈王位，死于1327年；后者从1296年起为西西里王，死于1337年；所以诗中说他们得到了王国。“谁都没有得到更好的遗产”意即他们都没有得到父亲的美德。

㉗ “人的美德很少传到枝条上去”：意即父亲的美德很少像树液从树干传到枝条上去那样传给儿子。“恩赐美德者”：指上帝。父亲的优良品质遗传给儿子之所以罕见，是上帝的意志决定的，为了让人认识到优良品质是他恩赐的，须要向他祈求。但丁在《筵席》中已经指出，人的高贵性是上帝赋予个人的灵魂的，不是家族遗传的：“这一神圣的种子不落在家族中，而落在个人身上。”（第四篇第二十章第五节）

㉘ 意即查理一世的嗣子如同彼得罗三世的嗣子一样不肖：查理一世死后，其子查理二世（绰号“瘸子”）继他为那不勒斯国王和普洛旺斯伯爵，但因当时被囚在西班牙，1288年被释放，1289年才加冕，1309年去世。他的统治引起了那不勒斯王国（当时通称普利亚王国）和普洛旺斯伯爵领地的臣民普遍不满。但丁在《神曲》中对查理二世的评论一贯严厉，对法国王室一般也都采取敌视的态度。

㉙ “这棵植物”：指查理二世，“生它的那粒种子”：指查理一世。康斯坦斯是彼得罗三世的妻子，1300年还在世；贝雅特丽齐是查理一世的元配，死于1267年；玛格丽特是他的后妻。诗的大意是：查理二世在品德上低于其父查理一世的程度，如同其父在品德上低于阿拉冈王彼得罗三世一样。

㉚ 指英国金雀花王朝亨利三世（公元1216—1272在位），他是无地王约翰（公元1199—1216在位）之子，生于1207年，1216年即位。在他统治时期，因奉行勒索捐税、重用法国宠臣、容许罗马教廷榨取英国的政策，引起了普遍不满，结果，爆发了内战。1264年，亨利三世及其子爱德华在战争中被大封建主西门·德·孟福尔指挥下的军队俘虏。后来爱德华逃脱，战胜并且杀死了孟福尔，使他得以复位。他死于1272年，在位共五十六年之久。维拉尼在《编年史》卷五第四章中说：“他是个单纯的人，很诚实，但是没有什么才能”，在卷七第三十九章中说：“他是个生活朴素的人，致使贵族们认为他等于零。”

“他在他的枝条中有较好的后嗣”：显然指他的儿子爱德华一世（公元1272—1309在位）。维拉尼在《编年史》卷八第九十章中说：爱德华一世是“有才能的好国王，是他那个时代最英勇的君主和最明智的基督教徒之一，他在海外对撒拉森人，在国内对苏格兰人，在加斯科涅（法国西南部）对法兰西人的战争中，都非常勇猛。”

㉛ 指蒙菲拉托（Monferrato）侯爵圭利埃尔莫（Guiglielmo）七世（公元1254—1292在位）。“在最低的位置上席地而坐”，因为他是侯爵，在那些君主中他地位最低，势力最小。他是吉伯林党首领和帝国代表，勇猛好战，绰号“长剑”（Spadalunga），对贵尔弗城邦发动多次战争，扩张势力和领土。

1290 年,阿斯提城邦企图从他手中收复亚历山大里亚城,鼓动那里的市民起义;他前去镇压,被市民俘虏,关在铁笼中像野兽一般示众,达十七个月之久,1292 年瘐死。其子乔万尼一世为父报仇,出兵进攻亚历山大里亚,但亚历山大里亚人在米兰的僭主马窦·维斯康提(Matteo Visconti)的援助下,入侵侯爵领地蒙菲拉托,占领了一些地方。“蒙菲拉托和卡那维塞(Canavese)”两个地区构成侯爵封地:这场战争的灾祸使侯爵封地的臣民痛苦不堪。

第八章

现在已经是使航海的人在告别了亲爱的朋友们那天，神驰故土，满怀柔情的时刻；是使新上征途的行旅听到远处传来的似乎在哀悼白昼的钟声时，被乡思刺痛的时刻[1]；这时，我开始不再使用听觉，而注视其中的一个灵魂站起身来，用手示意，请其他的灵魂们谛听[2]。他把两掌对合，向天举起，凝眸望着东方，好像对上帝说："我别无所念[3]。"他口中唱出"Te lucis ante"[4]，态度那样虔诚，音调那样美妙，使我听得出了神；接着，其他的灵魂都举目向着诸天，跟着他一起用美妙的音调唱完全首圣歌。读者呀，擦亮眼睛注视这里的真谛吧，因为目前蒙着的面纱实在非常薄，透过它看到内部是很容易的[5]。

我看到那一队高贵的灵魂随后就默不做声地向上凝望着，面色苍白，态度谦卑[6]，好像在期待着什么；接着，就看到两位天使从天而降，手持两把折断的、失去锋芒的、发出火焰的剑。他们的衣服像初生的嫩叶一般绿，拖在身子后面，被他们绿色的翅膀拍打着，随风飘动[7]。一位来到比我们稍微靠上的地方站岗，另一位降落在对面的山坡上，这样那些人就处在他们中间。我清楚地看到他们头上的金黄的头发，但一注视他们的脸，眼睛就像任何感官受到过于强烈的刺激而失灵一样，顿时昏花起来[8]。"这两位天使是从马利亚的怀里来的，"索尔戴罗说，"为了守卫这个山谷，因为那条蛇一会儿就来了[9]。"我一听这话，由于不知道它从哪条路来，就环顾四周，吓得浑身冰冷，紧紧地靠拢那可靠的肩膀[10]。

索尔戴罗又说："现在我们下到山谷中去吧，到那些伟大的幽魂[11]中间去，和他们交谈；他们会非常高兴看到你们。"我想，我只往下走了三步就到了那里[12]；我看见一个灵魂直注视着我，好像希望认出我似的。这时已是天色渐渐昏暗起来的时候，但还没有那样黑，以至于使人看不清楚先前由于他的眼睛和我的眼睛之间的距离而看不出来的事物[13]。他向我走来，我向他走去：高贵的法官尼诺，当我看到你不在入地狱的人们中间时，我是多欣慰呀[14]！我们彼此之间用尽了一切得体的方式表示欢迎和敬意[15]；随后，他就问道："你渡过辽远的海洋来到这座山脚下有多久啦[16]？"

"嗳！"我对他说，"我是经过那些悲惨的地方今天早晨来到这里的，我还在今生，虽然我此行是为了获得来生[17]。"索尔戴罗和他听到我的回答后，都像突然感到茫然失措的人似的向后退缩。一个转身向维吉尔，另一个转身向坐在那儿的一个灵魂喊道："起来，库拉多！你看上帝的恩泽使什么奇事出现了[18]。"随后，他就转身对我说："上帝把他的最初的原因隐秘得如此之深，无路可以到达那里[19]，我以你应该特别感谢他赐予你的那种恩泽的名义请求你，等你回到茫茫大海彼岸时，告诉我的乔万娜为我向对天真无罪者有求必应的地方祈祷[20]。我不相信，她母亲换下白头巾后还爱我，可怜的人哪！她一定还要渴望戴着它呢[21]。从她就很容易知道，如果眼睛或触觉不经常点燃它的话，爱情之火在女人心里能保持多久了[22]。使米兰人扎营的蝰蛇不会给她造成像加卢拉的雄鸡本来会给她造成的那样美的一座坟墓[23]。"他这样说，面带着心中适度燃起的那种正当的热情的迹象[24]。

我的如饥似渴的眼睛不住地仰望天空，注视着星辰像车轮最靠近轴心的部分那样运转最慢的地方[25]。我的向导说："儿子，你向天上望什么呢？"我对他说："我望那三颗把这边的天极照得通明的火炬呢[26]。"他对我说："你今天早晨看见的那四颗明星已经在那边落下去了，这三颗星现在那四颗星原先所在的地方升起[27]。"

当他正说话时，瞧！索尔戴罗把他拉到身边，说："你看我们的仇敌[28]在那里。"还用手指着要他向那里看。在这个小山谷没有屏障的那一边有一条蛇，或许就像当初给夏娃苦果时的那一条[29]。这个恶毒的条状物[30]从花草丛中出来，不时回过头去舔自己的背，如同兽类舔自己的毛使它光滑一样。我没有看见，所以不能叙述那两只天国的苍鹰是怎样出动的[31]；但我看得清楚他们俩都已行动起来。一听到绿色的翅膀掠过天空，那条蛇就逃了，两位天使随后就一齐向上飞回他们的岗位[32]。

在这场袭击的全部过程中，那个听见那位法官一叫就来到他身边的灵魂目光一直没有离开我[33]。“祝愿引导你向上走的灯笼发现你的自由意志中有一直上到绚烂多彩的顶峰所需要的蜡[34]，”他开始说，“如果你知道玛格拉河谷或者附近地区的真实消息，你就告诉我吧，在那里我曾显赫一时。我名叫库拉多·玛拉斯庇纳；我并不是老库拉多，但我是他的后裔[35]；我生前对家族所怀的那种爱正在这里经受精炼[36]。”我对他说，“啊！我从来没有到过您的领地，但是，全欧洲有居民的地方，哪里不知道那些领地呢？为您的家族增光的荣誉使领主、使地区闻名于外，以至于尚未到过那里的人也有所知。我以能走上顶峰的希望向您发誓，您的受尊敬的家族没有失去它的钱袋和宝剑的声誉[37]。习惯和天性赋与它这样的特权，尽管邪恶的首领把世人引入歧途，而它却能独走正路，鄙视邪路[38]。”他说：“现在你去吧；因为，如果天意注定的进程不中断的话，太阳今后重新躺在‘公羊’用所有的四只脚盖着和跨着的床上不到七次，你恳切表示的这种看法就会被比别人的话更大的钉子钉在你的头脑当中[39]。”

注释：

① 指晚祷时刻，即教会规定的一天最后的祈祷时刻。这时夕阳西下，暮色苍茫，最易引起沉郁伤感的情绪：刚告别亲友乘船去异乡的人，不由得思念家乡；新去外地的行旅，听到远处的钟声，不由得乡思缠绵。这是但丁在长期飘泊异乡时的深切感受，在诗中用极平常的词语表达出来，就成为众口传诵的名句，尤其受到浪漫派诗人和评论家的赞美。拜伦的长诗《唐璜》第三章第一〇八节显然脱胎于但丁的诗句：

动心的一刻呵！那海行的游子
　第一天离开岸上亲爱的友朋，
这时会心绪万端，深深地祝愿；
　行路的旅人听到远处的晚钟
悠悠地，似乎在哭泣日之将尽，
　也会充满乡思急急趱赶归程；（查良铮译文）

② “我开始不再使用听觉”，因为这时索尔戴罗不再说话，那队灵魂也唱完了那首颂歌。

“用手示意，请其他的灵魂们谛听”：意即“示意……让每个灵魂都不声不响地听他要讲的话”(布蒂的注释)。

③ “凝眸望着东方”:按照古代和中世纪基督教徒祈祷时的习惯,面向着东方,因为他们相信上帝的恩泽来自那里。

“我别无所念”:意即“我不关心别的事,因为我全心向着你”(本维努托的注释)。“这个灵魂是那样全神贯注于祈祷,他脸上的表情好像说,除了祈祷以外,他什么都不在意。”(雷吉奥的注释)

④ “Te lucis ante”是教会规定的晚祷时唱的一首拉丁文圣诗的第一行前三个词,这首圣诗相传是圣安布罗乔(S. Ambrogio)创作的。

全诗译文如下:

在日没以前,
造物主啊,我们祈祷
你,大发慈悲,
做我们的保护者和看守者。

让一切梦和黑夜的幻觉
远远地离开我们;
把我们的敌人(指魔鬼)制服,
使他不能玷污我们的身体。

最慈祥的天父啊,
请你通过你的独生子(指耶稣基督)
使我们所求的得以实现吧,
他同你和圣灵永恒主宰宇宙。

这些灵魂在太阳将没时唱这首圣诗是及时的,因为太阳是上帝的象征,太阳没后,夜幕降临,魔鬼就会出现,因此他们在这首诗中祈祷上帝恩典,保佑他们夜里平安,不受魔鬼诱惑。

⑤ 但丁在这里预先提醒读者,要注意理解下面描写的情景所隐含的寓意(即诗中所说的“真谛”),不要停止在字面意义的理解上。“面纱”:指字面的意义,面纱“很薄”,意即字面的意义很清楚,透过它很容易看出其中的寓意:蛇象征邪恶对灵魂们的诱惑,两位天使象征神的恩泽帮助灵魂们不受或战胜邪恶的诱惑。

⑥ 灵魂们“面色苍白”,是由于他们害怕蛇,“态度谦卑”,是由于他们意识到自己渺小,无力自卫,必须依靠上天帮助。这里简明勾画出他们等待上天佑助时的神态。

⑦ “两位天使”象征上天的佑助。根据佛罗伦萨无名氏等早期注释家的解释,天使手中的两把剑象征上帝的正义和慈悲,二者相结合,表明正义不能无慈悲,慈悲也不能无正义。两把剑已经“折断、失去锋芒”,表明只能

用剑刃砍伤，不能用剑尖刺伤，因为天使的援助是防御性的，不是进攻性的，诱惑可以逐渐克服、驱除，而不能一劳永逸地消灭。“发出火焰”典出于《圣经》：上帝把亚当和夏娃逐出伊甸园后，“又在伊甸园的东边安设𫫇𠺕啪（九级天使中的第二级天使，司知识）和四面转动发火焰的剑，要把守生命树的道路。”（《旧约 · 创世记》第三章）根据佛罗伦萨无名氏的注释，两位天使的衣服和翅膀的“绿色象征‘希望’的永恒性，‘希望’表现为绿色，因为‘希望’在人心应该永远是生气勃勃的，喜洋洋的，新鲜活泼的。”

⑧ 但丁依照圣像学的传统，把天使的头发描写成金黄色，大概是由于这种颜色会使人感到更庄严、更圣洁、更空灵的原故。天使的形象光芒四射，犹如太阳一样令人一望就觉得眼花。

⑨ “马利亚的怀里”：据早期注释家说，指耶稣基督，因为圣母马利亚怀孕生的耶稣。现代注释家大多认为指马利亚所在的净火天，即严格意义上的天国；《新约 · 路加福音》第十六章中用“亚伯拉罕的怀里”指天国，这里仿照《圣经》的说法，用“马利亚的怀里”指天国。雷吉奥则认为指马利亚自己，她是慈悲之母，在前一章中，这些灵魂曾唱“Salve, Regina”歌颂她，恳求她怜悯、帮助，因此可以想见这时空中飞来的两位天使是她派来保护他们的。“那条蛇”象征魔王撒旦。

⑩ “可靠的肩膀”指维吉尔的肩膀。

⑪ “伟大的幽魂”（grandi ombre）指山谷中的帝王和诸侯的灵魂。“伟大”一词主要说明他们在封建社会中地位高、权势大；此外，根据波斯科的看法，还肯定这些灵魂具有几分豪迈（magnanimi）气概，在一定程度上类似“林勃”中草坪上的那些伟大的灵魂（spiriti magni），而 grandi ombre 也正是 spiriti magni 的同义词。

⑫ 说明索尔戴罗、维吉尔和但丁三人在谷坡上站着的地方比谷底高不多（参看第七章注⑯）。但丁根据艺术上的需要，随时随地说明旅途中的地形和时刻，以加强读者对诗中的情景的真实感。

⑬ 大意是：原先我们俩一在谷坡，一在谷底，距离较远，谁都看不清谁，现在我来到谷底，距离近了，天色虽晚，还不太黑，因此我们能看清楚彼此的面貌，互相认出来。

⑭ 这两句诗并非但丁当面对认出来的朋友尼诺所说的话，而是如窦纳多尼（Donadoni）所说的那样，用“呼语法”（apostrofe）形式表达但丁的心情：“重新见到朋友的喜悦比知道他在得救者中间的喜悦小：这种心情诗人用呼语法形式表达出来，呼语法在《神曲》中的功能是表明旅途中经历的各种感情激动的状态在叙述者心中记忆犹新。”

这里所说的法官（giudice）并非我们通常所说的法官或审判官，而是一种类似总督（viceré）的官职。公元 1022 年，比萨从撒拉森人手中收复萨丁岛后，把它划分为卡利阿里、加卢拉、阿尔波雷亚、托雷四个州或区域，名为法官管辖区（giudicato），其执政官名为法官，是该地区的统治者。

尼诺（Nino）即《地狱篇》第二十二章注⑱提到的尼诺·维斯康提（Nino Visconti），出身比萨贵尔弗党贵族，是萨丁岛加卢拉法官管辖区法官，1285 年与其外祖父乌格利诺共同执掌比萨的政权，后来发生矛盾，被外祖父出卖，流亡他乡，吉伯林首领卢吉埃里坐收渔利，夺取政权，乌格利诺被关进塔牢活活饿死。尼诺在流亡期间是热那亚、佛罗伦萨、卢卡等贵尔弗党掌权的城邦反对比萨的联盟的发起人之一，1293 年是贵尔弗同盟会的首领。1283—1293 年，他曾多次在佛罗伦萨，但丁和他的友谊大概是在这时建立的。1296 年，他在萨丁岛上去世，始终不同吉伯林党掌权的故乡比萨和解，根据他的遗嘱，人们把他的心安葬在贵尔弗党掌权的卢卡城中的圣方济各教堂。早期注释家都称赞他品德高尚，性格坚强、勇敢。

⑮ “描写了索尔戴罗和维吉尔拥抱后，如果再描写他们俩（但丁和尼诺）如何互相表示欢迎，就会显得烦冗，所以让读者去想象。”（彼埃特罗波诺的注释）

⑯ 尼诺由于天色已晚，没有看出但丁是活人，认为他也和其他的亡灵一样，是由天使用船从台伯河口接引到炼狱的。

“辽远的海洋”指台伯河口和炼狱山之间的海洋，强调炼狱和活人居住的陆地相离极远。

⑰ “嗳！”：带有疑问的含义，好像是说：事实跟你所想的根本不同。

“经过那些悲惨的地方”：意即我不是渡过无边无际的海洋，而是经过一层层的地狱来的。

“今生”原文是 prima vita（第一生），“来生”原文是 l' altra〔vita〕（另一生）：意即我还在人世，而我作这次旅行正是为了获得来世永生。但丁说这话的口气是谦卑的，绝不以上天赐予自己这种特权自负。

⑱ 索尔戴罗一直还不知但丁是活人，因为起初但丁在山坡上跟随维吉尔走近他时，天色已近黄昏，身体没有投下影子，当他问他们俩是谁时，一听维吉尔说出自己的名字，就俯身去拥抱他表示景慕之情，无暇再问他的同伴是谁；所以，现在一听但丁说自己是活人，由地狱来到炼狱，就惊讶得向后退缩，转过身去向着维吉尔，似乎想请他证明但丁的话。尼诺一听但丁的话，也非常惊讶，退后几步，转身向旁边坐着的一个灵魂喊道：“你看上帝的恩泽使什么奇事出现了。”

⑲ “他的最初的原因”（lo suo primo perché）：根据萨佩纽的注释，指上帝的行为的最初原因，这里具体指他挑选这一个或那一个不知名的人赐予更大的恩泽的准则或标准。“无路可以到达那里”：意即人无法理解这种最初的或者说根本的原因，因为它是极其奥秘的；“路”原文是“guado”，指

河流可以涉水或者骑马通过的浅处，这里作为隐喻说明人的智力不能找到一条可以理解这种奥秘莫测的原因的途径。

⑳ “你应该特别感谢他赐予你的那种恩泽”：指上帝准许但丁这样的一个活人游炼狱，是赐予他的一种特殊的恩泽，他应该为此特别感谢上帝。

“茫茫大海彼岸”：指人间。“茫茫大海”（large onde）和“辽远的海洋”（lontane acque）均强调和人间相隔极远，同时也使人感到炼狱中的灵魂对于在人间经历的往事仍然不能忘怀。

“我的乔万娜”：1300 年尼诺在炼狱中对但丁说这话时，他的独生女乔万娜（Giovanna）才九岁。他死后，全部家产被吉伯林党夺去，乔万娜随母亲先后流亡到斐拉拉和米兰，年龄很小就嫁给特雷维佐的封建主黎扎尔多·达·卡密诺（Rizzardo da Camino）。1312 年丈夫去世后，孀居生活困难。1323 年被迫去佛罗伦萨，城邦政府因其父有功于贵尔弗党，发给她一笔津贴救济她。她死于 1339 年以前。

“为我向对天真无罪者有求必应的地方祈祷”：意即为我向天祈祷；只有蒙受天恩者和天真的儿童的祷告上帝才肯答应。乔万娜是九岁的小女孩，所以她为他祈祷会使他早日进入炼狱之门。

㉑ “她母亲”：乔万娜的母亲贝雅特丽齐·德·埃斯提（Beatrice d'Este）是斐拉拉的封建主侯爵奥比佐二世之女。1296 年丈夫死后，带着乔万娜回到娘家。1300 年再婚，嫁给米兰的封建主吉伯林首领玛窦·维斯康提之子加雷阿佐（Galeazzo）。1302 年由于托里亚尼（Torriani）家族集团得势，加雷阿佐全家被逐出米兰，她随新夫过流亡生活，几经变迁，加雷阿佐来到托斯卡那，沦为当时统治卢卡和比萨的卡斯特卢乔·卡斯特拉卡尼（Castruccio Castracani）手下的一名普通士兵，家境贫苦，1328 年死在那里。她再度丧夫后，不久时来运转，她的儿子阿佐（Azzo）又成为米兰的统治者，她得以在米兰安度余年，1334 年去世。

尼诺提到她时，“不称她为‘我的妻子’，而称她为‘她（乔万娜）母亲’，这是充满怜悯之情的责备。”（托玛塞奥语）“换下白头巾”指嫁给加雷阿佐；当时，意大利城邦法令规定，凡已婚妇女都须戴头巾，孀居者戴白头巾，穿黑衣服，因此，“换下白头巾”意即再嫁。在中世纪封建社会中，妇人再嫁意味着对亡夫不忠而为人所不齿。尼诺对于自己死后不久，贝雅特丽齐就和加雷阿佐结婚，自然不满，但他提到此事时，不直说她再嫁，而委婉地说她换下了白头巾，不断言她已经忘掉他，而用怀疑的口气说他不相信她还爱他，因此只希望女儿为他祈祷。这一切都说明他具备骑士的品德，不愧被但丁称为“高贵的法官尼诺”。“可怜的人哪！她一定还要渴望戴着它呢”：意即她以后处在不幸的境地时，一定会后悔自己再嫁（炼狱中的灵魂能预知未来的事）。“可怜的人哪！”这句感叹话对于她注定要遭遇的不幸，表示出无限的怜悯。

㉒ 意即她很快就忘掉亡夫，再嫁他人，这一事实足以说明，如果没有所爱的人经常在身边，女人的爱情是不能持久的。这种论调自古以来就屡见不鲜，例如《埃涅阿斯纪》卷四中说："女人永远是反复无常、变化多端的"（第569—570行），早期基督教著作家也有类似的看法，到了中世纪，这种看法已经成为传统的偏见。

㉓ 米兰的统治者维斯康提家族的纹章是一条蝰蛇吞食一个撒拉森人；"使米兰人扎营"：维斯康提家族的纹章是米兰的军旗，军旗在哪里升起，军队就在哪里扎营。萨丁岛加卢拉州的州徽是一只雄鸡，法官尼诺是一州之主，州徽实际上等于他的家族的纹章。诗的大意是：将来她死后，用加雷阿佐家的纹章装饰坟墓，还不如当初没再嫁，用尼诺家的纹章装饰坟墓光荣。1334年她去世前留下遗嘱，让人们把她的前夫和后夫家的纹章都刻在她的石棺上，大概是由于当时《神曲》抄本已经广泛流传，她企图借此来否定诗中的看法。

㉔ "正当的热情"（dritto zelo）意义含蓄，引起了种种不同的解释。早期注释家都认为，"热情"这里指爱情；"正当的热情"即"正当的爱情"（布蒂的注释），"纯洁的爱情"（佛罗伦萨无名氏的注释），"正当的、忠实的伉俪之情"（本维努托的注释）。一些现代注释家则把"热情"理解为"怨恨"之情或"惋惜"之情。萨佩纽反对这样的解释，认为"热情"这里指尼诺心中仍然对妻子怀着的旧情，由于不忘旧情，他才以怜悯的态度看待她的错误和不幸。"适度燃起"说明尼诺心中情绪激动，但不过火，这正是高贵的骑士品质的特征。

㉕ 指南极。靠近南（北）极的星辰转得最慢，正如车轮靠近轴心的部分转得最慢一样，因为靠近南（北）极的星辰在24小时内转完的圈子，比距离南（北）极远的星辰在同样的时间内转完的圈子小些。

㉖ 这三颗明星象征信、望、爱三种超德。

㉗ 这四颗明星象征勇、义、智、节四种枢德。

㉘ "我们的仇敌"：指撒旦，是《圣经》用语。

㉙ "小山谷没有屏障的那一边"：指谷口。"或许就像当初给夏娃苦果时的那一条"意即或许就像当初撒旦引诱夏娃吃分别善恶树上的果子时，变成的那条蛇一样（见《旧约·创世记》第三章）。"苦果"原文是 il cibo amaro（苦的食物），因为那果子是死和其他诸苦的来源。

巴尔比把这句诗的意思理解为"或许就是当初给夏娃苦果的那条蛇"。波雷纳反对此说，他正确地指出，诱惑夏娃的蛇是魔鬼暂时变成的形象，并不是一条从那时起一直活着的真蛇。

㉚ "条状物"原文是 striscia（条，带），这是指蛇，"因为蛇身细长柔韧，好像布条或其他条状物。"（佛罗伦萨无名氏的注释）

㉛ "我没有看见"，因为但丁一直在那里全神贯注地盯着那条蛇。"天国的

苍鹰”:指两位天使,“称他们为苍鹰,因为苍鹰是蛇的天敌。”(《最佳注释》)

㉜ “飞回他们的岗位”:“这就是说,回到那两道山脊上他们起初站岗的地方去。”(本维努托的注释)有些现代注释家理解为飞回天国去。这种说法不符合诗中的情况,因为在夜间那条蛇随时都可能再来,天使必须通宵戒备。

㉝ “那个听见那位法官一叫就来到他身边的灵魂”:指前面尼诺所喊的库拉多,他在那条蛇潜入山谷,随后被天使发现和赶走的过程中,始终注视着但丁,对他表现出极大的兴趣,这是因为但丁是活人,会带来世上的消息。

㉞ “引导你向上走的灯笼”:指上帝的恩泽。“绚烂多彩的顶峰”:原文是 sommo smalto,早期注释家认为 sommo(最高处)指天,即天国,smalto(釉)在这里相当于 smaltato(上釉的,涂色的;点缀的),sommo smalto 意即繁星点点的天空。现代注释家则认为 sommo 指炼狱山的顶峰,sommo smalto 指顶峰上的地上乐园,smalto 形容青翠的草地上百花争艳的景色。译文根据后一种解释。

“蜡”:指个人的意志或毅力;没有足够的蜡,灯笼就不能继续照明,没有足够的个人意志或毅力,上帝的恩泽就不会起作用。诗句大意是:祝愿上帝赐予你的恩泽加上你个人的毅力使你能到达顶峰上的地上乐园。库拉多向但丁请问故乡的消息前,先向他表示这种良好的祝愿。

㉟ 库拉多·玛拉斯庇纳(Currado Malaspina)是维拉弗朗卡(Villafranca)侯爵斐得利哥一世之子,穆拉多侯爵库拉多一世之孙,据薄伽丘在《十日谈》第二天故事第六中说,他“是皇帝党(即吉伯林党)”,死于 1294 年。

“玛格拉河谷”:玛格拉(Magra)河在托斯卡那西北部,发源于亚平宁山脉,流经卢尼地区,在斯帕西亚湾附近入海,因而玛格拉河谷在诗中泛指卢尼地区(见《地狱篇》第二十四章注㉛)。这里是玛拉斯庇纳侯爵家族的世袭领地,斐得利哥一世的维拉弗朗卡城堡就在此河谷中。

“曾显赫一时”:“显赫”原文是常用词 grande,含义宽泛,译文根据多数注释本的释义 potente(有权势的)措辞。

“老库拉多”:指玛拉斯庇纳家族的始祖,库拉多的祖父库拉多一世。他娶西西里王曼夫烈德的姐妹康斯坦斯为妻,声望甚高,寿命颇长,大约死于十三世纪中叶。由于祖孙同名,库拉多特别向但丁说明他们的血统关系,以免混淆。

㊱ 诗句大意是:在世上我的爱集中在自己的家族和权势上,忽视了使灵魂得救的修养,如今在炼狱中正通过必要的磨练,使自己的爱成为纯正的对上帝的爱。

“精炼”(raffina)是隐喻,意即“如同在火中炼金一般”。(本维努托的注

释）

萨佩纽指出，库拉多也对自己生前的荣华富贵记忆犹新，对自己家族和乡土的感情依然存在，但如今已视为空虚遥远的陈迹，对但丁谈及时，语气淡漠尤甚于尼诺。

㊲ 但丁对库拉多使用尊称“您”，表示敬意。据萨佩纽的注释，玛拉斯庇纳家族的领地由于领主们有慷慨大方的声誉而闻名全欧，十二世纪末和十三世纪初年之间的普洛旺斯行吟诗人们在诗中对这些领主表示的敬意也可以证明这一点。

“能走上顶峰的希望”：即灵魂得救的希望，这对但丁来说是至关重要的，他以此向库拉多发誓，表示极其郑重。

“钱袋和宝剑的声誉”：“钱袋”的声誉指慷慨大方、轻财重义的声誉，“宝剑”的声誉指作战英勇的声誉；慷慨和英勇都是典型的骑士美德。

㊳ “习惯”：指家族的传统。“天性”：指好善的天性。“邪恶的首领”指谁，众说纷纭，有的认为指魔鬼，有的认为指皇帝，有的认为指教皇；看来最有说服力的是第三种说法，因为诗中一再指出，教皇掌握世俗权力，贪婪腐化，买卖圣职，忘掉自己的神圣职责，是世界走入歧途的根本原因。

㊴ “现在你去吧”言外之意是：现在你不必再多说了。

“‘公羊’用所有的四只脚盖着和跨着的床”：指白羊宫；安托奈利（Antonelli）说：“自古以来，在天文图上就把这个动物（指羊）画成卧着的姿势，它的下腹趴在黄道上，也就是太阳在白羊宫的‘床’上，用它的蜷着的四只脚跨着和盖着黄道的这一段。”诗中的描写很可能受到天文图的启发。太阳躺在白羊宫的床上，意即太阳在白羊宫，重新躺不到七次，意即太阳今后再进入白羊宫不到七次，也就是说，今后不到七年。由于这话是预言，所以像诗中其他的预言一样，不照直说话，而采用迂曲隐晦的说法，使之带有几分神秘色彩。“你恳切表示的这种看法”：指但丁对库拉多的家族作出的高度评价。“别人的话”：指世人对这个家族的称赞，但丁的评价是根据这种传闻作出的。“就会被比别人的话更大的钉子钉在你的头脑当中”：意即你将通过比传闻更有说服力的亲身经验证实自己的看法。“如果天意注定的进程不中断的话”：意即如果天意所注定的你将遭到放逐、漂泊异乡的命运进程不中断的话，不言而喻，这种进程是绝对不可能中断的。库拉多向但丁预言：除非你未来的命运改变，你根据世人的普遍称赞对我的家族所作的评价，今后为时不到七年，就会通过比传闻更有力的亲身经验得到证实。这种预言当然是所谓事后（post eventum）的预言。历史文献证明，但丁被放逐后，1306 年 10 月曾在库拉多的堂兄弟弗兰切斯齐诺（Franceschino）侯爵宫廷中作客，受到优遇和信任，被委任为代表同卢尼主教安东尼奥·达·卡密拉（Antonio da Camilla）缔结和约。这一历史事实和库拉多对但丁说这番话的时间（1300 年春天)相距不到七年。但丁在困苦的流浪生活中对慷慨好客的玛拉斯庇纳家族自然衷心感激,为了表达这种感情,而写出赞美这个家族的诗句。应该指出的是:这些赞语并非庸俗虚伪的歌功颂德之词,因为这个家族虽系意大利一个小邦的贵族,却在法国以及一些其他的欧洲国家享有声誉,其慷慨大方为不少普洛旺斯行吟诗人所传扬,而真正使之名垂后世的则是但丁的诗。

第九章

老提托努斯的伴侣已经离开甜蜜的情人的怀抱，在东方的阳台上发白；她额上的宝石亮晶晶的，镶嵌成用尾巴打击人的冷血动物的图形①；在我们所在的地方，黑夜上升已经走完其中的两步，第三步已经在把翅膀垂下来②；那时，我因为带着亚当所给的那种东西，被睡魔战胜，躺倒在原来我们五个人都坐着的草上③。

凌晨，当燕子或许想起它旧日的灾难④而唱起哀歌，当我们的心灵更远离肉体，更少受思虑缠绕，所做的梦几乎具有预示未来的功能⑤时，我似乎梦见一只金黄色羽毛的鹰，张着翅膀，停在空中不动，准备猛扑下来；我好像是在加尼墨德被劫持到最高的会上时，丢下他的同伴们的地方⑥。我心中想道："或许这只鹰惯于专在这里扑击，或许它不屑于从别的地方用爪抓住什么带上天空去。"接着，我就觉得，好像它盘旋了一会儿之后，就像闪电一般可怖地降下来，把我抓起，一直带到火焰界⑦。在那里，它和我好像都燃烧起来；梦幻中的大火烧得那样猛烈，使得我的睡梦必然中断⑧。

犹如阿奇琉斯睡在母亲怀抱里，被她从奇隆那里偷走，带到后来希腊人又使他离开的斯库罗斯岛上时，他睁开惺忪的睡眼环顾四周，茫然不知身在何处，而顿时醒过来一样⑨；当睡梦一从我面上消散，我就像那样突然惊醒了，变得脸色苍白，如同吓得浑身冰冷的人似的。在我旁边只有我的安慰者一个人，太阳已升高两个多小时，我的脸转向着大海⑩。"不要害怕，"我的主人说，"放心吧，因为我们已经走得很远了；不要抑制而要使出全部力量⑪。现在你已到达炼狱：你看围绕它的那道峭壁，你看那里在峭壁似乎断裂的地方的那个入口⑫。刚才，在天亮前的黎明时分，正值你的灵魂在肉体内沉睡之际，那一片装点着下面那个地方的花上来了一位圣女，她说：'我是卢齐亚；让我把这个睡着的

在那里，它和我好像都燃烧起来；梦幻中的大火烧得那样猛烈，使得我的睡梦必然中断。

人带走吧;这样我好在他的路上帮助他前进[13]。'索尔戴罗和其他的高贵灵魂都留下;她把你抱起来,天刚一亮,她就从那里向上走去,我在后面跟着她。她把你放在这里,但她先用她的美丽的眼睛把开着的入口指示给我,然后,就和睡梦一同离开。"[14]

如同心中充满疑惧的人,听了人家向他说明真实情况以后,心情安定下来,把恐惧变成勇气一样,我心里也起了这样的变化;我的向导一看到我已经没有疑虑,就动身顺着山坡向高处走去,我在后面跟着他。

读者呀,你清楚地看到,我正在提高我的主题,因此,如果我用更高的艺术技巧来支撑它,你可不要感到惊异[15]。

我们渐渐走近那里,来到原先在我看来似乎只不过像墙上裂开的一道缝似的那个豁口,我看到那里有一座门,下面有三级颜色不同的台阶可以上到门口,还有一个尚未说话的守门人[16]。当我睁大眼睛越来越近地注视他时,我看见他坐在最高的一级台阶上,他脸上的光那样耀眼,使我不能忍受。他手里有一把出鞘的宝剑,这把宝剑的光芒那样强烈地向我们射过来,使得我几次试图举目去看都是枉然[17]。他开始说:"你们就在那里说:你们为何而来?你们的向导在何处?要当心,上来会使你们受害[18]。"我的向导向他回答说:"一位熟悉这些事情的天上的圣女[19]刚才对我们说:'你们往那儿去吧:门就在那里。'""愿她促使你们的脚步在向善的路上顺利前进,"殷勤的守门者又开始说,"那么,你们就往前走,到我们的台阶这儿来吧。"

我们来到了那里;第一级台阶是白大理石的,那样光滑、明净,我在上面都照得见我的影子[20]。第二级台阶颜色比黑紫色还深,是一种粗石的、干巴巴的像被火烧过一般,有纵一道、横一道的裂缝[21]。上面的那质地坚实的第三级台阶据我看来似乎是斑岩的,呈火红色,如同从血管里涌出的血一样[22]。上帝的天使双脚放在这级台阶上,坐在据我看来似乎是金刚石的门槛上[23]。我的向导拉着我甘心情愿地顺着三级台阶走上去,他说:"你以谦卑的态度去恳求他开门吧。"我虔诚地跪倒在他的圣洁的脚下:求他大发慈悲给我开门,但我先在自己的胸膛上捶了三下[24]。他用剑锋在我的额上刻了七个P字母,说:"你到了里面,要注意洗掉这些伤痕[25]。"

灰或刚掘出的干土大概和他的衣服是一样的颜色[26],他从衣服下面掏出了两把钥匙。一把是金的,另一把是银的;他先用那把白的,然后用那把黄的开门上的锁,使得我满意[27]。他对我们说:“每逢这两把钥匙中的一把失效,在钥匙孔中转动不灵,这条路就不通了[28]。一把更宝贵,但另一把要有很高的技巧和智慧才能开锁,因为解开结子的就是这一把[29]。我从彼得手里接管了这两把钥匙;他嘱咐我,只要人们跪在我脚下,我就宁可犯开门而不要犯锁着门的错误[30]。”随后,他就把那神圣之门的门扇推开,说:“进来吧;但是我警告你们,谁往后看,谁就回到门外去[31]。”那神圣的大门的门扇是金属的,厚重坚实,铮铮有声,被推得枢轴转动时,就连当初塔尔佩亚在墨泰卢斯被人们拖走,因而随后被洗劫一空之际,都没有那样怒吼,也没有显示出那样的阻力[32]。

我一听见这第一个声音就转身注意起来,似乎听到 **Te Deum laudamus** 的歌词同这悦耳的声音混合在一起;我所听到的给我留下的印象,正如当人们和着管风琴唱歌时,我们通常得到的印象一样,歌词时而听得清楚,时而听不清楚[33]。

注释:

① 这几行诗是《神曲》中的难点之一,如同第二章前几行一样,用神话典故、天文现象和隐喻说明时间,内容比较复杂。注释家对其中的一些细节争论不休,问题迄今尚未圆满解决。

“老提托努斯的伴侣”:指黎明女神(Aurora)。据古代神话,特洛亚王拉俄墨东(Laomedon)的儿子、普利阿姆斯的兄弟提托努斯(Tithonus)容貌俊美,黎明女神爱上他,把他带往埃塞俄比亚,同他结婚,并且为他求得宙斯的恩惠,让他永远不死,但她忘了恳求宙斯让他永葆青春,结果他也像其他的凡人一样,随着时光流逝而日益衰老。黎明女神通常指拂晓的曙色。但“伴侣”原文是 concubina,含义为姬妾。早期注释家认为,诗中不称黎明女神为提托努斯的妻子而把她说成提托努斯的姬妾,是因为诗人不用她指凌晨日出之前的曙色(aurora solare),而指黄昏月出之前的微光(aurora lunare)。“东方的阳台上”:指炼狱东方的地平线上。“她额上的宝石亮晶晶的”:指黄昏时分天蝎座中的明亮的群星在炼狱东方天空闪耀;“用尾巴打击人的冷血动物”:指用腹部末端的毒钩蜇人的蝎子,天蝎座是以它命名的。月出之前的微光出现在炼狱东方的地平线上,天蝎座的明星在东方天空闪耀,都说明时间是下午 8 时半以后不久。这种解释为英国但丁学家穆尔(Moore)、美国但丁学家诺尔顿和辛格尔顿等人所接受。

现代意大利但丁学家大都反对此说。萨佩纽指出,如果认为诗中用黎明女神指月出以前的微光,就意味着强迫但丁编造了一个神话细节,因为过去任何其他的诗人都没有这样说过。格拉伯尔认为,不应把诗中 concubina 一词理解为“姬妾”,而应依照其词源拉丁文 concumbo(我同卧)的意义理解为与提托努斯同床共寝的伴侣,这里“主要指他们二人牢不可破的结合”,既不含贬义,也不涉及婚姻和妻妾问题。诗中用“情人”(原文是 amico:男朋友)指提托努斯,也可以证明这一点。“发白”(s' imbiancava)意味着黎明女神擦粉使自己显得更美。总之,黎明女神指的确定是凌晨日出以前的曙色。但是他们都断言,这里所说的不是炼狱的时间,而是诗人家乡意大利的时间。这种说法比前一种说法更令人信服,不过,也有难以自圆其说之处:意大利春分时节凌晨,天蝎座在西方天空,东方天空可以见到的却是双鱼座,而这一星座并不切合诗中的比喻,因为它的光比较暗淡,不能说它是“亮晶晶的”;它被命名为双鱼座,鱼固然是冷血动物,但它不能“用尾巴打击人”。托拉卡肯定诗中的比喻指的是天蝎座,把原文 la sua fronte(她额上)理解为“她前面”;他说:“诗人想象黎明女神从‘东方的阳台上’把头伸向天空中部,这样,天蝎座中的群星就像灿烂的王冠一般呈现在她前面。”这种解释有些牵强,因为把 la sua fronte 理解为“她前面”,在词义上虽然讲得通,从上下文来看,未免曲解原意。

② “我们所在的地方”指炼狱。诗人现在说明炼狱的时间,把它和上面所说的意大利的时间对照。如同在第二章开头一样,他把黑夜人格化,想象它像星辰一样运行,上升到中天,然后下降到地平线上。在但丁游炼狱的春分时节,南北半球昼夜等长,黑夜长12小时,也就是它运行全程为12小时,前半程从黄昏(下午六点)起到午夜(十二点)步步上升,后半程从午夜(零点)起至黎明(次日上午六点)步步下降,步数与时数对应。“黑夜上升已经走完其中的两步,第三步已经在把翅膀垂下来,”这两句诗用隐喻说明时间,意即黑夜已经走完上升的六步中的前两步,第三步即将走完,也就是说,夜间第三小时已经过去大半,炼狱时间是晚八点半到九点之间。这个隐喻使人联想到维吉尔的诗句:“黑夜降临了,用它的灰暗的双翼拥抱着大地。”(《埃涅阿斯纪》卷八第389行)维吉尔在这个隐喻中把黑夜想象为一只用双翼拥抱大地的硕大无朋的鸟,是很贴切的;但丁诗中的隐喻“第三步已经在把翅膀垂下来”,则实在费解。托拉卡认为,大意是第三步即将迈出时的姿态,犹如鸟要落下时,收拢双翼一样。

③ “亚当所给的那种东西”:指肉体。诗中明说但丁不是神游炼狱,而是带

着肉体而来,所以他感到劳累困倦,不知不觉地进入了睡乡。“我们五个人”:指但丁、维吉尔、索尔戴罗、尼诺和库拉多。但丁入睡时,炼狱时间是晚八点半以后不久,那时意大利天刚黎明,大约早上六点钟。

④ “它旧日的灾难”是来源于希腊神话的典故:雅典王潘狄翁(Pandion)把女儿普洛克涅(Procne)嫁给特剌刻王忒柔斯(Tereus)为妻。后来,普洛克涅想念她妹妹菲罗墨拉(Philomela),恳求丈夫去雅典接她来小住。忒柔斯是个好色之徒,看到菲罗墨拉美貌绝伦,顿起淫念,在回国时,一上岸就把她拖进树林深处的小屋里,强奸了她。她拼命呼喊,忒柔斯怕罪行声张出去,就拔剑割下她的舌头。他回到宫中,就用谎话骗他的妻子,说她妹妹已死。普洛克涅听了这话,悲痛欲绝。菲罗墨拉在小屋里一直被人严密看守着。由于不能说话,诉说冤仇,她情急智生,在织布时,把所受的污辱、残害在布上织成文字,让自己的老女仆悄悄地送给王后普洛克涅。王后看了以后,悲愤交集,决心为妹妹报仇;她利用庆祝酒神节的时机,夜间穿着节日的装束,带着侍从来到小屋里,把菲罗墨拉装扮成庆祝酒神的女祭司带回宫中,接着,就砍死自己和忒柔斯所生的儿子,同妹妹一起动手支解了他的尸体,一部分扔在锅里煮,一部分放在火上烤,随后就请丈夫单独赴宴,伪称宴会是按她家乡习惯举行的。忒柔斯不知是诈,大嚼儿子的肉。普洛克涅当场说出了实情,菲罗墨拉接着就把他儿子的头扔到他面前。忒柔斯又悲痛又急于报仇,拔剑去杀她们,她们忽然长出翅膀飞掉了,普洛克涅变成了燕子,菲罗墨拉变成了夜莺,忒柔斯随后也变成田凫(见《变形记》卷六)。

⑤ 凌晨,经过长时间的睡眠,人的心灵解脱了肉体的负担和思虑的缠绕,处于宁静自由的状态,这时所做的梦能预示未来,以后必然应验。这种说法来源于新柏拉图学派和阿拉伯哲学家阿维森纳,在中世纪普遍流行。

⑥ 指特洛亚的伊达(Ida)山。加尼墨德(Ganymede)是特洛亚王特洛斯(Tros)之子,容貌俊美绝伦,他和同伴们在伊达山行猎时,被朱庇特的神鹰用爪子抓到天上去做侍童,给群神捧杯斟酒。“最高的会上”:指群神会上。但丁凌晨梦见自己像加尼墨德一样被神鹰抓去。

⑦ “火焰界”:根据当时的宇宙志,火焰界在大气层之上,月天之下。

⑧ 早期注释家已经指出,但丁梦见神鹰把他抓往火焰界是下文所述卢齐亚在他睡着时把他抱到炼狱之门这一事实在梦中的反映。神鹰和卢齐亚一样象征上帝启迪人心的恩泽:“这种恩泽在他(指但丁)心中点燃起来,他在对神圣事物的热爱中燃烧得如此猛烈,以致这种烈火使他从睡梦中醒来,也就是说,使他完全从惰性中觉醒。”(兰迪诺的注释)

现代注释家牟米利亚诺、萨佩纽和雷吉奥根据下文所说:但丁一觉醒来,发现自己已经不在山谷中而在山坡上,“太阳已经升高了两个多小时”这一事实,断定但丁“梦幻中的大火”实际上就是高高升起的太阳,它的温暖、强烈的光芒照射着但丁的眼睛和身体，使得他的睡梦必然中断，因为，根据人们的共同经验，某些外在的情况作用于人的身体，会造成梦中的情境，现实中的感觉会在梦中得到反映。

⑨ 希腊英雄阿奇琉斯幼时被托付给半人半马的怪物奇隆抚养（参看《地狱篇》第十二章注⑱），他母亲海神忒堤斯（Thetis）听到预言家说，他将死于特洛亚之战，就趁他睡着的时候，从奇隆那里把他抱走，带到斯库洛斯岛上，把他打扮成女孩子，隐藏在国王的宫中。后来，希腊将领尤利西斯和狄俄墨得斯识破了他的伪装，说服了他前去参战（参看《地狱篇》第二十六章注⑲）。斯塔提乌斯在《阿奇琉斯纪》第一卷中用下列诗句描写阿奇琉斯惊醒时的情景：

> “这男孩的睡梦被惊醒时，他睁开眼睛意识到映入眼帘的天光。呈现在他面前的晨光使他惊奇，他问，他在什么地方，这些波浪是什么，佩利昂山（注）在哪里？他看到的一切都和往常所见的不同，感到十分陌生，他甚至迟迟不敢认自己的母亲。”
>
> （注）佩利昂（Pelion）山是奇隆居住的地方，在希腊色萨利地区。

但丁的诗句大概受到这段描写的启发。

⑩ 卡西尼-巴尔比的注释指出，但丁睡醒后，有三种情况使他感到惊异，由惊异而引起恐惧：一是他发现只有维吉尔一人在他旁边，而在山谷中睡着前，另外还有三位灵魂；二是太阳已经上升得这样高，而他入睡的时刻是夜幕降临后不久；三是他从高处看到茫茫大海，这是他从山谷中看不见的，因为他一进山谷，身子就转过去背着大海了。这些情况使他明白，在他睡着的时候，对他来说，一定发生了什么事，但不知道到底是什么事。

⑪ 上文用“我的安慰者”来指维吉尔，因为在荒凉寂静的山坡上，但丁身边只有维吉尔一人；这里则用“我的主人”来指维吉尔，因为他鞭策和教导但丁。

“已经走得很远”：意即在前进的路上走了很远，已经来到炼狱门前。维吉尔看到但丁惊异和恐惧的表情，亲切地劝勉他不要畏缩不前，而要奋勇向上。

⑫ “炼狱”：指炼狱本部。但丁想象它周围有一道峭壁作为它和炼狱外围的界线。这道峭壁只有一个豁口，圣彼得之门就在这里，为炼狱本部的惟一入口。

⑬ 旧版本标点都把“那一片装点着下面那个地方的花上”和上句连在一起，理解为：当但丁躺在山谷中的花上沉睡之际。佩特洛齐的校订本则把它和“来了一位圣女”连在一起，这种断句法较好，因为它把花的形象同圣女卢齐亚的形象联系起来，说明她作为天人体态轻盈，飘然而来。圣卢齐亚（参看《地狱篇》第二章注⑲），“象征上帝启迪人心的恩泽，这种恩

泽使人认识为拯救自己的灵魂所必要的事，促使他恳求上帝赐予他圣灵之爱，这种爱把灵魂摄去，带到天上，使它燃起对神的热爱。”（布蒂的注释）

⑭ 卢齐亚的话是对维吉尔、索尔戴罗、尼诺和库拉多说的。在炼狱中夜间不能登山，所以天一破晓，她就抱起还在睡梦中的但丁往上走，维吉尔跟在她后面，索尔戴罗等三人都留在山谷中。辛格尔顿指出，诗中特别提到“她的美丽的眼睛”是非常适当的，因为，相传圣卢齐亚由于一位求婚者赞美她的眼睛，她就剜掉自己的眼睛送给他，随后，上天就使她的眼睛复原，而且比以前更美，因而她殉道成为眼病患者的保护神。“就和睡梦一同离开”：意即卢齐亚离开和但丁从睡梦中惊醒在同一时刻。从诗中看来，卢齐亚抱着熟睡的但丁从山谷攀登到炼狱之门大概费了两个多小时，这说明那一段路是很远的。等我们读到第二十一章时，对此将有明确的认识，因为诗人在那里指出，炼狱本部高出大气层变化的范围，没有雨、露、霜、雪和冰雹。

⑮ 但丁正告读者，现在要着笔描写炼狱本部，这是更崇高的题材，因而须要提高艺术风格，使它与题材相适合。

⑯ 这是炼狱之门（圣彼得门），它是狭窄的，关着的，由一位天使看守，地狱之门则是宽阔的，敞开的，无人把守，二者形成鲜明的对照，说明人造孽犯罪容易，通过忏悔去恶从善则很困难。炼狱之门象征忏悔。守门的天使在寓意上指听忏悔的教士。“尚未说话”：因为教士不得给未请求赦罪的人赦罪，但一被人请求赦罪，他就得立刻准备赦罪。这是布蒂和其他早期注释家的解释。

⑰ “出鞘的宝剑”象征听忏悔的教士对忏悔者的秉公处理，尤其是用话来激励、规劝和开导他，最后给他赦罪或判罪。

⑱ 守门天使觉察到但丁和维吉尔不是从炼狱外围来的亡魂，于是命令他们止步，问他们是谁给他们带路的，什么权威准许他们来的。

⑲ 指圣卢齐亚。

⑳ 罗马天主教会有洗礼、圣餐、坚信、忏悔、临终涂油、圣职、结婚七大圣典。忏悔包括（1）内心悔悟（contritio cordis），（2）口头忏悔（confessio voris），（3）实行补赎（satisfactio operis）。第一级台阶象征“内心悔悟”。悔悟要求人进行反省，彻底检查自己的灵魂深处。诗中用光滑、明净的大理石作为比喻，形容人经过内心悔悟，灵魂变得纯洁清白。

㉑ 第二级台阶象征“口头忏悔”。内心悔悟后，就要向教士坦白自己的罪孽。“台阶颜色比黑紫色还深”：意即台阶是黑色的，这种颜色象征口头忏悔把内心的阴暗处暴露无余。台阶“是一种粗石的”：“粗石”原文是petrina，“指石的质地粗糙而且满布裂缝，毋宁说是一种由碎石胶结成的砾岩。”（托拉卡的注释）这种石料做的台阶，象征口头忏悔“通过彻底暴

露一切罪孽的广度和严重性，证明内心顽梗不化已被克服。”（万戴里的注释）

㉒ 第三级台阶象征“实行补赎”，所谓“补赎”就是赎罪。只做到内心悔悟和口头忏悔还不够，必须以行动补赎自己的罪。台阶呈火红色，象征推动人进行补赎的那种热烈的爱。台阶质地坚实，象征决不再犯罪的坚强意志。

㉓ 天使双脚放在第三级即最上面的那一级台阶上，“表明许可罪人赎罪属于教士的职权范围。”（佛罗伦萨无名氏的注释）天使坐在金刚石门槛上，“表明教士在周密考虑许可谁赎罪的问题时，须要坚定不移……，决不由于爱，或者暴力，或者任何报酬而离开公正的裁判。”（佛罗伦萨无名氏的注释）金刚石作为坚定性的象征已出现在《圣经》中，如《旧约・以西结书》第三章中上帝对以西结所说的话：“……以色列全家是额坚心硬的人。看哪，我使你的脸硬过他们的脸，使你的额硬过他们的额。我使你的额像金刚钻，比火石更硬。”

㉔ 捶胸三下表示悔恨自己的罪：“第一下是为思想所犯的罪，第二下是为言语造成的罪，第三下是为行为构成的罪。”（《最佳注释》）按照宗教仪式，忏悔者在捶胸三下的同时，还必须依次喊：“**mea culpa, mea culpa, mea maxima culpa.**”（我的罪过，我的罪过，我的极大的罪过。）

但丁走出炼狱外围之后，就不能再作为旁观者继续游历炼狱本部，而必须和其中的灵魂们一样参加忏悔圣典，经受赎罪的磨练，因为这次旅行正是将来死后他的灵魂在炼狱中的历程的象征和前奏，而且，从寓意的角度来看，但丁在诗中还代表悔罪自新、渴望灵魂得救的世人，对他来说，在游炼狱的历程中经受磨练是理所当然的。

㉕ “七个 P 字母”：P 是拉丁文 peccatum（罪）的第一个字母，七个 P 字母代表教会规定的七种大罪：骄傲、忌妒、愤怒、怠惰、贪财、贪食、贪色。进入炼狱之门后，灵魂们都要顺序登上七层石台，在石台上通过痛苦的磨练分别消除这七种罪。但丁为了个人灵魂得救，同时又作为悔罪的世人的代表，在或大或小的程度上，也要经受炼狱里的灵魂必须经受的磨练，以洗净七大罪的痕迹，因为“忏悔和赦罪之后，犯罪习惯留下的痕迹依然存在”（齐门兹的注释）。“伤痕”：指天使用剑刻的七个 P 字母。

㉖ 据多数注释家的解释，天使穿着灰色或土色的衣服，表明听忏悔的教士须要以谦卑的态度行使自己的职权，因为灰和土都象征谦卑。

㉗ 这两把钥匙是基督交给圣彼得的。所有的注释家都认为，金钥匙象征神授予教士的赦罪的权威；银钥匙象征教士对罪进行审查和裁判时，必须具备的学问和智慧。天使先用银钥匙，然后用金钥匙开门，“因为先需要有学问和智慧来认识各种罪……并且向忏悔者说明他所犯的罪会带来什么后果，然后才给他赦罪。”（兰迪诺的注释）

㉘ 寓意是:如果听忏悔的教士没有神授予的权威,或者没有学问和智慧来作出正确的判断,赦罪就是无效的。

㉙ 金钥匙更宝贵,因为它象征上帝所授予的赦罪的权威;银钥匙象征教士应有的学问和智慧,因为教士必须运用学问和智慧,才能解开犯罪者内心的结子,了解他是否真心忏悔。

㉚ 基督把钥匙交给圣彼得,圣彼得又把它交给天使掌管,作为自己的代表,并且嘱咐他,只要人们真心忏悔自己的罪过,在赦罪的问题上,就宁可失之过宽,而不要失之过严。

㉛ 寓意是:忏悔后,不坚持悔改,故态复萌,就前功尽弃,赦罪也就完全无效。

㉜ 塔尔佩亚(Tarpea)是罗马卡匹托山著名的悬崖,上面有萨图努斯神庙,庙中保藏着罗马的公共财宝。公元前 49 年,内战爆发,恺撒占领罗马后,企图将这批财宝据为己有,负责看守财宝的护民官墨泰卢斯(Mettelus)极力抗拒,遭到失败。卢卡努斯的史诗《法尔萨利亚》中关于此事有简练生动的描述:

> “墨泰卢斯被拖到一边,神庙即刻被打开了。塔尔佩亚悬崖随即发出了回声,刺耳的巨响证明庙门开了;接着,罗马人民的财产就被运出去,这批财产保藏在神庙的地下室中,多年没有人动过……神庙被洗劫一空,令人伤心;于是,罗马就第一次变得比恺撒贫穷了。”

注释家们都认为,这就是但丁诗中的典故的出处;他利用这个典故说明炼狱之门被推开时,枢轴转动的声音多么大,阻力多么强。

“怒吼”(rugghiò)指门由于不常开,枢轴转动不灵活而发出刺耳的响声。“显示出那样的阻力”(原文是“si mostrò sì acra”,直译是:显得那样固执)指门的枢轴转动时,磨擦阻力极大。

㉝ 注释家们对这些诗句的理解有很大的分歧,一直争论不休。巴尔比认为“第一个声音”指门开时,枢轴转动的声音。但丁本来面对着天使,一听到这个声音,他的注意力就转移到这个声音上去。下句中的“悦耳的声音”也和这“第一个声音”一样,指门的枢轴转动的声音。他的解释为许多注释家所接受,但萨佩纽反对此说,认为诗中用“怒吼”来指门开的声音,这种声音不能说是悦耳的声音,因此二者不可能是同一声音。他认为,“第一个声音”指来自炼狱内部的第一个声音。但丁听到门开的声音后,就转移注意力,准备听里面有什么响声,也就是说,注意里面有什么动静,“悦耳的声音”指唱圣歌的歌声或许还有器乐的伴奏声。波斯科也认为,“第一种声音”指门开时,枢轴转动的声音,下句中的“悦耳的声音”也指同一声音,因为枢轴转动的声音固然强大刺耳,但它对但丁来说,意味着进入了灵魂得救的境界,所以听起来是美妙悦耳的。从上下文看来,诗的大意是:但丁一听到门开的声音,就更加注意起来,望着前

方,忽然听到 **Te Deum laudamus** 这首圣歌的歌声同大门的枢轴缓慢转动的声音混合传到耳边来;他觉得,当时他所听到的声音给他留下的印象,就像通常听到人们在教堂中和着管风琴唱圣歌时所得到印象一样,歌词时而听得清楚,时而被琴声淹没。

“Te Deum laudamus”(上帝呀,我们赞美你)是一首有节律的拉丁文散文圣歌,大概作于五世纪初年。布蒂在注释中说:“当人离俗出家,进修士会时,通常都由神职人员唱这首圣歌。”诗中没有说明但丁所听到的这首是谁唱的,但我们可以想见,唱圣歌者是炼狱中正经受磨练的灵魂,他们听见开门的声音,知道有新的得救的灵魂来到,就唱起这首圣歌赞美上帝,并且以此对新来者表示欢迎。

第 十 章

我们来到了那座门的门槛以内,这座门由于灵魂们不正当的爱而不通行,因为不正当的爱使弯路看起来似乎是直路[1];随后,我就听见那门一响又关上了;假如我把目光转过去看它,我有什么正当的理由为我的过错辩解呢[2]?

我们由岩石的一道裂缝攀登,这道裂缝不断向这边又向那边弯曲,犹如忽而退去忽而涌来的波浪一般[3]。我的向导说:"在这里,我们必须使用一点技巧,随时靠拢向这边、向那边后退的一侧[4]。"这使得我们的脚步迈得那样少,直到下弦月已经返回它的床上安息后,我们才从那个针眼儿里走出来[5];但是,当我们摆脱了那个隘口,登上山势后退、豁然开朗之处时,我已经累了,我们俩又都不认识路,就在那片比荒野中的路更冷清的平地上停下来。从这片平地邻接虚空的一边到一直向上耸立的高堤的脚下,这段距离估计有人体长度的三倍;我纵目向左边又向右边眺望,目力所及,这一层平台似乎都是这样宽[6]。我们在平台上还没有把脚迈出一步,我就发现这环形的堤坡度较小的那一部分是洁白的大理石构成的,上面有雕刻装饰着,雕刻的刀法那样神妙,不仅会使波吕克勒托斯,而且会使自然本身在那里感到惭愧[7]。

带着实现人类多年来所哭求的和平、使长期禁入的天国得以开放的旨意来到地上的那位天使,在那里栩栩如生地出现在我们眼前,他的温柔的神态雕刻得十分逼真,不像是不会说话的雕像。人们会发誓肯定他正在说:"Ave!"[8]因为那里雕刻着那位转动钥匙开启了崇高的爱的童女的形象;她的神态中印着"Ecce ancilla Dei"这句话,恰如印章印在蜡上的印记一般清晰[9]。

"你不要只注意一个地方,"和蔼的老师对我说,当时我站在他旁边,就在人的心脏所在的那一边[10]。于是,我就转移目光,向我的向导所在的那一边看去，只见马利亚的形象后面有另一个故事雕刻在岩石上；因此，我从维吉尔面前过去走到近处，使那个故事历历展现在我眼前[11]。那里，在同一大理石上雕刻着运载神圣的约柜的车和拉车的公牛，由于这个故事，人们害怕担任未经委派给自己的职务[12]。车前有一群人出现，全部分成七个合唱队，他们都使我的两种官能中的一种说："不，他们没有唱歌，"另一种说："是，他们正在唱歌。"同样，对于那里雕刻着的香烟，我的眼睛和鼻子也发生了是与否的争论[13]。在那里，谦卑的诗篇作者束起了衣服，跳着快步舞，走在圣器前面，他在那个场合既高于国王又低于国王[14]。在他对面雕刻着米甲正从一座巨大的王宫的窗户里惊奇地观看，神态活像一个满怀轻蔑和恼怒之情的妇人[15]。

我从我站着的地方走过去，到近处去细看在米甲那一边向我闪着白光的另一个故事的雕刻[16]。那里雕刻的历史故事是那位罗马君主的崇高、光荣的事迹，这位君主的美德感动了格利高里去取得他的伟大胜利；我说的是图拉真皇帝[17]；一个穷苦的寡妇在他的缰绳旁边，现出悲痛流泪的神态。一群骑兵蜂拥、践踏着出现在他周围，金地的鹰旗看起来仿佛在他们头上临风飘扬[18]。那个可怜的妇人在他们这群人中间好像说："皇上啊，替我给我被杀死的儿子报仇吧，我在为他被害悲痛欲绝"；他好像回答说："你等到我回来再说吧"；她如同悲痛得迫不及待的人似的，好像说："我的皇上啊，你要是回不来了呢？"他好像说："继承我的职位的人会为你做这件事"；她好像说："如果你忘了做你应该做的好事，别人做的好事又于你有什么益处呢？"对此他好像说："现在你就放心吧；因为我一定要在出发以前尽我的职责；正义要这样，恻隐之心使我留下[19]。"从未见过任何新的事物者创造了这种看得见的言语，它对我们来说是新奇的，因为它在世上是不存在的[20]。

我正高兴观看这些表现如此伟大谦卑之德的、由于它们的创作者的缘故而使人爱看的浮雕时[21]，那位诗人低声说："你看从这边来了许多人，但他们迈的步子很少；这些人会指引我们登上高层的平台[22]。"我的高兴观赏那些浮雕的眼睛毫不迟缓地转向他，为的去看渴望见到的新鲜事物。

但是，读者呀，我不愿你由于听了我所说上帝要求人怎样还债，就放弃良好的意图㉓。你不要注意受苦的形式：要想一想它的结果，想一想，在最坏的情况下，它也不能持续到最后的审判以后㉔。

我开始说："老师，我所看到的那些向我们这里来的，好像不是人，但我不知道是什么，我怎么看也看不清楚。"他对我说："他们受的严重的惩罚使他们的身子弯曲到地上，因而我的眼睛起初也为此自相争辩起来。但是，你定睛向那里看，用目光去分辨那些石头下面的人：你就能看出每个人都在捶胸呢㉕。"

啊，骄傲的基督教徒们，悲惨可怜的人们，你们的心失明，对于后退的脚步满怀信心㉖，你们没有意识到我们是幼虫，生下来是要成为天使般的蝴蝶，毫无防护地飞去受审判的吗㉗？既然你们像发育未完成的幼虫似的，可说是形态不完全的昆虫，你们的心为什么还傲气冲天㉘？正如我们有时看到一个双膝蜷曲和胸膛相连的人像作为托架来支撑楼板或屋顶，它使看到它的人心里对那非真实的痛苦产生真实的痛苦感觉㉙；当我注意观察时，我看到这些人身子也像那样蜷曲着。不过，事实上，他们身子蜷曲的程度大小要看他们背着的石头大小㉚；其中，表情看起来最有耐性的人，似乎哭着说："我再也背不动了㉛。"

注释：

① 但丁认为爱是人的一切行为的根源。正当的爱为善行之本，使人品德高尚，乃至超凡入圣。不正当的爱，如情欲、物欲、名利心等，则使人迷惑，把邪路（"弯路"）看成正路（"直路"），以致陷入罪恶中不能解脱，死后灵魂不得进入炼狱。由于灵魂得救者少，炼狱之门也就不常开。

② 为了加强语气，这句诗用疑问方式表达与字面意义相反的意义：假如我回头看的话，我是没有任何理由可以使我的错误得到原谅的，因为天使已经明确地告诫我不要回头看。

③ 但丁和维吉尔由岩石开凿的一条羊肠小道攀登，这条小道不断向左右弯曲，犹如潮水不住地涌来而又退去一般。这条羊肠小道是去炼狱本部的必由之路。它使人想起《圣经》中耶稣所说的话："引到永生，那门是窄的，路是小的，找着的人也少。"（见《新约・马太福音》第七章）

④ 这条小路弯曲的地方，一侧的岩石突出，另一侧的岩石缩进去，维吉尔提醒但丁随时注意靠拢岩石缩进去的一侧，以免碰撞在岩石上。

⑤ 在《地狱篇》末尾，维吉尔曾对但丁说："昨天夜里月亮已经圆了。"这里所说的"昨天夜里"指但丁在幽暗的森林中度过的夜里。现在又过了四

天,月亮每天运行速度比太阳慢 50 分钟(在望日,即月亮圆的那一天,太阳和月亮相冲,太阳从东边升起时,月亮就从西边落下去),结果,现在月亮在日出后大约四小时才落下去,也就是说,时间大约是上午十点钟。

“床”:指地平线。“安息”原文是 ricorcarsi(重新躺下),这里作为比喻,指月亮从地平线上落下去。

“针眼儿”(cruna):指羊肠小道,这个比喻来源于《圣经》中耶稣所说的话:“骆驼穿过针的眼,比财主进上帝的国还容易呢。”(见《新约·马太福音》第十九章)

⑥ “豁然开朗之处”和“那片……平地”均指环绕山腰的第一层平台,其内侧是悬崖峭壁,构成一道环形的“高堤”,上连第二层平台,其外侧“邻接虚空”。这两侧之间的距离估计有通常的人体长度的三倍,也就是说,平台宽度约有 5 到 6 米。

但丁和维吉尔由羊肠小道攀登到平台上,大约费了两个小时。只有但丁感到劳累,因为他是活人,有肉体重量的负担。

⑦ “环形的堤坡度较小的那一部分”:这句诗有异文,注释家对其含义有不同的解释。译文根据波斯科-雷吉奥的注释,大意是:悬崖峭壁的基底部分坡度较小,和平台的地面成钝角,这倾斜的部分是白大理石构成的,上面有浅浮雕供经受磨练的灵魂们瞻仰,这些灵魂都是犯骄傲罪者,他们背着石头,低着头、弯着腰前行。假如,像某些注释家根据异文所理解的那样,诗中所说的悬崖峭壁从上到下坡度都同样大,和地面成直角,那么,刻在悬崖基底的大理石上的浅浮雕就难以被灵魂们瞻仰,因为他们不能抬头从正面看,只能斜着眼睛看。这些小地方也足以说明《神曲》细节描写的精确。

波吕克勒托斯(Polycleitus)是古希腊著名的雕刻家,与菲狄阿斯同时(公元前五世纪),古代拉丁作家常提到他,因而在中世纪为人们所熟知,被誉为完美的艺术家。他的最著名的作品是女神赫拉的巨像和持标枪的青年像(Doryphoros),后者完美地表现出人体各部分的理想比例,被称为雕塑的“规范”(Canone)。但丁认为艺术模仿自然,自然模仿神的理念。艺术由于是对自然的模仿,与自然相比,必然逊色;自然对于神的理念来说也只能是不确切的模仿:这些浅浮雕是上帝创造的,其神妙完美不仅远远超过最卓越的艺术家的作品,而且使自然本身相形见绌。

⑧ “那位天使”:指大天使加百利(Gabriele),他奉命来到人间,向童女马利亚报信,说上帝已经决定要她怀孕生耶稣基督(详见《新约·路加福音》第一章)。“人类多年来所哭求的和平”:指人类和上帝之间的和平,由于亚当和夏娃犯罪,破坏了这种和平,人类的灵魂一直不能进天国。因此,人类长期渴望并且祈求与上帝和解。等到基督降生、受难为人类赎罪,和解才终于实现,天国之门才重新对人类敞开。“Ave!”(福哉!)是拉丁

文本《圣经》中天使对马利亚的问候，中文本译为“我问你安”。雕刻是空间艺术，不能表现声音，但是这一神妙的浮雕把天使的温柔神态刻得栩栩如生，而且在他前面又雕刻着童女马利亚的形象，使人们看了，就觉得好像他真在向她说：“我问你安”呢。

⑨ “转动钥匙开启了崇高的爱”：这里“崇高的爱”指上帝对人类的爱，大意是：“童女马利亚的谦卑和圣洁如此伟大，以至于使上帝的爱感动，派遣圣子降世为人，来赎救人类。”（布蒂的注释）对于“转动钥匙开启了”上帝的爱这个比喻，参照托拉卡和辛格尔顿的注释，可以这样解释：自从亚当和夏娃犯罪后，上帝的爱一直对人类封闭着；马利亚领受了天使向她传达的要她怀孕生救世主的使命，天国就对人类敞开了；因此，可以说马利亚转动钥匙，开启了上帝的爱，使这种爱降到人类中间。

“Ecce ancilla Dei”是马利亚回答天使的话，意即“我是上帝的使女”；《圣经》拉丁文本《新约・路加福音》第一章中原话是“Ecce ancilla Domini”，意义是“我是主的使女”，由于格律上的原因，诗中换用了一个同义词。“她的神态中印着”这句话，意即浮雕把她领报时的情景刻得十分逼真，使她的神态明确地表现出她好像在说这句话。由于句中使用动词“印着”作隐喻，下句就以“印章印在蜡上的印记”作明喻。意大利图章上刻着字样、数字或纹章等物，盖在蜡上或者火漆上来证明文件的真实性或者保证信件不被随便拆开；“印记”这里指图章印在蜡上的字样、数字或纹章的痕迹。

马利亚说了“我是主的使女”后，接着就说：“情愿照你的话成就在我身上”，这两句话都表现出她情愿顺从神意的谦卑态度。第一层平台是犯骄傲罪者受磨练的地方，因此第一幅浮雕刻着马利亚的形象作为谦卑之德的典范，供灵魂们瞻仰、效法。其他各层平台也都首先以马利亚的美德作为楷模来启迪、教育受磨练的灵魂们。

⑩ 意即但丁观看以马利亚的谦卑为主题的浮雕时，站在维吉尔的左边。

⑪ 但丁听了维吉尔的话后，先转眼向右边看去，看到马利亚的形象后面有另一个故事雕刻在岩石上，随后，他就从维吉尔面前走过去，到近处去看，为了看清楚是什么故事。

⑫ 这幅浮雕上雕刻着表现以色列—犹太国王大卫的谦卑之德的圣经故事。“约柜”是保藏刻着摩西十诫的石版的圣器。大卫做以色列—犹太国王后，想把约柜从亚比那达家里运到耶路撒冷，约柜被放在新车上，亚比那达的两个儿子乌撒和亚希约赶着这辆车，“到了拿艮的禾场，因为牛失前蹄，乌撒就伸手扶住上帝的约柜。上帝耶和华向乌撒发怒，因这错误击杀他，他就死在上帝的约柜旁。”（《旧约・撒母耳记下》第六章）这件事使人们不敢擅自担任上帝没有委派的职务，因为只准许祭司们触摸这神圣的车。乌撒扶车是越权和渎神行为，结果遭到雷殛。

⑬ “两种官能”:指但丁的视觉和听觉。浮雕中的情景极其生动逼真,使但丁的视觉和听觉发生了争论,视觉以为他们真在唱歌,听觉则加以否定,因为耳朵没有听到歌声。同样,但丁的视觉和嗅觉对于浮雕中香炉里的香烟,也发生了争论,因为眼睛看到了它,鼻子却闻不见香味。

⑭ “谦卑的诗篇作者”指大卫,《旧约·诗篇》中的一些诗歌相传是他作的。“圣器”:指上帝的约柜。“在那里”:指浮雕中。《圣经》中这样描写把约柜抬到耶路撒冷城里去的情景:“抬耶和华约柜的人走了六步,大卫就献牛与肥羊为祭。大卫穿着细麻布的以弗得,在耶和华面前极力跳舞。这样,大卫和以色列的全家欢呼吹角,将耶和华的约柜抬上来。”(《旧约·撒母耳记下》第六章)诗中添加了“束起了衣服,跳着快步舞”这一细节,使得情景更加生动。“既高于国王又低于国王”:早期注释家理解为,他高于国王,因为他穿着祭司衣服,行使祭司的职权;他低于国王,因为他这时的举动确实不符合他的身份和尊严,这种解释为许多现代注释家所接受。但是,牟米利亚诺认为诗中的含义是:大卫高于国王,在于他以他的举动表明他鄙视王位之尊,他低于国王,是由于他的举动在一般人心目中,似乎是可鄙的。辛格尔顿的解释是:在上帝面前,大卫高于国王,因为他是那样谦卑,以至于在约柜前跳舞;但在世人心目中,他这样做是低于国王身份的。萨佩纽也认为,诗句的意思是说,大卫在上帝面前以他的举动表明他鄙视自己的权威,他之所以高于国王,就在于这种举动,他表现的谦卑,使他显得更加高贵。这些解释大同小异,均比早期注释家的解释更有说服力。

⑮ 这里所描写的情景以《旧约·撒母耳记下》第六章中的话为依据:“耶和华的约柜进了大卫城的时候,扫罗的女儿米甲从窗户里观看,见大卫王在耶和华面前踊跃跳舞,心里就轻视他。”米甲是大卫的妻子,大卫回到家中,米甲就责备他说:“以色列王今日在臣仆的婢女眼前露体,如同一个轻贱人无耻露体一样,有好大的荣耀啊。”由于这些话,米甲受到上帝的惩罚,“直到死日,没有生养儿女。”

⑯ 这幅浮雕“在米甲那一边”:意即在第二幅左边。“闪着白光”:是因为刻在纯白的大理石上。

⑰ “图拉真”(Traianus):罗马帝国安敦王朝第二个皇帝(公元98—117在位)。安敦王朝是罗马全盛时期,被称为“黄金时代”。图拉真即位后,恢复了对外扩张政策,先后征服了达西亚(相当于现今罗马尼亚),建立了阿拉伯行省,在对帕提亚(即我国史书中的安息国)的战争中,侵占了亚美尼亚和美索不达米亚,使罗马帝国版图达到其最大限度。他曾迫害基督教徒,但与他以前的皇帝们相比,被誉为公正宽厚的君主。浮雕所表现的“崇高、光荣的事迹”,指图拉真出征时,一位穷寡妇为其子被杀告御状,他答应为她执法惩凶的故事。这个故事体现了图拉真皇帝对待平民

百姓的谦卑态度，在中世纪辗转流传，公元八九世纪以来，出现在许多人的著作中。据一些学者的考证，但丁大概取材于十三世纪无名氏所编的《哲学家精华录》(Fiore di filosofi)和《故事集》(Novellino)。

格利高里(Gregorio)指教皇格利高里一世(公元590—604在位)，他出生在罗马贵族家庭(约在公元540)，死后被封为圣者，历史上称为大格利高里(Gregorio Magno)。相传他经过古罗马图拉真广场遗址时，深为这位皇帝的美德所感动。由于图拉真是异教徒，他的灵魂必然在地狱里，格利高里就虔诚地为他祈祷，超度他升入天国，后来他梦见天使告诉他说，上帝已经答应了他的祈求。“取得他的伟大胜利”：指格利高里取得对死和地狱的胜利，使图拉真的灵魂超升天国，获得永生。但丁游天国时，看到图拉真在木星天的公正者的灵魂们中间(见《天国篇》第二十章)。

⑱ “金地的鹰”(l' aguglie ne l' oro)：指作为罗马军旗的金地黑鹰旗。在但丁的想象中，古罗马军队也如同他那个时代的军队一样有军旗，他以为罗马的军旗是金地黑鹰旗；其实，象征古罗马军队和帝国的鹰并不绣在旗帜上，而是制作成金鹰或者青铜镀金的鹰，把它连接在杆子顶端。

有异文作“l' aguglie dell' oro”(金鹰)，如果采用这一异文，也必须理解为旗上绣着的金鹰，而不能理解为金制的鹰，因为金制的鹰是不能“临风飘扬”的。

⑲ 意即正义迫使他尽皇帝的职责，恻隐之心驱使他从人道出发先执法惩凶，解除那位母亲的痛苦，然后出征。

⑳ “从未见过任何新的事物者”：指上帝。一切对人来说是新鲜的、神奇的、异常的事物，对上帝来说并非如此，因为他是宇宙间一切事物的创造者，从永恒的高度同时看到过去、现在和未来的一切。“这种看得见的言语”：指神妙的大理石浮雕表现出来的皇帝与穷寡妇的对话。雕刻作为空间艺术本来不适宜于表现有声的言语，但这幅浮雕是全能的上帝的作品，它突破了雕刻艺术的局限性，使那两个人物的对话成为“看得见的言语”，也就是说，使观看浮雕者明白他们正在说什么，虽然听不见说话的声音。

牟米利亚诺指出，雕刻和绘画表现的是一时一刻的动作，而非连续出现的一系列动作。但丁则想象，由于神的奇迹，连续出现的一系列动作被刻出在同一幅浮雕的群像中。因此，这第三幅浮雕比前两幅更为神奇。诗中所说的“看得见的言语”“在世上是不存在的”：意即人类不可能创作出一件如此神妙、完美的雕刻或绘画，能够同时表现出一系列的姿态和言语。

㉑ 意即这些浮雕所表现的都是体现谦卑之德的伟大典范，其所以使人赏心悦目也由于它们是上帝的作品。

㉒ “从这边来了许多人”：意即有许多人从维吉尔那边，也就是说，从两位诗

人左边正向右走来,这些人都是犯骄傲罪者的灵魂。“他们迈的步子很少”:意即他们走得很慢,因为他们被罚背着巨石环山行走。

“高层的平台”:“平台”原文是 gradi(台阶),这里用来指一层一层的平台,根据格拉伯尔的注释,是由于这些平台像台阶一般,拾级而上就到达顶峰。

㉓ “还债”:指罪人向上帝偿还所欠的债,也就是赎罪。“怎样还债”:意即经受多么重的惩罚来赎罪。“良好的意图”:指罪人悔罪自新的意图。但丁劝告读者,不要因为看到诗中赎罪者受苦的情形,就沮丧气馁,放弃悔罪自新的意图。

㉔ “受苦的形式”:指受苦的性质,即所受惩罚的严厉性。但丁劝人们不要顾虑惩罚多么严厉,要想一想赎罪之后获得的天国之福;要想一想,经受的惩罚不是永久的,在最坏的情况下,也不可能持续到最后的审判以后,因为那是世界末日,炼狱不复存在,世人的灵魂不进天国享永恒之福,就入地狱受永恒之苦。

㉕ “自相争辩起来”:意即争辩那些向我们这里来的究竟是不是人。“捶胸”原文是 si picchia(敲,打自己),许多注释家理解为捶胸,表示悔罪。但萨佩纽认为,这些灵魂背着巨石弯着身子行走时,必须用手扶住石头,保持平衡,这种姿态使他们很难腾出手来捶胸。早期注释家拉纳把 si picchia 解释成 è picchiato(被敲、打),意即为神的正义所惩罚。帕罗狄和萨佩纽都赞同这种解释。译文根据前一种解释,因为炼狱中的灵魂受神的正义惩罚,是不言而喻的事,诗中似乎没有必要特别强调。

㉖ 这些诗句是但丁以骄傲者的灵魂在炼狱中受惩罚的情景作为鉴戒,向世上自高自大的活人发出的警告。“悲惨可怜”:指人们由于骄傲而陷入罪恶中,但丁对他们表示同情,希望他们悔罪自新。“心失明”原文是 de la vista della mente infermi(心的视力微弱),意即头脑被骄傲情绪冲昏,不明是非善恶。“对于后退的脚步满怀信心”:意即热衷于追求名利、金钱和权力,相信自己一直在前进,而实际上在不断地倒退。

㉗ 牟米利亚诺根据本维努托的注释对这三句诗作出如下的解释:“蚕结茧后死亡,从茧中出来另一种长着翅膀的虫;同样,人走完了尘世的路程后死亡:但灵魂从其中出来,毫无防护地飞去受上帝的审判。”

“我们是幼虫,生下来是要成为天使般的蝴蝶”大概来源于圣奥古斯丁的话:“一切由肉体而生的人,除了是虫还是什么呢?〔上帝把他〕由虫造成天使。”

《圣经》也多次说人是虫。

诗句的大意是:我们是幼虫,注定要形成天使般的蝴蝶,也就是说,使灵魂为来世永生作准备,人死后,灵魂就脱离躯壳,飞升到上帝面前受审判;“毫无防护”,因为人在世上享有的一切荣誉、权力和财富都丝毫无助于他得救。诗中用“天使般的蝴蝶”来比拟人的灵魂,是由于人的灵魂不死,具有天使的性质,人若不受物欲驱使去追求名利、权力和富贵,而一心向善,死后灵魂就会和天使一样得享天国之福。

㉘ 意即幼虫发育完成后才成为昆虫,既然你们现在仍然是幼虫,并没有成为天使般的蝴蝶,你们还有什么理由自以为了不起呢?“傲气冲天”原文是 in alto galla(飘,浮起)形容骄傲自满,得意扬扬的样子,直译就是“飘飘然”。

㉙ 意即正如“圆柱的柱头或屋梁的托架上有时雕刻着双膝蜷曲到胸膛的人像,这些人像好像支撑着那全部重负,使得看到它们的人有痛苦之感”(布蒂的注释)。这里所说的人像是建筑学中所谓人像柱(cariatide),它起源于古希腊,在中世纪的罗马式和哥特式建筑中是一个重要的组成部分,其雕刻风格具有强烈的写实色彩。“对那非真实的痛苦产生真实的痛苦之感”:意即那些人像的痛苦表情虽然不是真人的痛苦,但由于雕刻得十分逼真,而使人看了不由得产生真实的痛苦之感。诗中用这种人像柱来比拟骄傲者的灵魂背着巨石行走的姿态和表情以及在诗人自己心中引起的痛苦之感。

㉚ 根据他们在世上的骄傲程度,他们背着重量不同的巨石,因而他们身子蜷曲的程度也各不相同。

㉛ 大意是:“那里〔石头〕的重量如此大,使得任何一个最心平气和地负担重量的人都好像哭着说:我再也无力背这重负了,虽然我在愿望上并不疲惫。”(《最佳注释》)也就是说,连其中最能忍耐、最能支撑的人,都已达到其负重能力的极限。

牟米利亚诺指出,这两行朴素的诗句表现出受磨练的灵魂们令人怜悯的顺从天命的心情,洋溢着诗人对他们的同情,为这一章作了使人伤感的结束。

第十一章

“我们在天上的父，你不限定在天上，你在那里是由于对那高处的最初的造物怀有更大的爱[①]。愿你的名字和你的力量为一切造物所赞颂，正如对你的甜蜜的气息应该表示感谢[②]。愿你的王国的和平降临我们，因为它如果不降临，我们自己竭尽全力，也不能到达[③]。如同你的天使们唱着‘和散那’，以自己的意志为牺牲献给你，愿人们也都以自己的意志这样做[④]。愿你今天赐给我们日用的‘吗哪’，没有它，走过这艰险的旷野，最努力前进者也要后退[⑤]。愿你大发慈悲饶恕我们，如同我们饶恕每个伤害我们的人，而不计及我们的功德[⑥]。不要把我们的容易被击败的道德力量放在我们的古老的仇敌前面来考验，而要使我们脱离这极力鼓动人为恶者的诱惑[⑦]。这最后的祷告，亲爱的主，并不是为我们作的，因为没有必要，而是为留在我们后面的人们作的[⑧]。”

那些灵魂就这样一面为他们自己和为我们祈祷旅途平安[⑨]，一面被重物压着往前走，如同在梦中受到的重压一般[⑩]，他们受着不同程度的苦，大家都疲惫不堪地在第一层平台上环行，来消除从尘世带来的烟雾[⑪]。如果他们在那里一直为我们祈祷，在这里，那些既有意愿又有善根的人，有什么不应该通过言语和功德为他们做的呢[⑫]？我们实在应该帮助他们洗掉从这里带去的污点，使他们能够既洁净又轻快，从那里出去，上升到诸天[⑬]。

“啊，但愿正义和怜悯不久就解除你们的负担，使你们能展翅按照你们的愿望高飞，请指给我们，往哪一边走可以最快地走到往上去的磴道；假若磴道不只一条，请告诉我们[⑭]，哪一条坡度较小；因为和我同来的这个人，由于带着亚当的肉体的重量，而违反他自己的意愿攀登得很慢[⑮]。”对我跟随的人说的这番话，他们的回答不知来自何人之口[⑯]；只听见说："你们来跟我们一起顺着这道堤岸⑰向右走去，就找到活人能够往上攀登的通道。假如我不受这压着我的高傲的颈项⑱、使我不得不低着头的巨石阻碍，我就要看一看这个还活着的、没有说出姓名的人，看我是否认识他，并且使他可怜我承受这沉重的负担⑲。我是意大利人，是一个伟大的托斯卡那人的儿子：圭利埃尔莫·阿尔多勃兰戴斯科就是我父亲；我不知道你们是否听到过他的名字⑳。我祖上古老的血统㉑和高贵的业绩使我异常狂妄，不想一想我们共同的母亲㉒，对所有的人都极为轻蔑，结果，如同锡耶纳人所知道的那样，我就因此而死，连康帕尼阿提科的小孩儿都知道㉓。我是翁伯尔托；骄傲不只使我受害，因为它把我的家族统统拖入灾难之中㉔。由于骄傲的缘故，我必须在这里，在死人们中间背着这重物，直到上帝满意为止，因为我在活人们中间没有这样做㉕。"

我一面听着，一面低下了头㉖；他们当中的一个，不是说话的这个，在妨碍他们动作的重负下扭过脸来，看到我，认得我，喊着我，眼睛费力地盯着我，当时我在深深地弯着腰同他们一起行走㉗。我对他说："哦，你不就是欧德利西，阿戈毕奥的光荣和在巴黎叫做微小彩饰绘画的那种艺术的光荣吗㉘？"他说："兄弟呀，波伦亚人弗朗科绘出的画面色彩更鲜明；如今光荣全归于他，部分属于我㉙。我生前肯定是不会这样客气的，因为我的心专想超群出众㉚。由于这种傲气，我在这里受到应有的惩罚。要不是我在还能犯罪的时候皈依上帝，我还不会在这里呢㉛。啊，人的才力博得的虚荣啊！你的绿色留在枝头的时间多么短促，除非随后就出现衰微时代㉜！契马部埃白以为在绘画方面擅场㉝，如今乔托成名，使前者的盛名黯然失色㉞。同样，一个圭多也夺去了另一个圭多在语言方面的荣誉；或许要把他们俩从巢中赶出去的人已经出世㉟。尘世上的名声只不过是一阵微风，时而从这边吹来，时而从那边吹来，因改变方向而改变名称㊱。如果你老年脱离肉体，过了一千年之后，你会比在抛开'pappo'和'dindi'以前就死去，名声更大吗？而一千年与永恒相比，要比一瞬间与天上运转最慢的那个圆圈运行的周期相比，时间更短㊲。在我前面走得那样慢的那个人曾誉满全托斯卡那；如今在锡耶纳都几乎没有人低声提起他；当佛罗伦萨的凶焰被熄灭时，他是锡耶纳的主宰者，佛罗伦萨那时很骄傲，正如它如今是娼妓一样[38]。你们的名声像草的颜色一样，来得匆匆，去也匆匆，使草褪色者，正是使它从地中长出嫩芽者[39]。"我对他说："你的至理名言使我心里充满了向善的谦卑情绪，消除了我心中的巨大的肿胀[40]；但是，你方才说的那个人是谁呀？"他回答说："那是普洛温赞・萨尔瓦尼；他在这里是因为他野心太大，妄图使全锡耶纳都落到他的手里[41]。自从他死后，他就一直这样走，而且还要这样走下去，毫不停歇；在世上过于狂妄的人都得付这样的钱还债[42]。"我说："如果说等到生命的尽头才悔罪的灵魂，不能上升到这里，必须在这下面停留到和他所活的年岁一般长的时间，除非受到善人祈祷的帮助，那么，怎么会准许他来这里呢[43]？"他说："当他处在生平最光荣的时候，他完全不顾羞耻，自动直立在锡耶纳广场上；在那里，为了解救在查理的牢狱中受苦的朋友，他使自己陷入每个血管都颤动起来的状态[44]。我不再说什么了，我知道我的话说得很含糊，但是，过不了多久，你的邻人们就会那样做，使得你能解释我的话[45]。他这一举动给他解除了那些限制[46]。"

注释：

① 犯骄傲罪的灵魂背负巨石环山而行，一面口诵主祷文祷告上帝（主祷文是耶稣训诫人的祷词，见《新约・马太福音》第六章和《新约・路加福音》第十一章，两处的字句稍有不同）。但丁为了阐释主祷文的意义，结合骄傲者的思想实际，又在其中增添了一些字句。有些学者指责他把神学和哲理塞进主祷文中，损害了其朴素的内涵和风格。这种指责引起了另一些学者的反驳。波斯科说："每个背诵祷词的人，如果他不是机械地背诵，即使所背诵的是流传下来的经文，他在背诵时也都把心中默想的事物'填塞'进去，也就是说，把自己的问题放进祷词中，使祷词适应自己的需要。所以，本章中的主祷文就是一种特定的罪人，即犯骄傲罪者，在诗中的一种特定的情况下，向上帝所致的祷词；是但丁自己由于犯有骄傲罪而且深刻认识到自己这种罪，向上帝所致的祷词。"牟米利亚诺指出，福音书中的主祷文本身并不是骄傲者的灵魂忏悔的表现，只是经过但丁改写才变成了这样。

主祷文第一句是："我们在天上的父"。但丁加上"你不限定在天上，你在那里是由于对那高处的最初的造物怀有更大的爱"这两句话，目的在于从严格的神学观点阐释这句经文。"那高处的最初的造物"指诸天和天使们。这两句大意是:“我们在天上的父”并不意味着上帝只在天上,而不在别处,因为他是无所不在的、不受空间限制的;他之所以在天上,是因为他对诸天和天使们怀有更大的爱。

② 主祷文第二句是:“愿人都尊你的名为圣”。但丁针对犯骄傲罪者的思想情况,把这句改变为“愿你的名字和你的力量为一切造物所赞颂”。这样改动显然受到圣方济各的《造物的赞美歌》的影响。在句中特别提到上帝的力量,表明生前目空一切的骄傲者如今已经认识到,在全能的上帝面前,自己极其渺小,微不足道。但丁在后面加上“正如对你的甜蜜的气息应该表示感谢”这句话,说明一切造物不仅要赞颂上帝,而且应该感谢上帝。许多注释家认为“你的甜蜜的气息(vapore)”指上帝的智慧,因为拉丁文《圣经》中的《智慧篇》(中文《圣经》无此篇)第七章第二十五节中说:“智慧是神的力量的气息”。但是,感谢上帝的智慧这句话虽然讲得通,终究有些牵强。有些注释家说,“你的名字”指圣子,“你的力量”指圣父,“你的甜蜜的气息”指圣灵;这种解释不仅失之烦琐,而且与经文不合,因为主祷文中的上帝是圣父(“我们在天上的父”)。据卡西尼-巴尔比的注释,“你的甜蜜的气息”指上帝的爱(carità)或仁慈,这种解释比较恰当。

③ 主祷文第三句是:“愿你的国降临”,但丁把它改变为“愿你的王国的和平降临我们”,“你的王国的和平”指天国之福。但丁在后加上了“因为它如果不降临,我们自己竭尽全力,也不能到达”这句话,以此来强调骄傲者承认人的能力微不足道,只有祈求上帝的恩泽,才能获得天国之福。

④ 主祷文第四句是:“愿你的旨意行在地上,如同行在天上”,但丁把它改写为“如同你的天使们唱着‘和散那’,以自己的意志为牺牲献给你,愿人们也都以自己的意志这样做”,这样改写是切合主祷文的原意的。“和散那”(osanna)来源于希伯来文 hosha’na,原有求救的意思,在这里指赞美歌。天使们牺牲自己的意志,顺从上帝的意志,意味着上帝的旨意行在天上;人们也牺牲自己的意志,顺从上帝的意志,意味着上帝的旨意行在地上。犯骄傲罪者生前不可一世,如今认识到,人都必须顺从上帝的意志,才能使自己的灵魂上升天国。但丁对主祷文第四句的改写也是为了表达出犯骄傲罪者的思想情况。

⑤ 主祷文第五句是:“我们日用的饮食,今日赐给我们”(《新约·马太福音》)或“我们日用的饮食,天天赐给我们”(《新约·路加福音》);但丁把这句改变为“愿你今天赐给我们日用的‘吗哪’”。“吗哪”是摩西把以色列人领出埃及,经过旷野时,上帝赐给他们吃的食物:“这食物以色列家叫吗哪,样子像芫荽子,颜色是白的,滋味如同搀蜜的薄饼”(《旧约·出埃及记》第十六章);紧接着又加上“没有它,走过这艰险的旷野,最努力前进者也要后退”这句话。“吗哪”这里是精神食粮,指上帝的恩泽,“这

艰险的旷野”指炼狱。托拉卡指出,灵魂们在炼狱中经受磨难,等待进入天国,如同以色列人在旷野中经历艰难险阻四十年之久,才到达迦南地一样。没有上帝赐给的“吗哪”,以色列人在旷野中非但不能前进,而且都要饿死,同样,炼狱中的灵魂没有上帝的恩泽,无论怎样努力前进,也都要后退。在这里,犯骄傲罪者再次强调人的能力有限,必须祈求上帝的恩泽。

⑥ 主祷文第六句是:“免我们的债,如同我们免了人的债”(《新约・马太福音》)或“赦免我们的罪,因为我们也赦免凡亏欠我们的人”(《新约・路加福音》)。但丁把这句改写为:“愿你大发慈悲饶恕我们,如同我们饶恕每个伤害我们的人,而不计及我们的功德”,这样改写旨在表明祈祷者生前自高自大,如今翻然悔悟,态度谦卑,恳求上帝单纯本着他的无限慈悲饶恕他们,不要看他们的功德如何,因为他们的功德是微不足道的。

⑦ 主祷文第七句是:“不叫我们遇见试探,救我们脱离凶恶”,但丁把它改变为“不要把我们的容易被击败的道德力量放在我们的古老的仇敌前面来考验,而要使我们脱离这极力鼓动人为恶者的诱惑”,用“我们的容易被击败的道德力量”这一词组来强调世人意志薄弱,禁不起诱惑。“我们的古老的仇敌”指魔鬼,他引诱人类的始祖犯罪,“极力鼓动人为恶”,所以说他是人类的“古老的仇敌”。

⑧ “这最后的祷告”指注⑦所讲的部分。“留在我们后面的人们”指活在世上的人们。炼狱中的灵魂已经确定得救,不会再受魔鬼诱惑而犯罪;生活在世上的人们则经常有受魔鬼诱惑的危险,因此,炼狱中的灵魂们为他们祈祷,请上帝保佑他们免受魔鬼的诱惑。这一举动说明,炼狱中的灵魂仍然关心活人,所以活人也应为他们祈祷,使他们早升天国。

⑨ “旅途平安”原文为 buona ramogna。ramogna 一词非常罕见,对其来源和意义,有种种不同的解释。多数注释家认为词义是“旅行”,“旅途”(viaggio)。译文根据这种解释。“为他们自己祈祷旅途平安”:意即祈求上帝使他们顺利完成赎罪的过程;“为我们祈祷旅途平安”:意即祈求上帝保佑世上的活人在人生的旅途上平安。

⑩ “在梦中”指梦魇中。

⑪ “他们受着不同程度的苦”:指他们各自按照自己罪孽的轻重,背着重量不同的巨石环山行走。

“从尘世带来的烟雾”:指他们的罪孽的痕迹。罪孽像烟雾一般蒙住他们的灵魂,虽然经过忏悔受到上帝宽恕,但其痕迹仍然存在,必须彻底消除,他们才能进天国。

⑫ “在那里”:指在炼狱里;“在这里”:指在世上;“那些既有意愿又有善根的人”:指那些既愿意为炼狱中的亲人祈祷而自己又是蒙受神恩的人(只有蒙受神恩者的祷告才能上达于天);“通过言语和功德”:指通过祈祷和

做好事。大意是:既然炼狱中的灵魂为世上的活人祈祷,世上的活人凡是有良好的愿望而又蒙受神恩者,也应该尽心竭力通过祷告和功德帮助他们早日升入天国。

⑬ “从这里带去的污点”:指罪孽的痕迹,如同上述“从尘世带来的烟雾”一样。

“上升到诸天”:“诸天”原文是 stellate ruote(星轮),指各行星天和恒星天;炼狱中的灵魂赎罪后,经过这九重天升到净火天,即严格意义上的天国。

⑭ 维吉尔按照一贯的作风,在问路时,先对遇到的灵魂们这样表示良好的愿望:祝愿上帝的正义和怜悯很快就免除压在你们身上的重负,使你们能展翅飞升到你们向往的天国。神学家认为,正义和怜悯二者都是上帝的属性,并且总是一同表现出来,无论是奖励还是惩罚时,都是这样。

“往上去的磴道”:指从第一层平台到第二层平台去的磴道。

⑮ “带着亚当的肉体的重量”,因为但丁是活人。“违反他自己的意愿”,但丁急于登上第二层平台,但力不从心。

⑯ 因为他们背着巨石、蜷曲着身子、彼此又挨得很近,看不见他们的脸,所以但丁不知道他们当中谁回答了维吉尔的话。

⑰ 指耸立在第一层平台内侧、顶端构成第二层平台外沿的那一道峭壁。

⑱ “高傲的颈项”:这个人在世时昂首阔步,目空一切,如今被巨石压得抬不起头来。《圣经》中用“硬着颈项”来指执拗的傲气:“耶和华对摩西说,我看这百姓真是硬着颈项的百姓。”(《旧约·出埃及记》第三十二章)

⑲ “没有说出姓名的人”:维吉尔没有说出但丁的姓名;但丁蒙受神恩特许来游炼狱,但为了谦卑的缘故,也没有说出自己的姓名。

“使他可怜我承受这沉重的负担”:意即使他可怜我受这种惩罚,回到人间后,为我祈祷,并促使别人也为我祈祷。

⑳ 这个说话的人名叫翁伯尔托·阿尔多勃兰戴斯科(Omberto Aldobrandesco),是圭利埃尔莫·阿尔多勃兰戴斯科(Cuiglielmo Aldobrandesco)的次子。圭利埃尔莫·阿尔多勃兰戴斯科是第一代索阿纳和皮提利亚诺伯爵(参看第六章注㉛),政治上属于贵尔弗党,曾被视为帝国的敌人遭到皇帝腓特烈二世的围困。他和锡耶纳有极深的仇恨,对贵尔弗城邦佛罗伦萨非常友好。1227 年,他在对锡耶纳的战争中成为俘虏,被释放后,在罗马教廷暗中的支持下,继续对锡耶纳作战,直到 1237 年为止。他于 1254 年以后不久死去,把他的封建权力遗留给他的两个儿子伊尔德勃兰迪诺(Ildebrandino)和翁伯尔托。

㉑ “古老的血统”:阿尔多勃兰戴斯科家族世系悠久,可以追溯到八世纪末和九世纪初。这一古老的封建贵族统治着托斯卡那的玛雷玛地区(近海沼泽地带)的大片领地,大概相当于现今的格罗塞托(Grosseto)省,在圭

利埃尔莫的父亲伊尔德勃兰多(Ildebrando)伯爵时代(十三世纪初)势力最强大。

㉒ “共同的母亲”:有的注释家认为指夏娃,有的注释家认为指大地。两种解释都说明,所有的人由于同出一源,一律平等,谁都没有理由自高自大,藐视他人。

㉓ “我就因此而死”:翁伯尔托这句话的意思可能是说,他对锡耶纳人的轻蔑激怒了锡耶纳人去进攻他,也可能是说,他在战斗中对锡耶纳人极为轻蔑,不顾一切后果,因而丧命。

翁伯尔托继续执行他父亲与锡耶纳为敌的政策,在佛罗伦萨的支援下,同锡耶纳进行斗争,从他的驻地康帕尼阿提科(Compagnatico)城堡劫掠过路的锡耶纳人或者把他们绑架索取赎金。他死于1259年;一种说法是,在锡耶纳人进攻时,他为保卫自己的城堡,奋勇战死;另一种说法是,他被锡耶纳的刺客杀害。

㉔ 意即骄傲是整个阿尔多勃兰戴斯科家族的通病,使索阿纳和圣菲奥拉两个支系统统受害。“使我受害”:指他在炼狱中受惩罚。“统统拖入灾难之中”:指当时索阿纳和圣菲奥拉两个支系都处在极其不幸的境地,前者在1300年濒于灭绝,后者因不断遭受锡耶纳进攻,领地缩小,势力削弱。

㉕ 据托马斯·阿奎那斯在《神学大全》第三卷补遗中所说,炼狱中所受的惩罚是补还在世时未还清的债。从翁伯尔托·阿尔多勃兰戴斯科的话看来,诗中显然把他作为以家世高贵自负的典型。

㉖ 但丁低下了头,面朝着地,不仅为了便于听清楚那些灵魂的话,而且为了表示同他们一起赎罪,因为诗人承认自己也犯有骄傲罪(见第十三章末尾)。

㉗ 因为但丁低着头,这第二个背着石头弯身行走的灵魂才能扭过脸来看他,而翁伯尔托却不能这样做。但也可能是由于这个灵魂背着的石头比翁伯尔托背着的轻些。“深深地弯着腰同他们一起行走”:表明但丁似乎也像那些灵魂一样背着石头,同他们一起赎罪。

㉘ 欧德利西(Oderisi)是意大利著名的微小彩饰画家,生在翁布里亚北部的市镇谷毕奥(Gubbio,古意大利语作Agobbio〔阿戈毕奥〕)。有文献证明,1268—1269年和1271年,他在波伦亚工作,但丁大概在那里和他相识。据美术史家和画家瓦萨里(Vasari)说,欧德利西于1295年去罗马工作,大约于1299年死在那里。但丁在诗中把他作为以艺术才能和成就自负的典型。

㉙ 微小彩饰画家波伦亚人弗朗科(Franco Bolognese)生活在十三世纪后半叶和十四世纪初年,事迹不详。他和欧德利西都是微小彩饰绘画波伦亚画派的主要代表。他们的真迹没有流传下来,但是根据但丁诗中所说,也可以想见,欧德利西代表仍然受拜占廷微小彩饰画风格束缚的保守

派，弗朗科则代表由于受法国微小彩饰画影响或许还受乔托的绘画影响而具有哥特画风倾向的革新派。

“色彩更鲜明”：原文仅用了一个副词和一个动词“più ridon”（更呈现喜色），因为微小彩饰画主要用于羊皮纸手抄本中作为插画，所以色彩越鲜明越好。

“如今光荣全归于他，部分属于我”：意即如今弗朗科完全占有的那种光荣，只剩下一部分归我所有。总之，欧德利西虽未完全失去他的光荣，但已退居第二位。

㉚ “这样客气”：指他肯承认别人超出他之上。

㉛ “在还能犯罪的时候”：指活在世上，离死还远的时候。“皈依上帝”：指忏悔。“在这里”：指在炼狱的第一层平台上。大意是：要不是我在世时没拖到生命的最后就忏悔了自己的骄傲罪，如今我还不会在这第一层平台上，而必然还停留在炼狱外围。

㉜ “人的才力博得的虚荣”：指人的才华创作成的文学和艺术作品博得的荣誉是空虚的。这种荣誉像树枝上的绿叶一样不久就枯黄凋谢，除非紧接着就出现衰微时代，只有在这种条件下，过去的优秀文学家和艺术家的盛名才能不消失，因为没有人能比得上他们。

㉝ 契马部埃（Cimabue，公元 1240—约 1302）是佛罗伦萨最早的画家之一，真名是乔万尼（Giovanni）或秦尼（Cenni），契马部埃是绰号，据早期注释家说，他为人异常高傲。契马部埃开创了一种新的绘画风格，他的作品虽然尚未完全摆脱拜占廷绘画的法式，但已带有一些世俗的情味，对意大利文艺复兴时期的绘画具有前奏的意义。但丁在 1300 年以前在故乡佛罗伦萨大概见到过他的作品。

㉞ 乔托（Giotto）是文艺复兴初期的著名画家、雕塑家和建筑师，牧童出身，约 1266 年出生于佛罗伦萨附近的维斯皮尼亚诺（Vespignano），1337 年在佛罗伦萨逝世。他是契马部埃的弟子，但他不久就超过了老师。他是当时第一个探索用新方法作画的人，突破了拜占廷美术定型化的束缚，创作了许多具有生活气息的宗教画。他和但丁结下了友谊，佛罗伦萨警察长官公署的小教堂内的壁画中的但丁像，是他对青年时代的但丁的忠实写真。

㉟ “一个圭多”：指但丁的朋友，诗人圭多·卡瓦尔堪提（见《地狱篇》第十章注⑭）。“另一个圭多”：指“温柔的新体”诗派的开创者，圭多·圭尼采里（Guido Guinizelli，公元 1235—1276）。“在语言方面的荣誉”：指用意大利语写诗的荣誉。“从巢中赶出去”：意即从诗坛的第一把交椅上赶下来。托拉卡指出：“巢（nido）使人联想到自己的安静、可爱的住所，放弃它时，不会没有痛苦。”欧德利西含糊其辞地说，高出他们二人之上的诗人或许已经出世，但未说明是谁。大多数早期注释家认为，欧德利西的

预言指的是但丁自己。有的注释家反对此说，认为但丁不可能在这惩罚骄傲罪的地方借欧德利西之口抬高自己。其实，这里根本没有什么抬高自己的意思，至多也不过是表现但丁意识到自己的价值和历史地位而已。萨佩纽指出，欧德利西的话只是说，“如今乔托和但丁在自己的领域里各自超过了他们的前辈；但是，不言而喻，他们的名声不是持久的，有朝一日将被别的画家和诗人的名声超过，再说，任何名声都是一阵微风。”

㊱ 意即为世人所称誉的画家、诗人，今天叫契马部埃、卡瓦尔堪提，明天叫乔托、但丁，犹如风因吹来的方向不同而有东风、西风、南风、北风等不同的名称一样。

㊲ “脱离肉体”：指人死时，灵魂与肉体分离。“pappo”（面包）和“dindi”（钱）都是幼儿咿呀学语时的话。“天上运转最慢的那个圆圈运行的周期”：指恒星天运行的周期。恒星天从西向东运转，每一百年才转一度，慢得几乎难以觉察（见《筵席》第二篇第十四章）；照这种说法，它转一周就需要 360 世纪。

诗的大意是：你老死或早殇，一千年后，都是一样，反正那时人们都不知道你了，而一千年对于永恒而言，是微不足道的。

㊳ 指下面所指出的普洛温赞·萨尔瓦尼（Provenzan Salvani）。他大约生于 1220 年，十三世纪中叶成为锡耶纳吉伯林党首领，1260 年 9 月 4 日蒙塔培尔蒂之战，托斯卡那吉伯林联军打败了佛罗伦萨贵尔弗军，他对这一胜利起了重大的作用，在恩波里会议上，他支持把佛罗伦萨夷为平地的主张，遭到法利那塔的坚决反对（见《地狱篇》第十章）。“他在蒙塔培尔蒂得到胜利后，是锡耶纳的伟大人物，领导着整个城邦，全托斯卡那的吉伯林党人都把他看成领袖；而他为人骄傲专横。”（维拉尼的《编年史》卷七第三十一章）1266 年本尼凡托之战后，他和各地的吉伯林党一样，势力日益衰落。1269 年，佛罗伦萨人在科雷·迪·瓦尔戴尔萨（Colle di Valdelsa）之战，击败了锡耶纳人，他被俘虏，“斩首后，人们用长矛把砍下的头挑起来，在战场上示众。”（同上）流亡的贵尔弗党人在锡耶纳掌权后，毁了他的家宅和一切与他有关的纪念物。

“佛罗伦萨的凶焰被熄灭时”：指佛罗伦萨在蒙塔培尔蒂之战大败后。

“他是锡耶纳的主宰者”：普洛温赞·萨尔瓦尼不是锡耶纳的君主，因为锡耶纳是共和国，但他是其中最有权势的公民。“佛罗伦萨那时很骄傲，正如它如今是娼妓一样”：指当初佛罗伦萨很狂妄，企图凌驾一切邻邦；如今是娼妓，“因为佛罗伦萨人如同为臭钱卖身的妓女一样，为了钱什么事都做。”（布蒂的注释）

㊴ 大意是：世人的名声不能持久，如同草色不能常绿一样；草借助日光照射发生的热量娇嫩地从地里长出来，日光本身不久又把草晒得枯干，世人

的名声也是这样，它由时间产生，还被时间消灭。诗中所用的比喻显然来源于《圣经》，例如，“早晨他们如生长的草，早晨发芽生长，晚上割下枯干”（《旧约·诗篇》卷四第九十篇）；“……他必要过去，如同草上的花一样，太阳出来，热风刮起，草就枯干，花也凋谢，美容就消没了。”（《新约·雅各书》第一章）

㊵ “巨大的肿胀”（gran tumor）指但丁以天才和博学自负的情绪。

㊶ 普洛温赞·萨尔瓦尼掌握大权后，野心勃勃，企图使自己成为整个锡耶纳城邦之主。他在诗中是以权势自负的典型。

㊷ 意即凡是在世上过于狂妄的人，都得在这里受这样的苦，来偿还对上帝欠下的债。

㊸ “不能上升到这里”：意即不能上升到炼狱本部；“必须在这下面停留”：意即必须在炼狱外围停留。普洛温赞·萨尔瓦尼显然是迟至临终时刻才忏悔的，怎么会准许他来到炼狱本部呢？但丁向欧德利西提出这个疑问。

㊹ “生平最光荣的时候”：指他的权势和声誉最显赫的时候。“锡耶纳广场”是锡耶纳著名的广场，每年两次的赛马节都在那里举行。“为了解救在查理的牢狱中受苦的朋友”：据最新的考证，这位朋友的姓名大概是巴尔托罗美奥·塞拉齐尼（Bartolomeo Seracini），他是曼夫烈德的侄子康拉丁的部下，对安茹王朝的查理作战时，在塔利亚科佐（Tagliacozzo）被俘，查理向他索取10000金弗洛林的巨额赎金，要求在短期内交付，否则，就将他杀死。他向普洛温赞·萨尔瓦尼求援，普洛温赞自己也无此巨额的金钱，为了火速拯救朋友的性命，他不顾自己显贵的身份地位，自觉自愿地在锡耶纳广场上向市民们乞讨，终于凑足了赎金，搭救朋友出狱。

“他使自己陷入每个血管都颤动起来的状态”，因为他强使自己忍受向市民们乞讨的耻辱：“由于这个缘故，他作为显贵高傲的人，羞惭得每个血管都颤动起来……其中的血都跑到面部去了。”（布蒂的注释）

㊺ “我的话说得很含糊”：欧德利西觉得，自己所说的“他使自己陷入每个血管都颤动起来的状态”这句话会使但丁感到费解。

“你的邻人们”：指佛罗伦萨人。

“就会那样做，使得你能解释我的话”：欧德利西预言，但丁不久将遭到放逐（公元1302），将在长期流浪中体验到高傲的人为生活所迫不得不求助于人的耻辱，通过这种痛苦的经历，会明确理解这句话的意义。

㊻ “这一举动”：指通过乞讨凑足赎金搭救朋友。“给他解除了那些限制”：意即使他免于在炼狱外围停留，直接进入炼狱本部。欧德利西这番话表明，“在上帝方面，正义和仁慈是一致的。正如片刻的真诚忏悔足以使人得救，同样，仅仅一件善举就能抵得上很长的一系列的罪过的分量。”（萨佩纽的注释）

第十二章

我和那个背负重荷的灵魂[1]一起，如同架着牛轭子的牛似的并排而行[2]，在和蔼的教师容许下，我就一直这样走；但是，当他说："离开他前进吧；因为在这里每个人都应该用帆和桨竭尽全力推动自己的小船[3]，"我就像平常走路所要求的那样，重新直起身来，虽然思想上仍然低着头，缩着身子[4]。

我已经动身，乐意跟随着我老师的脚步前进，我们俩现在都显示出我们的脚步多么轻快[5]，这时，他对我说："把眼睛转向下面；观看你脚底下的地面，来减轻路途的艰苦，这对你是会有好处的[6]。"正如，为了保留对死者的纪念，在教堂地下埋葬他们的坟墓上，都雕刻着他们生前的形象[7]，因而那里屡次有人触起对他们的回忆而重新哭泣，这种回忆只能激发富有同情心的人的哀思[8]；同样，我看到那里由山的突出部分构成的路上满布着雕刻，但就艺术技巧而言，更为美观[9]。

在一边，我看见那个被创造得比任何其他的造物都高贵的天使，像闪电一样，从天上坠落下来[10]。

在另一边，我看见布里阿留斯被天上的箭射穿，冷冰冰的死尸沉重地躺在地上[11]。

我看见提姆勃拉由斯，看见帕拉斯和玛尔斯仍然全副武装，站在他们的父亲周围，注视着巨人们的支离破碎的肢体[12]。

我看见宁录站在他的巨大的工程脚下，好像茫然失措的样子，注视着同他一起在示拿地的骄傲的人们[13]。

啊，尼俄柏，我看见路上刻着你在你的被杀死的七个儿子和七个女儿当中，眼睛显露着多么悲痛的神情[14]。

啊，扫罗，这里刻着你怎样在基利波山伏在自己的剑上而死，那个地方就再也没有感受到雨露的滋润[15]。

我和那个背负重荷的灵魂一起，如同架着牛鞅子的牛似的并排而行，在和蔼的教师容许下，我就一直这样走。

啊，狂妄的阿剌克涅，我看见你这样已经一半变成了蜘蛛，悲惨地趴在你织成的那件使你自己遭到不幸的织物的破布条上⑯。

啊，罗波安，你在这里的雕像看起来已经不是吓人的样子，而是充满惊恐的神态，一辆车载走了你，并没有人追赶⑰。

那坚硬的路面还展现着，阿尔克迈翁怎样使他母亲感到那件不祥的首饰代价昂贵⑱。

它展现着，西拿基立的两个儿子怎样在神庙里向他身上扑去，杀死他后，怎样把他丢在那里⑲。

它展现着，托密利斯对居鲁士说："你嗜血，我就让你喝足了血"时，她所造成的破坏和残酷的屠杀⑳。

它展现着，奥洛费尔内死后，亚述人的溃败和被杀者的遗尸㉑。

我看见，特洛亚化为灰烬和洞穴：啊，伊利昂，那里所见的雕刻表现出你是多么卑微可怜㉒！

有哪位使用画笔或铅笔的大师，能画出这些会在那里使精通艺术的天才都感到惊奇的形象和轮廓㉓？死的就像死的，活的就像活的。对于我弯身行走时所踏过的那一切雕刻的内容，连目睹事实者所见，都不比我所见的更真切㉔。那么，夏娃的子孙们，你们就骄傲吧，就仰着目空一切的面孔走去，不低头看你们所走的邪路吧㉕！

我的心一直不闲，没有意识到，我们已经走了更多的路，太阳已经走过了它的行程的大半㉖，这时，一面走，一面总在向前看的向导开始说："抬起头来吧；你再也没有时间这样埋头走路啦。你看那边有一位天使准备向我们走来；你看第六个使女已经完成她一天的任务回来㉗。你的脸和举动要表现出崇敬之情，使他乐意接引我们上去。你要想一想，这一天是永远不会重新破晓的呀㉘！"

我惯于听他经常告诫我不要浪费时间，所以他关于这个问题所说的话，不会使我感到隐晦费解。

那美丽的造物向我们走来，身穿白衣，面如闪烁的晨星。他张开双臂，然后展开翅膀，说："你们来吧：这里附近就是台阶，现在上去很容易了㉙。"应这一邀请而来的人非常少。啊，人类呀，你们生来是为飞升的，为什么遇到一点风就这样落下来㉚？

他把我们带到岩石断开的地方[31];在这里把翅膀在我额上横着扑打了一下[32],然后向我们保证路途平安。

正如,为了攀登从卢巴康提桥上俯瞰那个治理得很好的城市的教堂所在的山,右手边有那些在案卷和桶板保持完好可靠的时代筑成的石级减轻陡峭的山势;同样,从另一层平台直上直下地通到这里的那道高堤,也由于有这种石级而减低了攀登的坡度,只是高大的岩石从这边和那边擦着攀登的人[33]。我们转身向那里走去时,听到唱"Beati pauperes spiritu!"的声音[34],唱得那样美妙不可以言传。啊,这里的各个入口和地狱里的那些入口多么不同啊!因为这里是由歌声伴随着进去,那下面则是由剧烈的哭声伴随着进去。

我们已经踏着神圣的石级向上走去,我觉得,我比以前在平地上走还轻快得多。因此,我说:"老师,告诉我,我身上去掉了什么重东西,使我走起来几乎不觉得累?"他回答说:"当那些仍然留在你额上而几乎已经消失的P字[35]都像这一个一样被擦去时,你的脚将完全被良好的愿望所支配[36],以至于不仅不会感到劳累,而且会觉得被催促着向上走是乐事。"于是,如同那些走路时头上有某种东西而自己却不知道的人,只是由于别人的示意才使他们疑心起来;因此,他们的手就努力查明事实,一摸就摸出来了,尽到了视觉未能尽的那种职责[37];我就像他们一样揸开右手的指头去摸,发现那位拿着钥匙的天使在我额上所刻的字母只有六个了:看着我这样做,我的向导微微一笑。

注释:

① 指欧德利西。

② 这个比喻说明,但丁当时和欧德利西一样,弯着身子慢慢地走;牛是最顺从、最能忍耐的牲口,用来作比喻,也表示出那个赎罪的灵魂和但丁的谦卑心情。

③ 意即在炼狱中,每个人都应该尽力用一切最有效的方法赎罪。

④ 听了维吉尔所说的这番话,但丁就像平常起步走路时那样直起身来,但是思想上仍然低着头,身子蜷缩着,因为欧德利西的至理名言犹在他的耳边,此时他傲气全消,心中充满谦卑之情,仿佛还在继续同那些灵魂一起赎罪似的。

⑤ "我们俩现在都显示出我们的脚步多么轻快":维吉尔是灵魂,不受肉体

拖累,脚步自然轻快;但丁这时已经去掉骄傲罪的沉重负担,而且已经是直着身子走路,所以脚步也同样轻快。

⑥ “观看你脚底下的地面”:正如悬崖下部刻着表现谦卑美德的事例,供赎罪的灵魂们效法一样,平台路面上刻着交替取材于《圣经》和古代神话及历史、表现骄傲受到惩罚的事例,使赎罪的灵魂们踩着这些雕刻走去,从中吸取教训。

“来减轻路途的艰苦”原文是 Per tranquillar la via(为了使路途平静),意义宽泛。这里根据丹尼埃罗(Daniello)的解释意译。诗的大意是:但丁观看路面上的雕刻,能从中得到益处,并且减轻走路的劳累。

⑦ “教堂地下埋葬他们的坟墓”(tombe terragne):在中世纪,意大利人常把死者埋葬在教堂地下,用长方形的石板覆盖着,石板与地面平,成为地面的一部分;为了纪念死者,石板上雕刻着死者生前作为法官、医生或骑士的形象以及纹章、铭文。诗中以这种坟墓上的雕刻来比拟第一层平台路面上的雕刻是很恰当的。

⑧ 诗的大意是:亲友们在教堂中看到死者生前的形象,常常会触起对死者的回忆而伤心落泪,这种回忆只能使富有同情心的人产生哀思,铁石心肠的人是无动于衷的。

⑨ “由山的突出部分构成的路”:指从悬崖脚下向外延伸构成的第一层平台,作为赎罪的灵魂们环山行走的道路。路面上的雕刻因为出自上帝之手,比教堂中坟墓石盖上的雕刻更美观。

⑩ 第一个因骄傲受到惩罚的事例来源于《圣经》。卢奇菲罗原是最高贵的天使,《旧约·以赛亚书》第十四章称他为“明亮之星,早晨之子”;由于他“心里曾说:我要高举我的宝座在上帝众星以上……我要与至上者同等”,这种狂妄的野心促使他发动叛乱,结果受到惩罚,堕入地狱。萨佩纽指出,但丁以闪电作为比喻来形容卢奇菲罗坠落之速,显然是借用《新约·路加福音》第十章中的话:“耶稣对他们说,我曾看见撒旦从天上坠落,像闪电一样。”

⑪ 第二个事例来源于古代神话,刻在路的另一边,和前一个来源于《圣经》的事例对称。布里阿留斯是百臂巨人(见《地狱篇》第三十一章注⑱),在同其他巨人一起对天神作战、进攻奥林普斯山时,被朱庇特的雷霆击毙。“天上的箭”:指雷霆。

⑫ 第三个事例是巨人们狂妄地与天神作战的下场。

提姆勃拉由斯(Thymbraeus)即日神阿波罗,在特洛亚的提姆勃拉(Thymbra)城有他的一座著名的庙宇,因而获得了这个称号。帕拉斯(Pallas)即希腊神话中的女神雅典娜,相当于罗马神话中的女神弥涅耳瓦(Minerva)。玛尔斯是罗马神话中的战神。

“他们的父亲”:指朱庇特。

⑬ 第四个事例来源于《圣经》。巨人宁录(见《地狱篇》第三十一章注⑭)"为世上英雄之首"(见《旧约·创世记》第十章),他为了传播名声,率领手下的人们在示拿地的平原上建造一座高可通天的塔,由于上帝变乱了他们的口音,使他们的言语彼此不通,造塔的巨大工程被迫停工(事见《旧约·创世记》第十一章)。

⑭ 第五个事例来源于古代神话。尼俄柏是忒拜王安菲翁的妻子,生下了七男七女,她以此自负,口出狂言,贬低女神拉托娜,说她只生了日神阿波罗和月神狄安娜两个孩子,和无儿无女者差不多。拉托娜非常气愤,要求阿波罗和狄安娜为她惩罚尼俄柏。兄妹二人立刻来到忒拜,把尼俄柏的七子七女统统射死。尼俄柏目睹子女们的尸体,悲痛得变成了石头(事见《变形记》卷六)。

⑮ 第六个事例来源于《圣经》,表现以色列王扫罗在基利波山被非利士人打败,身负重伤,命令部下将他刺死,以免落入敌人之手,部下不肯,最后就自己伏刀而死的情景(事见《旧约·撒母耳记上》第三十一章)。扫罗死后,大卫作哀歌哀悼他,歌中说:"基利波山哪,愿你那里没有雨露。"(《旧约·撒母耳记下》第一章)

⑯ 第七个事例来源于古代神话。吕底亚染匠伊德蒙的女儿阿剌克涅(见《地狱篇》第十七章注⑤)精于纺织,以此自负,胆敢向纺织女神弥涅耳瓦(见注⑫)挑战,比赛技艺高低。她织出了一件十分精致的织物,女神看了,挑剔不出一点毛病,一怒之下,把它扯碎。阿剌克涅悲愤交加,悬梁自尽。女神把她解下来,不让她死,为了惩罚她的傲慢,使她变成了蜘蛛,把她上吊的绳子变成了蛛网,让她永远悬在高处,纺着线,织来织去(事见《变形记》卷六)。路面上的雕刻表现阿剌克涅正在变形的过程中,一半已经变成蜘蛛,一半还具有人形,因而还可以看出她的悲惨的状况。

⑰ 第八个事例来源于《圣经》。"罗波安"是以色列王所罗门的儿子,所罗门死后,继承了王位。他是个暴君。以色列百姓来见他,对他说:"你父亲使我们负重轭,作苦工,现在求你使我们作的苦工轻松些,我们就事奉你。"他用严厉的话回答说:"我父亲使你们负重轭,我必使你们负更重的轭,我父亲用鞭子责打你们,我要用蝎子鞭责打你们。"以色列人见王不依从他们,就背叛他。"罗波安王差遣掌管服苦之人的亚多兰往以色列人那里去,以色列人就用石头打死他。罗波安王急忙上车,逃回耶路撒冷去了。"(事见《旧约·列王纪上》第十二章)

⑱ 第九个事例来源于古代神话。厄里费勒(Eriphyle)是预言家安菲阿剌俄斯(见《地狱篇》第二十章注⑩)的妻子。当七位英雄决定从阿尔戈斯出征忒拜时,安菲阿剌俄斯预知自己如果参加,一定不能生还,就隐藏起来。除了厄里费勒以外,谁都不知道他藏在何处。英雄波吕尼刻斯用家

传的宝石项链贿赂她，她就把他带到了她丈夫隐藏的地方，安菲阿剌俄斯只好参加出征，后来果然丧命。在出征前，他曾嘱咐他儿子阿尔克迈翁惩罚厄里费勒的叛卖罪。阿尔克迈翁听到他父亲的死讯后，就杀死了他母亲（事见《忒拜战纪》第二卷）。“不祥的首饰”：指宝石项链，因为它给历来佩戴它的妇女都带来杀身之祸。“代价昂贵”：指他杀死厄里费勒。萨佩纽认为，厄里费勒的骄傲，与其说在于她热衷于装饰自己的女性虚荣心，毋宁说在于她贪图占有神物的狂妄野心，因为宝石项链是锻冶之神所造，作为爱神维纳斯赠给她女儿哈耳摩尼亚的结婚礼物。

⑲ 第十个事例来源于《圣经》，表现亚述王西拿基立因骄致祸的故事。西拿基立进攻犹太国，口出狂言，嘲笑犹太王希西家相信耶和华能拯救他的国家。希西家向耶和华祈祷，恳求他使犹太和耶路撒冷的人脱离亚述王的手。“当夜耶和华的使者出去，在亚述营中杀了十八万五千人，清早有人起来，一看，都是死尸了。亚述王西拿基立就拔营回去，住在尼尼微。一日在他的神尼斯洛庙里叩拜，他儿子亚得米勒和沙利色用刀杀了他，就逃到亚拉腊地。”（《旧约·列王纪下》第十九章和《旧约·以赛亚书》第三十七章）

⑳ 第十一个事例来源于历史。波斯王居鲁士（公元前558—前529在位）俘虏了里海以东的游牧部落马萨革泰人的女王托密利斯的儿子，并且傲慢地不顾她的抗议，把他杀死。她兴师问罪，居鲁士在激战后，被伏兵所杀。她令人割下了他的头，放进满装着人血的革囊中，然后，她就对他说了那两句尖刻的嘲笑话（见奥洛席乌斯的七卷《反异教徒史》卷二第七章第六节）。“她所造成的破坏和残酷的屠杀”：指托密利斯杀戮波斯军，损坏居鲁士的尸体。

㉑ 第十二个事例来源于天主教《圣经》及《逸经》中的《犹滴书》。奥洛费尔内是新巴比伦王尼布甲尼撒二世的将军，奉命前去围攻贝图利亚城的以色列人。他非常骄傲，蔑视以色列人所信奉的上帝，宣称除了尼布甲尼撒以外，别无他神。贝图利亚被围困后，水源断绝，势必投降。为了拯救自己的同胞，年轻的寡妇犹滴只身进入敌营，以她的美貌迷住了奥洛费尔内，夜间乘他酒醉将他杀死，把他的头带回城去，挂在城墙上，敌军见主帅已死，惊慌逃窜，大部分被以色列人杀死（事见《犹滴书》第八至十五章）。

㉒ 第十三个事例来源于古代传说。特洛亚人由于骄傲，被希腊人用木马计攻破都城，纵火烧成平地（事见《埃涅阿斯纪》卷三）。严格说来，特洛亚是都城的名称，伊利昂是都城中的堡垒的名称，但这里均指特洛亚城。“洞穴”指都城被焚毁后，废墟中形成的洞穴。“卑微可怜”：与昔日的富强高傲的伊利昂对比。

㉓ “形象和轮廓”原文是Ombre e tratti：托拉卡认为，这两个词分别指浅浮雕

的平面和突起的部分;格拉伯尔则认为,ombre 指明暗对照,tratti 指柔和的轮廓,这两个名词更准确地规定了雕刻和绘画的区别,这种区别恰恰在这里的浮雕上被神奇地消除了。译文根据万戴里和萨佩纽的解释。

㉔ 诗句表明路面上的浮雕刀法异常神妙,把事例中的人物故事雕刻得惟妙惟肖,栩栩如生。

㉕ 在这里诗人用反语警告世上自高自大的人们。"夏娃的子孙们":指世人,因为她是人类共同的母亲。

《最佳注释》指出,但丁在这里之所以不用亚当的子孙们,而用"夏娃的子孙们"来指世人,是因为夏娃是第一个由于骄傲,妄图与上帝相似而违背上帝的告诫,偷食智慧之果的人,诗中把她同世上自高自大的人们联系起来是很恰当的。

㉖ "我的心一直不闲":但丁走路时,一直忙于注意观赏路面上的雕刻,没有意识到已经走了多远,时间已经过了多久。

㉗ 向他们走来的天使是谦卑的天使。

"第六个使女":指第六个时辰女神。据古代神话,时辰女神们是日神的使女。"第六个使女已经完成她一天的任务回来",意即从日出时到此刻已经过了六个小时,也就是说,现在是但丁和维吉尔来到炼狱的第二天中午已过的时刻。

㉘ 意即时光一流逝,就永不复返。

㉙ 意即从第一层平台拾级而上到第二层平台很容易,因为赎罪者已经去掉骄傲罪的重负,轻装前进。

㉚ "应这一邀请而来的人非常少"这句话使人想起《新约·马太福音》第二十二章中耶稣的话:"因为被召的人多,选上的人少。""你们生来是为飞升的":意即上帝创造人是为使他进天国的。"遇到一点风就这样落下来":指世人由于骄傲,爱慕虚荣而放弃追求天国之福。

早期注释家都认为这几句话是但丁说的,现代注释家除了卡西尼-巴尔比、牟米利亚诺和萨佩纽以外,大都认为,整个这段话都是天使说的,两种说法都有自己的论据,迄今尚无定论。译文根据早期注释家的说法,把这几句话作为但丁责备世人的话。

㉛ 指峭壁断开处形成的天然石级跟前。

㉜ 为了去掉守门天使刻在但丁额上代表骄傲罪的第一个 P 字。

㉝ 为了说明从第一层平台通向第二层平台的石级的具体情况,但丁使用了一个取材于故乡佛罗伦萨的比喻:正如,从佛罗伦萨城内去城外小山上的圣米尼阿托(San Miniato)教堂,右手边的路上筑有石级,便于登上陡峭的山坡;同样,从第一层平台高耸到第二层平台的峭壁的断裂处形成了天然石级,可供攀登到达第二层平台,只是这里的石级构成的磴道非常狭窄,而那座小山坡上的石级磴道则很宽阔。"卢巴康提桥"是阿尔诺河

上最古的桥,1237 年由最高行政长官卢巴康提·迪·曼戴拉(Rubaconte di Mandella)奠基建成,故有此名,后来改称神恩桥,1944 年被德国纳粹军炸毁,战后重建成现代形式。

"治理得很好的城市"是反语,但丁用来指佛罗伦萨,讽刺它政治上一团糟。

"教堂所在的山":指佛罗伦萨城东南的十字山(Monte alle Croci)。此山海拔仅 138 米,但山势比较陡峭。山上有初建于十一世纪的圣米尼阿托教堂。

"右手边有……石级":从城内去圣米尼阿托教堂,出城门后由一条路登山,走出不远,路就分成两条,在登山者右手边的岔路上筑有石级,便于攀登陡峭的山坡。

"在案卷和桶板保持完好可靠的时代":意即无人对案卷和度量衡做违法乱纪之事的时代,也就是先前政治修明的时代。但丁之所以特别提出"案卷"和"桶板",是由于当时佛罗伦萨发生了两起有关案卷和桶板的舞弊事件:

(1)1299 年 5 月,最高行政官蒙菲奥里托·迪·科戴尔达(Monfiorito di Coderda)卸任后,因徇私枉法受到拷问,供出他曾接受假证,宣告尼古拉·阿洽伊奥里(Niccola Acciaioli)无罪。尼古拉·阿洽伊奥里得悉这一供词写进了案卷,非常害怕,就和他的律师巴尔多·迪·阿古里奥内(Baldo d'Aguglione)同谋,设法借出案卷,撕毁有关的一页灭迹。事发后,他们都受到罪有应得的惩罚。

(2)1283 年,盐务长官多纳托·德·洽拉蒙台西(Donato dei Chiaramontesi)利用自己的职务营私舞弊。当时通常都用一种木桶般的斗来量盐。多纳托从政府接受盐时,都用标准斗量,出售给市民时,就用比标准斗少一桶板的斗量,通过大斗进、小斗出的花招发了横财。被查出后,受到严厉的惩罚。

㉞ "Beati pauperes spiritu!"是《新约·马太福音》第五章中耶稣登山训众时所说的第一句祝福词的前半句,中文《圣经》译文为"虚心的人有福了"。每当但丁和维吉尔离开一层平台,就有一位天使唱耶稣登山训众所说的一句祝福词。现在他们离开了消除骄傲罪的第一层平台,所以天使唱这句为谦卑者祝福的词是非常适当的,不言而喻,他还唱了后半句"因为天国是他们的"。

㉟ "几乎已经消失的 P 字":天使用翅膀扑打掉了代表骄傲罪的第一个 P 字,骄傲是一切罪孽的根源,去掉了它,其他的罪就成了无本之木,无源之水,所以其余的六个 P 字就模糊了。

㊱ "完全被良好的愿望所支配":意即你往上走的强烈愿望将完全克服你身体的重量对你的脚产生的阻力。

㊲ “别人的示意”：指别人看到他们头上有什么东西而他们自己都不知道时，做出的种种表示，如使眼色，微笑，打手势等。

“揸开右手的指头”是为了便于数清 P 字还有几个。

“尽到了视觉未能尽的那种职责”：意即眼睛看不见自己头上的东西，用手摸出来了，触觉代替了视觉的功能。

“这个取材于观察到的极平常的一件事实的比喻，用准确的文辞把怀疑和查证的过程生动地描写出来。”（引自温图里的《但丁的明喻》）注释家们指出，这个比喻可能来源于奥维德的《变形记》卷十五第 565—568 行有关奇普斯的故事的诗句：奇普斯在河边照见自己头上生出两角，他看见之后，“以为是影像在捉弄他，连连在头上摸了几遍，果然摸着他所见的东西。”即使如此，但丁的比喻也显然青出于蓝。

第十三章

我们到了石级的顶端，在那里，这座使攀登者消罪的山再次被切削，构成一个平台，这个平台在那里环绕山腰，如同第一个平台一样[①]；只是它的弧线弯曲得更急些[②]。那里，既看不到浅浮雕，也看不到雕像：堤岸和路面都显得光溜溜的，呈现出岩石的青灰色[③]。

诗人说："如果我们在这里等待有人来，向他们问路，我怕我们选定道路也许要耽搁太久。"于是，他把眼睛转过去凝望着太阳；把身体的右部作为动作的枢轴来转动身体的左侧[④]。他说："啊，甜蜜的光啊，我因为信赖你而走上这一条新路，你就以进入这个地方所须要的指导引导我们吧。你温暖着世界，你在它的上空放光，如果没有别的理由迫使我们走另一条路，你的光应该永远是我们的向导[⑤]。"

由于怀着热切的愿望，在那里我们很短的时间就走了在世上算是一哩的路[⑥]；那时，我们听见，但是看不见，一些灵魂向我们飞来，殷勤地邀请去赴爱的筵席[⑦]。第一个飞过来的声音高声说："Vinum non habent"[⑧]，飞到我们后面又重复说。在这个声音离开太远，使人完全听不见它以前，另一个声音就飞过来，喊道："我是俄瑞斯忒斯"[⑨]，也没有停下。我说："啊，父亲哪，这些是什么声音？"我正问时，突然第三个声音说："爱那些使你们受害的人"[⑩]。于是，善良的老师说："这一层平台鞭打忌妒罪，因此马鞭子的皮条取材于爱。马嚼子必须是与此相反的声音；根据我的推断，我想，你在到达赦罪的关口以前，就会听到它[⑪]。但是，你要定睛透过空气注视，你就会看到，我们前面有一群人坐在那里，每个都靠着悬崖坐着。"于是，我把眼睛睁得比先前更大；向前看去，只见一群灵魂穿着颜色与石头没有差别的袍子。当我们稍微向前走近时，我听见喊"马利亚，为我们祈祷吧！"接着，又听见喊"米凯勒""彼得"和"一切圣徒"[⑫]。

我不相信，今天世上有如此冷酷的人，面对我随后就要见到的情景，都不会触动怜悯之情，因为当我走到距离他们很近的地方，他们的情况都清晰地映入我的眼帘时，沉重的悲痛迫使我眼泪夺眶而出。我看到他们身穿粗毛布袍子，彼此肩靠着肩互相支撑着，大家又都背靠着堤岸⑬。犹如无以为生的盲人们在赦罪的节日待在去乞讨生活必需之物的地方一样，每个人都把头垂到另一个人肩上，为了不仅通过他们说话的声音，而且通过同样表示哀求的神态，可以立刻在别人心中引起怜悯⑭。正如太阳无益于盲人，同样，天光也不肯把自己施与我现在所说的那个地方的灵魂们⑮，因为他们的眼皮都用一根铁丝穿透缝在一起，就像对于一只不肯安静的野鹰所做的那样⑯。

我从他们面前走过去，看得见他们，他们都看不见我，我觉得这是对他们失礼的行为；因此，我转身面向我的睿智的顾问⑰。他知道得很清楚，我沉默着，心里想说什么；所以他不等我问，就说："你说吧，话要简明扼要。"

维吉尔在我右边沿着平台没有围着阑干、行人会摔下去的那一侧行走；我的另一边是那些虔诚的灵魂，他们都从可怕的缝隙里挤出泪水，滴湿了两颊⑱。我转身向着他们，开始说："啊，你们这些已经肯定能见到你们所一心向往的至高无上之光⑲的人哪，祝愿神的恩泽迅速消除你们良心上的浮渣，使记忆之河能通过你们的良心清澈地流下去⑳，请你们告诉我，你们中间有没有意大利人的灵魂，对我来说，这一信息是既惬意而又宝贵的，我知道后，或许会对他有好处㉑。""啊，我的兄弟，我们每个人都是那惟一真城的市民；但你的话意思是指作为外乡人旅居意大利者㉒。"我似乎听到这作为回答的话来自我前面稍远的地方，因此，我向前走去，使那里更可以听到我的声音。我看见那些灵魂中间有一个表现出期待的样子；如果有人问："怎么表现出来？"因为她像盲人那样抬着下巴㉓。我说："为了升天而忍受磨练的灵魂哪，如果你是那个回答我的人，那就请你说出你的籍贯或者名字，使我认识你吧。"她回答说："我生前是锡耶纳人，现在同这些人一起在这里洗净生平的罪孽，哭着祈求上帝允许我们见到他。虽然我名叫萨庇娅，但我并不聪明，我对于别人的灾祸远比对于自己的好运高兴㉔。为了使你不至于认为我欺骗你，你听我叙说一下，看我在年龄已经越过人生的拱顶下降时，是否像我对你所说的那样狂妄[25]。那时，我同城的人们已经在科勒附近同他们的敌人交战，我向上帝祈求他已经注定的事情[26]。他们果然在那里被击溃了，迈出败阵而逃的惨痛的脚步，看到他们被追击的情景，我感到无比的喜悦，好像乌鸫见到了短期的好天气一样，抬起我的狂妄的脸，向上帝喊道：'现在我再也不怕你了[27]！'到了生命的终点时，我与上帝和解了；要不是售梳者彼埃尔出于仁爱之心哀怜我，在他的神圣的祈祷中想着我，我所负的债至今还不会被忏悔减轻[28]。但是，你是谁呀？你来问我们的情况，我相信，你的眼睛并没有什么障碍，而且你是在一面说话，一面呼吸[29]。"我说："我的眼睛有朝一日在这里也要失明，但为时很短，因为我由于用忌妒的眼光看别人而犯的罪是很小的。我更害怕的是受下面那一层的刑罚，这使我如此提心吊胆，简直觉得下面那种重负已经压在我身上[30]。"她对我说："如果你认为你还要回到下面去，那么，是谁把你领到我们这上面来的呢[31]？"我说："是这个同我在一起的人，他一直没有说话。我是活人；因此，被选上的灵魂哪，如果你也希望我在人间为你奔走效劳，你就向我提出要求吧[32]。"她回答说："啊，这听起来可是一件非常新奇的事，它是上帝爱你的伟大表征；因此，请你有时以你的祈祷来使我受益吧[33]。我还以你最大的愿望的名义请求你，如果你踏上托斯卡那的土地，你可要在我的亲属中恢复我的名誉[34]。你将在那些浮华的人中间看到他们，这些人寄希望于塔拉莫奈，他们在那里将要比寻找狄安娜更为失望；但是在那里最失望的还是那些海军将官[35]。"

注释：

① 有的注释家认为这句诗说明这个平台像第一个平台一样环绕山腰；有的注释家认为它说明这个平台的形状和宽度同第一个平台一样。两种说法都讲得通。

② 意即拐更小或更急的弯，因为炼狱山呈圆锥形，环山的七层平台均为同心圆，越往上，平台的圆周和半径就越小，曲率就越大。

③ "浅浮雕"原文是 ombra，这里指峭壁上的浮雕；"雕像"原文是 segno，这里指地面上的雕像；为了明确起见，根据注释意译。第一层平台内侧的峭

壁下部和平台的路面都是白大理石构成的,前者饰有浅浮雕,后者饰有雕像;这第二层平台内侧的峭壁和平台的路面则是青灰色的岩石构成的,上面光溜溜的,既无浅浮雕,又无雕像;二者形成鲜明的对比。第二层平台是犯忌妒罪者受惩罚的地方,岩石呈现出一片青灰色,这种颜色象征忌妒。罗马哲学家波依修斯(Boethius,约公元480—525或526)说,忌妒是冷的,因为和爱相反,冷使人脸色发青。

④ 这一细致描写的动作说明维吉尔转身向右。他站在石级的尽头,面对第二层平台内侧的峭壁时,是面向西方或西南方,这时天刚过中午,太阳在北方的天空,也就是在两位诗人的右边。炼狱的路对维吉尔来说,也是"一条新路",不知道应该朝什么方向走,又无人可以询问,就转身向右,对太阳说了这番话。

⑤ 早期注释家大多数认为太阳象征上帝的恩泽。雷吉奥不同意这种说法,他指出,"如果没有别的理由迫使我们走另一条路"这句话使这种说法不能成立,因为不可能有任何理由促使我们去走和上帝的恩泽所指引给我们的不同的路。托玛塞奥认为太阳在这里代表人的理性,除非上帝的恩泽促使我们走别的路,理性就应该永远是我们的向导。萨佩纽和雷吉奥都认为这种说法较好。据译者看来,这种解释理由也不圆满,因为维吉尔自身就象征理性,怎么还要以另一个代表理性的太阳作为向导呢?雷吉奥自己的看法是:这里所说的太阳指的是自然界的太阳,并没有什么字面意义以外的寓意。

⑥ 维吉尔说完这番话后,就以太阳为"向导",同但丁一起向右走去。"热切的愿望"指急于登上顶峰的愿望。"一哩"原文是 migliaio = miglio(千步)。两位诗人因急于赶路,一会儿的工夫,在第二层平台上就走了相当于世上一哩那么远。

⑦ "爱的筵席":指下述三个体现爱(carita)的美德的范例。爱是一种与忌妒罪相反的美德;从空中飞过的灵魂们向犯忌妒罪者口头宣扬这些范例来教育他们,因为他们的眼皮被缝在一起,看不见任何形象。

⑧ "Vinum non habent"(他们没有酒了)是拉丁文《圣经》《新约·约翰福音》第二章中圣母马利亚的话:"在加利利的迦拿有娶亲的筵席,耶稣的母亲在那里。耶稣和他的门徒也被请去赴席。酒用尽了,耶稣的母亲对他说:'他们没有酒了'。"于是,耶稣就行了头一件神迹,使水变成了酒。圣母马利亚这句话表明她对新郎、新娘的关怀,诗中以此作为体现爱的第一个范例。

⑨ 第二个体现爱的范例来源于古代神话传说。"我是俄瑞斯忒斯"是古罗马戏剧家帕库维乌斯(Pacuvius)的一部悲剧中的台词,这部悲剧表现远征特洛亚胜利归来的希腊联军统帅阿伽门农被妻子和她的情夫埃癸斯托斯谋害后,他的儿子俄瑞斯忒斯为父报仇的故事。俄瑞斯忒斯同好友

庇拉底斯一起杀死了埃癸斯托斯,事发后,俄瑞斯忒斯被捕,并判处死刑。当时,庇拉底斯尚未被认出,为了拯救朋友的性命,他高呼:“我是俄瑞斯忒斯。”但是,俄瑞斯忒斯不肯让朋友替自己死,坚持说:“我是俄瑞斯忒斯。”双方相持不下,显示出无比深挚的义气。剧本已佚,但丁从西塞罗的《论友谊》一书中得知其故事情节。

⑩ 第三个范例与其他范例不同,因为它并非一件具体的事实,而是一条来源于《圣经》的行为准则,这条准则就是《新约·马太福音》第五章中和《新约·路加福音》第六章中耶稣对他的门徒所说的那些论爱仇敌的话。诗中用“爱那些使你们受害的人”概括了耶稣的训词。

⑪ “鞭打忌妒罪”:意即惩罚忌妒罪。“马鞭子的皮条”:指鞭策人去追求与忌妒罪相反的美德的那三个体现爱的范例。“马嚼子”的作用与马鞭子相反,是阻止马前进的工具,这里用来比拟警戒人不要犯忌妒罪的事例。“必须是与此相反的声音”:意即必须是忌妒罪受惩罚的事例(见第十四章末尾)。“赦罪的关口”:指从第二层平台上第三层平台去的石级,那里将有一位天使给但丁去掉额上象征忌妒罪的P字。

⑫ 这些犯忌妒罪者的灵魂正在一齐高声诵唱《祈祷众圣的连祷文》:首先向圣母马利亚、然后向大天使米凯勒和众天使、接着向圣彼得和其他使徒、最后向一切圣者祈祷。

⑬ “堤岸”:即第二层平台内侧的峭壁。

⑭ 中世纪时,遇到教会赦罪的节日,无以为生的盲人们就云集在教堂门前乞讨,每个人都把头垂到另一个肩上,彼此互相支撑。但丁用现实生活中这一常见的场面作为比喻,使犯忌妒罪者的灵魂彼此肩靠肩互相支撑着、一个个背靠着峭壁席地而坐的情景跃然纸上。

⑮ “天光也不肯把自己施与……那个地方的灵魂们”:意即不让他们看见天光。

⑯ 犯忌妒罪者生前对人从来不以好眼相看,经常以幸灾乐祸的眼光看人,因而死后在炼狱里受到眼皮被铁丝穿透,缝在一起,像盲人一样看不见东西的惩罚。

“野鹰”:指在林中捕获的、已经长成的鹰,这种鹰野性难驯,必须把它的眼皮缝起来,否则,它总不肯安静着,一见人,就想挣脱羁绊逃掉。

⑰ 但丁从那些眼皮被铁丝缝起来的灵魂跟前走过,他看到他们的面貌和举动,他们却看不见他,不知道他在观察他们;他觉得,自己在这件事情上占了便宜,这是对他们失礼的行为,因此,他想请求维吉尔允许他同他们说话,使他们知道他在他们跟前,但他话到嘴边,没有出口。

⑱ 维吉尔在但丁右边沿着平台的外侧行走,让但丁靠里边走,以免发生危险,足见他对但丁关怀备至。

“可怕的缝隙里”:指眼皮被铁丝缝在一起的接合处。由于眼皮被缝在一起，他们不得不用力从缝隙里把泪水挤出来。

⑲ “至高无上之光”：指上帝，他是这些灵魂向往的惟一对象。维吉尔用“光”指上帝，因为他设想，他们像盲人一样渴望重见光明。

⑳ “良心上的浮渣”：指生前的罪行在良心上留下的污垢。

“记忆之河”：指对一生经历的回忆。“清澈地流下去”：意即不被罪行的浮渣污染，暗指他们将在山顶上的地上乐园里被浸入勒特河（忘河）中，得以忘掉生前所犯的罪。

㉑ “因为我将把他记在我的书里，使别人想起他，或许可以为他祈祷上帝。”（布蒂的注释）

㉒ “我们每个人都是那惟一真城的市民”：意即得救的灵魂都是上帝之城或天上的耶路撒冷的市民，再也没有什么国籍的分别。“但你的话意思是指作为外乡人旅居意大利者”：基督教认为，人的灵魂在世上如同游子旅居外地，天国才是其真正的家乡。答话的灵魂以此来纠正但丁问“你们中间有没有意大利人的灵魂”这句话。

㉓ “表现出期待的样子”：意即表现出期待但丁继续说话的样子。如果有人问，是怎么表现出来的？那就是：这个灵魂像一般盲人那样抬着下巴对着说话的人。但丁利用这个在现实生活中常常见到而不为人注意的现象作为比喻，使读者觉得这个灵魂的形象鲜明突出，如同雕塑一般有立体感。

㉔ 萨庇娅（Sapia）大约于 1210 年出生在锡耶纳显赫的贵族家庭，是普洛温赞·萨尔瓦尼（见第十一章注㊳）的姑母，嫁给卡斯提里翁切罗（Castiglioncello）城堡的封建主吉尼巴尔多·迪·萨拉奇诺（Ghinibaldo di Saracino）为妻。她的生平事迹不详，据考证，1274 年还在世，可以肯定死于 1289 年以前。萨庇娅在诗中是个性格复杂的人物，注释家对她有不少比较深刻的论断。

“虽然我名叫萨庇娅（Sapia），但我并不聪明（savio）”：sapia 和 savio 词根相同，均来源于 sapere（知）；但她并非以自己的名字做文字游戏，而是如同托拉卡和格拉伯尔所指出的，在惨痛地回忆自己的行为，无情地进行自我剖析，断定自己是愚妄的。“我对于别人的灾祸远比对于自己的好运高兴”：意即对别人幸灾乐祸的情绪甚至远远超过对自己走运的喜悦；“比这更为盲目的忌妒心是难以想象的。”（彼埃特罗波诺的注释）

㉕ 但丁把人生比做拱门，拱门的顶点，就人的自然寿命一般为七十岁而言，是三十五岁（见《筵席》第四篇第二十三章）。“年龄已经越过人生的拱顶下降时”：意即年龄已经超过了三十五岁，进入人生的后半部。“萨庇娅并不只想附带讲一下她犯罪时的年龄，而是反思自己在那个年龄应该明智，但实际上却不明智。”（托拉卡的注释）

㉖ “科勒”（Colle）是埃尔萨（Elsa）河左岸的一个市镇，坐落在圣吉米尼亚诺

附近的小山上,在锡耶纳西北约二十一公里。1269 年 6 月 8 日,佛罗伦萨贵尔弗军在安茹王朝查理的法国部队支援下,在这里击溃了普洛温赞·萨尔瓦尼和小圭多伯爵统帅的锡耶纳吉伯林军和它的同盟军,普洛温赞·萨尔瓦尼在这一战役中阵亡。“我向上帝祈求他已经注定的事情”:意即她祈求上帝使锡耶纳军战败,其实,锡耶纳军战败是天意,并非由于她祈祷所致。至于她怨恨同城市民,尤其是她的侄子普洛温赞的原因,经多方考证,尚未明确。

㉗ “好像乌鸫见到了短期的好天气一样”:布蒂的注释说:“这种鸟很怕冷和坏天气,一遇到坏天气,它就藏起来,天气一晴和,它就出来……在以它为题材的寓言中,它说:‘我不怕你了,老天爷,因为冬天已经过去了!’”萨庇娅看到锡耶纳人兵败、被敌军追击时,十分称愿,喜极如狂,仰面朝天向上帝喊道:“现在我再也不怕你了!”意即“上帝呀,现在我已经如愿以偿,任凭你给我降什么灾祸,我都不怕了!”

波斯科认为,忌妒和狂妄是互相关联的,天使卢奇菲罗之所以堕落成为魔鬼,既由于忌妒也由于狂妄。假如这两种罪之间没有密切关系,就难以说明萨庇娅在诗中为什么既忏悔自己的忌妒,又忏悔自己的狂妄。这种见解是很精辟的。

㉘ 萨庇娅的话大意是:我临死忏悔了自己的罪,得到了上帝的宽恕,但是忏悔还不能减轻我对上帝所负的债(即罪孽);要不是售梳者彼埃尔在他的祈祷中为我祷告,我还得和其他的临终才悔罪者一起停留在炼狱的外围,而不能来到这第二层平台赎罪。

售梳者彼埃尔(Pier Pettinaio)祖籍锡耶纳东北的乾提(Chianti)县堪皮(Campi)镇,居住在锡耶纳,以售梳子为业,为人诚实不欺,从来不出售有毛病的梳子。后来参加圣方济各会为修士,当时以虔诚和神迹闻名,1289 年逝世。

㉙ 萨庇娅直觉地意识到但丁不是第二层平台的赎罪者的灵魂,因为她一答话,但丁就向她走过来,而那些灵魂却都背靠峭壁坐着不动。此外,她还听到,他一面说话,一面呼吸,这也是异乎寻常的事。

㉚ 但丁的话大意是:我死后,也将在这里受惩罚,眼皮被铁丝缝上,但为时将很短,因为我犯忌妒罪很轻。我更害怕的是将要在第一层受到犯骄傲罪者所受的那种惩罚,这种惩罚使我提心吊胆,好像现在已经有巨石压在背上似的。

早期注释家和传记家(如薄伽丘)都提到但丁的高傲;诗人自己也意识到他的“崇高的才华”(见《地狱篇》第二章),并且以出身高贵自豪(见《天国篇》第十六章);在这里,他坦率承认高傲是他的最大的罪过。

㉛ “下面”:指第一层平台,“这上面”:指第二层平台。根据炼狱的法规,灵魂们都必须先在层次较低的平台上消除较重的罪,然后依次在层次较高

的平台上消除较轻的罪，登上层次较高的平台后，就不能再回到层次较低的平台去。但丁的话意思是说，死后他的灵魂要在第一层平台上消除生前的骄傲罪，并不是说，他现在要回到那里去。萨庇娅由于注㉙所说的种种原因而疑心但丁不是赎罪者的灵魂，但她看不见他本人，所以当时还不知道他真是活人，因而误解了他的话。

㉜ “是这个同我在一起的人”：在地狱和炼狱中，但丁只对极少数配认识维吉尔的人说出这位伟大诗人的名字。

“也希望我在人间为你奔走效劳”：意即也像其他的灵魂一样希望我去寻找为你祈祷的人。

㉝ 大意是：既然你是活人来游炼狱，足见你是蒙受神恩的人，你的祈祷肯定有效，那就请你自己有时为我祷告吧。

㉞ “你最大的愿望”：指拯救灵魂。“恢复我的名誉”：萨庇娅担心她的亲属以为她死后灵魂已堕入地狱，因此请求但丁告诉他们，她已得救，现在炼狱里，以便促使他们为她祈祷，使她早日升天。

㉟ “那些浮华的人”：指锡耶纳人。“浮华”在这里含义宽泛，包括爱虚荣，好大喜功在内（参看《地狱篇》第二十九章注㉗）。“塔拉莫奈”（Talamone）是托斯卡那近海沼泽地西南端的小港湾，原属圣救世主修道院，1303年，锡耶纳政府以8000金弗洛林的重价购得，企图使它成为自己的贸易口岸，动工加以修建，但因港口容易淤塞，必须经常疏浚，又因位于疟疾多发地带，不适于居住，结果遭到失败，成为敌邦佛罗伦萨人的笑柄。

“狄安娜”（Diana）是相传流经锡耶纳地下的一条河。锡耶纳坐落在小山上，食用水的供给很困难。因为山脚下有一些泉眼，人们就认为，肯定有一条河从地下流过，由于城内市场上有一尊狄安娜女神像，就把这条河命名为狄安娜河。锡耶纳政府曾耗费巨资，掘地寻找这条传说中的地下河，来解决城市的供水问题，结果，大失所望，遭到佛罗伦萨人的耻笑。萨庇娅在诗中用嘲讽而又同情的口气向但丁预言，好大喜功的锡耶纳人妄图把塔拉莫奈港建成商港，结果会比寻找地下的狄安娜河更加失望。

“最失望的还是那些海军将官”：据说当时佛罗伦萨人曾散布流言，硬说锡耶纳人修筑塔拉莫奈港是为了创建海军，企图与比萨、热那亚、威尼斯争夺海上霸权。在这种流言的影响下，萨庇娅断言，修筑塔拉莫奈港的计划一旦失败，最失望的还是那些想做海军将官的人，因为他们的野心将随之化为泡影。

第十四章

“这个人是谁呀，在死使他能飞升以前，就环绕我们这座山行走，还能随意睁开和闭上眼睛？”“我不知道他是谁，但我知道他并不是独自一个人；你离他更近，你问他吧，要亲切地接待他，使得他肯说话。”两个灵魂互相偎依着，在我右边交头接耳地这样谈论我；随后他们就仰起脸来要跟我说话[1]；一个说：“啊，还被禁闭在肉体中就走向天国的灵魂哪，谨以爱的名义请求你安慰我们，告诉我们你从哪里来，你是谁吧；因为你使我们对你所蒙受的恩泽感到万分惊奇，正如一件前所未有的事必然引起的那样[2]。”我说：“一条发源于法尔特罗纳的小河流过托斯卡那中部，全程百哩仍不使他满足[3]。我从这条河上带来这肉体：告诉你我是谁也是白说，因为我的名字还不大为人所知[4]。”于是，那个首先说话的回答我说：“如果我的理解力正确领会了你的意思，你所说的就是阿尔诺河[5]。”那另一个对他说：“这个人为什么避讳那条小河的名字，正如人们避讳骇人听闻的事物[6]一般？”那个被问的灵魂这样回答说：“我不知道；但是这样的河谷的名字活该消灭；因为从它的发源地（也就是从那一道与佩洛鲁斯突然分开的巍峨的山脉异常庞大的地方，它在别处很少超过这个程度）一直到它把天空从海里蒸发出来以供给河流的水作为补偿归还给海之处[7]，所有的人或者由于地方的不幸，或者由于恶习驱使他们[8]，都把美德视为仇敌，躲避它像躲避蛇一般：因此这个悲惨的流域的居民已经改变了他们的本性，好像刻尔吉曾饲养过他们似的[9]。这条河水量贫乏的上游先向那些不配吃适于人食用的食物而配吃橡子的脏猪中间[10]流去。然后，向低处流过来，发现一群不自量力地狺狺狂吠的恶狗，就轻蔑地掉转嘴巴离开它们[11]。它继续往下流去；随着水量逐渐加大，这条被诅咒的、不幸的壕沟发现狗逐渐变成狼[12]。然后，穿过许多深邃的峡谷流下去，发现那些狐狸如此诡计多端,根本不怕用什么圈套捕捉它们[13]。我不会因为别人听见我讲,就不说下去了;如果这个人今后还记得真理之灵揭示给我的事,这会对他有益处的[14]。我看见你的孙子变成猎人,捕猎这条凶猛的河岸上那些狼,使他们全都惊慌失措[15]。他们活着他就预先出卖他们的肉;后来他就像古代神话中的野兽似的杀死他们[16];他夺去许多生命,使他自己名誉扫地。他一身血迹走出那座凄惨的森林;抛下它那样残破,今后一千年内都不能把它重新绿化成原先的状态[17]。"

正如一听到预告灾祸即将发生的消息,听者脸上都会显露出恐惧不安的神色,不论危险会从哪方面临到他头上,同样,我看到那另一个正面向他细听的灵魂对他的话心领神会以后,就忧虑不安和痛心起来。

这个灵魂的话和那个灵魂的神情[18],使我渴望知道他们的名字,我就用带着恳求的话语向他们提出这个要求。因此,那个首先和我说话的灵魂重新开口说:"你想要我同意为你做你不肯为我做的事[19]。不过,既然上帝肯把他的恩泽这样鲜明地在你身上显露出来,对你我是不会小气的[20];所以我让你知道我是圭多·戴尔·杜卡。我的血液曾被妒火烧得那样,如果我看到人高兴起来,你就会看到我脸色发青[21]。我播下的种子使我收割这样的麦秆儿[22]。啊,人类呀,你为什么热衷那些必然排除分享者的事物呀[23]?

"这个人是黎尼埃尔;这个人是卡尔波里家族的光荣和荣誉,那里后来无人成为他的道德品质的继承者[24]。在波河和那道高山,海岸和雷诺河之间,丧失了现实和娱乐所必需的美德的[25],不只他的家族;因为这些边界内长满了有毒的荆棘,如今纵使精耕细作,也会迟迟不能灭绝[26]。善良的黎齐奥[27]和阿利格·麦纳尔迪[28]在哪里呀?彼埃尔·特拉维尔萨罗[29]和圭多·卡尔庇涅[30]在哪里呀?啊,变成了杂种的[31]罗马涅人哪!像法勃罗那样的人何时在波伦亚重新扎根[32]哪?像伯尔纳尔丁·迪·浮斯科那样的从矮小的狗牙根长成的高贵的枝子[33]何时在法恩扎重新出现哪?我回想起圭多·达·普拉塔[34]和住在我们那里的乌格林·迪·阿佐[35],斐得利哥·提纽索和他那一伙[36]人,特拉维尔萨里家族和阿纳斯塔吉家族(这两个家族都没有后代)[37],回想起那里的贵妇人和骑士们,以及爱情和义勇精神促使我们乐意追求的种种艰苦和安乐，如今那里人心已经变得如此邪恶[38]；我回想起这些时，如果我哭起来，托斯卡那人，你不要惊奇[39]。啊，伯莱提诺罗，既然你的家族和许多人为了不变质而都已灭亡，你为什么不消失啊[40]？巴涅卡瓦罗作得好，不生儿子了[41]；卡斯特罗卡罗作得坏，科尼奥作得更坏，生下了一群这样的伯爵[42]。帕格尼家族等他们的'魔鬼'走了后，将作得好；但他们不会因此而留下清白的名声[43]。啊，乌格林·德·范托林，你的名声保住了，因为再也不会有人蜕化变质，给它抹黑[44]了。但是，现在你走吧，托斯卡那人；因为现在我不想说了，就想哭，我们的谈话已经使我痛心极了[45]。"

我们知道，那两个亲切的灵魂听见我们走了；所以，他们沉默着，就使得我们确信，我们的路走对了[46]。我们前进到只有我们二人的地方后，一个像闪电划破天空时的声音从对面传到我们耳边，说："凡遇见我的必杀我"[47]；随后就像云层突然裂开时的雷声一般消失了。它刚一停止在我们耳边震动，瞧！另一个声音就像随后又响出的轰隆的一声巨雷一般，说："我是变成石头的阿格劳洛斯[48]"；那时，为了向诗人靠拢，我没有向前而向右迈步[49]。四周空气已是一片沉寂；他对我说："那是坚硬的马嚼子，要把人限制在他的范围内[50]。但是你们却吞饵上钩，被古老的仇敌拉到他那儿去；所以，马嚼子或呼唤效用很小[51]。天召唤你们，环绕你们运转，向你们显示它的永恒的美，你们的眼睛却只看着地；因此，洞察一切者鞭打你们[52]。"

注释：

① 本章开端是两个犯忌妒罪者的灵魂交谈的场面。先开口的是圭多·戴尔·杜卡（Guido del Duca），属于腊万纳的显赫的奥奈斯提（Onesti）家族，生活在十三世纪前半叶，有文献证明他 1249 年还在世。答话的是黎尼埃里·达·卡尔波里（Rinieri da Calboli），属于福尔里（Forlì）的高贵的帕奥卢齐（Paolucci）家族，生活在十三世纪后半叶，死于 1296 年。前者是吉伯林党，后者是贵尔弗党，他们如今互相偎依着，如同其他的犯忌妒罪者的灵魂一样，因为在炼狱中的团结友爱之情战胜了在人世间的派性和忌妒。

主多眼皮被铁丝缝在一起，看不见但丁，从萨庇娅和他的交谈中得知他是活人眼皮没有缝起来。他寻思，人死灵魂才离开肉体，来到炼狱，这个人怎么活着就来了？这是前所未有的事，使他异常惊奇，不由得向身边的同伴黎尼埃里问，这个人是谁。后者回答说他也不知道，但他从萨庇娅和这个人交谈的声音判断出圭多距离这个人更近，就请圭多自己去问他，而且态度要亲切，使他乐意回答。

"仰起脸来要跟我说话"：如同通常盲人们要跟人说话时先抬起头一样。这一细节描写加强了情景的真实感。

② "一个"：指圭多，他听从黎尼埃里的话，亲切地向但丁招呼。

"还被禁闭在肉体中就走向天国的灵魂"：指但丁的灵魂。由于蒙受上帝的特殊恩泽，但丁的灵魂还没有脱离肉体（也就是他还活着）就能来到炼狱，走向天国。

"谨以爱的名义"原文是 per carità：圭多生前非常忌妒，根本不知道人与人之间的爱，如今已经悔悟，认识到这种美德的感人力量，所以现在以其名义请求这个陌生人说出自己的姓名和籍贯。"安慰我们"：意即他和他的同伴都想知道他的姓名和籍贯以及他怎么会带着肉体游炼狱，这种愿望异常强烈，如果得到满足，对他们就是很大的安慰。

"你所蒙受的恩泽"：指但丁作为活人被特许来游炼狱。

③ "法尔特罗纳"（Falterona）是亚平宁山脉的一座高山（1650 米），在托斯卡那和罗马涅两个地区之间。"小河"：指阿尔诺河，发源于法尔特罗纳山南坡，流经托斯卡那中部，注入利古里亚海；"全程百哩"：实际上这条河全长近 150 哩；"仍不使他满足"：但丁把阿尔诺河人格化，说他流经托斯卡那中部的广大地区，全程百哩，似乎还不满足，希望更长，流域更大。有的注释家认为，但丁以此影射佛罗伦萨的霸权欲和扩张主义。

④ "我从这条河上带来这肉体"：意即我来自这条河上的一个城市（佛罗伦萨）。

"我的名字还不大为人所知"：1300 年幻游炼狱时，但丁仅仅是一位抒情诗人，尚未享有盛名。

有的学者认为这句话是但丁在第一层平台上清除骄傲罪后的一种谦卑的表示。其实，诗人在作品中不提自己的名字向来是中世纪诗学的一条准则。但丁的名字在全部《神曲》中仅出现一次，而且是出自贝雅特丽齐之口（《炼狱篇》第三十章），并非由诗人自己说出。

⑤ "那个首先说话的"：指圭多。因为但丁的话关于阿尔诺河采用了迂回的说法，未提河名，所以圭多根据自己的理解，断定他所说的是阿尔诺河。

"领会"原文是 accarnare，本意是"刺入肉中"（多指武器或牙齿），引伸为"领会"，"理解"。

⑥ "那另一个"指黎尼埃里。"骇人听闻的事物"原文是"orribili cose"，这里指淫秽不堪入耳的事物。

⑦ "那个被问的灵魂"：指圭多。

“河谷”:原文是 Valle,多数注释家都认为指阿尔诺河。但雷吉奥认为指阿尔诺河流域(bacino);从上下文来看,这种解释不如前一种解释确切,因为下句中所说的“它的发源地”显然只能指阿尔诺河的发源地,如果把它说成阿尔诺河流域的发源地就讲不通了。

“那一道与佩洛鲁斯突然分开的巍峨的山脉”:指纵贯意大利半岛南北的亚平宁山脉,它延伸到西西里岛北部,名西西里亚平宁山脉,其东北端是佩洛鲁斯(Pelorus)岬(意大利文名佩洛罗岬〔Capo Peloro〕或灯塔岬〔Punta del Faro〕)。公元前一世纪的罗马地理学家就知道,意大利半岛南部的亚平宁山脉与西西里岛北部的亚平宁山脉原来是连接着的,亿万年前,由于地壳的猛烈震动才一分为二。关于这一事实,维吉尔在史诗中写道:赫勒努斯对埃涅阿斯作了这样的预言:“当你乘风离开这里驶向西西里海岸之时,当狭窄的佩洛鲁斯海峡展现之时,你必须靠近左面的陆地航行,沿着左面的海道前进,尽管这是一条迂回的远路;你务必避开右边的海岸。人们说,过去这一带的陆地原是连成一片的,由于巨大而强有力的震动裂开了,千百年持续不断的发展是会引起如此巨大的变化的;海水猛力冲了进来,浪潮把意大利和西西里隔开,两边的田野和城市被一股狭窄的海流切断。”(《埃涅阿斯纪》卷三)但丁这句诗显然根据维吉尔这段描述。

亚平宁山脉“异常庞大的地方,它在别处很少超过这个程度”:指阿尔诺河的发源地法尔特罗纳(Falterona)山。

“庞大”原文是 pregno,含义是“怀孕的”。对于诗人用 pregno 来形容此山,注释家提出三种不同的解释:(1)本维努托、布蒂认为 pregno 形容此山“高峻”(alto),这一说法与地理实况不符,因为此山海拔 1654 米,亚平宁山脉有许多山超过这个高度;况且把“怀孕的”含义解释成“高峻”也太牵强;(2)兰迪诺把 pregno 理解为“水源丰富”(ricco di acque)。多数现代注释家都同意这种解释,认为圭多这句话谈的主要是阿尔诺河的水,采取这种解释使读者的想象力不偏离主题。但此说也与地理实况不符,因为并没有许多河发源于此山,而且这些河源水量都很小。(3)卡西诺《神曲》手抄本(codice cassine)的注释者认为,pregno 形容此山,“庞大、厚实”(grosso e massiccio)。萨佩纽和雷吉奥都采取此说,因为法尔特罗纳山是亚平宁山脉山岳分布中心之一,从这里分出许多支脉。况且 pregno(怀孕的)使人联想到 panciuto(腹大的),也与 grosso e massiccio(庞大、厚实)意义相近。译文根据这种解释。

“它把天空从海里蒸发出来以供给河流的水作为补偿归还给海之处”:指阿尔诺河的入海口。“天空”指太阳的热能,它使海水蒸发,变为雨或雪,降到地上,给河流增加水量,注入大海,把河流取之于海的水归还给海。全句的意思是:从这条河的发源地到入海口。由于诗人采用了迂回的说法，插入了有关地理和气象学的描述，使得诗句内容过于复杂，因而注释不免失之烦冗。

⑧ “或者由于地方的不幸”：指地方受星辰的不吉利的影响；“或者由于恶习驱使他们”：指居民受自己长期形成的恶习的驱使。阿尔诺河流域的居民都执意为恶，视美德为仇敌，究竟是客观原因还是主观原因所致，圭多未能确定。这个问题将在第十六章马可·伦巴第的论断中得到解决。

⑨ “好像刻尔吉曾饲养过他们似的”：意即他们统统变成了畜生，好像女巫刻尔吉曾向他们施妖术，让他们吃了一种药力极强的草似的（参看《地狱篇》第二十六章注㉕）。

但丁在这里借圭多的口咒骂阿尔诺河流域的居民蜕化变质，失去了人性。

⑩ “水量贫乏的上游”：指卡森提诺（Casentino）地区，“脏猪”指这一地区的居民，尤指声势显赫的圭多伯爵家族，这个家族的一个支系由于是法尔特罗纳山的泼尔洽诺（Porciano）城堡的领主而被称为泼尔洽诺伯爵家族，Porciano 一词容易使人联想到 porco（猪），这可能是诗中用“脏猪”指那里的人的原因。

“配吃橡子”：卡森提诺是森林茂密的地带，居民通常用橡子作为饲料喂猪。

⑪ “向低处流过来”：阿尔诺河从卡森提诺山区往南流向海拔较低的阿雷佐。

“不自量力地狺狺狂吠的恶狗”：指阿雷佐人。“恶狗”原文是 botoli，据《最佳注释》，这是一种个头小、力量小、好叫的狗。据布蒂的注释，诗中用 botoli 指阿雷佐人，“因为 botoli 是只会叫而别无用处的狗；据说阿雷佐人就是这样，好自高自大而并没有什么实力；”据佛罗伦萨无名氏的注释，“此外，还因为他们的城徽上刻着格言：‘a cane magno saepe tenetur aper’（野猪常常被不大的狗拖住）。”阿雷佐是个小城邦，却自以为了不起，用这句格言来吹嘘自己的力量。诗中可能是针对这句格言使用 botoli 一词来讽刺阿雷佐人。

“就轻蔑地掉转嘴巴离开它们”：“嘴巴”原文是 muso，指动物的口鼻部；诗中说阿尔诺河流域各地的居民都变成了动物，在这里把阿尔诺河本身也想象为动物。诗句大意是：这条河在未流到阿雷佐以前就不再向南流，而转一大弯向西北流去。“轻蔑地”表明阿尔诺河不屑于流向阿雷佐。

⑫ “这条被诅咒的、不幸的壕沟”：指阿尔诺河，诗中不再称之为“河”，而称之为“壕沟”，与“脏猪”“恶狗”和“狼”的形象互相协调。“被诅咒的”和“不幸的”两个形容词表现出说话者对它既愤怒又怜悯。“水量逐渐加大”：因为阿尔诺河从阿雷佐到佛罗伦萨这一段左边和右边均有支流与

之汇合。

“狗逐渐变成狼”:“狼”指佛罗伦萨人,“他们像饿狼一样贪得无厌。千方百计牟取一切,通过暴力和掠夺,征服……他们的邻邦。”(布蒂的注释)

⑬ “狐狸”:指比萨人,“他们狡猾类似狐狸;因为比萨人诡计多端,他们对付邻邦与其说用武力,毋宁说用计谋。”(布蒂的注释)由于诡计多端,别人布下什么圈套,都会被他们识破。

⑭ “别人”:据佛罗伦萨无名氏的注释,指向圭多发问的黎尼埃里,因为圭多现在要预言黎尼埃里的孙子弗尔齐埃里将犯的罪行,黎尼埃里听了肯定会痛心。但圭多不会因此就不再说下去。这种解释为多数现代注释家所接受。另有一些注释家提出不同的见解:有的认为指但丁,有的认为指但丁和维吉尔,论据均不如此说充足。

“这个人”指但丁。“真理之灵”(il vero spirto)即先知之灵(Lo spirito profetico),和《新约·约翰福音》第十六章十三所说的“真理的圣灵”一样指上帝。“揭示给我的”:指关于弗尔齐埃里将犯的罪行的预言,而任何预言都来源于上帝的启示。“揭示”原文是 disnoda,含义是“解开结子”,在这里意即从黑漆一团的未来中揭露出来。

“这会对他有益处”:圭多预言弗尔齐埃里 1303 年任佛罗伦萨最高行政官时,将残酷迫害白党。如果但丁记住他的预言,对未来的灾祸先有思想准备,日后预言应验时,就不致过度惊骇、悲痛。

⑮ “我看见”:并不意味着圭多肉眼看见,他只是使用《新约·启示录》中的说法(其中许多章第一句都是“我看见”,强调他的预言具有先知性质,其内容是他在对上帝的观照中见到的)。

“你的孙子变成猎人”:指弗尔齐埃里成为当权的黑党残酷迫害白党的政治工具。“凶猛的河岸”:阿尔诺河流到佛罗伦萨,好像受当地居民的影响,也变得凶猛了。“那些狼”:指属于白党的佛罗伦萨人。

⑯ “他们活着他就预先出卖他们的肉”:指弗尔齐埃里·达·卡尔波里(Fulcieri da Calboli)1303 年任佛罗伦萨的最高行政官(Podestà)时,成为掌权的黑党手中的驯服工具,下令逮捕、审讯和重判属于白党的市民,因此获得政治报酬,在任期(六个月)满后,得以连任六个月。

“后来他就像古代神话中的野兽似的杀死他们”:指弗尔齐埃里残酷屠杀他们。“像古代神话中的野兽”:原文是 come antica belva,对此注释家有不同的解释:(1)据《最佳注释》,指弗尔齐埃里,“像嗜人血的老猛兽似的”,也就是说像惯于吃人的猛兽似的屠杀白党。这种说法为多数现代注释家所接受;(2)早期注释家本维努托、佛罗伦萨无名氏和兰迪诺,现代注释家戴尔·隆格和波雷纳则认为指白党,弗尔齐埃里在他们还活着时,就出卖他们的肉,也就是说,预先同黑党作政治交易,议定肉价;后来他就像宰杀送往屠宰场的老牲口似的杀死他们。这种解释把上下两句的内容联系在一起,显得文气更为连贯。但是就内容而言,这里要强调的是弗尔齐埃里的暴行,而用宰杀老牲口作为比喻,并不足以说明他的凶残;就用词而言,belva(野兽)是典雅的名词,把它说成"牲口"显得牵强,而且形容词 antico(古代的)也并非 vecchio(老)的同义词;(3)帕利阿罗提出新的解释,他说,这句诗把"弗尔齐埃里的血腥残杀比拟成犹如残杀人畜的'古代神话中的野兽'一般野蛮"。这一创见符合诗句的命意;译文根据这种解释。

⑰ "那座凄惨的森林":指佛罗伦萨。"不幸的"原文是 trista,这个词既有"邪恶的"含义,也有"可怜的"含义;雷吉奥认为,使用这　模棱两可的修饰语似乎反映出诗人对佛罗伦萨的情况极为痛心。译者苦于找不到与此相应的模棱两可的形容词。

"重新绿化成原先的状态":意即恢复原先的繁荣景象。"重新绿化"原文是"rinselva",含义是重新变成枝繁叶茂的森林,这里意译作为隐喻。"今后一千年内"当然是夸张的说法。

这些诗句以预言的形式追述 1303 年弗尔齐埃里在佛罗伦萨的暴行,正如牟米利亚诺所说,"是弗尔齐埃里穷凶极恶的写照,同时又是被摧残的佛罗伦萨那些犹如《新约·启示录》中一般(apocalittica)的恐怖景象的再现,这是流放者的绝望之情启示给但丁的一幅最黑暗的画图。但丁似乎仍然生活在那些年间:使他锤炼、提炼出这九句诗的是那样的黑暗和暴力场面。"

⑱ 指圭多所说的话和黎尼埃里显露出的忧愁不安的神情。

⑲ "那个首先和我说话的灵魂":指圭多。"你想要我同意为你做你不肯为我做的事":意即你不肯告诉我你是谁,现在你想要我告诉你我是谁。

⑳ "上帝肯把他的恩泽这样鲜明地在你身上显露出来":指特许你活着来游炼狱。"不会小气":"小气"原文是 scarso(缺少,缺乏),在这里意义非常含蓄,注释家大都解释为 avaro(吝啬;少);意即:对你不会少礼(不肯回答,告诉你我是谁)。译者试译为"不会小气",因为中文"小气"含义是"吝啬",用在这里似可理解为"对你不会小气,舍不得费话告诉你我是谁"。波雷纳的注释说:"圭多在世时,授予别人一种特权会引起他的忌妒;现在对他来说这是表示慷慨大方的原因。"

㉑ 圭多·戴尔·杜卡(参看注①)曾在伊牟拉、法恩扎、里米尼、腊万纳、伯尔提诺罗等罗马涅地区城市担任法官。据本维努托的注释,"他为人高尚、谨慎"。关于他的忌妒,早期注释家除了但丁诗中所说的,别无所知。"脸色发青"是妒火中烧的表现。

㉒ 意即我撒下的是忌妒的种子,收的不是麦而是麦秆儿,即炼狱中的惩罚。这句诗受到《圣经》中的话启发:"人种的是什么,收到的也是什么。顺着

情欲撒种的,必从情欲收败坏”(《新约·加拉太书》第六章);“撒罪孽的,必受灾祸”(《旧约·箴言》第二十二章)。

㉓ “排除分享者”(di consorte divieto):据戴尔·隆格的注释,这是法律用语;按照法律规定,某些公职的占有和行使排除在职者的亲属参预,这就是所谓排除分享者。“必然排除分享者的事物”:指一切物质财富和职权等。这种事物本身的性质决定其所有权必然只可能属于一人,而不可能同时又属于其他的人,换言之,它是我的,就不能同时又是你的或他的。既然如此,占有这种事物者就往往引起无这种事物者的忌妒,甚至发生纷争。

雷吉奥指出,“圭多对人类所说的这句警告的话又一次证实:在但丁的诗中,政治主题从来不与道德主题分离,教育功能是《神曲》全诗的基础。”萨佩纽指出,这两句诗“把这一章的政治主题与更广泛的道德主题和第二层的特殊的悔罪场面联系起来。忌妒是独占物质财富的贪心的一种表现,是政治秩序和风俗之所以败坏的原因之一。”

㉔ 黎尼埃尔(Rinier)即注①所说的黎尼埃里·达·卡尔波里。蒙托内河谷中的小市镇卡尔波里的封建主是福尔里的帕奥卢齐家族的一个支派,黎尼埃里是这一支派的成员,所以他和他的孙子弗尔齐埃里的名字后面都加上“达·卡尔波里”。1247 年到 1292 年间,他历任法恩扎、巴马、腊万纳的最高行政官,为罗马涅地区贵尔弗党首领之一。在 1276 年这一地区的战争中,他受到佛罗伦萨和波伦亚贵尔弗党的支援,反抗福尔里政府,被吉伯林党首领圭多·达·蒙泰菲尔特罗(见《地狱篇》第二十七章注⑭)击败。罗马涅地区并入教皇领地后,他力图恢复自己在贵尔弗党中和教皇面前的威信,重新与教廷和解。1292 年,他突然袭击、占领了福尔里,驱逐了教廷委派的长官。1294 年,他被逐出福尔里。1296 年,当福尔里的吉伯林民兵包围卡尔波里城堡时,他得以再度潜入福尔里,但遭到回师的民兵袭击而被杀。“无人成为他的道德品质的继承者”:因为在他死后,他的家族腐化堕落,丧失了一切传统的骑士美德。他的孙子弗尔齐埃里就是明显的例证。

㉕ “那道高山”:指亚平宁山脉;“海岸”指亚得里亚海西岸;“雷诺”(Reno)河发源于亚平宁山脉,流入亚得里亚海,长二百一十一公里。

“波河和那道高山,海岸和雷诺河之间”:指罗马涅地区,这个地区北至波河,南至亚平宁山脉,东至亚得里亚海,西至雷诺河上游(参见但丁时代罗马涅地区图)。

“现实和娱乐所必需的美德”原文是 ilben richiesto al vero e al trastullo,词义含蓄,注释家对此提出不同的解释。牟米利亚诺认为,这里所谓美德指“实际生活和娱乐所必需的种种美德”(“娱乐”指骑士生活的高尚娱乐)。这种解释最为简明。

㉖ “这些边界内”:指在罗马涅境内。“有毒的荆棘”:比拟恶劣的社会风气。“精耕细作”:比拟铲除这种风气。诗句的大意是:“人们心中是那样充满了派性、仇恨和忌妒的毒素,致使谁想把他们重新引向正直和道德生活,都会劳而无功。”(拉纳的注释)

㉗ 黎齐奥·达·瓦尔波纳(Lizio da Valbona)是位于罗马涅和托斯卡那交界处山中的瓦尔波纳城堡的封建主,生于十三世纪前半叶,1260 年曾为佛罗伦萨最高行政官小圭多(Guido Novello)服务,政治上属于贵尔弗党,后来曾帮助黎尼埃里·达·卡尔波里反对福尔里的吉伯林党人,1279 年还在世。早期注释都说他为人慷慨豁达,有很高的才智。薄伽丘的《十日谈》第五天故事第四中把他作为主要人物,说他是“很有修养的高贵绅士”。

㉘ 阿利格·麦纳尔迪(Arrigo Mainardi)出身于伯尔提诺罗(Bertinoro)的封建主家族,1170 年曾与彼埃尔·特拉维尔萨罗(见注㉙)一同成为法恩扎人的俘虏,1228 年还在世。他是圭多·戴尔·杜卡的好朋友,相传圭多死后,他让人把他们二人常一同坐的板凳锯断,断言再也没有别人像圭多那样慷慨和光荣了。早期注释家都称赞他的聪明才智和慷慨大方。

㉙ 彼埃尔·特拉维尔萨罗(Pier Traversaro)出身腊万纳的特拉维尔萨里(Traversari)家族,这个家族世系悠久,来源于拜占廷帝国的封疆大吏,享有公爵封号,声势显赫,政治上属于吉伯林党。彼埃尔生于 1145 年前后,1218 年至 1225 年,是腊万纳的统治者,作为坚定的吉伯林封建主,受到神圣罗马皇帝腓特烈二世的信任,1225 年去世。早期注释家称赞他为人气量宽宏,慷慨大方。

㉚ 圭多·迪·卡尔庇涅(Guido di Carpigna)出身蒙泰菲尔特罗的伯爵家族,政治上属于贵尔弗党,曾帮助教皇特使反对神圣罗马皇帝腓特烈二世。1251 年任腊万纳最高行政官。1283 年前后去世。“他大部分时间住在伯尔提诺罗,以其慷慨大方胜过其他的人,……”(《最佳注释》)

㉛ “变成了杂种的”:意即与他们前辈的高贵品德相比,他们已经蜕化变质。

㉜ 法勃罗·德·兰勃尔塔齐(Fabbro dei Lambertazzi)是波伦亚的吉伯林党和罗马涅地区的吉伯林党首领,历任维泰尔博、皮斯托亚、法恩扎、比萨的最高行政官,是精明强干的政治家,在波伦亚对莫德纳和腊万纳的战争中,是英勇善战的将领。他于 1259 年去世,他死后,吉伯林党的势力在波伦亚开始衰落,波伦亚在艾米利亚地区的霸权也开始衰落。

“重新扎根”原文是 si rallgna,含义是扎根生长,指植物而言,这里作为比喻。

㉝ 伯尔纳尔丁·迪·浮斯科(Bernardin di Fosco)出身微贱,因品德高贵而成为法恩扎的主要市民之一。1240 年,他英勇保卫法恩扎反抗神圣罗马皇帝腓特烈二世。1248 年,任比萨最高行政官。1249 年任锡耶纳最高行

政官。他以慷慨大方闻名。

“从矮小的狗牙根长成的高贵的枝子”:比拟他出身微贱因品德高贵而成为杰出人物。

㉞ 圭多·达·普拉塔(Guido da Prata)是法恩扎附近的普拉塔镇人,出身高贵,生活在十二世纪末叶和十三世纪初年,1184 年的一个文献提到他,1228 年的一个文献说他在腊万纳。

㉟ 乌格林·迪·阿佐(Ugolin d'Azzo)出身托斯卡那著名的贵族乌巴尔狄尼家族(见《地狱篇》第十章注㉝),但一生大部分时间住在他的家族在罗马涅境内的一些城堡中,1293 年去世。圭多·戴尔·杜卡列举的罗马涅地区的品德高贵的人物都是本地人,只有他是托斯卡那人而在罗马涅以德行著称,因此特别指出他“住在我们那里”。

㊱ 斐得利哥·提纽索(Federigo Tignoso)大概是里米尼人。“提纽索”是他的绰号,原文 tignoso 含义是有发癣的。据本维努托说,这个绰号是使用词义反用法,因为斐得利哥头上长着金黄的头发,非常漂亮,还说他为人慷慨大方。“他那一伙人”:指常在他家中聚会的朋友们。

㊲ 特拉维尔萨里家族(见注㉙)和阿纳斯塔吉(Anastagi)家族都是腊万纳的封建贵族。前者自称其世系可以追溯到公元五世纪,大约在十世纪中叶开始在腊万纳占重要地位,后者兴起于十二世纪,这两个家族同属于吉伯林党,都在十三世纪达到全盛时期,1300 年均已绝嗣。

㊳ “那里的贵妇人和骑士们”:指圭多自己那个时代罗马涅地区的贵妇人和骑士们。“爱情”:指骑士对贵妇人的爱情。“义勇精神”:指骑士的义勇精神。“我们”:指包括圭多在内的罗马涅骑士。“艰苦”:指战争中的艰苦。“安乐”:指和平时期宫廷中高尚优雅的娱乐。这两行诗概括了骑士生活的内容和理想,阿里奥斯托稍加改动,用来作为《疯狂的罗兰》的开端。

“如今那里人心已经变得如此邪恶”:圭多悲叹罗马涅地区世风败坏,人心不古,与他那个时代形成强烈对比。

㊴ “托斯卡那人”:指但丁。诗句说明今昔对比使圭多极度痛心。

㊵ 伯莱提诺罗(Bretinoro)即伯尔提诺罗,是福尔里和切塞纳(Cesena)之间的小城,这里的贵族以慷慨大方闻名。圭多·戴尔·杜卡一生中很长的时间是与阿利格·麦纳尔迪及圭多·迪·卡尔庇涅一起在这里度过的。“你的家族”:或许指早在 1177 年就断绝后嗣的伯尔提诺罗伯爵家族,或许指麦纳尔迪家族。“许多人”:指许多别的贵族。“为了不变质而都已灭亡”:这些贵族世系断绝,“好像是天命注定,以阻止蜕化变质似的。”(戴尔·隆格的注释)

“你为什么不消失啊?”:是悲愤的话,意即当地的品德高贵的家族已经灭亡,伯尔提诺罗这个小城为什么还不从地上消失?

㊶ 巴涅卡瓦罗(Bagnacavallo)是卢格(Lugo)和腊万纳之间的小城,1300年,那里的封建主马尔维齐尼(Malvicini)伯爵家族男系已绝,只有三名妇女在世,其中名喀台利娜(Caterina)者嫁给腊万纳的封建主小圭多·达·波伦塔。

㊷ 卡斯特罗卡罗(Castrocaro)是蒙托内河谷中的城堡。科尼奥(Conio)是伊牟拉附近的城堡。这两个城堡的封建主都是有伯爵封号的贵族,生下了许多不肖子孙。

㊸ 帕格尼(Pagani)家族是法恩扎的封建主。"他们的魔鬼":指这个家族当时的首领马吉纳尔多·帕格尼·达·苏希亚那(见《地狱篇》第二十七章注⑨)。据本维努托说,他绰号魔鬼,因为他是最狡猾、最机智的人。"等他们的魔鬼走了后":意即等马吉纳尔多1302年死后。"将作得好":指将断绝后嗣。"不会因此而留下清白的名声":意即不会由于他死后没有后代,他的家族就会留下好名声,因为这个家族的名誉已经被他的恶行玷污。

㊹ 乌格林·德·范托林(Ugolin de' Fantolin)是法恩扎地方几座城堡的封建主,据拉纳说,他为人英勇,品德高尚,政治上属于贵尔弗党,参加过罗马涅地区多次的斗争,与卡波里、蒙泰菲尔特罗等地的封建主有亲戚关系。他死于1278年,有两个儿子和两个女儿。一个儿子死于1282年,儿媳再嫁,成为弗兰齐斯嘉·达·里米尼的丈夫简乔托·马拉台斯塔(见《地狱篇》第五章注㉔)的后妻。另一个儿子大约死于1291年。兄弟二人均无子嗣,也就不会再有人辱没家族的声誉。

圭多关于上述各个家族的话概括起来就是:使高贵的家族不蜕化变质的惟一办法是不再生育,断子绝孙。这个骇人听闻的结论是他基于对罗马涅地区的黑暗现实的悲愤之情作出的。

㊺ 圭多这样把但丁"打发走,乍一看,似乎一点都不客气;但是紧接着就说出的理由使得告别语气的粗鲁完全消除。他再也经不起回忆故乡衰落的情景,而想独自对之流泪。这个好忌妒的人在世上经常对别人的幸福那样感到苦恼,现在则对故乡的不幸而痛哭流涕,使得我们不愿和他离别。"(彼埃特罗波诺的注释)

㊻ 那两个"亲切的灵魂":"亲切的"原文是care,据齐门兹的注释,"这个定语很可能首先反映出但丁听了圭多·戴尔·杜卡的慷慨沉痛的话以后,对那两个灵魂产生的好感,因为那些话非常符合他个人的情感;但并不排除它含有'对我们(指但丁和维吉尔)充满了爱'之意。"

诗句的大意是:那两个灵魂听见我们俩走了以后,一直沉默着,这使我确信我们的路走对了,否则,他们一定会把我们叫回来指点给我们的,因为他们对我们那样亲切。雷吉奥指出,"诗人虚构出这一严格说来并非必要的细节,或许是为了先创造寂静的气氛,然后在这一片寂静中突然发出雷声。”

㊼ “我们前进到只有我们二人的地方后”:意即当我们走到远离那一队背靠悬崖的灵魂,我们旁边别无一人的地方后。

“凡遇见我的必杀我”:这是该隐因忌妒杀死他兄弟亚伯,受到上帝诅咒后,对上帝说的话(见《旧约·创世记》第四章)。因忌妒罪受惩罚的第一个例子照例取自《圣经》,如同前一章中体现爱的美德的范例一样,是由空中的灵魂大声疾呼,来教育正进行消罪的灵魂们。

㊽ “我是变成石头的阿格劳洛斯”:据古代神话,雅典王刻克洛普斯(Cecrops)的女儿阿格劳洛斯(Aglauros)由于忌妒而阻止天神的使者墨丘利(Mercurius)爱她妹妹赫尔塞(Herse),被墨丘利变成了石头(见《变形记》卷二)。这第二个因忌妒罪受惩罚的例子照例取自古代神话,也由空中的灵魂高声喊出,来教育正进行消罪的灵魂们。

㊾ 但丁突然听到空中发出的两个巨雷般的声音,大吃一惊,不由得转移脚步,向在自己右边行走的维吉尔靠拢。

㊿ 意即你所听到的例子是一种严格的约束,要人们不越出上帝所限定的范围,也就是要人们不忌妒他人。

“嚼子”作为比喻见《旧约·诗篇》第三十二篇:“你不可像那无知的骡马,必须用嚼环辔头勒住他,不然,就不能驯服。”

(51) “你们却吞饵上钩,被古老的仇敌拉到他那儿去”:古老的仇敌指魔鬼。(见第十一章注⑦)意即魔鬼以各种物质享受作为诱饵迷惑世人,使他们犯罪,世人因贪图这类享受而受他诱惑。

“马嚼子或呼唤”:“马嚼子”,指因犯罪而受惩罚的例子,上帝把这种例子提供给世人作为鉴戒,使他们不要为恶;“呼唤”,指因具备美德而受表彰的例子,上帝用这种例子作为典范来教育世人,使他们一心向善。

(52) “洞察一切者”:指上帝;“鞭打”:意即惩罚。

第十五章

那个总是像孩子一样玩耍的星球在第三时终了和白昼开始之间所走的路程多少,那时,太阳走向黄昏的路程就剩下多少了;那里是晚祷时,这里是半夜[1]。太阳的光线正刺着我们的脸,因为我们已经环山走了那么远,现在已经朝着日没的方向走去[2],那时,我觉得,我的眼睛被光芒照得远比起初还难睁开,这一原因不明的情况使我惊奇[3];因此,我把两手举到我的眉毛上边,给我的眼睛搭凉棚,使过强的光减弱[4]。

犹如光线从水面或镜面跳到相反的方向时,它上升的方式与下降的方式相同,距离石头坠落的轨道也相等,如同实验和科学所证明的那样;我好像这样被我面前那边来的反射的光线刺中了[5];因此我的眼睛就迅速地避开。我说:"亲爱的父亲,那是什么光啊,面对它我未能有效地防护我的眼睛,它似乎正向我们移动[6]?"他回答我说:"如果天上的使者仍然使你目眩,你不要惊奇;这是一位前来迎接人上升的使者。不久,你就会觉得,见这些使者不是苦,而是你的本性使你所能感受的最大限度的快乐[7]。"

当我们走到这位受祝福的天使面前时,他指着一道远不如另外那两道陡峭的台阶,用喜悦的声音说:"从这里进去吧[8]!"

我们已经到了那里,正在拾级而上时,听见后面唱道:"Beati misericordes!"和"战胜者,你欢喜吧[9]!"

我的老师和我,只我们二人一起继续往上走;我想一面走,一面从他的话里获得益处[10];于是,转身向他这样问道:"那个罗马涅人的灵魂谈到'排除'和'分享者'是什么意思啊[11]?"因此,他对我说:"他知道他最大的罪的害处;所以,如果他谴责这种罪,从而使人少因此受苦,那就没有什么奇怪了[12]。因为,你们的欲望指向那些由于大家分享而减少的东西所在之处,忌妒心就给叹息拉动风箱[13]。但是,倘若对至高无上的天体之爱把你们的欲望转向上方,你们心中就不会有那种恐惧了[14];因为,在那里说‘我们的’人数越多,每个人所享的福就越多,在那个修道院里爱的火焰燃烧得就越旺[15]。”我说:“现在我比原先如果没开口问你还不满足,心里积聚着更大的疑团。一份财富分给许多人,怎么会比为少数人所占有能使占有者更富呢[16]?”他对我说:“因为你的心总是只想着尘世的事物,你从真理之光中就只得出一团黑暗[17]。天上那无限的、不可言喻的善奔向爱他的人,如同光向明亮的物体射来一般[18]。他发现爱多么热烈,他就把自己赐予那么多;所以爱越扩大,永恒的善倾注在它上面就越增加[19]。天上爱的人数越多,那里神圣的爱就越多,那里每个人的爱就越多,如同镜子互相反光一样[20]。如果我的论证解除不了你的饥饿,你将见到贝雅特丽齐,她会给你完全消除这一个和一切其他的渴望[21]。你就专务力促使那五个经过痛苦才能愈合的伤口,像那两个已经消失的一样,迅速消失吧[22]。”

我正要说:“你使我满足了”,忽然发现我已经到了另一层平台上,眼睛急于看新的事物,就没有开口。在那里,我好像突然间出了神,恍恍惚惚地进入一个梦境,看见许多人在一座圣殿里,一个妇人站在门口,以母亲的温和态度说:“我儿,为什么向我们这样行呢?你父亲和我伤心来找你[23]。”她说了这话,刚一沉默下来,起初显现的情景就消失了。

接着,就有另一个妇人出现在我眼前,由于对别人的极大愤恨而产生的悲痛使泪水涌出,从她的两颊流下来,她好像在说:“啊,庇西特拉图,如果你是这座在神与神之间为它的名称发生过很大争吵的、一切学术都从那里放射光芒的城市之主,你就向胆敢伸出手臂拥抱我们的女儿的人报仇雪耻吧!”那位君主似乎带着心平气和的表情,用和蔼温厚的口吻对她说:“如果爱我们的人受到我们的处罚,对恨我们的人我们应该怎么办呢[24]?”

随后,我就看见一群怒火中烧的人打死一个青年,他们不断地互相大声喊道:“打死,打死!”我看见他已经被死压得俯身倒在地上,但他还一直把眼睛作为向天开着的门,在这样的苦难中,面带引动怜恤的表情向崇高的主祈祷,请求饶恕迫害他的人们[25]。

随后，我就看见一群怒火中烧的人打死一个青年，他们不断地互相大声喊道：“打死，打死！”

当我的心回到外界的、在心外真实存在的事物时，我才意识到，我所见的那些真实不虚的情景都是梦幻㉖。我的向导看得出来，我的行动像从睡梦中醒来的人似的，他说："你怎么啦？身子站不住，像喝醉了酒的或者昏昏欲睡的人一般，摇摇晃晃走了半哩多路㉗。"我说："啊，我的亲爱的父亲，如果你听我讲，我就告诉你，我两腿那样不由自主时，我眼前出现了什么情景。"他说："假如你脸上有一百个面具，你的思想无论是多么细微的，都瞒不了我。你所见的情景之所以展示给你，是为了使你不拒绝把你的心向永恒的泉源流出来的平和的水敞开㉘。我问'你怎么啦？'并非像人们看见有人身子晕倒时，由于不知道原因才那样问；而是为了促使你的脚走起来有力量㉙：对于睡醒后迟迟不利用醒着的时间的懒汉们须要这样鞭策㉚。"

我们在整个晚祷时间㉛一直在继续前行，面对着夕阳的明亮的光辉纵目向前远望，瞧！一股像夜一般黑的烟渐渐地向我们逼近；没有地方可以躲避它：这股烟使我们失去了视力和洁净的空气㉜。

注释：

① "星球"原文是 spera（球体），多数注释家认为指太阳，因为它的表面看来很像圆盘（日轮）。但是，诗中说它"总是像孩子一样玩耍"，却实在费解。注释家提出的种种解释，都不能自圆其说。波斯科认为，在这里"诗人把太阳比作一个玩捉迷藏的男孩，从一边（西边）消失，又从对面出来，尤其是经常（sempre）藏在云彩后面，随后就又露出头来"。这种说法比较令人信服。

"第三时"（ora terza）：指教会规定的日课经第三时，这一时刻终了指上午九点，"白昼开始"：指上午六点，在这段时间，太阳在天空运行共三小时。但丁和维吉尔于四月十一日中午十二点到下午一点之间来到炼狱的第二层平台，在那里大约和在第一层一样停留了两个多小时，所以现在已经是下午三点。诗人这样用太阳在天空运行的路程来说明这一具体时间：从现在到黄昏，太阳还要走它从白昼开始（即上午六点）到第三时终了（即上午九时）所走的那样一段路，也就是说，还有三小时的路程。他游炼狱在春分时节，黄昏大约是下午六点，所以现在具体时间是下午三点。

"那里是晚祷时"："那里"指炼狱。"晚祷时"（vespero）是下午三点到六点这段时间，因为它从下午三点开始，所以诗中所说的"晚祷时"具体指下午三点。

"这里是半夜":"这里"指诗人的家乡意大利。炼狱时间是下午三点,炼狱的对跖地耶路撒冷时间就是上午三点,位于耶路撒冷以西45度的意大利半岛时间就是半夜。但丁在说明自己在炼狱某处的具体时间时,为了使读者得到更明确的概念,还常常指出那时意大利是什么时间。

② 但丁和维吉尔是从东边开始登山的,他们在炼狱外围接着又在第一层和第二层平台上向右环山走了很长一段路,现在就"已经朝着日没的方向(西方)走去"。其实,下午三点太阳还高悬在天空,离地平线还远,因此,对于两位诗人来说,是在西北边,所以诗中所谓"朝着日没的方向"是粗略的估计。这时,太阳虽然还高,但已倾斜,因而它的光线就"正刺着"他们的脸。

③ 起初阳光正照着但丁的脸,他虽然觉得刺眼,但还能勉强忍受,后来忽然被一种更强烈的光芒照得睁不开眼睛,不知道这是怎么回事,心里十分惊奇。

④ "给我的眼睛搭凉棚"原文是 fecemi'l solecchio, solecchio 含义是阳伞,小伞,短语 far solecchio 含义是用手遮太阳光,大致相当于汉语短语"手搭凉棚"。

"过强的光"原文是 soverchio visibile,乃亚里士多德和经院哲学的物理学名词,表明所见的物体的光太强,超过了视觉器官的接受能力。

⑤ "跳":意即反射。"上升的方式与下降的方式相同":意即都根据同一规律,这就是说,它的反射角与入射角相等。

"距离石头坠落的轨道也相等":"石头坠落的轨道",指垂线(中世纪人以为它是垂直线,后来伽里略才发现它是曲线)。假设光从一千米的高处下降又上升到一千米的高处,它这一端和那一端距离垂线也相等。

"如同实验和科学所证明的那样":"实验"(esperienza)指科学实验(esperimento)。"科学"原文是 arte,这里指 scienza(科学),具体指欧几里德光学(有关光的反射部分)。

但丁刚一觉得被一种更强烈的光照得眼花时,就手搭凉棚来遮光,但眼睛仍然不能睁开,只好赶快避开它。他觉得,这是从前面射来的一种光,如同从水面或镜面反射的光一样强烈得不能忍受。诗中这个比喻精确说明光的反射现象,会使人设想那时照得诗人睁不开眼睛的光真正是一种反射的光。正如维吉尔随后就说明的那样,这光是从天使的面部射来的;但它不可能是太阳的光从天使的面部反射到诗人来的,因为天使当时是背部对着太阳的,也不可能是天使的光从地面反射来的,因为地面是青灰色的岩石构成的。所以不要把比喻中所讲的和但丁当时经历的事实混为一谈。况且他在诗中明明说:"我好像这样被……反射的光线刺中了,"而并非说:"我就这样被……刺中了。"托拉卡认为,但丁并不是说从天使面部直射来的这种耀眼的光也是反射的光，而只是说它像镜面或水面反射的光一样耀眼。这样说来，但丁在比喻中精确说明光的反射这一物理现象岂不是完全多余的吗？并非如此，因为其中还有一种更崇高、更深奥的意义，布蒂和兰迪诺的注释阐明了这种意义：诗人"并非无缘无故地说'反射的光'，他想使人相信永恒的光，即上帝，照射在天使脸上，从那里反射到他的面部。"这一说法为许多现代注释家所接受。

⑥ "我未能有效地防护我的眼睛"：指但丁手搭凉棚遮光无效，眼睛不得不避开。"它似乎正向我们移动"：由于光太强，晃得眼睛不能正视它，所以只觉它仿佛在向他们移动，而不能肯定。

⑦ 维吉尔告诉但丁说，那是天使的光，他是前来迎接灵魂们去登第三层平台的。你被他的光晃得眼睛睁不开，这并不奇怪，因为你的罪尚未全消。等你一消尽一切罪，你见到天使，就不再觉得光芒耀眼，很不好受，反而会感到，那是你的本性（人性）使你所能感到的最大限度的快乐。

⑧ "指着一道远不如另外那两道陡峭的台阶"：原文是 ad un scaleo vie men che li altri eretto，牟米利亚诺理解为：指着（accennando ad）一道……台阶，反对万戴里等但丁学家把这句诗放在引号内作为天使所说的话，认为天使用喜悦的声音，说那句只有两个字的话——Intrate quinci（从这里进去吧），就作为一个一瞬即逝的、音乐般的幻象留在读者的想象中，如果加上这一句说地形的诗，就会降低自己身分，几乎成了导游人了。

"从这里进去吧"这句话表明那一磴一磴的台阶在山坡向内凹陷处。

⑨ "Beati misericordes！"：拉丁文《圣经》中耶稣登山训众论福的话，在《新约·马太福音》第五章，中文《圣经》译文为"怜恤人的人有福了"，后句是"因为他们必蒙怜恤"。天使针对犯忌妒罪者唱出这话，因为怜恤和忌妒恰恰相反："忌妒者为他人之福而悲哀，怜恤者则为他人之祸而悲哀。"（见托马斯·阿奎那斯的《神学大全》第一卷第二章）

"战胜者，你欢喜吧！"原文是 Godi tu che vinci！对这句话的出处，注释家意见分歧，多数认为它来源于耶稣登山训众论福的结束语："应当欢喜快乐，因为你们在天上的赏赐是大的。"这种说法有些牵强，因为二者的共同点仅在于"欢喜"一词。出处虽然不明确，但这句话在这里的意思相当清楚："战胜者"指战胜罪的、尤其是忌妒罪的灵魂。正如罗西（Rossi）所说，"这是一句祝词，表达如今已经变得充满热爱的犯忌妒罪者的灵魂们的情感。"

天使在两位诗人后面唱出这两句时，他们正在拾级而上。诗中没有说他去掉但丁额上的 P 字，等到本章后半才附带提到。由于艺术上的原因，但丁时常变换从一个平台到另一个平台过关时这一赦罪仪式的写法。

⑩ 两位诗人顺着台阶一磴一磴往上走，在这同时，但丁请求维吉尔解决他提出的疑难问题。纳尔迪（Nardi）指出，这段哲学谈话的长度说明他们往

上走了多久。

⑪ “那个罗马涅人的灵魂”:指圭多·戴尔·杜卡的灵魂。关于他所谈到的“排除”和“分享者”,参看第十四章注㉓。

⑫ 大意是:圭多由于犯忌妒罪在炼狱中受磨练,他从自身的经受认识到这种罪的害处,所以,如果他谴责世人犯这种罪,为了使他们避免它,从而使在炼狱中因这种罪受苦的灵魂少些,就是不足为奇的事了。

⑬ “那些由于大家分享而减少的东西”:指世上的各种物质财富,其特点是:分享者越多,每人享有的就越少。

“忌妒心就给叹息拉动风箱”:诗人把忌妒心人格化,用风箱比拟人的胸膛和肺脏。由于世人贪图物质财富,而这种财富的分享者越多,每人享有的就越少,大家就互相忌妒起来,都想得到他人享有的部分,因此,大家胸中就发出贪得无厌的叹息。

⑭ “至高无上的天体”(la spera suprema):指上帝所在的净火天。诗句大意是:倘若对上帝的爱使你的欲望转向天国之福的话,你们心里就不会害怕你们所享的天福会因更多的人分享而减少。换句话说,倘若世人追求的是天国之福,而不是世上的物质财富,他们就不会害怕他们所得到的会因别人分享而减少。

⑮ “我们的”表示大家共同享有。“那个修道院”(quel chiostro):指上帝和得救的灵魂们所在的净火天。诗句大意是:因为在天国享天福的灵魂越多,每个灵魂享有的福就越多,天国里的爱就变得更加热烈。

⑯ 听了维吉尔的解答,但丁非但不感到满足,心里反而因此产生更大的疑团:一份财富由多数人分享,每人所得怎么会比由少数人分享还多呢?

⑰ 意即由于你考虑问题时,你的心想到的总是尘世的事物,你从我的话的真理之光中,就只会得出一团黑暗,换句话说,我所讲的道理是非常清楚的,你却因而产生了更大的疑团。

⑱ “天上那无限的、不可言喻的善”:指上帝。“奔向爱他的人”:意即立刻把自己赐予爱他的人。诗人用光来比拟其速度:如同光向明亮的物体射来一般。实际上,光是射向一切物体的,但是,根据但丁时代的物理学,人们认为光只射向明亮的物体(这种物体之所以明亮其实是因为它不吸收光)。

⑲ 大意是:上帝发现灵魂对他的爱多么热烈,他就把自己赐予灵魂那么多;所以灵魂对上帝的爱越大,永恒的善倾注在灵魂上就越多。

⑳ “爱的人数越多”:指爱上帝的人越多。诗句大意是:天上爱上帝的灵魂越多,那里神圣的爱可能性就越大,每个灵魂的爱就越增加,如同许多镜子互相反射从太阳射来的光一样。这个比喻说明,天上每个得救的灵魂的爱都反射到其他的得救的灵魂,爱的互相反射导致爱不断增长,犹如许多镜子互相反射日光使亮度增强一样。

㉑ “解除不了你的饥饿”:意谓不能消除疑团,满足你的求知欲。“给你完全消除这一个和一切其他的渴望”:意谓给你解答清楚这个问题和今后你提出的一切疑难问题,满足你的愿望。维吉尔作为理性的象征有其局限性,理性不能解释的疑问,必须留给象征神学和上帝的启示的贝雅特丽齐来阐明。

㉒ “伤口”:指天使用剑尖刻在但丁额上的象征七种罪的七个 P 字。“经过痛苦才能愈合”:意谓经过忏悔赎罪才能消失。“像那两个已经消失的一样”:这句话说明但丁上台阶以前,天使去掉了他额上象征忌妒罪的 P 字。

“你就专努力促使那五个……伤口……迅速消失吧”:意思就是说,因此,如果你急于到达贝雅特丽齐面前,你首先要专心致志地努力促使其余的那五个 P 字尽快消失。

㉓ 但丁和维吉尔登上了供犯愤怒罪者的灵魂们赎罪的第三层平台。与愤怒罪相对立的是温顺的美德(mansuetudine)。诗中用一种新的艺术方法来表现三个体现这种美德的范例:即作为但丁当时在出神的状态中所见的梦幻景象(visione estatica)。关于这种幻象,他将在第二十七章中加以说明,哲学家、神学家和神秘主义者的著作中往往也有关于这种现象的描述。

第一个范例来自《圣经》:耶稣十二岁时,随父母去耶路撒冷守逾越节,守满了节期,他的父母就回去了,他仍旧留在耶路撒冷,他们并不知道。因为在亲族和熟识的人中间找不着他,他们就回耶路撒冷去找他,过了三天,才遇见他在圣殿里,坐在教师中间,一面听讲道,一面问。凡听见他的,都希奇他的聪明和他的应对。他父母看见就很希奇。他母亲对他说:“我儿,为什么向我们这样行呢?看哪,你父亲和我伤心来找你。”(事见《新约·路加福音》第二章)

《圣经》中叙述此事以耶稣为中心人物,诗中则突出马利亚的形象,使她成为体现温顺美德的典范,因此,除了把《圣经》中她所说的话从拉丁文译成韵文外,还添加上“以母亲的温和态度”这一细节,使读者的注意力集中在她身上,而把《圣经》中耶稣在圣殿里听教师们讲道的情景略去,只用“看见许多人在一座圣殿里”一语点出故事的背景。

㉔ 第二个范例来自异教时代。公元一世纪初的罗马历史家瓦雷里乌斯·马克西木斯(Valerius Maximus)在《值得记忆的言行录》(Factorum et Dictorum Memorabilium)第五卷第一章中,叙述古代雅典的僭主庇西特拉图(Peisistratus,公元前 560—前 527)的一件轶事:“当一个爱上了他女儿的青年当众吻了她,他的妻子鼓动他用死刑惩罚他时,他回答说:‘如果我们杀死爱我们的人们,对恨我们的人们我们该怎么办呢?’”庇西特拉图的回答集中表现出他作为统治者的温和宽厚,因此但丁在诗中把原话从

拉丁文译成韵文保留下来。但他在诗中还添加了一些细节,强调庇西特拉图的妻子的愤恨之情以及她如何突出他和他所统治的城市雅典的伟大,使他作为一城之主更深切地感觉荣誉受到了损伤,从而决定把那个胆大妄为的青年处以死刑。听了妻子这样去激动他报仇雪耻的话,庇西特拉图竟然心平气和地那样去回答她,更显得他异常温厚。

"这座在神与神之间为它的名称发生过很大争吵的、一切学术都从那里放射光芒的城市":指古代雅典。

"神与神之间为它的名称发生过很大争吵":据古代神话,女神雅典娜和海神波塞冬当初曾为雅典城的命名发生激烈争吵,各自坚持要以自己的名字作为城名。双方相持不下,最后只能由其他天神们裁决。他们宣布,谁能送给人类最有用的礼物,就以谁的名字作为城名。波塞冬用三叉戟往岩石上一戳,就冒出海水来,据另一传说,冒出一匹马来;雅典娜用尖矛戳地,就长出一棵橄榄树来。天神们都认为橄榄对人类更有用,应该以女神的名字为这座城命名,从此这座城就叫雅典(《变形记》卷六中提到这个故事)。

"一切学术都从那里放射光芒":指古希腊灿烂的文化之光从雅典辐射到世界各地。西塞罗在《演说家》中称雅典为"一切学术的开创者"。奥古斯丁在《论上帝之城》(另一译名为《天国论》)中称雅典为"各种学术和那样多的伟大哲学家的母亲和保姆"。

㉕ 第三个范例来自《圣经》。早期殉教的使徒司提反被犹太人捉拿到公会后,当众揭发并谴责祭司们和犹太教徒们的罪,"众人听见这话,就极其恼怒,向司提反咬牙切齿。但司提反被圣灵充满,定睛望天,看见上帝的荣耀,又看见耶稣站在上帝的右边,就说,'天开了,人子站在上帝的右边。'众人大声喊叫,捂着耳朵,齐心拥上前去,把他推到城外,用石头打他。……他们正用石头打的时候,司提反呼吁主说:'求主耶稣接收我的灵魂。'又跪下大声喊着说:'主啊,不要将这罪归于他们。'说了这话就睡了。"(《新约·使徒行传》第七章)

"他们不断地互相大声喊道:'打死,打死!'":但丁添加的这一戏剧性细节,使血腥和暴力的场面跃然纸上。

"他已经被死压得俯身倒在地上":但丁添加的这一刻画司提反之死的细节丰富了《圣经》中简略的叙述。

"但他还一直把眼睛作为向天开着的门":这是形象化地表现"定睛望天"姿态的比喻,说明他的眼睛好像开着的门一般把天国的景象接收进来。正如托玛塞奥所说,这是"奇异的表达方式,但很有力"。

㉖ 大意是:当我的心从出神的状态中醒来,回到心外独立存在的客观世界时,我才意识到,我所见的那些情景都是梦幻,虽然它们作为主观经验是真实不虚的,因为我确实看到和听到了那一切。

㉗ “半哩”原文为 mezza lega;lega 是长度名,相当于英语的 league;一 league 的长度在地区与地区之间差别很大,所以无法确定但丁用这词所指的究竟是多么长的一段路,现在姑且译为“哩”。

㉘ “平和的水”这个隐喻同上述圣司提反受难的故事中的所用隐喻“怒火”是直接对立的。“如果愤怒是火,使怒火熄灭的爱就是水,这种水来源于上帝。”(兰迪诺的注释)“永恒的泉源”:指上帝。

诗的大意是:你在出神时所见的情景之所以展示给你,是为了使你能敞开你的心接受来源于上帝的温厚宽恕之情。

㉙ 大意是:我看到你摇摇晃晃地走路时,问“你怎么啦?”并非问你由于什么原因那样走路,因为原因我知道得很清楚;我当然也不是明知故问;我问“你怎么啦?”只是为激励你振奋精神,健步前进。

㉚ 有的注释家觉得,维吉尔说但丁是“懒汉”,责备似乎过于严厉。实则维吉尔的话并非单独针对但丁,而是借题发挥,告诫世人不要懒散,虚度光阴。

㉛ “晚祷时间”:这段时间从但丁和维吉尔来到第二层平台的守卫天使跟前时开始,现在即将终了,大约是下午六点来钟,临近黄昏时分。

㉜ “一股像夜一般黑的烟”:我们从下章知道,这股浓厚的黑烟笼罩着犯愤怒罪者的灵魂们;象征怒气使人理智不清,不能明辨善恶。

“失去了视力和洁净的空气”:意即黑烟使两位诗人睁不开眼睛看东西,被迫呼吸被污染的、呛人的空气;这同时也是犯愤怒罪者的灵魂们所受的惩罚。

第十六章

地狱的黑暗，狭小的天穹下，被浓云遮得要多么昏暗有多么昏暗的、无任何行星的夜晚的黑暗，在我眼前构成的面纱都不像那里包围我们的烟构成的面纱那样厚，质料也不那样粗糙刺激感官，使得眼睛不能睁着[1]；因此，我的睿智的、可靠的向导靠近我，让我扶着他的肩膀。犹如盲人为了不迷路，也不撞上会使他受伤或许会使他丧命的东西，而跟在引路人背后行走，我就像那样穿过呛人的、污浊的空气向前走去，一面听着我的向导继续不断地说："注意不要离开我。"

我听见许多的声音，每个似乎都向除罪的上帝的羔羊祈求和平和怜恤[2]。那些声音开头总是"**Agnus Dei**"；唱的都是同一祷词和同一调式，所以听起来十分和谐[3]。我说："老师，我听到声音的那些人都是灵魂吗？"他对我说："你猜着了，他们正在解愤怒的结子呢[4]。""请问你是谁，你冲破了我们这烟，还如同仍然把时间划分成月份的人一样谈论我们[5]？"一个声音这样说；于是，我的老师对我说："你回答吧，还问一下，从这里走是否可以上去[6]。"我说："啊，为了使自己变美以回归你的创造者而正在给自己净罪的灵魂哪，你如果伴随着我走，你就会听到一件奇事[7]。"他回答说："我要在许我行走的范围之内跟随着你，烟若使我们彼此看不见，听觉将代替视觉使我们保持联系[8]。"我开始说："我带着由死来解除的躯壳向上走去，经历了地狱之苦来到这里。既然上帝已经这样把我接受在他的恩泽之中，以至要我以近代完全例外的方式去看他的宫廷，你就不要对我隐瞒，而要告诉我，你生前是谁吧，还告诉我，去那条通道，我这么走对不对吧。你的话要作为我们的向导[9]。""我是伦巴第人，名叫马可；我洞明世事，热爱如今人人都不向它张弓的美德[10]。要上去，你这么走对了[11]。"他这样回答，还补充说："我请求你，当你到了天上时，为我祈祷。"我对他说：我发誓向你保证要做你要求我做的事；但是我有一个疑问，如果不摆脱它，我的心就要爆裂了⑫。我的疑问起初是单一的，现在由于你的话而加倍了，你的话在这里，另一个人的话在别处，都向我证实了我的疑问所指的那种情况⑬。世界确实像你对我所说的那样，一切美德荡然无存，内外充满了邪恶⑭；但是，请你向我指出原因，使我能看到并晓示给其他的人；因为，有的认为原因在天上，有的认为在下界⑮。

他先发出一声因悲痛而郁结成“哎哟”的深沉的叹息，然后说：“兄弟呀，世界是盲目的，你的确是从那里来的⑯。你们活着的人们总把一切事情发生的原因只归之于天，仿佛诸天运转必然带动一切。假如真是这样的话，你们心中的自由意志就被毁了，因善而得福，因恶而受罚就无所谓公正了⑰；诸天引起你们内心最初的冲动；我并不是说一切冲动，但是，假定我这样说的话，你们还赋有可以辨别善恶的光和自由意志；如果自由意志在对诸天的最初的战斗中遇到困难，若是有良好的修养，最后就能战胜一切⑱。你们是自由的，同时又受一种更大的力量和更善的本性支配；这种力量和本性创造你们的心灵，心灵是诸天不能影响的⑲；因此，如果现在世界离开了正路，原因就在你们，要在你们自己身上去寻找；现在我要把道理给你讲明白⑳。天真幼稚的灵魂来自它未存在以前就对它爱抚和观赏者的手中，如同一个时而哭、时而笑的撒娇的小女孩一般，什么都不懂㉑，只知道它来自喜悦的造物主，自然而然地就喜爱使它快乐的事物㉒。它先尝到微小的幸福的滋味；在那里就受骗，如果没有向导或者马嚼子扭转它的爱好，它就要追求那种幸福㉓。因此，必须制定法律作为马嚼子；必须有一位至少能辨明真理之城的塔楼的君主㉔。法律是有的，但谁去执行呢？没有人，因为走在前面的牧人能倒嚼，但是没有分蹄㉕；因此，人们看到他们的向导只追求他们所贪图的那种幸福，就沉湎于那种幸福，不再进一步追求什么了㉖。你可以明确地看得出来，使世风邪恶的原因是领导不好，并不是由于你们的天性已经败坏㉗。造福于世界的罗马向来有两个太阳，分别照亮两条道路，一条是尘世的道路，另一条是上帝的道路㉘。如今一个太阳已经消灭了另一个；宝剑和牧杖已经连接起来，二者强行结合，必然领导不好，因为结合在一起，它们就不互相畏惧了㉙。假如你不相信我的话，那你就观察一下长出的穗儿吧，因为凡是草看种子就可以认出它来[30]。阿迪杰河和波河灌溉的地区，在腓特烈遭到反对以前，是经常见得到勇武和廉耻的；如今任何一个由于感到羞愧而避免同好人说话或靠近的人，都可以放心大胆地经过那里了[31]。现在确实还有三位代表旧时代谴责新时代的老人，他们都觉得上帝把他们召回到更美好的生活中去太迟[32]：库拉多·帕拉佐、善良的盖拉尔多和圭多·达·卡斯泰尔，这个人更以法国人给他起的外号老实的伦巴第人为人们所熟知[33]。现在你可以断言，罗马教会由于把两种权力合并于一身而跌入泥潭，玷污了自身和担负的重荷[34]。”

我说：“啊，我的马可呀，你的论断很好；现在我明白为什么利未的子孙不可有产业了[35]。但是，你所说的那个硕果仅存、作为过去的那一代人的典范来谴责这个野蛮时代的盖拉尔多是什么人？”他回答我说：“不是你的话我没有听明白，就是你拿这话引诱我多谈一些，因为，你说话是托斯卡那方音，却似乎对贤良的盖拉尔多一无所知[36]。我不知道有什么别的名称可以指他，除非我从他女儿盖娅那里给他另起一个[37]。愿上帝和你们在一起，因为我不能和你们同行了。你看穿过黑烟的光已经发白，天使在那里，我在出现在他面前以前，就得离开[38]。”于是，他转身就走，不想再听我说什么了。

注释：

① 为了使读者能想象出他在那股烟里感到多么黑暗，但丁断言他所看到的地狱的黑暗和人间夜晚的黑暗，程度都没有那样深，也没有那样难以忍受。关于地狱的黑暗，诗中已有许多描写，这里无须赘述。至于人间夜晚的黑暗，诗人在这里拿来相比的，并非一般夜晚的黑暗，而是在下列条件下，夜晚的黑暗程度：(1)天空无任何行星(在但丁时代，人们认为太阳和月亮也是行星，这里讲的是夜晚，“行星”只能指月亮和星辰)，(2)浓云密布，(3)“狭小的天穹下”：原文为 sotto povero cielo，直译是“在贫乏的天空下面”；用“贫乏”一词形容天空，实在费解。根据本维努托的注释，夜晚月亮和群星像珠宝一般装饰着天空，天空就显得富丽，反之，无月无星之夜，天空就显得贫乏。大多数早期注释家和一些现代注释家都同意这一说法。但是许多现代注释家认为povero cielo 意谓“狭小的天穹”，指视野狭小的地方，例如峡谷(gola)中所见的天空而言(汉语也有

"坐井观天"这个比喻)。在"狭小的天穹下",夜色显得更加黑暗。牟米利亚诺则认为,这种说法不能令人信服,因为浓云密布,无星光月光的夜晚,无论在峡谷中还是在平原上都一样黑暗,并无差别。译者没有亲身经验,不知究竟有无差别,但是,从心理上讲,这样的夜晚,在峡谷中肯定会比在原野上觉得还更黑暗。因此,译文根据这种解释。

"质料也不那样粗糙刺激感官":指上句所说的面纱而言;但丁之所以觉得黑烟像粗绒面纱似的刺人,是因为烟里微小的粒子刺激眼睛和面孔,产生类似的感觉。

② "除罪的上帝的羔羊":指耶稣基督,因为《新约·约翰福音》第一章中说:"次日,(施洗)约翰看见耶稣来到他那里,就说:'看哪,上帝的羔羊,除去世人罪孽的'。"耶稣之所以被称为上帝的羔羊,是由于他为了给人类赎罪,而牺牲自己,无辜被钉死在十字架上。

"祈求和平和怜恤":诗中所说的那许多的声音是犯愤怒罪者的灵魂发出来的,他们向基督祷告,因为他作为上帝的羔羊为了拯救有罪的人类而温顺无辜地牺牲自己,他们向他祈求和平和怜恤,因为"二者与愤怒相反,愤怒总企图进行战争和报复"(兰迪诺的注释)。

③ "Agnus Dei":拉丁文"上帝的羔羊"。做弥撒时唱的三句祷词均以"Agnus Dei"开始,祷词全文译文是:"除去世人罪孽的上帝的羔羊,怜恤我们吧!除去世人罪孽的上帝的羔羊,怜恤我们吧!除去世人罪孽的上帝的羔羊,赐予我们和平吧!"这三句祷词前半相同,第一句和第二句后半也相同,都是祈求基督怜恤,只有第三句不同,是祈求基督赐予和平。但丁把这三句拉丁文祷词意译,压缩成两句诗。

"十分和谐":表明正在赎罪的灵魂们现在的态度和他们生前的罪孽的性质形成鲜明对比;他们在世时,经常由于愤怒与人结怨,成为仇敌,现在却和大家齐声合唱同一祷词,彼此亲密无间。

④ "解愤怒的结子":诗人用这个隐喻比拟灵魂们通过在黑烟中像盲人似的行走来解除愤怒罪;罪孽如同绳子一般捆着他们,必须经过这种磨练,才能解开绳子的结子,重新获得自由。

⑤ "如同仍然把时间划分成月份的人一样":意即如同活人一样。"死人是不划分时间的,因为对他们来说时间并不流逝。"(本维努托的注释)

这个说话的灵魂在浓厚的黑烟中看不见两位诗人,但从但丁向维吉尔发问的话里听出但丁并不是灵魂,还觉察出他行走时把烟冲破了,灵魂不占空间,当然不会这样,因此猜想他大概是活人。

⑥ 意即朝这个方向走是否可以走到登第四层平台的地方。

⑦ "使自己变美以回归你的创造者":意即使自己重新变得如同被神创造时那样美,以这样美的形象回到神的怀抱里。

"一件奇事":指自己作为活人来到炼狱。

⑧ “在许我行走的范围之内”：说明那些灵魂只许在烟里走，不得走到烟外去。

“听觉将代替视觉使我们保持联系”：意即“因为烟使我们看不见，我们可以借助说话的声音一同前进”。（引自佛罗伦萨无名氏的注释）

⑨ “由死来解除的躯壳”：“躯壳”原文是 fascia，含义是“带子”，引伸为“包裹物”，比喻肉体像包裹物一样包着灵魂，人一死，灵魂才脱离肉体的束缚。这个比喻类似佛教用语“臭皮囊”，但 fascia 在诗中并无贬义，故不采用此语，而根据诗句的本意译为“躯壳”。

“以近代完全例外的方式去看他的宫廷”：指但丁作为活人去游天国。《新约·哥林多后书》第十二章中说，圣保罗活着的时候去过天国，在他之后从未有人享受过这种特权。

“那条通道”：指从第三层平台去第四层平台的通道。

⑩ 伦巴第人马可（Marco Lombardi）姓氏不可考，生平事迹不详。他在诗中自称是伦巴第人，注释家认为，伦巴第人泛指意大利北部的居民（参看《地狱篇》第一章注⑳）。他大概生活在十三世纪后半叶。早期注释家以及历史家和小说家都说，他曾在宫廷中供职，有很高的才智和丰富的经验，珍惜个人自由，傲视权贵，敢于谴责其罪行，而且为人轻财重义，慷慨大方，这些方面都与但丁相似，所以在诗中选定他作为自己的道德和政治观点的阐扬者，借他的口谴责当代人心不古，道德败坏。“如今人人都不向它张弓的美德”：诗人以对准目标张弓射箭作为比喻，来说明当时人人都不以追求美德为人生的目的。他在《地狱篇》第二十六章中曾借尤利西斯的口指出，人生来是“为了追求美德知识”的，所以他对于人们背道而驰，“都把美德视为仇敌，躲避它像躲避蛇一般”，感到悲愤，在诗中痛下针砭。

⑪ 这是对但丁向他问路的回答。

⑫ 诗人把疑问比做一条绳子紧紧地勒着自己的心，不解开它，心就要爆裂，以此来形象地说明解答这个疑问如何迫切。

⑬ 这三句诗含义晦涩。据多数注释家的解释，大意是：我的疑问起初只有一个根据，因为它是由一个人的话（指圭多·戴尔·杜卡关于世风败坏的话）引起的，现在你（指马可）又表示了同样的看法，就使得我的疑问有了双重根据；你在这里（指第三层平台）所说的话，另一个人（指圭多·戴尔·杜卡）在别处（指第二层平台）所说的话，都向我证实了我的疑问所指的那种情况（即世风败坏）。

⑭ “内外充满了邪恶”：原文是 di malizia gravido e coverto；gravido 本义为“怀孕的”，“有孕的”，引申为“充满”；coverto = coperto 含义为“覆盖”，“布满”。注释家托玛塞奥指出，前者指的是邪恶的种子隐藏着的情况，后者指的是它发芽滋长、覆盖地面的情况。这种说法把这两个形容词解释得

很透彻,译者苦于不能充分表达出原文的微妙之处,因而采用了格拉伯尔的注释:“世界不仅内部充满邪恶,外面也全被邪恶包裹着。”

⑮ “原因在天上”:指诸天(即星辰)的影响。欧洲中世纪人,如同我国古代人一样,相信星辰能影响人事。“在下界”:意即原因在人。

⑯ 意即世人蒙昧,不认识真理,你有这种疑问,表明你也像其他的人一样蒙昧。

⑰ 大意是:世人错误地认为人世间一切事情发生的原因都在于天,仿佛诸天运转必然带动一切;假若真是这样,人的一切行为就都取决于天,自由意志就不存在了,也就是说,人就不可能在善与恶之间自由选择,对自己的行为也就不负道德上的责任。这样一来,上帝奖善惩恶,使为善者享天国之福,作恶者受地狱之苦,就说不上是公正了。马可·伦巴多这些批驳宿命论、捍卫自由意志的论点是有所本的:奥古斯丁在《论自由意志》中,波依修斯在《论哲学的安慰》中,托马斯·阿奎那斯在《神学大全》中都提出了同样的论据。

⑱ 大意是:人类居住的世界处于诸天的影响之下,所以人内心一些最初的活动(如欲望,感情等)是受诸天的影响产生的,但是,我并不是说人的一切内心活动都是诸天的影响所致;即使假定我这样说,人也并非一定得顺从内心的活动去作不可,因为他还有天赋的理性之光可以明辨善恶,还有天赋的自由意志可以择善而行,把邪恶的欲望压下去。人的自由意志在对诸天的影响和内心的不良倾向进行斗争时,最初难免遇到困难,如果人具有良好的道德修养,最后是能战胜一切的。

⑲ 大意是:人在具有自由意志的同时,却受一种比诸天更大的力量和更善的本性支配,这种力量和本性就是上帝,他创造人的心灵,即所谓心智的灵魂(L'anima intellettiva),这是由心智(intelletto)和意志(volontà)构成的人的“灵魂最后的和最高贵的部分”(见《筵席》第三篇第二章),它不受诸天的影响。

⑳ 马可已经说明世人道德败坏的原因在人,而不在星辰的影响,现在进一步说明世人如何由于自身的原因误入歧途,腐化堕落;他从人的灵魂的由来讲起。

㉑ “天真幼稚”(semplicetta):指灵魂原来处于无知无识的空白状态。“来自它未存在以前就对它爱抚和观赏者的手中”:这句诗说明人的灵魂是上帝亲手创造的,上帝在把它造成以前,就已经在他的理念中爱抚和观赏着它。为了鲜明生动地表达出灵魂最初的天真幼稚、无知无识的状态,诗人把它比做一个一切举动出于本能,还没有理性指导的小女孩(意大利文 anima〔灵魂〕是阴性名词,所以把它比做“小女孩”)。

㉒ 意即灵魂只知道自己来源于上帝,上帝的本质是至善和极乐,所以灵魂就本能地喜爱一切使它快乐的事物。

㉓ “微小的幸福”:指物质财富提供的幸福。人的灵魂一尝到这种幸福的滋味,就误认为那是真正的幸福,而努力去追求,除非有皇帝作为向导给它指出真正的现世幸福,有法律作为马嚼子制止它放纵物欲。

㉔ “君主”:这里专指但丁在《帝制论》中所说的理想的皇帝。

“真理之城”:即上帝之城。塔楼是中世纪城堡最高的部分,从远处就可以望见。据多数注释家的解释,“真理之城的塔楼”象征正义。皇帝的职责是在世上实现正义,因为正义的实现是现世幸福和永恒幸福的基础。

㉕ “法律是有的”:指东罗马皇帝查士丁尼时代留下的《罗马民法汇编》。

“没有人”去执行:因为当时皇帝尚未加冕,而他是惟一合法的执行法律的最高权威。

“走在前面的牧人”:指教皇,他的职责是引导人类走上享受天国之福的道路,如同牧人引导羊群去水草丰美之处一样。

“倒嚼”(反刍)和“分蹄”这两个典故都出自《圣经》。摩西法律规定犹太人只可以吃倒嚼分蹄的走兽(见《旧约·利未记》第十一章和《旧约·申命记》第十四章)。托马斯·阿奎那斯认为,“倒嚼”(反刍)的寓意是对《圣经》进行深刻的思考并作出正确的解释的能力;“分蹄”的寓意是辨别善恶的能力。但丁接受了这种解释并把它灵活地运用于诗中。“走在前面的牧人能倒嚼”:注释家一致认为指教皇精通《圣经》,能正确地解释其中的义理。但是,把“没有分蹄”理解为教皇没有辨别善恶的能力,却有些牵强。但丁的儿子彼埃特罗认为,“没有分蹄”指教皇不能辨别世俗的事物和宗教的事物,把二者分开;这种解释符合马可·伦巴多的命意。本维努托的解释更一针见血:“作者的意思是说,现代的牧人(指教皇)很能倒嚼,因为他经常讲上帝的法则……当时在位的教皇卜尼法斯精通法律和《圣经》……但他不把世俗权力和教权分开,反而把两种职权合并在一起。”马可·伦巴多认为,卜尼法斯借口帝位虚悬,无人行使世俗权力,而强行把政权和教权集中于自身,是世风变坏的根本原因。

㉖ 意即世人看到他们的带路人教皇只追求他们所贪图的尘世上的物质幸福,他们就完全沉湎于那种幸福,不再追求来世永恒的幸福了。

㉗ 意即从我对你说的这番话,你就可以明白,世风之所以日坏,是因为教皇的领导不好,而不是因为诸天(星辰)的影响败坏了人性。

㉘ “造福于世界的罗马”:指古罗马统一了地中海沿岸各地,建立了世界帝国,使西方出现了空前的和平局面。由于时机成熟,耶稣基督于奥古斯都时代降生,传布福音,为人类赎罪,他死后,在“罗马和平”的条件下,基督教得以传遍西方世界各地。

“两个太阳”:象征皇帝和教皇。但丁在《帝制论》卷三中指出万物当中只有人既具有可毁灭的部分(肉体),又具有不灭的部分(灵魂),因此人生有两种目的:一是享受现世生活的幸福,二是来世享受天国永恒的幸福;上天规定由两个权威分别引导人类达到这两种不同的目的:皇帝根据哲学的道理,引导人类走上现世幸福的道路,教皇根据启示的真理,引导人类走上来世享受天国之福的道路,这两个权威都是直接受命于天,彼此独立存在的。宗教法规学者和神学家用太阳来象征教皇的权威,用月亮来象征皇帝的权威,说明后者从属于前者。但丁在《帝制论》卷三第四章中虽然接受太阳和月亮的比喻,但他指出月亮有其独特的性质和功能,它的光是自身发出的,并非来自太阳。在这里,借马可·伦巴多之口,又进一步用两个太阳的比喻来强调皇帝的权威对教皇的权威的独立性。

㉙ “如今一个太阳已经消灭了另一个”:指教皇的权威在罗马已经消灭了皇帝的权威。腓特烈二世死后到亨利七世当选为止,帝国一直处于大空位时期,没有一位皇帝曾来罗马加冕。教皇卜尼法斯八世以帝位虚悬为借口,自称帝国的代理人,行使皇帝的权力,实现政教合一,企图建立神权统治。“宝剑”象征皇帝的权力,“牧杖”象征教皇的权力。“已经连接起来”:指这两种权力都掌握在教皇一人手里。据《最佳注释》,卜尼法斯当时居然“加冕佩剑,自立为皇帝”。

“二者强行结合”:指教皇专横独断,强行政教合一。“必然领导不好”,因为两种权力掌握在一人手中,就谈不到二者互相畏惧,互相监督。

㉚ 意即:如果你不相信我所说的世风日坏的原因,那你就看一看政权和教权集中于一人产生的结果吧;“因为凡是草看种子就可以认出它来”(这里“草”〔erba〕泛指植物):这句话来源于《新约·路加福音》第六章:“因为没有好树结坏果子,也没有坏树结好果子。凡树木看果子就可以认出它来。”

㉛ “阿迪杰(Adice=Adige)河和波河灌溉的地区”:指广义上的伦巴第地区。“在腓特烈遭到反对以前”:指皇帝腓特烈二世的权威受到教皇和这个地区各贵尔弗城邦的反对以前(即公元1232—1248以前),那时,“封建主们慷慨大方,侍臣们品德高尚,行吟诗人的诗歌风行一时,是伦巴第地区宫廷生活的盛世。”(牟米利亚诺的注释)

“勇武和廉耻”:但丁用这两种美德来概括骑士应具有的文武两方面的一切美德。马可痛心地说,他的家乡所在的地区,在皇帝腓特烈二世的权威遭到教皇和贵尔弗城邦的反对以前,经常可以遇到品德高尚的人。如今则不然,“任何一个由于感到羞愧而避免同好人说话或靠近的”卑鄙邪恶之徒,都可放心大胆地经过那个地区,而不至于因遇见品德高尚的人而感到无地自容,换句话说,就是那里好人已经寥寥无几。

㉜ “代表旧时代谴责新时代”:意即这三位硕果仅存的老人体现旧时代勇武和廉耻的美德,他们的崇高形象如今耸立在人海中,使新时代世风不良的状况显得更为突出。“他们都觉得上帝把他们召回到更美好的生活中

去太迟”:意即他们渴望上帝让他们早日离开这个世界进天国,因为他们生活在这今不如昔的人群之中比一般老人更感到孤寂。

㉝ 库拉多·达·帕拉佐(Currado da Palazzo):指布里西亚的帕拉佐伯爵家族中的库拉多三世。1276 年,他任西西里王查理一世驻佛罗伦萨的代表和佛罗伦萨的最高行政官,1277 年为贵尔弗党首领。在 1279 年布里西亚对特兰托的战争中任布里西亚军政首领,1288 年任皮亚琴察的最高行政官。早期注释家一致称赞他为人慷慨大方,具备骑士的美德。

盖拉尔多(Gherardo):指盖拉尔多·达·卡米诺(da Camino)。他是帕多瓦市民,生于 1240 年,曾任贝卢诺和菲尔特雷军政首领(公元 1266)。从 1283 年起任特雷维佐军政总首领,一直到 1306 年逝世为止。但丁在《筵席》第四篇第四章中推崇他,把他作为真正高贵的人的典型。

圭多·达·卡斯泰尔(Guido da Castel):属于勒佐·艾米利的罗贝尔蒂(Roberti)家族在卡斯泰罗(Castello)的支派。生于 1233—1238 年间,1315 年还在世。关于他的生平事迹资料很少,而且自相矛盾。但丁对他很敬重,在《筵席》第四篇第十六章中提到他。

㉞ “自身”:指自己的宗教职责;“担负的重荷”:指它越俎代庖担负的政治职责。

㉟ “利未的子孙”:利未是族长雅各的儿子,他的子孙后代构成的宗族被称为利未人(Leviti),世世代代办“会幕的事”,属于低级祭司之列。他们不可有产业,因为上帝把以色列中出产的十分之一赐给了他们为业(见《旧约·民数记》第十八章)。上帝这样规定,是为了防止担任祭司职务者有了产业会因俗事而荒废自己的职责。

㊱ 马可听但丁说话是托斯卡那口音,很奇怪他竟然对盖拉尔多一无所知,因为盖拉尔多同佛罗伦萨黑党首领寇尔索·窦那蒂(Corso Donati)的关系是众所周知的。

㊲ 意即叫他盖娅的父亲。盖娅(Gaia)是托尔贝尔托·达·卡米诺(Tolberto da Camino)的妻子,死于 1311 年。注释家有的说她是贞节的典范,有的说她是道德败坏的活标本。由于马可的话的命意在于强调新旧时代风气的对比,似乎后一种说法更令人信服。

㊳ “穿过黑烟的光已经发白”:这光并不是天使的光,而是太阳的光。马可看到烟渐渐淡薄,阳光透进来,知道天使已在前面不远的地方。他作为犯愤怒罪者不得走出烟去,所以就此离别但丁,转身回去了。

第十七章

读者呀，如果在高山中雾曾突然笼罩住你，你在雾里的能见度和鼹鼠透过它眼睛上的薄膜所见没有差别，你回想一下，潮湿、浓厚的雾气开始消散时，日轮透过它照进来的情景；你的想象力就会轻而易举地想见，我刚重新见到的太阳是什么样子，那时它已经快落山了[1]。就在这样的时刻，我把我的脚步迈得同我老师的可靠的脚步一般齐，从这里的这种烟雾中走出，来到在低处的海岸上已经消失的夕照中[2]。

啊，想象力呀，你有时那样使我们神驰物外，纵使一千喇叭在周围吹奏，我们都觉察不到，如果感官不给你提供什么材料，那么，是谁把你推动起来的呢？把你推动起来的是在天上形成的光自身，或者是把这种光引导到下界的意志[3]。那个变成最爱唱歌的鸟儿的女人的残忍形象出现在我的想象中[4]：我的心完全集中在它上面，那时任何来自外界的事物都不被接受[5]。随后，就有一个被钉在十字架上者的形象降落到我的崇高的想象中，他面带轻蔑和凶恶的神气，临死也是这样[6]。他周围是伟大的亚哈随鲁和他的妻子以斯帖，还有正直的末底改，他的言行都是那样完美无疵[7]。这一幻象刚像水下形成的气泡缺水时那样自行破灭[8]，我的想象中就升起一位少女的形象，她痛哭着说："啊，王后啊，你为什么一怒之下就想毁灭自己呀？你自杀是为了不失去拉维尼亚；现在你失去我啦！在为他人之死痛哭以前，先为你的死而痛哭的人就是我呀[9]。"

正如，一种新的光射在闭着的眼睛上时，睡梦就被惊破了，惊破后，在完全消失以前还闪动着；同样，一种比我们见惯的那种还强烈得多的光刚射在我的脸上，我的想象顿时就失落了[10]。当我转身去看我在何处时，一个声音说："从这儿上去"，吸引我离开了一切其他的意图[11]；它使我想看清说话的人是谁这一愿望变得那样迫切，如果不当面看到他，就永不会平静下来[12]。但是，正如面对着太阳，我们就眼花，过强的光就遮住它的形象，同样，在这里我的视力也丧失了作用[13]。"这是一位神圣的使者，他不等我们请求，就指给我们往上去的路，他用他的光芒把自己遮住。他待我们如同世人待自己一样；因为看出人家的需要而等待请求者，已经怀着想拒绝人家的坏意[14]。现在我们用我们的脚步表示顺从这样的邀请吧[15]；我们争取在天黑以前上去吧，因为以后不到天亮就不能往上走了。"我的向导这样说，我就跟他一同把脚步转向一道石梯；刚登上第一级，我就觉得好像旁边扇动了一下翅膀，把风扇到了我脸上，还听见说道："Beati pacifici，因为他们是无恶愤的[16]！"

夜色降临前的落日的余晖已经只照射着我们这座山上的最高处了，使得一颗颗星从天空许多方面显露出来[17]。"啊，我的气力呀，你为什么这样快地消失啊？"我心里暗自说，因为我感觉我的腿力已经不济了[18]。我们上到了石梯最高的一级，就恰如靠了岸的船一样停住不动[19]。我听了片刻，看我在这新的一层能否听到什么；随后，就转身向着我的老师，说："我的和蔼的父亲，告诉我，在我们所在的这一层要消除的是什么罪呀？如果我们的脚停住，你的话可不要停住啊。"他对我说："爱善缺乏应有的热情就在这里弥补；就在这里重划当初不幸划得过慢的桨[20]。但是为了使你理解得更清楚，你就专心听我讲吧，这样你就会从我们停留中摘到一些良好的果实[21]。"

他开始说："我的儿子啊，造物主和创造物都从来不是没有爱的，或者自然的爱，或者心灵的爱；这点你是知道的[22]。自然的爱永远没有错误，但另一种爱会因对象邪恶，或者因力量过强或过弱而犯错误[23]。当它奔向首善时，和在次善方面能自我节制时，它不可能是有罪的享乐的原因[24]。但是当它转向邪恶，或者以过多或过少的热情追求善时，被造物就悖逆造物主而行[25]。你由此可以理解，爱必然是你们所有的一切美德和一切应受惩罚的行为的种子[26]。

"可是，因为爱决不会使眼光离开其主体的幸福，所以万物都不会憎恨自己[27]；因为不可能设想任何存在物是离开最初的存在物而独立的，所以一切被造物都不可能憎恨他[28]。如果我这样区分正确无误，那么，人就只有可能爱他的邻人之不幸了[29]；这种爱萌生于你们的泥土中[30]有三种形式。有人希望通过贬低他的邻人使自己出人头地，只是为了这一目的而渴望人家从崇高的地位上被打下来[31]；有人惟恐自己由于别人高升而失去权力、恩宠、光荣和声誉，因而忧心忡忡，以至于希望相反的情况出现[32]；还有人由于受到污辱而似乎怒火中烧，渴望进行报复，这种人必然准备加害于他人[33]。这三种形式的爱在这下面三层受惩罚[34]。

"现在我要你了解另一种爱，这种爱以不适度的热情追求善[35]。人人都模糊地认识到一种心灵在其中感到满足的善而向往着；因此，人人都努力去达到他[36]。如果迟缓的爱吸引你们去认识他或达到他，你们在适当的忏悔后，就在这一层为这种爱经受磨练[37]。另有一种不能使人幸福的善；它不是福，不是一切善之果和根的善的本质[38]。沉溺于其中的爱在我们上方那三层受惩罚，但是，我不说明它怎样分成三类，为的是让你自己思索出来[39]。"

注释：

① 但丁为了使读者易于想象出他从已经逐渐消散的烟里走出来时，初见将落的太阳是什么样子，通过比喻说明他当时见到的太阳如同从山中逐渐消散的雾中看到的太阳一样。这个比喻描写人在高山中遇到大雾时的情景异常真切，显然来源于亲身经历，因为但丁在放逐时期曾多次途经托斯卡那和罗马涅两个地区之间的亚平宁山脉。

"和鼹鼠透过它眼睛上的薄膜所见没有差别"：古代和中世纪人认为，鼹鼠由于眼睛上有薄膜，根本看不见东西，现在意大利民间还相信这种说法。其实，鼹鼠眼睛上的薄膜中间有一小孔可以见物，只是看不清楚而已。但丁这句的意思是说，人在大雾中看东西如同鼹鼠透过它眼睛上的薄膜看东西一样不清楚；这种说法是符合客观实际的。

"日轮"原文是 La spera del sol，用词十分确切，因为当时烟已变得稀薄，而且天色已晚，太阳将没，从烟里看太阳，轮廓显得分明。

② "就在这样的时刻"：原文只有一个词"si"。萨佩纽理解为 cosi，a questa luce fioca（这样，在这微光中），牟米利亚诺的注释也大致相同。译文参照这种解释，根据上下文稍加变通。

"我把我的脚步迈得同我老师的可靠的脚步一般齐"：由于烟已变得稀薄，能看得清路，但丁就不再像盲人一样手扶着维吉尔的肩膀，跟在他后面走，而开始同他并肩齐步前进，从烟里走出来。

"来到在低处的海岸上已经消失的夕照中"："低处的海岸"指炼狱山脚

下的海岸。但丁和维吉尔从烟里走出来后,在残照中从第三层平台上俯视,只见海岸上暮色苍茫,已经没有一点阳光。这时已是四月十一日下午六点来钟。

③ 刚从烟里走出后，但丁的想象力就使他神驰物外。在这种出神状态中，有三种体现愤怒罪受惩罚的幻象相继浮现在他眼前。他以向自己的想象力发问的方式说明这三种幻象是如何产生的。

经院哲学家认为，想象力是灵魂的内在官能之一，这种官能接受各种外在官能提供的知觉材料，把这些材料储存起来，加工造成新的形象。托马斯·阿奎那斯把想象力比作这种材料的储藏室。但是，但丁在出神状态中忘掉了客观世界，各种外在官能均已入睡，不再给想象力提供什么材料。因此，这三种幻象不可能是想象力把知觉材料加工造成的，而只能是从天上落到想象中来的。究竟是怎么落下来的呢？但丁以自问自答的方式说：“如果感官不给你提供什么材料，那么，是谁把你推动起来的呢?”也就是说，如果感官不给你（指想象力）提供知觉材料的话，谁推动你，使你发生作用呢？诗中的回答是：“把你推动起来的是在天上形成的光自身，或者是把这种光引导到下界的意志”：意即把你（指想象力）推动起来的是一种在天上形成的光自身，即诸天的自然影响，或者是引导这种光使之对人起作用的上帝的意志。辛格尔顿认为，这些幻象如同第一层平台上的浅浮雕一样是上帝创造的，它们的性质和但丁登上这第三层平台时所经验的那些体现温顺之德的梦幻景象相同。因而，回答所提出的两种可能性中，适用于这里的是第二种：即上帝的意志把这些幻象引向下界，它们是直接从上帝那里降入但丁心中的。另一种可能性，即一种在自然界诸天中形成的光直接降入但丁心中，则被排除了，虽然但丁承认这是获得这种超越感觉的经验的另一种方式。

④ “那个变成最爱唱歌的鸟儿的女人”：指雅典王潘狄翁的长女、特剌刻王忒柔斯的妻子普洛克涅。“女人的残忍形象”原文是 l' empiezza di lei:指她杀死亲生的儿子，把他的肉煮熟给她丈夫吃的灭绝人性的罪行，她因而受到惩罚，变成了一只燕子（详见第九章注④）。普洛克涅的罪行是由愤怒引起的，所以诗中把她作为因愤怒罪受惩罚的例子。

⑤ 意即我的心完全被这一幻象吸引住了，对外界一切事物都无所感受，因为各种感官的功能都暂时停止；这是诗中所说的出神状态的特点。

⑥ “一个被钉在十字架上者”：指古代波斯王亚哈随鲁的宰相哈曼。他受国王宠信，气焰万丈，一切臣仆都跪拜他，“惟独末底改不跪不拜”。末底改是犹太人，他抚养他叔叔的女儿哈大沙（后改名以斯帖），收她为自己的女儿。以斯帖被选入宫，由于容貌俊美，深受国王宠爱，被册立为王后。“哈曼见末底改不跪不拜，他就怒气填胸”，“他以为下手

害末底改一人是小事，就要灭绝亚哈随鲁王通国所有的犹太人”，以解心中的愤恨。他对国王说，犹太人“散居在王国各省的民中，他们的律例与万民的律例不同，也不守王的律例，所以留他们与王无益，王若以为美，请下旨意灭绝他们”。国王准奏，下诏书灭绝全国的犹太人，命令哈曼传下这一旨意。末底改听到这个可怕的消息后，急忙求以斯帖向国王乞恩。以斯帖请国王率哈曼赴宴，当面揭发哈曼的罪恶，国王大怒，因为从太监口里获悉哈曼为末底改“作了五丈高的木架，现今立在哈曼家里”，就下令“把哈曼挂在其上。于是人将哈曼挂在他为末底改所预备的木架上”。接着，亚哈随鲁王就答应以斯帖的请求，废除了哈曼所传的灭绝犹太人的旨意（详见《旧约·以斯帖记》第二至八章）。诗中用“一个被钉在十字架上者”（un crucifisso）来指哈曼，因为《旧约·以斯帖记》中希伯来文原文“木架”一词在拉丁文《圣经》中被译为 crux（十字架）。

“降落到我的崇高的想象中”：“降落”原文是 piovve（下雨），作为隐喻形容幻象被上帝的意志引导，从天上落下来。这种用法也见于《天国篇》第三、第七、第二十七章中。“崇高的想象”：“想象”（fantasia）是接受来自感官的形象以及来自诸天的影响和神的启示的幻象并把它们提供给心灵的能力。但丁用“崇高”（alta）形容接受来自天上的幻象时的想象，因为这时他的想象“已经超越感觉和理性，仿佛飞向上帝，从他接受崇高的、超自然的事物似的”。（卡西尼-巴尔比的注释）

“他面带轻蔑和凶恶的神气”：这一细节是但丁添加的，在《旧约·以斯帖记》中，哈曼的态度恰恰与此相反：他在受刑以前，“就甚惊惶”，“求王后以斯帖救命”。格拉伯尔认为，诗中添加的这一细节改变了《圣经》中的哈曼形象，使人觉得他和《地狱篇》第二十三章的该亚法有点相似，也使人遥遥联想到第十四章中的卡帕纽斯和第十章中的法利那塔。不仅如此，对于哈曼受刑一事，但丁还添加了一个细节：亚哈随鲁、以斯帖和末底改三人在刑场旁观，仿佛为了加剧被钉在十字架上的哈曼的痛苦。

⑦ “伟大的亚哈随鲁”：《旧约·以斯帖记》中的波斯王亚哈随鲁（Ahasuerus）就是历史上的波斯王薛西斯（Xerxes）一世（公元前 485—前 464 在位）。《旧约·以斯帖记》中并没有说他“伟大”，只不过说他“从印度直到古实（埃塞俄比亚）统管一百二十七省”；“在位第三年，为他一切首领臣仆设摆筵席，……把他荣耀之国的丰富，和他美好威严的尊贵，给他们看了许多日，……”但丁也不大可能知道亚哈随鲁就是公元前 480 年率领海陆大军入侵希腊的薛西斯一世。诗中说亚哈随鲁“伟大”，大概别有所本。

“正直的末底改，他的言行都是那样完美无疵”：诗中这一评语大概是根据《旧约·以斯帖记》中末底改的言行作出的，这卷书中并未明说他正直（giusto）。

⑧ 意即在水下形成的气泡上升到水面上，由水构成的那层包着空气的薄膜一消失，气泡就自行破灭。这是日常生活中常见的现象，诗人用来作为比喻，说明闪现在想象中的幻象倏忽不见，显得异常贴切。

⑨ “一位少女”：指拉丁姆王拉提努斯和王后阿玛塔的女儿拉维尼亚。她已许配给鲁图利亚王图尔努斯，但神意注定她将嫁给特洛亚英雄埃涅阿斯。埃涅阿斯来到拉丁姆后，国王拉提努斯答应把拉维尼亚嫁给他，但王后阿玛塔反对此事。图尔努斯得知埃涅阿斯要夺娶他的未婚妻时，不禁怒火中烧，双方为此以兵戎相见。交战多次，互有胜负。后来，特洛亚人占了上风，王后阿玛塔在敌人兵临城下之际，不见图尔努斯上阵迎战，误以为他已经阵亡，就“立刻精神错乱，大声哀号，说是她害了他，是她的罪过，她是他致死的原因”，说完这些伤心话以后，就悬梁自尽了（事见《埃涅阿斯纪》卷十二）。维吉尔诗中描写拉维尼亚得知母后惨死之后，扯乱头发，抓破面颊，大声哀号；但丁诗中则叙述她说出悲怆动人的话。

“你为什么一怒之下就想毁灭自己呀?”：指王后阿玛塔误以为图尔努斯已被埃涅阿斯杀死，悲愤交集，感到绝望而自杀。

“你自杀是为了不失去拉维尼亚”：意谓王后阿玛塔之所以自杀是因为她害怕图尔努斯死后，拉维尼亚势必嫁给异乡人埃涅阿斯，她就要失去她的爱女。

“现在你失去我啦!”：意即你这一死就真失去我啦!

“在为他人之死痛哭以前，先为你的死而痛哭的人就是我呀”：“他人”指拉维尼亚的未婚夫图尔努斯。王后阿玛塔自缢身死时，他还活着。“就是我呀”这句话似乎应和前面的话有某些联系，托拉卡的注释说：拉维尼亚这句话“好像是一声尖锐的叫喊，责备她自己是母后自杀的原因，尽管她并无过错。”

⑩ “一种比我们见惯的那种还强烈得多的光”：指下面所说的天使的光，这种光比太阳的光还强烈，一射在但丁脸上，他的出神状态就失落了，失落后，仍然在心中荡漾，正如睡梦一样，当一种新的光突然照射在闭着的眼睛上时，就被惊破，惊破后，并不立即消失，而仍然在惺忪的睡眼上闪动。“闪动”原文是 guizza，这个词作为隐喻，说明睡梦被惊破后，仍像火焰在熄灭前一样摇曳闪动，或者说，仍像鱼被捉住后一样挣扎扭动。“失落”原文是 cadde giuso（落下），牟米利亚诺指出，这个动词描写出一种力量的消失和继幻象而来的一片空虚；假如改用动词 cessò（停止），那就只不过是叙述一种情况而已。雷吉奥认为，

cadde giuso（落下）表示幻象渐渐地消失，显然和前面的动词 surse（升起）遥相对立。

⑪ “一个声音”：指第三层平台的天使的声音。“从这儿上去”：是这位天使把去第四层平台的石梯指点给两位诗人时说的话，这句话“吸引我离开了一切其他的意图”，也就是说，使我全神贯注，再也无心“去看我在何处”。

⑫ 拉纳和佛罗伦萨无名氏以及《最佳注释》都把这三行诗理解为：在我将来在天国中见到这位天使以前，这种愿望永不会平静下来。布蒂则理解为：如果我不当面端详一下这位天使的容颜，我的愿望就永不会平静下来。萨佩纽认为，从诗的上下文来看，布蒂的理解更为确切。译文根据这种解释。

⑬ “过强的光就遮住它的形象”：意即太阳光芒过强，好像用面纱遮住自己一般，使人看不见它的形象。“同样，在这里我的视力也丧失了作用”：意即面对着这位天使，我作为凡人感到他的光芒过强，无法忍受，如同面对着太阳时，照得人睁不开眼睛一样。

⑭ “神圣的使者”：指天使。原文是 divino spirito，直译应为“神圣的精神”，但中文不能说“这是一位神圣的精神”，因为“精神”是抽象名词，不能加（用于人的）量词；也不能译为“神圣的灵魂”，因为“灵魂”（anima）和精神（spirito）在神学上有本质的不同，例如上帝和天使是精神而非灵魂。译文只好勉强采用“神圣的使者”。

“他待我们如同世人待自己一样”：意谓这位天使对待我们如同世上的人对待他们自己一样。这句话使人联想到《新约·路加福音》第六章中耶稣的话：“你们愿意人怎样待你们，你们也要怎样待人”，以及《新约·马太福音》第二十二章中、《新约·马可福音》第十二章中他所说的第二条诫命“要爱人如己”。

“因为看出人家的需要而等待请求者，已经怀着想拒绝人家的坏意”：这句话意在强调，看到别人需要帮助时，应该立即主动给以帮助，而不要等人家求助。但丁在《筵席》第一篇第八章中说：“第三件可从中看出热诚的慷慨大方之德的事是不求就给；把乞求的东西给人，对一方面来说，并非美德而是买卖，因为在施与者固然不是卖出，在接受者则是买来这种东西。因此塞内加说，没有比用乞求买来的东西价钱更贵的。”

⑮ “用我们的脚步表示顺从这样的邀请”：意即我们要顺应这样崇高的权威的邀请，加快脚步拾级而上。

⑯ “Beati pacifici”：是拉丁文《圣经》《新约·马太福音》第五章耶稣登山训众的话，中文《圣经》译文是“使人和睦的人有福了”。下句原来是“因为他们必称为上帝的儿子”；但丁结合诗中的具体情况，改用

“因为他们是无恶愤的”。托马斯·阿奎那斯把“恶愤”（ira mala）和义愤区别开：“恶愤”是违背理性的愤怒，是有罪的；义愤则是疾恶如仇的情绪引起的，是值得称赞的。在第三层平台上要消除的愤怒罪指“恶愤”。

这里所说的天使是和平天使（Angelo della pace），诗中没有明说但丁额上的第三个 P 字被去掉，读者也会知道。格拉伯尔指出，值得注意的是这位天使的动作，他并没像第一层平台上的天使那样把翅膀在但丁额上横着“扑打”一下（见第十二章），而是使但丁“觉得好像旁边扇动了一下翅膀，把风扇到了我脸上”，天使的动作轻柔同他的和平精神更相协调。

⑰ 诗句勾画出黄昏景色。太阳刚落到地平线下，苍茫的暮色笼罩着山脚和山腰，只有山顶还残留着落日的余晖，天色渐渐昏暗起来，使得亮度较大的星陆续在天空各处出现。

⑱ “气力”和“腿力”这里均指登山的能力。根据炼狱的法则，这种能力一到天黑就消失。

⑲ “石梯最高的一级”即第四层平台的边缘。

“就恰如靠了岸的船一样停住不动”：对于这个比喻，有两种不同的解释。温图里认为，这里比拟和被比拟的事物的共同之处在于二者均必须立刻停住：正如船一靠岸就得停泊，同样，根据炼狱的法则，天一黑，两位诗人就得止步不前。辛格尔顿认为，两位诗人到了石梯的最后一级，就面向第四层平台站住不动，如同船靠了岸一样，也就是说，到达了目的地。两家的解释各有道理，难以断言谁是谁非，故并存之以供读者参考。

⑳ “爱善缺乏应有的热情就在这里弥补”：说明在这层平台上，灵魂们要赎的是怠惰罪（accidia），这里所谓怠惰专指爱善缺乏应有的热情而言（参看《译本序》第 19 页）。“弥补”：指通过飞速奔跑的赎罪方式（见第十八章）弥补生前的怠惰。

“就在这里重划当初不幸划得过慢的桨”：这句诗用隐喻说明，灵魂们在这层平台上通过加倍的勤奋行动（飞速奔跑）来补救生前的怠惰，犹如水手当初划船不起劲耽搁了时间，后来就要用更大的力气加速荡桨加以弥补一样。“不幸划得过慢”：指水手荡桨过慢，结果使自己受害。

㉑ 维吉尔曾利用站在阿纳斯塔修斯墓的盖子后面躲避臭气的时间，给但丁说明深层地狱的结构和罪恶的类别（见《地狱篇》第十一章），现在又利用因天黑而被迫在这里停留的时间，给但丁说明炼狱中所要消除的罪恶的来源和类别以及理性和自由意志的作用问题。这些哲理性的说明构成本章后半和下章前半的内容。

㉒ 地狱是为惩罚至死未悔罪者的灵魂而设的，因而其中的灵魂是以其生前实际犯下的罪行为根据来分类。炼狱中的灵魂则不同，其生前犯下的罪行经过忏悔已被赦免，但其犯罪的劣根性还存在，必须经过痛苦的磨练消除净尽，才能升入天国，因而这些灵魂的分类是以其犯罪的劣根性为根据的。

炼狱中的灵魂都是基督徒，他们须要消除的是教会规定的七种大罪：骄傲、忌妒、愤怒、怠惰、贪财、贪食、贪色。托马斯·阿奎那斯把这七种罪都归结为在"爱"的问题上的失误。因此，维吉尔说明炼狱中的灵魂的类别时，先从爱说起。这里所谓爱是广义的爱，经院哲学家认为宇宙间万物无一无爱，物体受地心引力的作用向下坠落也是爱的表现。

"造物主"即上帝。《新约·约翰福音》第四章中说："上帝就是爱"。

"创造物"：指上帝创造的一切有生命和无生命之物。

"自然的爱"（amore naturale）：万物固有的、本能的爱。

"心灵的爱"（amore d' animo）：指经院哲学家所谓"有选择性的爱"（amore d' elezione），它是由心智选择对象，由意志自由决定的；心智和意志是心灵所特有的，所以诗中称之为"心灵的爱"（即有理性的爱）。

"这点你是知道的"：因为但丁精通经院哲学，托马斯·阿奎那斯的《神学大全》中区分了这两种爱，但丁自己在《筵席》中也谈到了自然的爱问题（见此书第三卷第三章）。

㉓ "自然的爱永远没有错误"：但丁在《筵席》中论自然的爱时指出，一切有生命和无生命之物都有这种爱，例如重物向地心坠落，火焰向上升起（由于月天之下有火焰界），兽类爱其特定的栖息地，植物喜生于特定的地带，移植他处则枯死。托马斯·阿奎那斯认为，天使和人的自然的爱就是爱至善，即爱上帝。"自然的爱"永远没有错误，因为它是上帝赋予一切创造物的。"心灵的爱"能犯错误，因为它是能选择的，负有道德责任。一切创造物中，惟独赋有自由意志者才能选择，所以只有天使和人才具有这种爱。但是天使的选择是永远坚定地爱上帝，所以实际上所谓"心灵的爱"犯错误就仅限于人类。人在"爱"的问题上犯错误有三种方式：（1）"爱"的对象错误，也就是说，爱他人之不利（骄傲、忌妒、愤怒），（2）"爱"至善（上帝）不足（怠惰），（3）"爱"尘世的物质享受太过（贪财、贪食、贪色）。

㉔ "首善"：原文是 il primo ben，指上帝，"次善"：原文是 i secondi（beni），指现世供人享受的福（主要指物质享受），二者用同一词 bene，就原文而言，词义上并无矛盾，哲理上也讲得通，因为亚里士多德《伦理学》以至善为人生的最高目的，至善就是福，福乃"思辨的活

动”，也就是探求真理的活动；中世纪神学家认为上帝乃最高真理，见到上帝，人的心智就完全得到满足，达到了至善的目的。由此可见，在 bene 这一词上，“善”与“福”是统一的。但是，译成汉语就出现了矛盾，因为在汉语中，“善”是“恶”的反义词，与“福”的含义并无相通之处。如果把 i secondi（beni）译成“次福”，就表达不出与“首善”划分等次的意义，如果译成“次善”，就是把现世的福（物质享受）说成善，又未免牵强；但是，如果把 il primo ben 改译成“首福”，就不仅失去上帝作为至善的意义，而在处理后面的诗句：“只有一种不能使人幸福的善；这种善不是福，不是作为一切善之果和根的那种善的本体”时，也会遇到难以解决的矛盾（因为把诗句中的“善”都换成“福”，就讲不通）。因此，只好勉强采用现在的译法，而在注释中加以说明。

“当它奔向首善时”：意即当“心灵的爱”以上帝为其对象时；当它“在次善方面能自我节制时”：意即当心灵的爱以现世的福（物质享受）为对象而不沉溺于其中时；“它不可能是有罪的享乐的原因”：意即在这两种情况下，这种爱都不可能造成有罪的享乐（贪财、贪食、贪色）。

㉕ “当它转向邪恶”：意即“当心灵的爱”选择邪恶的对象时。“转”原文是 si torce（转弯），这里带有误入歧途的意味。

“以过多或过少的热情追求善时”：这句话意在解释前面所说的“力量过强或过弱”，但文字未免过于简略。大意是：以过多的热情追求“次善”或者以过少的热情追求“首善”，也就是说，爱上帝不足，爱尘世的物质享受太过。

“被造物就悖逆造物主而行”：这里“被造物”专指人类而言，意谓如果人这样爱就是犯罪（前一种情况是犯怠惰罪，后一种情况是犯贪财、贪食或贪色罪）。

㉖ “应受惩罚的行为”：即罪行。全句大意是，你从我所说的这番话就可以明白，爱必然是人的一切美德和一切罪行的种子。

㉗ 维吉尔现在谈论人可能恨谁的问题，也就是说，可能爱谁的不幸的问题。

“爱决不会使眼光离开其主体的幸福”：“主体”原文是 subietto，相当于拉丁文 subiectum，是经院哲学名词，这里指一切作为爱的主体的事物。“决不会使眼光离开其主体的幸福”是形象化的说法，意即被造物（主要指人）都爱自身的幸福，所以谁都不可能憎恨自己。

㉘ “最初的存在物”（il primo Essere）：指上帝。一切被造物都不可能离开上帝独立存在，所以任何被造物都不可能憎恨上帝。雷吉奥指出，这一论证是很有争议的，因为《地狱篇》中的人物，如卡帕奈奥、卢奇

菲罗，都憎恨上帝，而且托马斯·阿奎那斯在《神学大全》中也承认，憎恨上帝在极个别的情况下是可能的，他认为这是最重的罪。

㉙ 意谓：如果我这样区分一切可能的情况作出的论断不错的话，那么，人就只有可能憎恨自己的邻人（爱他人之不幸）。

㉚ 这个典故出自《旧约·创世记》第二章："耶和华上帝用地上的尘土造人"。

"这种爱萌生于你们的泥土中"：据本维努托的注释，"那就是说，萌生于人类，因为第一个人是用地上的泥土造的。"

㉛ 指骄傲罪。

㉜ 指忌妒罪。"愿意相反的情况出现"：意即希望别人职位声势下降。

㉝ 指愤怒罪。

㉞ 意即：这三种爱他人之不利的罪（骄傲、忌妒、愤怒）分别在两位诗人当时停留的地方下面倒数第一、二、三层平台受惩罚。

㉟ 这里所说的"善"泛指前面提到的"首善"和"次善"。"以不适度的热情"：意即以过少的或者过多的热情。

㊱ "心灵在其中感到满足的善"：指至善，即上帝。大意是，每个人都对上帝有一种模糊的概念（上帝是无限的，人类对他只能有模糊的概念），惟有上帝能使人的心灵感到完全满足，因而人就对他向往，努力去达到他。

㊲ "迟缓的爱"：意即微弱无力的、不大热烈的爱。"适当的忏悔"：意即及时的忏悔。大意是，人如果对上帝的爱淡薄，不努力去认识和达到他，就犯怠惰罪，在生前及时进行忏悔，死后灵魂就在这第四层平台经受磨练，消除犯这种罪的劣根性。

㊳ "另有一种不能使人幸福的善"：指上述的"次善"，即尘世的种种物质享受，这些都不足以使人真正幸福。"它不是福，不是一切善之果和根的善的本质"：意谓"次善"对人来说不是真正的福，因为它不是"善的本质"。只有上帝是善的本质，作为善的本质的"造物主上帝是一切善的缘由和来源（根），但同时又是一切善的报酬（果），因为面见上帝是奖赏给善人的永恒之福。"（斯卡尔塔齐-万戴里的注释）

㊴ "沉溺于其中的爱"：指爱尘世的种种物质享受太过而犯贪财、贪食或贪色罪。"在我们上方那三层受惩罚"：指这三种罪分别在第五、第六、第七层平台受惩罚。但维吉尔不说明是哪三种罪，而让但丁自己动脑筋去思索。

第十八章

我的学识高深的教师已经结束了他的论述，正在注视着我的眼睛，看我是否露出满足的神情[①]；我呢，受到一种新的焦渴的求知欲刺激，外表似乎沉默着，心里却想道：“或许我发问太多会使他厌烦。”但是，那位真实的父亲[②]看出了我由于胆怯而未敢表示的愿望，先说了话，使得我鼓起了说话的勇气。因此，我说：“老师，在你的光照耀下[③]，我的心智的视力增强了，使我得以清楚地理解你在论述中区分或剖析的一切。因此，亲爱的、和蔼的父亲，我请求你给我阐明一下，你把它归结为一切善行及其反面的种子的那种爱[④]。”

他说：“把你的心智的锐利的眼睛对着我，你就会明白那些使自己充当向导的盲人的错误[⑤]。天生具有爱的倾向的心灵，一受到任何可爱的事物推动把倾向化为行动，就向往那一事物[⑥]。你们的认识力从实际存在的事物摄取形象，把它展现在你们心中，从而使得心灵转向它[⑦]；如果转向它后，就倾向于它，这种倾向就是爱，那是自然的爱，它通过可爱的事物开始在你们心中生根[⑧]。然后，如同火由于其形式具有向它在其自身的物质中持续更久之处上升的倾向而向上升起一样，被俘虏的心灵就向往起来，这是一种精神运动，它永不平静下来，除非被爱的事物使它喜悦[⑨]。现在你可以看得清楚，对于那些坚持任何爱本身都是可称赞的事为真理的人来说，真理是隐藏得多么深了；他们坚持这种说法或许因为爱的材料看来总是好的，但是，蜡纵然是好的，印记也不是每个都好[⑩]。”

我回答他说：“你的话和我领会你的讲述的智力使得我明白了爱的性质，但是，这又使得我更满腹疑团了；因为，如果爱是由外界提供给我们的，而且灵魂也不用别的脚走路的话，那它走对了还是走错了，就不是它的功罪了[⑪]。”他对我说：“我能给你说明的，是就理性对这个问题所见为限；在这个限度以外的，你就只等待贝雅特丽齐吧，因为那是信仰的事⑫。一切与物质区分而又与之结合的实体形式本身都蕴含着一种独特的能力，这种能力在未发生作用时，是感觉不到的，而且它只能通过效果显示出来，如同植物的生命通过绿叶显示出来一样⑬。因此，人不知道他对最初的原理和对最初的可企求的对象的爱来自何处，二者在你们心中存在，正如蜜蜂具有酿蜜的本能一样；这最初的欲望本身是无可赞扬或责备的⑭。可是，为了使一切其他的欲望都符合这种欲望，你们心中就具有那种天赋的提忠告的能力，它应看守允诺的门槛⑮。根据它接受和筛选良善的和邪恶的爱，来决定你们应受赞扬和责备，道理就在于此⑯。那些推理彻底的人认识到这种天赋的自由，从而给世人留下了伦理学说⑰。由此可见，假定在你们心中燃起的爱都是必然发生的，抑制它的权力还在于你们⑱。贝雅特丽齐称这一高贵的能力为自由意志。因此，如果她对你谈到它，你心里可要记得这一点⑲。”

这时天已很晚，几乎是半夜了，月亮形状像个仍然闪闪发光的大桶似的，使得星辰在我们看来显得稀疏了⑳；它逆诸天运转的方向在那条轨道上运行，已经走到了罗马的居民看见太阳在萨丁人和科西嘉人之间没时所照之处㉑。使庇埃托拉名声高于曼图阿地区任何其他地方的那位高贵的灵魂已经卸下了我加在他身上的重负㉒；因此，我接受了他对我那些问题的明确浅显的论述后，就一直像在昏昏欲睡的状态中想入非非的人似的。但是这昏昏欲睡的状态突然被一群在我们背后奔向我们而来的人打破了㉓。正如古代每逢忒拜人有求于巴克科斯时，伊斯美努斯河和阿索浦斯河夜间就看到沿岸人群疯狂拥挤而来，就我所见到的，那些被良好的意志和正当的爱驱策的人绕着那层平台快步腾跃而来，就像那个样子㉔。他们霎时间就到了我们跟前，因为那一大群人统统在向前跑；前面的两个哭着喊道：“马利亚急忙跑到山地里去”和“恺撒为征服伊莱尔达，打击了马赛，随后就跑到西班牙㉕。”其他的人紧跟着就喊道：“赶快，赶快，以免因缺乏爱失去时间，以便通过热心为善使神恩重新降临㉖。”“啊，灵魂们哪，你们心中强烈的热情现在或许弥补你们由于热情不足在行善方面的疏

但是这昏昏欲睡的状态突然被一群在我们背后奔向我们而来的人打破了。

忽和延误[27]，这个人是活人，我当然不对你们说谎[28]，只要太阳再一出来照射我们，他就要往上走。因此，就请你们告诉我们，到豁口去，往哪边走近吧。”这些是我的向导所说的话；那群灵魂中有一个说：“你跟着我们来，就会找到那个豁口。我们都满怀着一直继续前进的志愿，使得我们不能停下来。因此，如果你把我们受惩罚的行动看成粗野无礼，那就请你原谅吧。我生前是维罗纳圣泽诺修道院院长，在英勇的巴巴洛萨统治下，如今米兰人谈到他时，还很痛心[29]。有一个现在一只脚已经在墓穴里的人，他不久就要因为那个修道院受苦，就要为自己有权而悲伤；因为他把他那个身残而心更坏又是私生的儿子放在那里代替合法的牧师[30]。”我不知道，他是否又说了些什么话还是沉默了，因为他已经跑得离我们那样远了；但是这些话我听到了，并且愿意记在心里[31]。

那个每逢我有需要时都援助我的人[32]说：“你转身向这里[33]；你瞧他们当中两个谴责怠惰的人[34]来了。”他们正在所有的人后面说：“海水为他们分开的那些人在约旦河尚未看到它的继承者之前就死了[35]；”和“那些不和安奇塞斯的儿子一同忍受艰苦到底的人沉溺于毫无光荣的生活[36]。”

之后，当那些灵魂已经离开我们很远，我们再也望不见他们时，新的念头在我心中出现，从它又生出许多不同的念头；我这样悠悠荡荡从一个念头转到另一个，由于浮想联翩而合上了眼睛，使遐想变成了梦。

注释：

① “学识高深的”原文是 alto，这个词具有“高”和“深”两种含义。维吉尔方才给但丁阐明了高深的哲理性问题，因而诗中说他是学识高深的教师。

“正在注视着我的眼睛”：“眼睛”原文是 vista，许多英文译本都译成 face（脸），也未尝不可，但理解为 occhi（眼）则更为深切，因为萨佩纽指出，但丁在《筵席》第三篇第八章中说，眼睛好比灵魂的窗户，可以看出内心的情感。

② “那位真实的父亲”：“真实的”原文是 verace，这里为什么用这个词来形容维吉尔？彼埃特罗波诺的注释说：“对自己的学生不同时怀着父亲

般感情的老师是配不上这个名义和职位的。维吉尔对但丁来说之所以是教导功效最高的老师，是由于他的感情比父亲还深厚。”雷吉奥的注释说：“这位学识高深的教师由于关心〔学生〕而变成了父亲，但他依然是阐明真理的老师。”

③ “你的光”：指维吉尔的学识的光。

④ “一切善行及其反面的种子”：意即一切善行及恶行的种子。维吉尔已经断言爱是“一切美德和一切应受惩罚的行为的种子”（见第十七章）；但丁现在希望维吉尔把有关这种论断的道理讲一讲，来证实这种说法。

⑤ 大意是：把你的锐利的悟性指向我所要讲的道理，你就会明白那些以他人的导师自居的思想上的盲人（指那些“肯定任何一种爱本身都是可称赞的事”的人）的错误。

牟米利亚诺的注释说：“注意‘盲人’和‘向导’间的尖锐的对照。诗句简明地反映《新约·马太福音》中的话：‘若是瞎子领瞎子，两个人都要掉在坑里’（第十五章第十四节）。”

⑥ “天生具有爱的倾向的心灵”：指人的理性灵魂（见《地狱篇》第二十七章注⑯）。根据经院哲学的学说，这种灵魂是由上帝创造并输入发育完全的胎儿体中。上帝充满了爱，所以人的理性灵魂天生具有爱的倾向。

诗句的大意是：人的心灵天生就具有爱的倾向或潜能，一受到可爱的事物（包括人）的吸引，倾向或潜能就化为行动，而对那一事物（或人）向往起来。

这三句诗概括地说明爱发生和发展的过程，后面的诗句分别说明这一过程的各个阶段。

⑦ “认识力”原文是 apprensiva，即 capacità conoscitiva，包括感官（senso）和心智（intelletto）。“形象”原文是 intenzione，来源于经院哲学用语 intentio，含义相当于现代意大利语 immagine。

诗句的大意是：人通过感官和心智获得某一客观存在的事物的形象，通过想象把它展现在心灵中，使得心灵贯注在它上面。这是爱的第一阶段。

⑧ 诗句的大意是：如果心灵贯注在它上面，对它作出判断，认为它美好，而受它吸引，倾向于它，这种倾向就是爱。这是爱的第二阶段。这爱是“自然的爱”，因为它是一种自然倾向或潜能的结果，这种倾向或潜能由于可爱的事物的美而变成现实，在心灵中生根。

⑨ 诗句的大意是：然后，被爱俘虏的心灵就开始对那一可爱的事物向往起来，正如火由于其本质促使它返回火焰界而向上升起一样。心灵对所爱的对象的向往是一种精神运动（它和火向火焰界上升的纯粹物质

运动一样自然），这种精神运动决不会平静下来，除非心灵能享受所爱的事物，也就是说，和它结合把它占有，正如《筵席》第三篇第二章中所说，“爱就是灵魂与被爱的事物的精神结合。”这是爱的第三（即最后）阶段。

“火由于其形式具有向它在其自身的物质中持续更久之处上升的倾向而向上升起”：“形式”（forma）是经院哲学名词，指事物的本质，某一事物之所以是某一事物而非别的事物是由其形式（即其本质）决定的。因此火的“形式”指的就是火的本质。古代人相信地球和月天中间有火焰界（sfera del fuoco），它在大气层之上，月天之下，距离月球很近。火焰之所以向上升是由于火的本质促使它与火焰界重新结合。《筵席》第三篇第三章中说：“每一事物……都有其特殊的爱。正如简单的物体本身具有天生对自己的地区的爱一样，……火具有对上方那个沿着月天的圆圈（指火焰界）的爱，因此它总向那里上升。”诗中所说的“它在其自身的物质中持续最久之处”即火焰界。“物质”（matera）这里指“要素”（elemento）。火是古希腊哲学家所说的四要素之一，它在火焰界是“在其自身的物质中”，可谓适得其所，因而比在地球上持久，不易熄灭。

⑩ “那些坚持任何爱本身都是可称赞的事为真理的人”：即前面所说的“那些使自己充当向导的盲人”。萨佩纽认为指伊壁鸠鲁学说的信徒；波斯科认为指包括但丁自己在内的温柔的新体诗派抒情诗人。“爱的材料”（“材料”〔matera〕是亚里士多德哲学用语）指爱的自然倾向，也就是爱的潜在能力。

诗句的大意是：那些人由于爱是人的心灵的自然倾向就认为它总是好的，殊不知它作为潜在的能力虽然是好的，但一从潜能变成现实，成为某种特殊的爱，就会向往虚伪的美，而成为应受谴责的事，正如盖印章用的蜡虽然质量好，但盖上的印记都未必每个都清晰、真切（译者按：欧洲人把刻着文字、数字或纹章的石质的或金属的印章盖在蜡或者火漆上来证实文件是有效的）。牟米利亚诺指出：“这个形象化的比喻讲得很清楚：蜡（cera）就是爱的自然倾向（它本身总是好的），印记（impronta）是爱的这种或那种特殊行为，是对这一或那一对象的向往或追求（对象可能是好的，也可能是坏的）。”

在这些诗句中，但丁借维吉尔之口既批判温柔的新体诗派其他诗人对于爱的观点，也纠正自己青年时代的错误。

⑪ “如果爱是由外界提供给我们的”：意即如果爱是由外界的可爱的事物在我们心灵引起的。

“而且灵魂也不用别的脚走路”：意即如果心灵只能依照爱的自然冲动去做。把用脚走路作为比喻来比拟心灵的动向如何见于《旧约·诗篇》

第七十三篇亚萨的诗中："上帝实在恩待以色列那些清心的人。至于我，我的脚几乎失闪，我的脚险些滑跌。"

诗句的大意是：如果我们心灵中的爱是由于受外界可爱的事物的吸引而产生的，如果我们的心灵在这种吸引力的制约下必然爱那一事物，那么，我们对这种爱的是非善恶就不负道德责任了。

⑫ 在《神曲》中，维吉尔象征理性和哲学，贝雅特丽齐象征信仰和神学。维吉尔对于但丁提出的疑难问题，只能就理性的能力所及，以哲学的推理方式予以解答。超越了理性所能认识的限度，就是信仰的事，属于神学的领域，必须由贝雅特丽齐来阐明。

⑬ "实体形式"（forma sostanzial）是经院哲学名词。所谓"实体"就是作为个体实际存在的事物。"实体形式"：指决定某一实体为某一实体的那一因素，这在人就是他的理性灵魂（在其他动物就是其感性灵魂）。"与物质区分而又与之结合"：指人的灵魂与肉体区别开来，但又与肉体结合成为新的统一体（这一点使人与天使不同，天使是纯粹精神而无物质〔肉体〕的）。

"独特的能力"（specifica virtute）：指某一种类的存在物特有的能力。人类具有的独特的能力是他的心灵中存在着的潜在的认识能力和潜在的爱。这种能力只有在发生作用时，即从潜能变成现实时，才被心灵感知，只有通过它产生的效果才显示出来，正如植物的生命是人的眼睛看不见的，只有通过它生出的绿叶才显示出来一样。

⑭ "最初的原理"（le prime notizie）：指作为一切推理、论证的基础和出发点的公理（assiomi）、范畴（categorie）、逻辑形式（forme logiche）等。

"最初的可企求的对象"（i primi appetibili）：指真、善、美、福等。因为人类具有的这种独特的能力只有在起作用时，才被感知，只有通过它的效果才显示出来，所以我们不知道自己对最初的原理的认识和对最初的可企求的对象的爱来自何处，这种潜在的认识能力和潜在的爱在人心中存在，就如同蜜蜂天生就有酿蜜的本能一样。

"这最初的欲望本身是无可赞扬或责备的"："这最初的欲望"，指"对最初的可企求的对象的爱"；它"本身是无可赞扬或责备的"，由于它是天生的，如同本能一样，"本身既无功，也无过；因为那位哲学家（指亚里士多德）说，其最初的运动不在我们的支配下。"（布蒂的注释）

⑮ "为了使一切其他的欲望都符合这种欲望"："这种欲望"，指"对最初的可企求的对象的爱"。"符合这种欲望"：意即和这种欲望合拍，协调一致，指向"最初的可企求的对象"，如真、善、美。

"天赋的提忠告的能力"：指理性。"看守允诺的门槛"：诗人把理性人格化，比做一个警惕性高的门卫，只允许正当的欲望进来，把邪恶的欲望拒之门外。这个隐喻“是形象化的，有些离奇，但很能传神”。（斯卡尔塔齐-万戴里的注释）

诗句大意是：为了使人的一切其他的欲望都和他对最初的可企求的对象的爱一样指向真、善、美，上帝赋与人理性，使他借以辨别善恶，明确哪些欲望是正当的，哪些欲望是不正当的。

⑯ 意谓人之所以应对自己的行为负道德责任，就是因为生来具有理性，能明辨是非，抉择善恶。

⑰ “那些推理彻底的人”：泛指古代哲学家，特指亚里士多德，他们运用理性对人的心灵，尤其对人的道德责任问题进行了深入的探究。“认识到这种天赋的自由”：结果，认识到人有天赋的自由意志。“从而给世人留下了伦理学说”：以自由意志为基础和出发点，创立了伦理学说，传给世人，用其中的道德准则指导世人的行为。因为，如果没有自由意志，人就是欲望的奴隶，对自己的行为不负道德责任，任何伦理学说也就无从创立了。

⑱ 意即由此可见，即使人心中燃起的爱都是必然发生的，人还是有能力根据理性的忠告加以接受或者拒绝的。

波斯科指出，但丁在这里借维吉尔之口彻底否定圭多·卡瓦尔堪提等诗人关于爱的必然性的说法，这种说法影响颇为深远。弗兰齐斯嘉在地狱中对但丁叙说她和保罗相爱的经过时，就强调了爱的必然性，她说：“在高贵的心中迅速燃烧起来的爱，使他热恋上我……美丽的身体；……不容许被爱者不还报的爱，使我那样强烈地迷恋他的美貌……”他们俩正是由于不能以理性克制情欲，才犯了邪淫罪，结果一同被杀，灵魂堕入地狱。

⑲ 贝雅特丽齐将在月天中对但丁谈到自由意志，称它为上帝对天使和人类的“最大的恩赐”（见《天国篇》第五章）。

⑳ “这时天已很晚，几乎是半夜了，月亮……”：原文是 la luna，quasi a mezzanotte tarda。多数注释家认为 tarda（晚，迟）形容 luna（月亮），意谓月亮几乎到半夜时分才出来，比昨晚迟些，因为这时已是望月后的第五天夜晚，月亮每天晚出来 50 分钟，所以这天应该在 2 点到 22 点之间出现在地平线上。但是，这是北半球的月相（fase lunare），南半球的情况则与此相反。一些学者认为，但丁一时心不在焉，把炼狱的月相写成和意大利的月相一样，让月亮出来较晚，而不是较早。

雷吉奥反对上述说法，认为这是对但丁的诗句的误解，但丁在诗中根本未提月出，tarda 一词不是用来形容 luna，而是用来形容 mezzanotte，意思是说，当时天已很晚，将近半夜时分了。

“形状像个仍然闪闪发光的大桶似的”：“大桶”（secchione）在这里指

的是一种深底圆铜锅（paiolo）。望月后第五天夜晚的月亮是下弦月，呈ɑ形，诗人把它比做闪闪发光的深底圆铜锅，非常贴切。雷吉奥认为，那些注释家之所以把上述的诗句误解为月亮迟至将近半夜时分才升起，是由诗中的比喻引起的。铜锅的淡紫红色使他们联想到月亮刚出现在地平线上时的颜色，却没有想到，刚出现在地平线上的月亮发出的光很微弱，决不可能使星辰在但丁和维吉尔看来“显得稀疏了”。他说：“但丁所强调的是：半夜（他进入昏昏欲睡状态的时刻），月亮呈现桶形，它的光辉而非它的颜色，以及星辰在月亮的更强的光映照下黯然失色，只此而已。”译文根据这种解释。

㉑ “逆诸天运转的方向”：指月亮周月运转（corso mensile）的方向（即绕地球公转的方向）与诸天运转的方向相反，前者是由西向东，后者是由东向西（月亮周日运转〔corso diurno〕即自转的方向，则与诸天运转的方向相同）。

“在那条轨道上运行”：指在黄道带内运行。

“已经走到了罗马的居民看见太阳在萨丁人和科西嘉人之间没时所照之处”：“萨丁人和科西嘉人”，指萨丁岛和科西嘉岛，两岛之间是博尼法乔海峡，距离罗马将近300公里，实际上罗马的居民望不见两岛和海峡，这里是就罗马城的纬度来说，海峡在西南方或西南偏西方，太阳在这个方位没时，是将近十一月底，这个时节太阳在人马宫（即其“所照之处”）。但丁是1300年4月8日望月夜晚开始地狱之行的，那时月亮在天秤宫（因为太阳在白羊宫，月亮和它遥遥相对）。月亮每天走13度，五天后，就在黄道带上更东65度的地方，也就是说，在人马宫了。诗句的大意是：月亮那天夜里位于太阳十一月间所在的地方。

㉒ “庇埃托拉”（pietola）即庇埃托勒（见《地狱篇》第一章注㉑），在曼图阿附近，古名安德斯，维吉尔出生于此。

“高于曼图阿地区任何其他地方”：原文是 più che villa mantoana，对此注释家有不同的解释。本维努托把 villa 理解为“城市”，认为诗句的意思是：庇埃托拉比曼图阿城还著名；由于但丁通常用 villa 指城市，萨佩纽也倾向于这种解释。但是诗中用 villa 指城市时，前面总加冠词，这里却非如此。布蒂则把 villa 理解为“乡村，村落”，认为诗句的意思是：庇埃托拉名声高于曼图阿地区任何其他的乡村。雷吉奥认为，这里应把 villa 理解为含义宽泛的词 località（地方），诗句的意思是：庇埃托拉名声高于曼图阿地区任何其他的地方。译文根据这种解释。

“高贵的灵魂”：指维吉尔，庇埃托拉由于是他的出生地而比曼图阿地区任何其他的地方名声都高。

“已经卸下了我加在他身上的重负”：原文是 del mio carcar disposta avea la soma，对此有的注释家理解为：维吉尔已经卸下了我加在他身上的解决疑难问题的重担，有的则理解为：维吉尔已经解除了疑难问题压在我身上的沉重负担。从上下文看，两种解释都讲得通，但后一种跟下面两句意思稍嫌重复，因此译文根据前一种。

㉓ “一群在我们背后奔向我们而来的人”：我们从第十七章中知道，但丁和维吉尔已经登上通向第四层平台的石梯最高的一级，“恰如靠了岸的船一样停住不动。”但是他们肯定没有一直在那里站着，因为他们知道，天亮以前是不能前进的，我们可以想象，他们一直坐在平台边上，背部对着悬崖峭壁，俯视山坡和大海，或者仰观天上的星辰。诗中说一群灵魂“在我们背后奔向我们而来”就意味着但丁和维吉尔背部对着那群灵魂在上面跑步的平台。

这一群蜂拥而来的是犯怠惰罪者的灵魂，他们怀着极大的热情在这层平台上昼夜环山奔跑来消除他们生前的罪孽。这一群灵魂引起了但丁的好奇心，使他从昏昏欲睡的状态中清醒过来。

㉔ “巴克科斯”（Bacchus）是罗马神话中的酒神，相当于希腊神话中的狄奥尼索斯（Dionysus），传说他出生于忒拜（Thebes），因此，忒拜人把他作为守护神，每逢酒神节都举行狂热的祭礼，向他祈求保佑和帮助。“伊斯美努斯河（Ismenus）和阿索浦斯河”：希腊中部波伊欧提亚（Boeotia）地区的两条小河，前者从忒拜城中流过去，后者从城的近郊流过去。古时忒拜人在酒神节举行祭礼之夜沿着河岸蜂拥狂奔而来。但丁用这种情景来比拟那天夜里那一群犯怠惰罪者的灵魂蜂拥奔向他们而来的情景。值得注意的是：他把伊斯美努斯河和阿索浦斯河人格化，设想它们看到了那种情景，从而使得人群蜂拥狂奔的画面跃然纸上。他使用这个比喻，显然受到斯塔提乌斯的启发，后者在《忒拜战纪》第九卷中使伊斯美努斯河说话，称阿索浦斯河为 frater Asopus（阿索浦斯兄弟）。“良好的意志（buon voler）和正当的爱”（giusto amor）：这两种美德是他们的怠惰罪的反面，正因为如此，他们必须受这两种美德驱策，在平台上昼夜环山飞跑进行赎罪。萨佩纽指出，他们所受的惩罚令人想起地狱外围那些生前无所作为者的灵魂所受的惩罚，显然根据“一报还一报”的原则。

“就我所见到的”：意谓由于是夜间，看不清楚，就我所能看出来的，……

“快步腾跃”：原文是 suo passo falca。动词 falcare 含义是：使……成镰刀状。据此，早期注释家大多理解为：那一群灵魂拐镰刀形的弯儿跑来，因为他们是在平台围绕着山转圈子。现代注释家则理解为：那一群灵魂跑的姿势好像马奔驰时呈现出的镰刀形的跳跃姿势（即先用力弯曲后腿，然后抬起前腿，全身向前冲的姿势）。

㉕ “马利亚急忙跑到山地里去”：这是体现勤快美德的第一个范例。这个

范例来源于《圣经》中圣母马利亚的事迹。天使告诉马利亚说，她要怀孕生耶稣，她的亲戚年老的以利沙伯也怀了男胎。为了在以利沙伯分娩时帮助她，“马利亚起身，急忙往山地里去，来到犹大的一座城，进了撒迦利亚的家，问以利沙伯安。”（见《新约·路加福音》第一章）

“恺撒为征服伊莱尔达，打击了马赛，随后就跑到西班牙”：这是体现勤快美德的第二个范例。这个范例来源于古罗马史中恺撒的事迹。恺撒在进军攻打西班牙的伊莱尔达（Ilerda，即今 Lerida）城的路上，先包围了马赛，分兵给布鲁都（Brutus）围困此城，然后亲自挥师西进，迅速击溃庞培委任的代理长官的部队，占领了伊莱尔达。注释家认为，但丁选择这一范例，受到卢卡努斯的启发，后者叙述此事时，强调恺撒进军迅速犹如闪电一般（见《法尔萨利亚》卷三）。波雷纳指出，这两个范例体现的勤快热心的美德，似乎是物质性质的，而不是精神性质的。其实，马利亚情愿遵从天使所传达的神意和她急忙前去看望以利沙伯，都是基督降生赎救世人的阶段；在但丁看来，恺撒在其进行的战争中是神的意志的工具，这场战争为罗马帝国的建立奠定了基础。所以这两个范例也体现了对造福于人类的最崇高的精神事业的勤快美德。

㉖ 跟在后面的大队灵魂们紧接着就一同呐喊，互相鼓励，要求大家赶快跑，不要怠惰，耽误时间，要努力经受磨练，来争取重新获得上帝的恩泽。

“缺乏爱”：指爱善不足，犯怠惰罪。

“热心为善”：这里指勤奋履行赎罪的义务。

㉗ 维吉尔这句话暗示这些灵魂正在弥补的是怠惰罪，“或许”（forse）一词使语气比较委婉，不至于使人觉得武断生硬。

㉘ 维吉尔用“我当然不对你们说谎”这句话强调说明但丁是活人，但是那一群灵魂只顾向前奔跑，并没有像其他层的灵魂们那样对此表示惊异。

㉙ “你跟着我们来，就会找到那个豁口”：维吉尔向这些灵魂问路时说：“请你们告诉我们，……”；这个灵魂在答话中则一律用“你”，表明他只对维吉尔说，根本没有理会但丁在场。“我们受惩罚的行动”：原文是 nostra giustizia，指他们因怠惰罪被罚昼夜不停地环山奔跑。这个灵魂恐怕维吉尔把他不站住回答视为无礼貌。“我生前是维罗纳圣泽诺修道院院长，在英勇的巴巴洛萨统治下”：圣泽诺（San Zeno）是公元四世纪时维罗纳主教。著名的圣泽诺教堂和修道院在维罗纳旧城外不远的地方。至于在神圣罗马皇帝腓特烈一世（绰号巴巴洛萨〔Barbarossa，红胡子〕）在位时（公元1152—1190），圣泽诺修道院的

这位院长究竟是何人，早期注释家一无所知。现代注释家考证出当时这个修道院的院长是盖拉尔多（Gherardo）二世，死于1187年，生平事迹不详，英国沃农勋爵（Lord Vernon）编辑出版的注释说：他是“生活圣洁的人；但他有这种懒惰的毛病，正如他们〔修士们〕由于肥胖大都有这种毛病一样。”但这里所说的懒惰纯粹是物质性的，与爱善不足的怠惰罪有本质上的区别。雷吉奥认为，或许在维罗纳人们传说有一位知名的犯怠惰罪的修道院院长，但丁在那里居留时，听到了这个传说，把它收集下来作为资料。

“如今米兰人谈到他时，还很痛心”：腓特烈一世愤恨米兰拒不服从皇帝的权力，以重兵围攻此城，1162年城破之后，下令把它彻底摧毁，对此暴行米兰人至今记忆犹新。

㉚ “有一个现在一只脚已经在墓穴里的人”：指维罗纳的封建主阿尔伯尔托·德拉·斯卡拉（Alberto della Scala）。他死于1301年9月10日，因此诗中说他“现在一只脚已经在墓穴里”。他死后，三个儿子：巴尔托罗美奥（Bartolomeo）、阿尔伯伊诺（Alboino）、堪格兰德（Cangrande）相继掌权。但丁在流放中曾先后去巴尔托罗美奥和堪格兰德的宫廷中作客，受到优厚的待遇。

“他不久就要因为那个修道院受苦，就要为自己有权而悲伤”：意谓他死后就要由于给圣泽诺修道院造成损害而在地狱或炼狱受苦，就要悔恨生前滥用手中掌握的权力，把自己的私生子约瑟佩（Giuseppe）强加给这个修道院作院长。约瑟佩从1292至1313年担任此职。但丁第一次去维罗纳，在巴尔托罗美奥·德拉·斯卡拉的宫廷作客时（据佩特洛齐考证，在1303年5、6月—1304年3月底之间），大概知道此人的事。

“身残而心更坏又是私生的儿子”：指约瑟佩。拉纳在注释中说：“他不配担任这样的高级教士职位，第一，他体格上是跛子；第二，他的灵魂和肉体一样有毛病；第三，他是私生子。”本维努托在注释中说：“他是一个卑鄙的人……一个贪婪的狼，一个凶暴的人，夜间带着武装的伙伴们在城外郊区游荡，破坏很多，使这个地方充满娼妓。”

“代替合法的牧师”：根据教会规定，私生子不能担任教士职位。约瑟佩是私生子，而且身有残疾，道德败坏。阿尔伯尔托滥用权力，强行任命他做著名的圣泽诺修道院院长，把合法的、适当的人选排斥在外。但丁虽然在飘泊中受到他的儿子们的优待，却仍然借这个犯怠惰罪的修道院院长之口揭发他的罪行，足见但丁对待历史和当代人物的善恶是非问题是铁面无私的。

㉛ 犯怠惰罪者的灵魂们不站住说话，而是边跑边说：因此但丁不知道，那个修道院院长是沉默了，还是又说了些什么，由于已经相距很远，

听不见了。他愿意把已经听到的记在心里，因为这些话“重新给他证实伦巴第人马可给他阐明的真理：〔政教〕两种权力混淆是各种灾难的来源。”（彼埃特罗波诺的注释）他在这里用这些话告诫世俗政权不要干涉教会的事务。

㉜ 指维吉尔。

㉝ “你转身向这里”：就是说你转身向我（维吉尔）。如果维吉尔和但丁一直在背山面海坐在石梯最后一级或平台地面上的话，他们看着那群灵魂跑过去，听着那个修道院院长说那些话时，必然已经转过身来面山背海了。当初他们背山面海坐着时，维吉尔显然是在但丁右边，因为他现在要但丁看的两个跑在最后面的灵魂是从他自己那边来的（所有的灵魂都逆时针方向从右向左环山奔跑）。现在他们既然已经转过身来面向着山，维吉尔当然就在但丁右边了。他要但丁注视那两个跑在最后面的灵魂时，但丁正目送着那个修道院院长继续向前跑去，所以他要遵命去看他们，就必须转身向维吉尔。

㉞ “你瞧他们当中两个谴责怠惰的人来了”：指跑在那群灵魂最后面的两个人，他们高声喊出两个因怠惰罪受惩罚的事例，正如跑在最前面的两个人高声喊出两个体现勤快美德的范例一样，都是为了使大家时时警告自己，进行反省。

㉟ “海水为他们分开的那些人”：指以色列人。当以色列人逃离埃及时，法老率领大军追袭他们，上帝让红海的水分开，使以色列人平安过去，逃脱了危难（事见《旧约·出埃及记》第十五章）。

“在约旦河尚未看到它的继承者之前就死了”：“约旦河”这里泛指巴勒斯坦地区，这是《圣经》中上帝赐给以色列人定居的地方，因此，诗中用“它的继承者”指以色列人。

诗句大意是：以色列人过了红海以后，害怕路途艰苦，发出怨言，不肯再跟随摩西前进，因而受到上帝的惩罚，未达到巴勒斯坦以前，除迦勒和约书亚二人外，统统死于旷野（事见《旧约·民数记》第十四章、《旧约·申命记》第一章）。这第一个因怠惰罪受惩罚的例子来源于《圣经》。如同上述伊斯美努斯河和阿索浦斯河一样，约旦河在这里也被人格化。

㊱ 指特洛亚人跟随埃涅阿斯到达西西里后，其中有些人贪图安逸，愿定居城市，不肯再和埃涅阿斯一起忍受海上的艰险，前往神意指定的国土意大利，“这些都是没有成就大事业思想的人”，“沉溺于毫无光荣的生活。”这第二个因怠惰罪受惩的例子来源于古代史诗《埃涅阿斯纪》卷五。

第十九章

在白昼的热量被地球的、有时被土星的冷气战胜，不再能温暖月亮的寒光的时辰[①]——当土占家们看到他们的“大吉”之象黎明前由对它来说还暂时昏暗的道路在东方升起的时候[②]，——一个口吃、斜眼、瘸腿、手部残缺、面色苍白的女人出现在我的梦中[③]。我凝视着她；正如太阳使夜间冻僵的肢体活动起来一样，我的目光使她的舌头变得灵敏，随后，她全身霎时间就挺直了，并且如同爱所要求的那样，她的苍白的面孔也有了血色[④]。在这样消除了说话的障碍后，她就开始唱歌，唱得我即使想不再注意她也难以做到[⑤]。“我是，”她唱道，“我是甜蜜的塞壬，使水手们在大海中央着迷；我的声音听起来那样悦耳！我用我的歌迷住了尤利西斯，使他不再漂泊远航；习惯于同我在一起的人，很少离开我；我使得他那样心满意足[⑥]！”

她的嘴还没闭上，一位殷勤的圣女就出现在我旁边，使她狼狈不堪[⑦]。“啊，维吉尔，维吉尔，这是谁[⑧]？”她严厉地说；维吉尔就走过来，眼睛一直只注视着这位圣女。他抓住那个女人，撕破她的衣服，使她露出前身，给我看她的肚子[⑨]；它放出的臭气把我惊醒了。我转眼四顾张望，和善的老师说：“我至少已经叫了你三声啦！起来吧，你来，我们去找你能从那里进去的豁口吧。”

我站起身来，只见这座圣山的各层平台都已满布高高升起的太阳的光辉，我们背部对着新升的太阳向前走去[⑩]。我在后面跟着他，如同陷入沉思的人一样，低着头，身子弯得像拱桥的半个拱券似的[⑪]，忽然听到说：“你们来吧；这里就是豁口。”说话的语调那样温柔和蔼，在这尘世间是听不到的。这样对我们说话者已经张开天鹅般的翅膀，指点我们从坚硬的岩石构成的两道墙壁中间向上攀登，接着就摆动翎毛扇我们，断言：“Qui lugent”有福了，因为他们的灵魂将获得安慰[12]。

“你怎么啦，眼睛总看着地[13]？”当我们俩上到比天使站的地方稍高之处时，我的向导对我说。我说：“一个新的梦幻使我怀着这样疑惧的心情走去，它吸引着，使我不能不想它[14]。”他说：“你看见那个古老的女巫了，只是由于她的缘故如今人们才在我们上边那些平台上哭泣；你看见人如何摆脱她了。这对你来说也就够了。你就加快脚步吧[15]；把眼睛转向永恒的国王通过使诸天旋转所展示的诱饵吧[16]。”如同猎鹰先看一看自己的脚，随后就应猎人的呼唤掉转目光，由于想得到食物把身子伸向猎物吸引它的方向，我当时就变得像它那样[17]；我还怀着那样急切的心情走完岩石断裂使人可以攀登的那一段路，直到开始环行的地方[18]。当我走出来到达第五层平台时，只见上面哭泣的人们统统趴在地上[19]。“Adhaesit pavimento anima mea[20]，”我听到他们说，一面发出那样深的叹息，使得说的话都几乎听不出来。“啊，上帝的选民哪，正义和希望都使你们的痛苦减轻[21]，你们指点我们向高处攀登的路吧。”“如果你们来到这里不必趴在地上，而要尽快找到路的话，你们就让你们的右手总向外边吧[22]。”那位诗人这样请求，在我们前面不远有声音这样回答我们；因此，我从这说话的声音就发现了隐藏的那另一部分，于是，我把眼睛转过去对着我的主人的眼睛：他一见我这样，就递了个喜悦的眼色表示同意我的流露出渴望神情的目光所请求的事[23]。

当我能自由依照自己的意愿去做时，我就向那个说话的声音已经引起我注意的灵魂走近，说：“灵魂哪，你的哭泣使那种果实成熟，没有这种果实，就不能回到上帝那里，请为我稍停一下你更关切的事吧[24]。告诉我，你是谁，你们为什么把背部朝上，你要不要我在人间为你求得什么，我是活着从那里来的。”他对我说：“为什么上天使我们臀部对着它，你这就会知道；但你先得要 scias quod ego fui successor Petri[25]。希埃斯特里和契亚维里之间有一条美丽的河奔流而下，我的家族的封号以此河之名为其顶峰[26]。我在一个多月的期间，就体验到那件大法衣对于使它不受泥污者来说多么沉重，一切其他的重负相比之下都似乎轻如鸿毛[27]。唉！我思想转变得晚了；但是，当我被选为罗马牧人时，我就发现了生活的虚妄，我看到，在那里心是不能平静的，而且在那一生不可能升得更高，因此，我心中就燃起了对这一生的爱。到这时为止，我一直是个不幸的灵魂，远离上帝，完全受贪婪支配㉘。现在，如同你看到的，我为此在这里受惩罚。贪婪造成的后果在悔悟的灵魂们赎罪的方式中显示出来；这座山再也没有更苦的刑罚了㉙。正如我们两眼生前只注视尘世的事物，不向高处抬起，同样，正义就使它们下沉到地㉚。正如贪婪熄灭了我们对一切善的爱，使得我们无所作为，同样，正义使我们受到拘捕，手脚被捆绑着，身子紧贴着地趴着；公正的主愿意让我们直挺挺地、身子一点都不动地在这里趴多久，我们就要趴多久㉛。"

我已经跪下了，想要说话；但是，当我一开始，他只凭听觉就觉察到我对他表示恭敬的举动㉜，他说："什么原因使你这样弯下身子?"我对他说："由于您的尊严我的良心责备我站着㉝。""直起腿来，站起来吧，兄弟，"他回答说，"不要弄错了：我和你以及其他的人同是一个权威的仆人㉞。假如你理解那个神圣的福音的声音所说的'Neque nubent'，你就会明白我为什么这样说㉟。现在你走吧：我不愿意你待在这儿了，因为你的逗留妨碍我哭泣，通过哭泣我使你所说的那种果实成熟。在世上我有个侄女名叫阿拉嘉，她本性善良，只要我们的家族不以自己的榜样使得她变坏；她是我留在世上的惟一的亲人㊱。"

注释：

① 意谓在地球所积累的热量被其本身自然的冷气、有时被土星放射的冷气抵消，而不再能温暖月亮的寒光的时辰，即在黎明前。
欧洲古代和中世纪的人都认为土星是寒星，放射冷气；"有时"：指每逢它在夜晚出现在地平线上时。
"月亮的寒光"："月亮本身并不冷，但它把太阳射到它上面的光线向下反射就产生冷气。……因此月亮夜晚使空气和大地变凉。"（布蒂的注释）

② 土占（geomanzia）是一种迷信活动，土占家（geomante）在沙上随意画一些点，用线条连接成图形，然后研究出图形与一定的星座的形象（天象）的关系，以占卜吉凶祸福。诗中所说的"大吉"之象（La

“直起腿来，站起来吧，兄弟，”他回答说，“不要弄错了：我和你以及其他的人同是一个权威的仆人。”

“Fortuna Maior”）是这样一种图形：——

★ ★
★ ★
★ ★
★
★

这一图形很像由前面六颗星构成不规则四边形、后面由两颗星构成尾巴的双鱼星座。实际上，在但丁虚构的游炼狱的时节（春分时节），双鱼星座黎明前在东方地平线上。因此，这句诗是以迂回的方式来指黎明前的时刻。

“由对它来说还暂时昏暗的道路”：指天际（地平线的一部分）。“对它来说还暂时昏暗”：即对“大吉”之象来说，也就是对和它形状相似的双鱼星座来说，还暂时昏暗，因为这时太阳还没有出来，但是不久就会出来的。

③ 雷吉奥指出，但丁在游炼狱的历程中，做过三次梦：第一次是在从炼狱外围进入炼狱本部时，也就是在悔罪开始时；第二次是在现在进入炼狱的最后的一部分时，在这里要消除的是人所最容易犯的贪恋虚妄的尘世之福的罪（包括贪财、贪食、贪色）；第三次是在净罪过程终结后，进入山顶上的地上乐园时。三次做梦的时间都是黎明前，因为中世纪的人相信，凌晨的梦最为灵验，能预示未来的事（见《地狱篇》第二十六章注③、《炼狱篇》第九章注⑤）。

萨佩纽在注释中说明，这个在注视她的人眼中变得妖艳迷人的奇丑的女人象征尘世的种种虚妄的福，这些福过于令人迷恋，使他无心去爱至善，而陷入种种无节制罪（贪财、贪食、贪色）。

④ 意即但丁的目光凝视着她，使得她的苍白的脸呈现出白里透红的颜色，女性必须有这种脸色，才能引起爱情。

⑤ 但丁的目光凝视着她，使得她非但不再口吃，而且唱出美妙迷人的歌，但丁越听越入神，即使欲罢，也不可能，正如人们一旦热中尘世的虚妄的福，就沉溺其中而不能自拔一般。

⑥ 这些诗句的译文根据戴尔·隆格的解释。有些注释家把“使水手们……着迷”（dismago）理解为“使水手们在大海中央离开正确的航路”。还有许多注释家把“漂泊”（vago）理解为“渴望”，指尤利西斯渴望继续向目的地航行。但牟米利亚诺认为，这种解释合乎逻辑，却缺乏诗意，而戴尔·隆格的解释则是根据诗歌的韵律节奏作出的，因而更为可取。

“塞壬”（sirena）：据古代神话，是一种海仙，上身是美女，下身是鸟，见荷马史诗《奥德修纪》卷十二。在中世纪，塞壬的形象被描写成腹部以上为美女，以下为海怪。关于这种怪物的数目和居住地，古代神话中说法不一，后来确定总共有三四个，都住在意大利半岛和西西里岛之间的墨西拿海峡附近。塞壬的特点是以其甜蜜悦耳的歌声迷住海上的水手们，使他们遭到毁灭。

据《奥德修纪》卷十二中的叙述，尤利西斯遵照女神刻尔吉的嘱咐，预先用蜜蜡捏成的丸子把伙伴们的耳朵塞起来，不让他们听到塞壬的歌声，他自己的耳朵虽然没有塞起来，但他预先叫伙伴们把他绑在船的桅杆支柱上，一直等到过了塞壬所在的地方，听不到歌声时，才给他松绑，从而免于被那美妙的歌曲迷惑住。但丁诗中则说，塞壬用她的歌"迷住了尤利西斯，使他不再漂泊远航"，与荷马史诗中的叙述恰恰相反。注释家们认为，但丁必然另有所本：有的断定，他的说法来源于西塞罗和塞内加的著作中有关此事的叙述，有的说，他所根据的或许是我们所不知道的一种中世纪资料。

"习惯于同我在一起的人，很少离开我"：这里的寓意显然是，世人沉溺于尘世虚妄的福后，就难以自拔。

⑦ 诗中没有说明这位圣女是谁。早期和现代注释家们提出了种种不同的猜想：圣母马利亚、卢齐亚、贝雅特丽齐；有的则认为她象征真理，有的认为她象征理性，有的认为她象征哲学，有的认为她象征仁爱，有的认为她象征节制，有的认为她象征上帝的恩泽。迄无定论。格拉伯尔指出，正如《筵席》第一篇第二章所说，诗人如不说明其真正命意何在，任何人都是无法知道的，这里的问题也是这样，试图作出任何假设和推测都是徒劳。关于象征意义，我们只要知道诗中这一显而易见的事实也就够了：这位圣女从天上降临，促使象征理性的维吉尔把"塞壬"的本质揭露给但丁，来援助他摆脱她的诱惑。

⑧ 这显然不是真正的问话，而是责备维吉尔疏忽，竟然听任但丁受塞壬的迷惑。

⑨ 寓意是：维吉尔作为理性的象征，把尘世虚妄的福的本质彻底揭露给但丁，使他醒悟过来。

⑩ 但丁和维吉尔在炼狱山的北侧，现在正向西走，所以背部对着初升的太阳。

⑪ "如果我们记得中世纪拱桥的桥洞一般都是尖拱，这个比喻就会显得更为贴切。"（斯卡尔塔齐-万戴里的注释）

⑫ 对两位诗人说话者是殷勤天使（angelo della sollecitudine），他指点他们顺着岩石构成的夹道中的石梯拾级而上去第五层平台，随即扇动翅膀，去掉了但丁额上的第四个P字，一面唱道，"Qui lugent"有福了，因为他们的灵魂将获得安慰。他唱的是《新约·马太福音》第五章耶稣登山训众论福的话。Qui lugent 是拉丁文《圣经》的译文。中文《圣经》

对耶稣的话的译文是："哀恸的人有福了，因为他们必得安慰。"这话对犯怠惰罪者具有教育意义，因为这些人生前"由于意志薄弱，缺乏迎战痛苦和为灵魂之福而忍受和哭泣的力量"（托拉卡的注释）。

⑬ 维吉尔知道但丁内心的思想活动，当然明白他走路时，为什么眼睛总看着地；他之所以明知故问，是为了勉励但丁自己说出原因。

⑭ 但丁对刚才做的梦感到疑惧，因为他不知它预兆着什么；他心里一直在想这个梦，所以走路时，才那样低着头，弯着身子，"如同陷入沉思的人一样"。

⑮ 维吉尔向但丁解释这个梦的意义：指出他梦见的女人是个古老的女巫，她象征在上面的三层平台上要消除的对尘世虚妄的福的贪心（贪财、贪食、贪色）。

"古老的女巫"：因为她所象征的贪心自有人类以来就存在，亚当就是在贪心的驱使下堕落的。

"只是由于她的缘故如今人们才在我们上边那些平台上哭泣"：意谓只是由于受她所象征的贪心的驱使，人们才在上面的平台上受苦，来消除贪财、贪食、贪色罪。

"你看见人如何摆脱她了"：指在上天的力量促使下，由理性把她迷人的外表掩盖的丑恶本质彻底揭露出来。

"你就加快脚步吧"：原文是 batti a terra le calcagne，有的注释家认为，这句话在这里是转义，意谓"鄙视尘世的福"。

⑯ "永恒的国王"：指上帝。"通过使诸天旋转所展示的诱饵"："诱饵"原文 logoro 是一种鹰猎用具，鹰猎者用来招回猎鹰（见《地狱篇》第十七章注㉕）。诗句意谓上帝转动诸天，展现穹苍和日月星辰之美，来召唤我们去追求天国之福，如同鹰猎者挥动诱饵来招回在空中盘旋的猎鹰一样。值得注意的是，上帝是从天上召唤我们向上仰望诸天（第十四章末尾有类似的召唤），鹰猎者则是从地上召唤猎鹰从空中飞下来，二者方向相反。

⑰ 这个比喻说明但丁在维吉尔的催促下，被自己对天国的向往之情所驱使，加快脚步去攀登的情况，犹如猎鹰应鹰猎者催促它去捉空中的猎物（这里显然指飞鸟）的呼唤，展翅迅猛飞向天空一样。

"先看一看自己的脚"：这一细节异常真实。鹰猎者胳膊上架着猎鹰时，鹰腿是用皮带或丝带绑在猎人手腕上的。在猎鹰被放出去捕捉猎物时，它总要先看一看自己的脚是否绑着。但丁在实际生活中观察到猎鹰的这种习惯，一经写入诗中，就使得猎鹰临飞前的动态跃然纸上。猎鹰在飞去捕捉猎物前，先低头看自己的脚这一姿态，显然是用来比拟但丁当时低着头，弯着身子，眼睛看着地的姿态。

"随后就应猎人的呼唤掉转目光，由于想得到食物把身子伸向猎物吸引它的方向”：这是猎鹰听到猎人催促它去捕捉猎物的呼声，在从猎人腕上向空中的猎物飞去以前，先向上看，然后展开翅膀，把身子伸向猎物所在的方向时的情景，这种情景和但丁听到维吉尔催促他加快脚步向上攀登时的情景很相像。

“由于想得到食物”：“食物”这里指鹰猎者通常把猎鹰捕获的猎物分给猎鹰吃的那一部分，即所谓“猎鹰的份儿”。

⑱ 意即但丁还急切地由岩石中间那道石梯拾级而上，眼睛望着天空，一直上到重新开始环山而行的地方，即第五层平台。

⑲ “走出来”原文是 fui dischiuso，因为原先由石梯拾级而上时，好像被两侧的岩石封闭着，现在从狭窄的通道中走出来，感到豁然开朗。

在第五层平台上受苦的都是生前贪财（或挥霍浪费）者的灵魂。他们趴在地上，手脚被捆绑着，不能动弹，一直不住地痛哭流涕，忏悔自己的罪孽。

⑳ “Adhaesit pavimento anima mea”：这是拉丁文《圣经》《旧约·诗篇》第一百十八篇第25节（英文《圣经》《旧约·诗篇》第一百十九篇第25节）中的话。英文《圣经》译文是 My soul cleaveth unto the dust，中文译文应是“我的灵魂依恋尘土”（中文《圣经》译为“我的性命几乎归于尘土”，和英文《圣经》的译文不相符合）。犯贪财罪者的灵魂们深深地叹息着背诵这句诗进行忏悔，因为他们的罪孽就是对尘世的财富贪得无厌。

㉑ “上帝的选民”：维吉尔把这些悔罪的灵魂叫做上帝的选民，因为他们消除自己的罪孽后，就升入天国，享受永生之福。

“正义和希望都使你们的痛苦减轻”：意谓你们认识到自己受惩罚是罪有应得，又怀着净罪后，一定能享受永生之福的希望，二者都使你们觉得受苦的程度有所减轻。

㉒ “如果你们来到这里不必趴在地上”：说这话的灵魂脸朝下在地上趴着，看不见但丁和维吉尔，只听到维吉尔问路的声音，他猜想他们一定是新来到这层平台的灵魂，否则他们就不会不知道石梯在哪里了，并且猜想他们不必留在这里趴在地上受苦，而可以继续前进，否则他们就不问向上攀登的路了。在这里我们初次得知，进炼狱的灵魂来到某一层平台时，如果生前未犯须在该层消除的罪，就可自由越过该层，继续前进。以后，我们将看到罗马诗人斯塔提乌斯的灵魂和但丁及维吉尔结伴同行，经过最后两层平台，而不受那里的灵魂们所受的惩罚。不过，这种自由越过某层而不受惩罚的例子大概非常罕见，这足以使得那个说话的灵魂好奇，想知道这两个新来的灵魂是谁。当时他还不知但丁是活人，后来才知道了。“你们就让你们的右手总向外边吧”：也就是说，你们走路时，右手要一直向着平台的外沿，而不要向着平

台内侧的峭壁。换句话说，就是要一直逆时针方向，向右走。

㉓ “因此，我从这说话的声音就发现了隐藏的那另一部分”：对这句诗注释家们提出了不同的解释。早期注释家本维努托和塞拉瓦雷(Serravalle)认为大意是：因为那回答的话来自我们前面不远的地方，我从那说话的声音就知道它是那些趴着的灵魂当中哪一个的嘴里说出的（“隐藏的那另一部分”指嘴，因为他们趴在地上，脸朝下，看不见他们的嘴），也就是说，我从那说话的声音辨别出说这话的是哪一个灵魂。巴尔比也同意这种解释。但是，布蒂、兰迪诺、托玛塞奥认为大意是：我从那些话里觉察到其中还有某些尚未表达出来的、不明确的部分。现代注释家托拉卡、波雷纳、牟米利亚诺都同意这种解释。至于尚未表达出来的、不明确的部分具体指什么，各家的意见又有分歧。有人认为指这个灵魂疑心但丁还活着，有人认为指他想知道问路的人的名字，有的人认为指他想知道这两个新来的人为什么不必趴在地上，有的人认为，从诗中“如果你们来到这里不必趴在地上”这句话，就可以想见“隐藏的那另一部分”指的是那个灵魂的话里含而未露的怀疑和困惑。

“我把眼睛转过去对着我的主人的眼睛”：“我的主人”指维吉尔。但丁的这一动作是为了使维吉尔能从他的眼睛的表情看出他内心想同那个灵魂交谈的意愿。

㉔ “你的哭泣使那种果实成熟，没有这种果实，就不能回到上帝那里”：大意是，你痛哭流涕进行忏悔，使赎罪之果得以成熟，除非有这种成果，灵魂才能进入天国。

“为我稍停一下你更关切的事”：意谓暂停悔罪的行动，同我交谈。

㉕ “scias quod ego fui successor Petri”：这句拉丁文含义是“你要知道我曾是彼得的继承者”，也就是说，我生前曾是一位教皇。这个灵魂用教会的官方语言向但丁说明自己的身份。

这位教皇是阿德利亚诺五世（Adriano V），出生于 1210 年到 1215 年间，世俗姓名是奥托波诺·德·菲埃斯齐（Ottobono dei Fieschi），属于热那亚的拉瓦涅（Lavagna）伯爵家族，是教皇英诺森四世的侄子。他升任枢机主教后，曾数次担负重大的外交使命，为英诺森四世以及后任的几位教皇的政策服务。1265—1268 年任教廷驻英国的使节，曾对英国在封建主内战后恢复和平作出贡献。他鼓吹组织第八次十字军(公元 1272)。1276 年 7 月 11 日当选为教皇，尚未加冕，就于 8 月 18 日在维泰尔博（Viterbo）去世，在位仅三十八天。

关于阿德利亚诺五世的贪婪和他在短暂的在位期间的思想改变都无历史文献证明。有些但丁学家认为，他的贪婪并不是贪财，而是贪求权力。据波斯科考证，诗中把阿德利亚诺五世写成一位贪得无厌，最后翻然悔悟的教皇，是由于但丁把他和教皇阿德利亚诺四世（公元1154—1159在位）混淆了的缘故（详见注㉘）。

㉖ 希埃斯特里（Siestre）和契亚维里（Chiaveri）是利古里亚海岸东段的两个城市。从这两个城市之间流下去，注入热那亚湾的小河名拉瓦涅（Lavagna）河。

“我的家族的封号以此河之名为其顶峰”：因为这个家族原来的封号是菲埃斯科伯爵，最后升为拉瓦涅伯爵。有些注释家把“为其顶峰”的原文 fa sua cima 理解为“来源于此河之名”。雷吉奥驳斥此说，认为，伯爵封号不可能来源于一条河的名称，而是来源于一个采邑的名称，文献证明这个采邑和位于河口附近的城堡均名拉瓦涅。

㉗ “大法衣”：指教皇的法衣（象征教皇的职位和权威）。“使它不受泥污”：意谓穿着这件法衣而不把它弄脏，也就是说，廉正无私地行使教皇的一切职责。“一切其他的重负相比之下都似乎轻如鸿毛”：意谓对于立志忠于教皇职守的人，任何其他重大的职责和教皇的职责相比，都是极轻的。

㉘ “我思想转变得晚了”：“思想转变”原文是 conversione，即皈依上帝之意。阿德利亚诺虽然在教会中历任要职，但一直热衷世俗权力，几乎迟至生命的最后时刻才真心皈依上帝。

“罗马牧人”：即罗马教皇。“发现了生活的虚妄”：意谓认识到尘世生活不能使人得到真正的幸福。

“在那里心是不能平静的”：意谓在教皇的崇高职位上都不可能心满意足。

“在那一生不可能升得更高”：意谓在尘世生活中再也没有更高的职位可升，因为教皇是教会最高的领袖。

“燃起了对这一生的爱”：意谓产生了对天国永生的爱。

“到这时为止”：指一直到思想转变、皈依上帝时为止。“完全受贪婪支配”：根据当时神学家的学说，贪婪（avarizia）是对一切尘世之福的过分贪求。注释家大多认为，教皇阿德利亚诺五世的罪是对权力贪得无厌。

波斯科指出，诗中阿德利亚诺五世所说的这些话，类似十二世纪英国人塞理斯伯利的约翰（John of Salisbury）在《波利克拉提库斯》一书中辑录的教皇阿德利亚诺四世的话：“他说，彼得的椅子（译者按：指教皇的宝座）是很不舒服的；那件长袍（译者按：指教皇的法衣）完全布满尖钉，分量那样沉重，甚至压在最强壮的肩膀上都会把它压坏、压垮。……〔他常常对我说〕，他从隐居于修道院里的修士逐步高升，历任各种职位，最后当了教皇，他的升迁从未给他生前的幸福或宁静增加丝毫。”因此，他断定但丁在诗中把阿德利亚诺四世和五世混淆了。这一论断已为多数注释家所接受。他还指出，阿德利亚诺四世那些话，但丁并不是直接从塞理斯伯利的约翰的书中获悉的，而是来源于另一本书中的转述。

㉙ 意谓从我们这些已经悔悟的灵魂在这里进行赎罪的方式就明显地看出贪婪造成的后果；炼狱山上赎罪的刑罚以此为最苦，因为它是使人感到羞辱的。

㉚ 意谓我们生前不向往天国，而只贪求尘世的种种权力、财富，神的正义就使我们在炼狱里把眼睛一直对着地，受一报还一报的惩罚。

㉛ 意谓贪婪熄灭了我们对一切真善的爱，使得我们生前不可能有什么善行，因此，神的正义就让我们四肢捆绑着趴在地上，身子丝毫动弹不得；公正的上帝愿意让我们受这种一报还一报的惩罚多久，我们就受多久。

㉜ 阿德利亚诺五世眼睛向着地，看不见但丁，但从他这时说话的声音觉察到他已经跪下，因为声音听起来要比以前近。

㉝ 意谓由于您生前的崇高的职位（教皇作为教会最高的领袖），我作为基督教徒站在您旁边感到内疚。值得注意的是：但丁对教皇阿德利亚诺五世说话时，为了表示敬意，用尊称“您”，在地狱中对教皇尼古拉三世说话时，则用“你”，因对象善恶不同而区别对待。

㉞ “兄弟”（frate = fratello）：指我们大家都是天父的儿子，都是兄弟。

“不要弄错了：我和你以及其他的人同是一个权威的仆人”：意即在这里不要像在世上那样向我表示敬意，要那样做，就错了，在这里我和你以及一切其他的人同是一个权威的仆人，即上帝的仆人。阿德利亚诺五世对但丁说的这话使人忆起《新约·启示录》第十九章中圣约翰俯伏在天使脚前要拜他时，天使对圣约翰所说的话：“千万不可，我和你并你那些为耶稣作见证的弟兄同是作仆人的。你要敬拜上帝。”

㉟ “神圣的福音的声音”：指《新约·马太福音》第二十二章中耶稣回答撒都该人的话。撒都该人向耶稣辩驳人死后有肉体复活的事。他们说：“从前我们这里有弟兄七人。第一个娶了妻，死了，没有孩子，撇下妻子给兄弟。第二第三直到第七个，都是如此。末后，妇人也死了。这样，当复活的时候，她是七个人中哪一个的妻子呢？因为他们都娶过她。”耶稣回答说：“你们错了，因为不明《圣经》，也不晓得上帝的大能。当复活的时候，人也不娶也不嫁，乃像天上的使者一样。”“Neque nubent”是拉丁文《圣经》的译文：“人们也不娶”。

阿德利亚诺引用福音书中这话，意在说明来世中凡是人间所有的等级都不复存在，现在他不再是教皇，也就无权受到但丁的崇敬：在超现实的世界中，所有的人在上帝面前都一律平等。

“你就会明白我为什么这样说”：意谓如果你想一想教皇乃教会的“新

郎”（见《地狱篇》第十九章）这个比喻的意义，你就会明白我为什么引用福音书中“人也不娶也不嫁”这句话了。

㊱ “你所说的那种果实”：指赎罪之果（见注㉔）。

“阿拉嘉”（Alagia）是皇帝代表尼科洛·德·菲埃斯齐（Niccolò de' Fieschi）的女儿，嫁给乔瓦嘉罗（Giovagallo）伯爵摩罗埃罗·玛拉斯庇纳（Moroello Malaspina）为妻。佛罗伦萨无名氏的注释说：“她……以卓越的品德和善行闻名；作者〔译者按：指但丁〕曾在卢尼地区（Lunigiana）同这位摩罗埃罗·玛拉斯庇纳在一起待过一些时间，认识这位夫人，看到她继续不断地慷慨施舍，让人为她这位伯父〔译者按：指教皇阿德利亚诺五世〕作弥撒和祈祷。因此，作者作为耳闻、目睹、熟知她的美好声誉的人，为她作出这种证明。”

“只要我们的家族不以自己的榜样使得她变坏”：本维努托认为，这句诗暗示“菲埃斯齐家族的妇女们是贵族妓女”。不仅如此，这个家族的成员、生前任腊万纳大主教的卜尼法斯的灵魂因贪食罪在上一层平台上受苦（见第二十四章）；出身于这个家族的另一位教皇阿德利亚诺四世（见注㉘）则以权谋私，重用亲属（但丁在第十一封书信中以轻蔑的语气提到他）。

“她是我留在世上的惟 的亲人”：意谓只有她还想着我，只有她作为蒙受神恩的人，我可以指望为我祈祷，使我得以缩短在炼狱里停留的时间。这句诗流露出无限伤感。

第二十章

愿望不能抗拒更好的愿望①；因而我为了使他高兴而违反自己的意愿把未浸透的海绵从水中捞出②。我动身向前走；我的向导也动身紧贴着岩石拣空的地方向前走，就像人们在城墙上紧挨着雉堞行走一样③；因为，在另一边，那些把支配着全世界的那种罪恶从眼里一滴一滴融化的人太靠近外沿了④。

愿你受到诅咒，古老的母狼，由于你的饥饿像无底洞一样深，你比一切别的野兽捕食的猎物都多⑤！啊，天哪，人们似乎相信下界人事变化的原因在于你的运转，那么，请问迫使这只母狼离开的人何时来呀⑥？

我们正迈着缓慢、短小的脚步走去，我正注意那些我听见哭泣和哀叹得令人可怜的灵魂⑦；我偶然听见我们前面有人就像正在分娩的妇人一样在哭泣中喊叫“温柔的马利亚！⑧”接着又喊道：“从你在那个马厩里生下你所怀的神圣的胎儿，就可以看出你多么贫寒⑨。”我随后又听见喊道：“英勇的法布里求斯，你宁愿贫寒而有美德，也不愿占有大量财产而有罪⑩。”这些话对我来说非常入耳，使得我往前走近那个似乎是说这些话的灵魂，以便认识他。他还继续讲下去，讲述尼古拉慷慨赠金给三个少女，为了把她们的青春引向贞洁之路⑪。我说：“啊，讲述这样的伟大善行的灵魂哪，告诉我你生前是谁，为何只你一人重温这些值得赞美的行为吧。如果我返回人世去走完那飞快就到终点的人生的短促的旅程，那么你对我说话就不会没有报酬⑫。”他说：“我要告诉你，不是为了期望从人世得到安慰，而是因为这样的恩泽在你未死以前就照临你⑬。我是那棵恶树的根，这棵恶树荫影遮上了整个基督教国土，致使从那里很少摘到好的果子⑭。但是杜埃、里尔、根特和布鲁日一旦有了能力，就会立刻对它进行报复[15]；我向审判一切者请求此事[16]。在世上我叫休·卡佩；从我生出了近代统治法国的腓力们和路易们[17]。我是巴黎的一个屠户的儿子[18]：当古王朝诸王身后，除了一个穿灰色僧衣做修士者外，别无后嗣时[19]，我看到驾驭王国的缰绳紧握在我的手中，我还从新获得的领地享有那样大的权力，周围又有那么众多的朋友，以致得以使我的儿子高升，把无人戴的王冠戴在头上，那一代代神圣的骸骨就从他开始[20]。

"在普洛旺斯的巨大嫁妆夺去它的廉耻以前，我的家族一直没有什么了不起，但也没有作恶[21]。从那儿它开始用武力和诈术进行掠夺[22]。然后，为了抵偿，它夺取了庞迪耶、诺曼底和加斯科尼[23]。为了抵偿，查理来到意大利，使康拉丁成为牺牲对象[24]；然后，为了抵偿，他又把托马斯推回到天国[25]。我看到，今后时间过不了多久，另一个查理就走出法国，为了使他自己和他的家族被人认识得更清楚[26]。他从那里来不带武器，只带着犹大比武用的长矛，他把长矛瞄准佛罗伦萨一捅，就捅破她的肚子[27]。他由此获得的不是土地，而是罪孽和耻辱，他把这种损害看得越轻，对他来说后果就越严重[28]。我看到，先前曾被俘、从船里走出的另一个查理，跟人讨价卖自己的女儿，如同海盗把人家的女儿当女奴来卖一样[29]。啊，贪婪哪，既然你已完全迷住我的家族，使它连自己的骨肉都不顾，你还能怎样更为害于我们哪[30]？为了使已作和未作的恶显得微小，我看到，百合花徽进入阿南尼，基督在他的代理人身上遭到逮捕[31]。我看到，他又一次被戏弄；我看到，他又尝到醋和苦胆，在活的强盗中间被杀[32]。我看到，新彼拉多那样残酷，以至于这还不使他满足，而无教皇谕旨，就扬贪婪之帆冲进圣殿[33]。啊，我的主啊，我何时能高兴地看到，那隐秘不可知的、使你内心的愤怒平息下来的惩罚呀[34]？

"刚才我关于圣灵的惟一新娘所说的、使你向我要求作一些解释的话，就是整个白天伴随我们一切祈祷的应答轮唱的颂歌[35]；但天一黑，我们就开始用相反的声音代替那些颂歌[36]。那时，我们就重述匹格玛利翁在贪图黄金的欲望驱使下成为背叛者、盗贼和杀害近亲者[37]，以及财迷的弥达斯由于提出贪得无厌的要求，结果陷入永被耻笑的悲惨境地的事例[38]。然后每人都回忆愚妄的亚干如何盗窃战利品，致使约书亚的怒气似乎仍在这里刺痛他[39]。然后我们谴责撒非喇和她丈夫[40]；赞美赫利奥多洛斯挨踢[41]；全山周围回荡着杀死波吕多鲁斯的波吕墨斯托尔的骂名[42]。最后我们在这里喊：'克拉苏，告诉我们，因为你知道，黄金是什么滋味[43]？'有时，我们讲述这些事例，有的人声音高，有的人声音低，这是由于热情驱使我们时而用较大的，时而用较小的力量进行讲述所致：因此，刚才并不只是我一个人讲述白天在这里所讲的善行的事例来着；只是这里近处没有别人提高声音来讲罢了[44]。"

我们已经离开了他，正在努力就我们力所能及克服路径的困难快速前进[45]，我忽然觉得山在震动，好像要倒塌似的；因此我感到胆战心寒，如同去受死刑的人通常会感受的那样。提洛斯在拉托娜没在那里安身来生下天的两眼以前，肯定也没有震动得那么剧烈[46]。随后，就开始发出那样一片呼喊，使得我的老师向我靠近，说："不要害怕，有我给你带路呢。"

"Gloria in excelsis Deo"，根据我从呼声可以听得清楚的、附近的灵魂们所了解的，大家都在说这句话[47]。我们站着不动，心里惶惑，如同第一次听到那支歌的牧羊人一样，直到震动停止和那支歌终结[48]。随后，我们就又出发继续我们神圣的行程[49]，一面注视着躺在地上的灵魂们，这些灵魂已经又照常哭泣起来。如果我的记忆力在这件事情上没有弄错，我对任何事物的无知从来没像我当时在进行思索之际[50]那样强烈地刺激我，使我急于求知；由于匆忙走路，我没敢发问，单靠自己我又看不出其中的道理：所以我怀着畏怯的心情，沉浸在苦思冥想中向前走去。

注释：

① "愿望"：指但丁还想继续同阿德利亚诺谈话。"更好的愿望"：指阿德利亚诺想再继续忏悔赎罪，以求早日升入天国，这是更好的愿望，因为它具有崇高的目的以及由这种目的激起的热情（根据格拉伯尔的注释）。

② 意谓但丁为了满足阿德利亚诺的愿望而没再同他交谈，但自己心里的求知欲尚未得到满足，在诗中把这种情况比作"把未浸透的海绵从水中捞出"。布蒂的注释说得更明确："他在这里打比方，就是说，他的

愿望如同一块海绵，他想从那个灵魂口中知道别的事情的愿望仍未得满足，如同海绵尚未完全浸透就被人从水中捞出时一样。”

③ “我的向导也动身紧贴着岩石拣空的地方向前走”：“岩石”，指壁立于这层平台内侧、构成上一层平台基础的悬崖。“空的地方”，指无趴在地上的灵魂妨碍走路之处。“就像人们在城墙上紧挨着雉堞行走一样”：拉纳的注释说：诗中“用城墙和城堡的墙的例子〔来说明〕，其雉堞脚下都有一条狭窄的走道，供哨兵环行巡逻”。中世纪城堡中这种走道术语叫做“巡逻道”（cammini di ronda）。美国但丁学家葛兰坚说：“两位诗人顺着平台内侧、贴着悬崖小心翼翼地走去，正如兵士们在城堡的壁垒上贴着雉堞行进一样。这种雉堞墙至今依然围绕着卡尔卡松（Carcassonne）和艾格毛特（Aigues-Mortes）〔均在法国南部利翁湾附近的地区〕，在阿维农和佛罗伦萨也可以看到。”

④ “在另一边”：指平台外侧。“支配着全世界的那种罪恶”：指贪婪。圣保罗说，“贪财是万恶之根”（见《新约·提摩太前书》第六章）。“支配”原文是occupa，直译应作“占领，占据”；意谓“贪心支配着全人类，因为它是一切其他罪恶的根源”（卡西尼-巴尔比的注释）。“把支配着全世界的那种罪恶从眼里一滴一滴融化的人”：指通过哭泣来消除贪婪罪的灵魂；“从眼里一滴一滴融化”是个贴切而有力的比喻，意谓“把他的罪像坚硬的冰块似的融化成泪水”（托拉卡的注释）。“太靠近外沿”：意即这些趴在地上悔罪的灵魂占据了整个地面，一直到平台的外沿，所以两位诗人不能顺着外沿行走。

⑤ “古老的母狼”：象征贪婪（见《地狱篇》第一章注⑯）。“古老”：因为自有人类以来，它就存在。当初魔鬼忌妒亚当和夏娃在乐园里的幸福，从地狱里放出象征贪婪的母狼，他们俩受贪欲的诱惑，偷吃了分别善恶之树的果子，被上帝逐出乐园（《地狱篇》第一章注㉟）。

“你的饥饿像无底洞一样深”：即贪得无厌、欲壑难填之意。《地狱篇》第一章中用“它本性穷凶极恶，永远不能满足自己的贪欲，得食后，比以前更饿”表达了同一命意。

“你比一切别的野兽捕食的猎物都多！”：“一切别的野兽”，指一切别的罪恶。“捕食的猎物”，指受害者。意谓贪婪的危害性甚于一切别的罪恶。

⑥ “天”原文虽是单数，但并不指某一特定的天，而指诸天。“人们似乎相信下界人事变化的原因在于你的运转”：意谓一般人相信世上人事变化取决于诸天的运转。“人们似乎相信”：这句话的语气令人忆起第十六章中伦巴第人马可关于世人轻信一切事情发生的原因都在于天，诸天运转必然带动一切的话。

“迫使这只母狼离开的人”：和《地狱篇》第一章中所说的猎犬（veltro）一样，大概指但丁理想中的皇帝。

⑦ “迈着缓慢、短小的脚步走去”：“由于地方狭窄不能迈开大步也不能加紧脚步”（布蒂的注释）。“我正注意那些我听见哭泣和哀叹得令人可怜的灵魂”：意即我行走时正在注意趴在地上悔罪的灵魂们，以免踩在他们身上。

⑧ “我偶然听见我们前面有人……在哭泣中喊叫‘温柔的马利亚！’”：这是忏悔贪婪罪的灵魂在哭喊体现与这种罪相反的贫寒美德的范例。这第一个范例照常来源于《圣经》中有关圣母马利亚的事迹。

“就像正在分娩的妇人一样”：温图里指出，这是个“美妙、贴切的比喻，因为那些灵魂心中的巨大痛苦被他们对一种长远的幸福（译者按：消罪后升入天国的幸福）感到的内心喜悦所补偿，正如在〔正分娩的〕妇人心中被将要当母亲的纯洁思想所补偿一样。”

⑨ “从你在那个马厩里生下你所怀的神圣的胎儿”：“那个马厩”，指在伯利恒的那个马厩。“神圣的胎儿”，指耶稣。《新约·路加福音》第二章中说：“马利亚的产期到了。就生了头胎的儿子，用布包起来，放在马槽里，因为客店里没有地方。”

⑩ 第二个体现贫寒的美德的范例来源于古罗马史。法布里求斯（Gaius Fabricius，绰号 Luscinus〔独眼的〕）是罗马大将和英雄。他在公元前282年任执政官期间，因促成了罗马与萨莫奈人（Samnites）媾和，萨莫奈人向他赠送厚礼，他严词拒绝。两年后，他同入侵意大利的伊庇鲁斯（Epirus）王皮洛士（Pyrrhus）谈判交换俘虏时，皮洛士企图利用珍奇的礼品以及其他好处把他争取过来，他都一一加以拒绝。公元前275年任监察官期间，他严厉制止罗马人奢侈浪费的风气，鲁菲努斯（P. Cornelius Rufinus）由于买了十镑的银餐具而被他逐出元老院。他死时家境极其贫苦，丧葬费只好由国家负担。维吉尔在《埃涅阿斯纪》卷六把他列在安奇塞斯在冥界指点给埃涅阿斯看的等待投生的罗马名人之中，称之为“执掌大权而两袖清风的法布里求斯”。但丁自己在《筵席》第四篇第五章和《帝制论》卷二第五章中盛赞他忠于祖国、拒绝重金厚礼的高风亮节。

⑪ 第三个范例是圣尼古拉慷慨赠金给三位少女作嫁妆，使她们免于被迫为娼。圣尼古拉是小亚细亚西南部吕西亚（Lycia）地区密拉（Myra）城主教，生活在公元四世纪君士坦丁大帝时代，曾参加尼西亚（Nicaea）宗教会议（公元325）。希腊东正教会和罗马天主教会均尊他为圣徒，后来成为儿童们所敬爱的圣诞老人（Santa Claus）。公元十一世纪他的遗骸被运到意大利南部的巴里（Bari），成为该城的守护神。

公元十三世纪末热那亚大主教雅各布斯·德·瓦拉吉内（Jacobus de Varagine）在《黄金传奇》（Legenda aurea）卷三第一章中叙述，尼古拉为了阻止同城的一个陷入穷困的市民迫使三个女儿做妓女，连续在三个夜晚悄悄地把装满金币的钱包扔到她们的窗子里，来给每人提供一份嫁妆。

⑫ 意即如果我回到人间去走完那极短的人生之路，而且我确实是要回去的，那我就可以请你的亲属为你祈祷或者由我自己来为你祈祷。

⑬ 意谓我要告诉你我是谁，并非为了期望世上有人为我祈祷，使我早日升入天国，而是因为上帝给予你这样特殊的恩泽，让你作为活人来游炼狱。言外之意是：他并不期望他的后代子孙为他祈祷，因为他们中间没有一个善人，而且他们根本不想祈祷，即使祈祷也不可能上达于天。

⑭ “那棵恶树”：指法国卡佩王朝。“根”指始祖。在但丁时代，家系图一般都画成根子在地下往上生长的树形。所以诗中把法国王朝比作一棵大树，王朝的始祖休·卡佩是树根，其子孙后代是树枝。“这棵恶树荫影遮上了整个基督教国土，致使从那里很少摘到好的果子”：“荫影遮上了”原文是 aduggia，含义是遮上荫影，把草木遮住，使之枯萎，转义为损害，这里指扩散坏影响。“遮上了整个基督教国土”：意谓不仅把坏影响扩散于法国，而且波及整个基督教世界。“致使从那里很少摘到好的果子”：“从那里很少摘到”原文是 se ne schianta，按本意说，“那里”应指那棵恶树；“但意象的连贯性要求诗句中所宣布的遮上荫影的坏影响应指被遮上荫影的事物，即指‘基督教国土’这样，被伦巴第人马可认为是由坏教皇们引起的世风败坏，休·卡佩把它也归罪于法国王室。这是符合但丁的思想的，他把法国王室反对皇帝的政策和它与堕落的教皇们同谋，视为他那个时代根本的灾祸之一，尤其是自从教廷迁到阿维农，教皇们受法国国王奴役，所以法国国王也就通过这一途径施加他的坏影响。”（波雷纳的注释）但丁在《帝制论》卷二第一章中称法国的君主们为“罗马人民的篡夺者和压迫者”也证明这一点。“很少摘到好的果子”：意谓整个基督教世界由于受到法国卡佩王朝的坏影响而很少出现有美德的君主。

⑮ 杜埃、里尔（现属法国）、根特和布鲁日（现属比利时）是佛兰德尔（Flanders）的四个主要城市，这里代表整个佛兰德尔地区。诗中所说的事件发生于 1297—1304 年间，这四个城市在事件中起了重大的作用：1297 年，法国国王腓力四世开始征服佛兰德尔，把佛兰德尔公爵围困在根特的堡垒中，在许诺给以自由的条件下公爵投降，但腓力背信弃义，把他和他的儿子们带到巴黎囚禁起来。事后不久，布鲁日以及其他佛兰德尔城市都相继起义，起义军大都是农民和手工业工人，1302 年 7 月 11 日大败法军于库尔特累（Courtrai）附近。腓力四世侵占佛兰德尔后不久，就遭到意外的惨败，这真像是上帝对他的贪婪和背信弃

义的惩罚。

⑯ “审判一切者”：指上帝。休·卡佩的灵魂对但丁说这话的时间是但丁游炼狱之年（公元1300），两年后，腓力的侵略军果然在库尔特累遭到惨败。诗中以事后预言的方式暗示此事为上帝对他的惩罚。

⑰ “休·卡佩”（Hugues Capet）：西法兰克王国大封建主法兰西公爵休（史称“大公”）之子，987年，统治王国的加洛林朝绝嗣，在教俗诸侯的支持下，被选为国王，建立了卡佩王朝（公元987—1328），王国随之改称法兰西王国。“腓力们和路易们”：卡佩王朝除休·卡佩及其子罗伯特、其孙亨利外，以后的各代国王均名腓力或路易。从亨利去世到但丁幻游炼狱那年（公元1300）共有四位名腓力、四位名路易的国王。世系如下：

法兰西公爵休（史称“大公”，卒于公元956）
休·卡佩（公元987—996）
罗伯特一世（公元996—1036）
亨利一世（公元1031—1060）
腓力一世（公元1060—1108）
路易六世（公元1108—1137）
路易七世（公元1137—1180）
腓力二世（获得“奥古斯都”尊号，公元1137—1223）
路易八世（公元1223—1226）
路易九世（被教皇卜尼法斯八世封为“圣徒”，公元1226—1270）
腓力三世（公元1270—1285）
腓力四世（公元1285—1314）

⑱ 这是中世纪的一种传说。维拉尼的《编年史》卷四第四章也提到，据说休·卡佩的父亲是巴黎的一个屠户或牲口贩子出身的有钱又有势力的平民。但丁采用了这种传说，表明卡佩家族来源微贱。

⑲ “古王朝诸王”（i regi antichi）：“古王朝”指法兰克王国第二王朝，其第一代国王为查理大帝之父矮子丕平，但王朝得名于武功卓著、把王国扩大为帝国的查理大帝：查理拉丁文为Carolus，历史家遂称王朝为加洛林王朝。843年，查理大帝之孙罗退尔、路易和秃头查理把帝国三分，划归秃头查理的部分称西法兰克王国，诗中所说的“古王朝诸王”指这个王国的各代国王。

“除了一个穿灰色僧衣做修士者外，别无后嗣”：这也是当时流行的一种传说，布蒂的注释对此有以下的记述：“休·卡佩……是巴黎的一个屠户的儿子，由于非常英勇而成为巴黎伯爵、法国国王手下的最大的宫相和亲近的顾问，几乎整个王国都是通过他的手进行统治；他在这样地位上娶了王室的女子为妻；因此，法国国王一死，由于没有儿子，除了一个已经做了修士穿上僧衣不愿要王冠者外，根本无人能继承王国统治权，休·卡佩的一个名叫罗伯特的儿子就被加冕为国王……；休·卡佩是那样善于利用他的金钱、权力和友谊进行活动。”但丁大概采用了这个传说。历史事实却是：西法兰克王国加洛林王朝的末代国王路易五世死后没有后嗣，休·卡佩在教俗诸侯支持下被选为王。他即位后不久，即预为其子罗伯特加冕，以保证王位世袭。加洛林王朝只剩下查理五世的叔父查理一人有王位继承权，但他作为加洛林公爵是德国萨克森王朝皇帝的陪臣，不为法国人所拥护，在试图以武力夺回王国的斗争中被围困于拉昂，结果被休·卡佩俘获并囚禁起来，992年瘐死于狱中。关于诗中所谓“穿灰色僧衣做修士者”，有些注释家认为，这是但丁把墨洛温王朝（法兰克王国第一王朝）的结局和加洛林王朝的结局混淆了的说法，因为当初矮子丕平废黜了墨洛温王朝的末代国王希尔德里克三世后，确实把他关进修道院做修士，后来死在那里。但是，雷吉奥指出，“穿灰色僧衣做修士”（renduto in panni bigi）这句话并无以暴力强迫的含义，况且诗中休·卡佩紧接着又说自己已经掌握了统治全国的大权，而满朝都是自己的亲信，可见使他儿子登上王位，不是通过使用暴力，而是凭借许多有利条件。

诗中这些不符合历史事实之处，都无关宏旨，因为但丁是诗人，不是历史学家，他写的是一部史诗，不是一部法国史。许多但丁学家指出，诗中的休·卡佩与其说是个独立自主的人物，毋宁说是但丁的代言人。诗人让这个著名的历史人物出现在第二十章中，命意在于借他的口愤怒揭发他的后裔腓力四世等人的滔天罪行，因而休·卡佩对于他自己所犯的是什么贪婪罪和如何悔悟都未提及。

⑳ “驾驭王国的缰绳”：指王国的统治权。休·卡佩作为无冕之王已经大权在握。

“从新获得的领地享有那样大的权力”：原文是 tanta possa di nuovo acquisto。有的注释家把 nuovo acquisto 理解为“新获得的财富”（recenti richezze）。译文根据雷吉奥的注释。

“周围又有那么众多的朋友”：意谓周围又有那么多人拥护休·卡佩。

“我的儿子”：指罗伯特。“无人戴的王冠”：指加洛林王朝路易五世死后，王位虚悬。“以致得以使我的儿子高升，把无人戴的王冠戴在头上”：这句话也不符合历史事实，因为路易五世死后，休·卡佩自己在教俗诸侯拥护下被选为王，稍后他才为罗伯特加冕，以确保王位世袭（参见注⑲）。

“那一代代神圣的骸骨就从他开始”：意谓法国卡佩王朝的王统从罗伯特开始。法国各代国王均在兰斯大教堂由大主教举行加冕仪式，成为合法的君主。“神圣的”（sacrate）：指经过大主教加冕。“骸骨”（ossa)：辛格尔顿指出，“使用‘骸骨’这一词时，诗人在回顾当时已经埋葬并正式立碑纪念的一代代的国王。”历史事实是，卡佩王朝的王统从休·卡佩而非从其子罗伯特开始。

㉑ “普洛旺斯的巨大嫁妆”：普洛旺斯在法国东南部。843 年，查理大帝的三个孙子罗退耳、日尔曼人路易和秃头查理签订凡尔登条约，把帝国三分时，普洛旺斯被划入罗退耳的领土，罗退耳承袭了皇帝的尊号，885 年，他把自己的儿子查理封为普洛旺斯王。后来，普洛旺斯作为封建采邑成为阿尔（Arles）王国的一部分。1033 年，皇帝康拉德二世把普洛旺斯并入神圣罗马帝国，但合并几乎一直是名义上的，各代普洛旺斯伯爵都自称是独立的。1245 年，法国国王路易九世的弟弟安茹伯爵查理和普洛旺斯伯爵莱蒙德·贝伦杰四世的嗣女贝雅特丽齐结婚，于是，普洛旺斯作为“巨大嫁妆”变成法国王室的领地，一直为安茹家族所占有，1486 年被查理八世正式并入法国。

“夺去它的廉耻”：意即使它恬不知耻，肆意作恶。“没有什么了不起”：意谓卡佩家族没有什么美德善行。

㉒ 意谓卡佩家族用武力和诈术进行掠夺是从“普洛旺斯的巨大嫁妆”开始的。贝雅特丽齐继承了普洛旺斯伯爵领地后，安茹伯爵查理与其兄路易九世合谋并吞这一领地。当法军压境时，贝雅特丽齐的监护人首相罗密欧·迪·维拉诺瓦（Romeo di Villanova，见《天国篇》第六章）被迫解除她和图卢兹伯爵莱蒙多的婚约，把她嫁给查理为妻，所以，“普洛旺斯的巨大嫁妆”实际上是用武力和诈术得来的。

㉓ “为了抵偿”：原文是 per ammenda，意即“为了赔偿掠夺而进行更大的掠夺”（布蒂的注释），这显然是辛辣的讽刺。诗中三次重复 per ammenda 作为韵脚，来加强讽刺的力量。

“它夺取了庞迪耶、诺曼底和加斯科尼”：公元 1066 年，法国诺曼底公爵征服者威廉侵入英国，建立了诺曼底王朝，传至亨利一世，因死后无嗣，王位继承问题引起纷争，1154 年，其外孙法国安茹伯爵继位为英国国王，建立了金雀花王朝。这一王朝的君主作为法国国王的封臣在法国拥有许多领地，包括庞迪耶（Ponthieu）伯爵领地、诺曼底（Normandie）公爵领地和加斯科尼（Gascogne）公爵领地，这些领地先后被卡佩王朝夺去。

诺曼底公爵领地在法国北部，腓力二世利用英国国王无地约翰和他的法兰西附庸之间的冲突，以领主身份宣召约翰来巴黎受审，被约翰拒绝，于是腓力二世在 1202 年宣布剥夺约翰在法国所有的封土，并向诺曼底进攻，1204 年占领了诺曼底。庞迪耶伯爵领地在法国北部，1279 年，腓力三世之女马格丽特和爱德华一世结婚时，作为嫁妆割给英国，腓力四世力图占领这一领地。加斯科尼公爵领地在法国西南部，属于金雀花王朝，腓力四世为从爱德华一世手中夺取这一领地，发动了战争。1204年，双方达成协议，爱德华一世同意腓力四世占领加斯科尼和庞迪耶六个星期，期满须交还英国。但腓力违反协议，过期拒不交还。可见这两个领地是通过武力和诈术夺去的。许多注释家指出，诺曼底被腓力二世夺去在1204年，时间早于并吞普洛旺斯四十一年，与诗中“从那儿它开始用武力和诈术进行掠夺”的说法有矛盾。但是我们不要忘记，诗中这段历史概要“是……一首激昂慷慨的抒情诗，其中列举的事是根据一般概念，或许是根据历史哲学概念归类的，因此我们不能而且也不应要求它做到年代准确。”（帕罗狄的评语）

㉔ 指法国安茹伯爵查理一世杀死德国霍亨斯陶芬王朝皇帝康拉德四世之子、西西里王曼夫烈德之侄康拉丁。1265年，查理一世应教皇克力门四世的邀请，率军来意大利，从曼夫烈德手中夺取西西里王国。次年，曼夫烈德在本尼凡托之战阵亡，查理登上西西里王位，建立了安茹王朝。王国臣民不堪法国贵族的统治，意大利各地吉伯林党人不甘失败，要求康拉丁从查理手中夺回应由他继承的王位。1267年，康拉丁率军从德国南下来到意大利，1268年8月23日，在塔利亚科佐之战被俘。10月29日，查理悍然下令把他斩首，死时年方十六岁。他的死引起了普遍的同情，连查理的追随者都不禁怜悯和愤怒（参看《地狱篇》第二十八章注⑦和注⑧）。

㉕ 这里所说的“托马斯”指中世纪最大的经院哲学家和神学家托马斯·阿奎那斯（公元1226—1274）。1274年1月，他奉教皇格利高里十世之命去参加里昂会议，从那不勒斯登程，3月7日，途中得病，死于那不勒斯和罗马之间的海滨城镇泰腊契纳（Terracina）附近的浮萨诺瓦（Fossanova）修道院中。1323年，托马斯·阿奎那斯被教皇封为圣徒。据传说，他是被查理命人毒死的。维拉尼在《编年史》卷九第二百十八章提到此事时，说：“他（指托马斯·阿奎那斯）在前往教廷准备去参加里昂会议的途中，据说被上述国王（指查理一世）的医生在药物中下毒害死；认为这会使国王查理高兴，因为托马斯属于反抗他的阿奎诺（Aquino）封建主家族，国王怕他由于他的见识和美德被任命为枢机主教。”这种传说缺乏历史根据，但丁则信以为真，借此进一步突出查理的罪孽。诗中用“推回到天国”（ripinse al ciel）作比喻，说明“杀害”似乎是查理对托马斯的一种恩惠，更使得诗人的讽刺倍加尖锐。

读者不禁要问，既然查理生前有这些严重的罪行，但丁为什么还把他的灵魂放在炼狱外围的“君主之谷”中，而不打入地狱呢？彼埃特罗波诺认为，这是因为，正如维拉尼所说，“他以至诚的忏悔”请求上帝饶恕自己的罪。

㉖ “我看到”：休·卡佩的灵魂讲完了他的家族在1300年以前将要犯下的罪行，现在开始预言它在1300年以后将要犯下的罪行。在叙说这些罪行时，反复使用“我看到”来加强预言的语气和力量。

“今后时间过不了多久”：意即在最近的将来，具体指公元1301年。

“另一个查理”：指法国国王腓力四世的弟弟瓦洛亚伯爵查理（Carlo di Valois）。

“走出法国”：1301年9月，查理应教皇卜尼法斯八世的邀请，从法国来意大利帮助那不勒斯国王查理二世（安茹王朝查理一世之子）夺回1282年西西里晚祷起义后落入阿拉冈王国之手的西西里岛。查理觐见教皇后，教皇派他先去佛罗伦萨调解黑白两党的争端。他在教皇的授意下，帮助黑党战胜白党。他乘机向佛罗伦萨市民搜刮钱财，以饱私囊。黑党夺取政权后，大肆报复、迫害敌对者，但丁也因此遭到放逐。1302年4月，查理离开佛罗伦萨，帮助查理二世进军收复西西里，结果失败。“为了使他自己和他的家族被人认识得更清楚”：意谓他在意大利的所作所为将使人们更清楚地认识他自己和他的家族的丑恶的本性。

㉗ “不带武器”：实际上，他来意大利时，“有许多伯爵、男爵和大约五百名骑兵随同他来”（维拉尼《编年史》卷八第五十章）。他带来的人马很少，因为进军西西里可以动用查理二世的军队。他来佛罗伦萨时，没带武装随从，因为他主要使用权术来实行他的计划。

“犹大比武用的长矛”：指犹大害基督时使用的欺诈和叛卖手段。查理对佛罗伦萨所使用的也是这种手段。他来时作出诺言，要保持佛罗伦萨的繁荣，结果却使她遭受损害。

“捅破她的肚子”：诗人用这句粗俗的话作为比喻，来指查理用诈术帮助黑党夺取政权后，在佛罗伦萨出现的流放、杀戮、没收、掠夺等对敌对者的报复行动。“那时，佛罗伦萨已经发胖，满腹都是市民，不禁傲气冲天。这位查理捅破她的肚子，使得她的内脏，也就是她的主要市民，迸出来〔指放逐〕，其中就有这位著名诗人〔指但丁〕。”（本维努托的注释）

㉘ “他由此获得的不是土地”：“由此”，指他南下进入意大利和佛罗伦萨。“不是土地”，暗指当时人们给他起的外号“无地查理”。法国人说，他是“一位国王的儿子，一位国王的弟弟，三位国王的叔父，一位国王的父亲，但始终不是国王”。他野心很大，前后曾希望获得阿拉冈、西西里、君士坦丁堡（由于其妻卡特琳乃君士坦丁堡皇帝腓力之女）、神圣罗马帝国四个王（皇）位，结果一一落空。

“而是罪孽和耻辱”：维拉尼在《编年史》卷八第五十章中写道：“当时有句俏皮话说：‘查理老爷到托斯卡那来作和事佬，却使此地处于战争中而去；他去西西里为了作战，却获得可耻的和平’”；还添加道：“他在人马损失殆尽后，很不光彩地回到法国。”诗中所说的“罪孽和耻辱”：指他使用欺诈、叛卖手段给佛罗伦萨造成的灾祸。

“他把这种损害看得越轻，对他来说后果就越严重”：意谓查理不正视自己的罪行和耻辱及时忏悔，死后必然受到上帝的严重惩罚。

㉙ “先前曾被俘、从船里走出的另一个查理”：指那不勒斯国王查理二世（见注㉖）。1282 年，西西里落入阿拉冈王国之手后，他父亲查理力图夺回此岛，把舰队交给他统帅，1284 年 6 月，他在那不勒斯湾同阿拉冈海军上将卢吉埃罗·迪·劳利亚（Ruggero di Lauria）交战败绩，在船里被俘虏，送往西西里囚禁起来，1288 年，查理一世死后，才被释放，继承了王位。

“跟人讨价卖自己的女儿”：指 1305 年，查理二世把他的幼女贝雅特丽齐嫁给年岁比她大得多的斐拉拉侯爵埃斯提家族的阿佐八世（见第五章注⑮）为妻。迪诺·康帕尼在《当代大事记》卷三第十六章中说，阿佐八世为了获得和一位王家公主结婚的光荣，为了促使查理“肯屈尊把她下嫁给他，他超出通常的习俗买了她”，满足于接受安德里亚（在意大利南部巴里附近）这一小块伯爵领地作为嫁妆，却送给岳父一大笔钱，据说，还把摩德纳和勒佐两地送给新娘。所以诗中说查理二世“跟人讨价卖自己的女儿”。

“如同海盗把人家的女儿当女奴来卖一样”：原文是 come fanno i corsar dell’ altre schiave，有的注释家把 altre schiave 理解为“把人家的女儿当女奴”，有的注释家理解为“任何女奴”。译文根据前一种解释，由于照这样来理解，就使查理二世的贪婪显得更为突出，因而同下文表达的意义结合得更为紧密。

㉚ 休·卡佩预言他的后裔查理二世将像海盗卖女奴一般卖自己亲生的女儿后，不禁悲愤交集，对贪婪发出厉声诅咒。“你还能怎样更为害于我们哪?”：据戴尔·隆格的注释，“我们”这里指我们人类，休·卡佩说这话时，好像把自己看成是重新回到人世的活人。

㉛ “为了使已作和未作的恶显得微小”：休·卡佩这话意谓，他现在要预言的这件罪行比过去和未来的任何罪行都严重得多。

“我看到，百合花徽进入阿南尼，基督在他的代理人身上遭到逮捕”：指 1303 年 9 月 8 日，教皇卜尼法斯八世被法国国王腓力四世派去的人逮捕。“百合花徽”（fiordaliso = 法语 fleurs de lis）是法国王室的纹章。“阿南尼”（Anagni，《神曲》原文作 Alagna）是卜尼法斯八世的家乡，这个城镇坐落在罗马东南约六十公里的一座小山上。“基督在他的代理人身上遭到逮捕”：西方教会认为，罗马教皇是圣彼得的继承者，耶稣基督在世上的代理人；从这个意义上来说，教皇遭到逮捕不啻基督遭到逮捕。因此，但丁虽然对卜尼法斯八世深恶痛绝，在诗中多次揭发批判他的罪行，称他为“新法利赛人之王”，当他还在世时，就宣布他一定要入地狱，但是，对于他作为基督在世上的代理人遭到逮捕，则痛心疾首，义愤填膺，借休·卡佩之口，义正词严地声讨罪魁祸首腓力四世。

十三世纪末叶，罗马教廷和法国王室（包括它在意大利南部建立的安茹王朝）由于利害关系，一直互相勾结，成为政治上的同盟军。但是封建统治集团之间的联合不是持久不变的。腓力四世即位以来，好大喜功，野心勃勃，由于推行战争政策，经常感到财政困难，开始向教会领地征税，引起与罗马教廷的冲突，结果，双方关系决裂。1303 年 4 月 13 日，卜尼法斯八世发布训令，开除腓力四世的教籍，腓力则于 6 月 10 日召开主教全体会议，废黜教皇。然后派遣亲信大臣诺加雷（Nogaret）去罗马宣布废黜教皇的决议，并联合教皇的仇敌科隆纳家族共同反对教皇。1303 年 9 月 7 日，沙拉·科隆纳（Sciarra Colonna）带领一批人马和诺加雷进入阿南尼逮捕了卜尼法斯八世。维拉尼《编年史》关于此事的叙述反映出这一事件给那个时代的人留下的深刻印象，值得参考：“沙拉·科隆纳带领骑兵……和步兵，举着法国国王的王徽和旗帜，在一天清早进入阿南尼；他们来到教皇行宫，发现并无守卫，就上去占领了行宫，因为这次袭击对教皇和他的亲属来说，都是意想不到的，他们没有提防。教皇卜尼法斯听到喧哗，看到所有的枢机主教……和几乎大部分亲属都已叛离，自以为必死，但他作为豪迈、勇敢的人说：‘既然我由于被出卖要像耶稣基督一样遭到逮捕，而且一定得死，我就至少要作为教皇而死。’说罢，就立刻令人给他穿上彼得的法衣，头戴君士坦丁的皇冠，手持那两把钥匙和十字架，摆好姿势坐在教皇圣座上。沙拉和其他敌人来到他面前，用粗野的话戏弄他，逮捕了他和留下来同他在一起的亲属；戏弄他的人当中有……诺加雷，他还威胁他说，要把他捆绑着带往罗纳河畔的里昂，到那里在主教全体会上废黜他并给他定罪。”（引自卷八第六十三章）

㉜ “我看到，他又一次被戏弄”：《新约·马太福音》第二十七章中这样叙述耶稣基督当初被戏弄的详情：“巡抚的兵就把耶稣带进衙门，叫全营的兵都聚集在他那里。他们给他脱了衣服，穿上一件朱红色袍子，用荆棘编作冠冕，戴在他头上，拿一根苇子放在他右手里，跪在他面前，戏弄他说，恭喜犹太人的王啊。又吐唾沫在他脸上，拿苇子打他的头。戏弄完了，就给他脱了袍子，仍穿上他自己的衣服，带他出去，要钉十字架。”

“他又尝到醋和苦胆”：《新约·马太福音》同一章中说：“兵丁拿苦胆调和的酒，给耶稣喝。他尝了就不肯喝，他们就将他钉在十字架上。”

当他快要断气时，“内中有一个人赶紧跑去，拿海绵蘸满了醋，绑在苇子上，送给他喝。”

“在活的强盗中间被杀”：《新约·马太福音》同一章中说：“当时，有两个强盗，和他同钉十字架，一个在右边，一个在左边。”诗中所说的“活的强盗指的是诺加雷和沙拉·科隆纳”；那两个和基督同钉十字架的强盗因罪而被处决，他们俩则犯下凌辱基督的代理人的罪行后，逍遥法外，若无其事。卜尼法斯八世遭到逮捕，但并未“被杀”，在被囚禁了三天后，阿南尼的市民群众就把他救出，送往罗马。这位气焰万丈、不可一世的教皇因遭受此意外的奇耻大辱，羞愤成疾，于 10 月 12 日去世。

㉝ “新彼拉多那样残酷，以至于这还不使他满足”：彼拉多是罗马帝国派驻犹太地区的巡抚。犹太的众祭司长和民间的长老要治死耶稣，把他捆绑解去彼拉多前受审。彼拉多查不出耶稣有什么罪。那时正是逾越节。“巡抚有一个常例，每逢这节期，随众人所要的，释放一个囚犯给他们。当时，有一个出名的囚犯叫巴拉巴。……巡抚原知道，他们是因为忌妒才把他（指耶稣）解了来。……祭司长和长老，挑唆众人，求释放巴拉巴，除灭耶稣。巡抚对众人说，这两人，你们要我释放哪一个给你们呢？他们说，巴拉巴。彼拉多说，这样，那称为基督的耶稣，我怎么办他呢？他们都说，把他钉十字架。巡抚说，为什么呢？他作了什么恶事呢？他们便极力地喊着说，把他钉十字架。彼拉多见说也无济于事，反要生乱，就拿水在众人面前洗手，说，流这义人的血，罪不在我，你们承当吧。众人都说，他的血归到我们，和我们的子孙身上。于是彼拉多释放巴拉巴给他们，把耶稣鞭打了，交给人钉十字架。”（引自《新约·马太福音》第二十七章）诗中所说的“新彼拉多”指腓力四世，因为他把卜尼法斯交给其死敌科隆纳家族，如同彼拉多把基督交给要治死他的人们一样；也因为，继任的教皇格利高里十一世 1304 年在佩鲁贾发表演说谴责这次暴行后，腓力推卸罪责，硬说诺加雷作得超出了他的指示，如同彼拉多“拿水在众人面前洗手，说，流这义人的血，罪不在我，你们承担吧”一样。格利高里十一世在演说中称腓力为“新彼拉多”，但丁对此可能也有所知。“这还不使他满足”：意即迫害教皇的暴行还不能使腓力感到满足。

“而无教皇谕旨，就扬贪婪之帆冲进圣殿”：指腓力四世因贪得无厌，企图把圣殿骑士团的巨大财产据为己有，而残酷迫害其成员的暴行。

圣殿骑士团是第一次十字军结束后，教会为了保卫在侵占的土地上建立的耶路撒冷王国而派往东方的僧侣骑士团。这个骑士团成立于十二世纪初年，主要由法国骑士组成，其创始人为勃艮第骑士休·德·帕扬（Hugues de Payens）。由于驻扎在位于莫利亚（Moriah）山上被认为是所罗门圣殿的耶路撒冷国王的宫廷中，故名圣殿骑士团。它是一种宗教军事组织，直属教皇，在东方拥有许多地产。十字军东方领地丧失后，它回到欧洲继续活动，占有土地，经营商业，放高利贷，因而拥有无数的资产。

腓力四世为了夺取圣殿骑士团的财产，1305 年指控该团犯有异端罪，教皇克力门五世下令进行调查。1307 年，腓力不等调查清楚，就逮捕了骑士团团长雅克·德·莫莱（Jacques de Molay）和在巴黎的骑士团团员，把他们交给宗教裁判所用酷刑拷问逼供，最后，在无教皇明令定罪的情况下，处以火刑，没收其财产。1312 年，教皇在腓力的压力下，宣布圣殿骑士团犯异端罪，下令解散该团，将其财产转移给医护骑士团。腓力预先把所有记载他欠圣殿骑士团债的账簿统统销毁，还自称是这一骑士团的债权人，要求医护骑士团付给他 20 万里拉来还清一切债务。他不顾教皇的规定，借口补偿他所负担的圣殿骑士团团员长期坐牢和受审讯期间的生活费，继续享有该团的不动产的租金。

“无教皇谕旨”：意谓腓力四世为了夺占圣殿骑士团的财产，不等教皇发布命令，擅自逮捕和迫害其首脑及成员，这是无法无天的行径，因为圣殿骑士团直属教皇，惟有他有权审判和处罚。

“扬贪婪之帆冲进圣殿”：原文是 portar nel Tempio le cupide vele，诗中用这个贴切有力的比喻表现腓力四世悍然掠夺圣殿骑士团的财产如同海盗船冲进港口肆意掳掠一样。

㉞ 休·卡佩（作为但丁的代言人）讲完他所预见的种种罪行后，不禁对上帝发出呼吁，迫切希望他早日施加惩罚。

“高兴地看到”：“高兴”指正直的人看到恶有恶报感到喜悦。《旧约·诗篇》第五十八篇中说：“义人见仇敌遭报，就欢喜，要在恶人的血中洗脚。”

“那隐秘不可知的”：指上帝预定的惩罚隐藏在他的意志中，世人无从知悉。

“使你内心的愤怒平息下来的”：万戴里的注释说：“上帝不像世人那样在激情的冲动下立即发怒，而是等待最适当的时间给有罪者以应有的惩罚，同时在注定这种惩罚上使得他的愤怒平息下来。”辛格尔顿的注释则引用托马斯·阿奎那斯的话：“上帝虽不为各种惩罚本身感到高兴，他却为这些惩罚是由他的正义注定的而感到高兴。”

㉟ “圣灵的惟一新娘”：指圣母马利亚，她从圣灵怀孕生了耶稣。

“应答轮唱的颂歌”：诗中原文是 risposto，含义相当于 responsorio（〔礼拜仪式中〕应答轮唱的颂歌），因为犯贪婪罪的灵魂们“把念祈祷文和重述美德范例交替进行，……这些范例起到应答轮唱的颂歌的作用，其地位类似礼拜仪式中应答轮唱的颂歌”。（佩特洛齐的注释）

诗句的大意是：整个白天，我们都重述体现贫寒和慷慨之德的范例。

㊱ 意即天一黑，我们就开始重述因贪婪受惩罚的事例。

㊲ 匹格玛利翁（Pigmalion）是腓尼基城市国家推罗的国王。他妹妹狄多同腓尼基最富有的地主希凯斯结了婚。匹格玛利翁因为图财偷偷地杀死了希凯斯。他长期隐瞒着这件事。后来，希凯斯的灵魂给狄多托梦，揭穿了全部罪行，劝她赶快离开推罗出走，并把埋藏着祖传的金银财宝的地方告诉她。她召集了一批同伙，把金银财宝装上船，运出了海，在非洲登陆，在现今的突尼斯地区建立了迦太基城。匹格玛利翁贪财的欲望完全落空，只留下犯背信弃义、盗窃、杀害近亲罪者的恶名（事见《埃涅阿斯纪》卷一）。

㊳ 弥达斯（Midas）是佛律癸亚国王。酒神巴克科斯的义父羊人西勒诺斯喝醉了酒，被农民捉住，送往国王宫中。弥达斯认得他，就设宴欢迎他，然后把他交还了他的义子。为了答谢弥达斯，酒神就请他自己选一样东西作为礼物。他对酒神说："请你答应我，凡是我的身体所触到的东西都能变成黄金。"酒神答应了他的要求。他回去一试，新得的点金之术果然很灵，心里高兴极了，但是他的喜悦随即转变成惶恐，因为任何食品和饮料经他一沾，就化为黄块和金水，害得他饥渴难忍，不禁喊道："酒神啊，饶恕我吧。我错了。请你可怜我，救救我。这东西看着美好，其实是灾祸。"酒神见他悔过了，就收回了早先应他请求而赐给他的本领，让他跳到帕克托鲁斯（Pactolus）河源的水中，洗清他的罪孽。弥达斯遵照酒神的指示去作。他的点金的能力从他身上转移到水中，因而这条河流的泥沙中从此就含有大量黄金（事见奥维德的《变形记》卷十一）。弥达斯因提出贪得无厌的要求而陷入几乎饿死渴死的悲惨境地，必然永远传为笑柄。

㊴ 亚干是犹太支派的人迦米的儿子。摩西死后，他的帮手约书亚奉上帝之命率领以色列人继续向赐给他们的地方前进，渡过约旦河，到了耶利哥城附近，看到城门紧闭。上帝晓谕约书亚说，命以色列人绕耶利哥城七次，城墙就会塌陷，落入他们之手。约书亚吩咐以色列人遵照上帝所指示的去做，但城破之后，一切战利品都要放入耶和华上帝的库中，谁都不许拿走，否则就连累以色列的全营。大家都听从了约书亚的话。惟有亚干受贪欲驱使，在所夺的财物中，拿去了他所喜爱的一件美好的衣服和一些金银，藏在自己的帐篷里。因为愚妄的亚干拿去了这些战利品，上帝就向以色列人发怒，使他们被艾城人击败。他吩咐约书亚追查拿走财物的人。亚干在约书亚面前认了罪，约书亚说，"你为什么连累我们呢？今日耶和华必叫你受连累。"于是，以色列众人用石头打死他，将石头扔在其上，又用火焚烧他所有的（事见《旧约·约书亚记》第六章、第七章）。

“约书亚的怒气似乎仍在这里刺痛他”：“这里”指第五层平台。意谓在这层平台上忏悔赎罪的灵魂们回忆亚干的罪行时，那样严厉地责备他，真像当初约书亚在人间怒气冲冲地申斥亚干时的情景一样。

㊵ 最初的基督教信徒有一种风尚：卖掉自己的田产，把钱存放在公共的钱柜里。这种做法是自觉自愿的，并无强制性。撒非喇同她丈夫亚拿尼亚皈依了基督教后，也卖了田产，但把价银私自留下几分，其余的几分拿来放在使徒脚前。圣彼得当面揭穿了亚拿尼亚的虚伪，说他这样做不是欺哄人，是欺哄上帝了。亚拿尼亚听见这话，就仆倒断了气。约过了三小时，他的妻子撒非喇进来，还不知此事。圣彼得问她，他们卖田地的价银是否就是这些。她说，就是这些。圣彼得说，她和她丈夫同心欺哄圣灵。撒非喇立刻就仆倒在圣彼得脚前，断了气（事见《新约·使徒行传》第五章）。

㊶ 赫利奥多洛斯（Heliodorus）是叙利亚塞琉古王朝的国王塞琉古四世（公元前187—前175在位）的财政大臣。国王派他去掠取耶路撒冷圣殿中的财宝。他一进圣殿，就有一位身穿金甲的勇士骑着一匹烈马出现在他前面，这匹烈马向他猛冲过来，用前蹄踢他，勇士身边的两位青年不住地用鞭子抽他。他突然昏倒在地上，随从的人就用担架把他抬走了（事见《逸经》《玛喀比传》下卷第三章）。

㊷ 波吕墨斯托尔（Polymestor）是特剌刻（Thraca）国王，特洛亚老王普利阿姆斯的女婿。当特洛亚人和希腊人交战时，普利阿姆斯把儿子波吕多鲁斯（Polydorus）送到波吕墨斯托尔的宫中寄养，使他远远离开战争，同时还送去了一大批金银财宝。贪婪的波吕墨斯托尔见财就存了歹心。他一听到特洛亚被希腊人攻占的消息，就丧尽天良杀死了托付给他的波吕多鲁斯，并把尸体从悬崖上推落海中灭迹（事见奥维德的《变形记》卷十三）。

“全山周围回荡着……波吕墨斯托尔的骂名”：意谓这层平台上所有的灵魂都在反复地骂他。

㊸ 克拉苏（Marcus Licinius Crassus，公元前约112—前54）是古罗马大奴隶主和最富、最贪财的人。公元前71年出任掌军权的执政官时，镇压了斯巴达克起义。前70年和庞培出任执政官。前60年和庞培、恺撒结成反对元老院贵族派的秘密同盟，形成所谓“前三头”。前55年再次和庞培出任执政官。任满后，前54年去叙利亚做总督，企图在那里大大增加自己的财富。公元前54—前53年，率军同帕提亚（安息）人交战，这是罗马和帕提亚第一次大战，结果罗马败绩，几乎全军覆没，克拉苏本人被杀，帕提亚人把首级送交国王奥罗戴斯（Orodes）。奥罗戴斯知道他贪财，就命人把金水灌到他的口腔中，嘲笑道：“你渴望得到黄金，那你就喝金水吧！”（诗句中灵魂们所喊的那句讽刺话显然脱

胎于此）

㊹ 这里休·卡佩回答方才但丁向他提出的第二个问题："为何只你一人重温这些值得赞美的行为"，说明这层平台上的灵魂白天都在讲述善行的范例，但是由于讲述时热情程度不同，有的人声音高，有的人声音低。因为方才近处没有别人高声讲述，但丁只听到他的声音，误认为只他一个人讲述来着，才产生了上述疑问。

㊺ "克服路径的困难"：指道路狭窄，路旁又有许多灵魂趴在地上，在这种困难的条件下，尽可能地快速前进。

㊻ 提洛斯（Delos）是爱琴海南部基克拉迪群岛中的一个小岛。据古代神话，这个小岛是海神涅普图努斯用神力使它从海浪中涌出的，原先一直在海里漂来漂去。女神拉托娜（Latona）和众神之王朱庇特相爱怀了孕，为了逃避天后朱诺的忌妒，逃到此岛，在岛上生了日神阿波罗和月神狄安娜一对孪生子女（诗中所谓"天的两眼"指日、月）。阿波罗为了感谢此岛，用神力把它固定下来（《埃涅阿斯纪》卷三、《变形记》卷六均提到此事）。

辛格尔顿指出，用提洛斯岛的动荡来比拟炼狱山的震动特别贴切，因为后者也是海岛。

雷吉奥则认为，漂来漂去的海岛即使是在大风暴中的摇动，似乎都不可与地震的震撼相比拟；因此，看来大概但丁相信提洛斯岛曾被一次真正的地震震撼过。早期注释家的话足以证实此点，他们说，相传在《圣经》所说的大洪水以前，提洛斯岛经常被地震震撼。

㊼ "Gloria in excelsis Deo"：意即"在至高之处荣耀归与上帝"。这是耶稣降生时，天使所唱的赞美上帝的歌的第一句，《新约·路加福音》第二章中全文是："在至高之处荣耀归与上帝，在地上平安归与他所喜悦的人。"《炼狱篇》第二十一章告诉我们，地震表明一个灵魂从炼狱之苦中解脱出来。为此所有的灵魂同感喜悦，大家齐声合唱这支赞美上帝的歌。

㊽ "心里惶惑"：因为弄不清地震和唱歌是怎么回事。

"如同第一次听到那支歌的牧羊人一样"：《新约·路加福音》第二章中说，耶稣降生时，"在伯利恒之野地里有牧羊的人，夜间按着更次看守羊群。有主的使者站在他们旁边，主的荣光四面照着他们。牧羊的人就甚惧怕，"但没有说，他们听到天使唱那支歌时，心里惶惑；这一细节是但丁加上的，雷吉奥认为，它是对《圣经》经文中所加的极富有诗意的诠释。"直到震动停止和那支歌终结"：萨佩纽指出，连词"和"（ed）强调地震停止和那支歌终结这两件事是同时发生的。

㊾ "神圣的行程"：因为这是悔罪、净罪的行程。

㊿ "在进行思索之际"：指在思索地震和唱歌的原因之际。

第二十一章

除非喝撒玛利亚的小妇人请求恩赐的水，就永远解不了的那种自然的渴折磨着我[①]，急于向上的心情鞭策着我跟在我的向导后面由那条受阻碍的道路前进，公正的惩罚一直使我痛心[②]。你瞧！正如路加为我写下的，已经复活走出墓穴的基督突然显现在两个行路的人跟前那样，一个灵魂显现在我们跟前，他是从我们后面来的，当时我们正注意看趴在我们脚边的那群灵魂，直到他先说了话，我们才觉察到他，他说："啊，我的兄弟们，愿上帝赐予你们平安[③]。"我们迅速转过身去，维吉尔用与之相当的示意动作向他还礼[④]，然后开始说："愿那使我处于永久流放的正确无误的法庭使你平安进入享受天国之福者的大会[⑤]。""怎么，"他说——在这同时我们急速前行——"如果你们是上帝认为不配升天的灵魂，谁引导你们由他的阶梯[⑥]往上走得这么远哪？"我的老师说："如果你仔细看一下这个人额上带着的那些被天使刻下的记号[⑦]，你就会明白，他是注定要和善人们一起在天国的。但是由于那位日日夜夜纺线的女神还没有给他卸下克罗托为每个人放在纺锤上绕紧的那一定分量的羊毛[⑧]，他的灵魂是你的和我的姊妹，上来时不能独自走来，因为它不按我们的方式看事物[⑨]。因此我被调出了地狱的宽阔的喉咙前来引导他，我还要引导他再往前走，我的教导能引导他走多远就引导他走多远[⑩]。但是，如果你知道的话，就请你告诉我，为什么刚才这座山那样震动，为什么全山一直到湿润的山脚都似乎用一个声音呼喊[⑪]。"他这样一问就给我把线那样准确地穿过我的意愿的针眼，以至于使得我的渴仅仅通过希望就变得不那么难忍了[⑫]。

那个幽魂开始说："这座山的神圣法则不容许有任何无秩序或者出乎常规之外的事物。这里没有地上的一切变化[⑬]：这里任何变化的起因只能是天自身产生的、接受到自身中的力量，而不是别的[14]。因此雨、雹、雪、露、霜都不降到那三磴短小的台阶以上的地方[15]。浓云或薄云、闪电和常常变换方位的陶玛斯之女也都不出现[16]；干燥的地气也不在我所说的那三磴台阶顶端、彼得的代理人放脚处以上的地方升起[17]。在那以下的地方也许有或小或大的地震；但是在这上方从未由于地中潜藏的风发生过地震，我不知什么缘故[18]。每逢某一个幽魂觉得自己已经变得纯洁，可以站起来或者可以动身上升时，这里地就震动；随后就发出那种呼喊[19]。幽魂已经变得纯洁的惟一证明就是能完全自由变换处所的意志，这种意志突然降临于它，对它有益[20]。在这以前幽魂固然也想上升，但是欲望不许可，神的正义使欲望与意志背道而驰，倾向于受苦，如同过去倾向于犯罪一样[21]。我趴在这层平台上受苦已经五百多年了，现在才觉得有了向更幸福的门槛迈进的自由意志[22]：因此你感觉到地震，听到山上虔诚的幽魂们赞美主，我祝愿他早日打发他们上升[23]。”

他这样对我们说；由于人越渴，喝到水时，乐趣就越大[24]，我简直说不出他的话使我获得了多大的教益。那位睿智的向导说：“如今我明白了把你们缠在这里的网是什么，你们怎样从网中解脱，这里为什么地震，你们为什么共同欢呼[25]。现在请你让我知道你是谁，并且从你的话里明白你为什么趴在这里这么多世纪。”那个灵魂回答说：“当英勇的狄托靠至高无上的帝王之助，为流出被犹大出卖之血的伤口报仇时，我以流传最久和最光荣的名称在世上很负盛名，但尚未有信仰[26]。我的诗歌的音调那样悦耳，使得罗马把我这个图卢兹人吸引了去，在那里我获得了头上戴爱神木叶冠的荣誉[27]。世上的人如今还以斯塔提乌斯这个名字称道我，我歌咏忒拜，然后歌咏伟大的阿奇琉斯；但我在担负着这第二个重担的途中倒下了[28]。引起我写诗的热情的火种是那神圣的火焰迸发出来的、使我情绪激奋的火花，一千多位诗人的创作热情都是被这神圣的火焰点燃起来的[29]；我说的就是《埃涅阿斯纪》，在作诗上，它对我来说是妈妈又是乳母：没有它，我连分量只有一德拉玛的东西都写不出来[30]。假若我能在维吉尔在世时活在人间的话，我情愿为此比规定的期限多留一年再结束我的流放[31]。”

这些话使得维吉尔转身向着我，用脸上的表情默不做声地说：“别说话”；然而意志的力量并不是万能的；因为微笑和哭都紧随其所由来的激情发出来，在最真诚的人身上最不服从意志约束[32]。我只微微笑了笑，好像使眼色的人似的[33]；因此那个幽魂就沉默了，细看着我的眼睛，在那里表情最为集中[34]。他说：“祝愿你能顺利结束如此艰苦的旅程；请问你脸上刚才为什么向我闪现一丝微笑呢[35]？”现在我陷入了左右为难的境地：一边要我保持沉默，另一边祈求我说话；因此，我的老师理解我的苦衷，对我说：“不要害怕说话；只管说吧，把他这样关心来问的事告诉他吧。”于是，我说：“古代的幽魂哪，也许对于我露出微笑你感到惊异；但我还要你知道一件更使你惊奇不置的事。这位指引我的眼睛向上的[36]，就是你从他那里获得歌咏人和诸神的灵感的那位维吉尔[37]。如果你曾相信我微笑是由于别的缘故，那你就放弃这种不真实的想法，而相信那是由于你刚才关于他所说的那些话吧。”他已经俯身去抱我老师的脚[38]，但他对他说：“兄弟，不可如此，因为你是幽魂，你见到的也是幽魂[39]。”他站起来，说：“现在你可以明白我心中对你燃起的爱是多么强烈，我忘了我们的形体是空虚的，把幽魂当做固体的东西看待了。”

注释：

① “撒玛利亚的小妇人请求恩赐的水”：这个典故出自《新约·约翰福音》第四章：耶稣“到了撒玛利亚的一座城，名叫叙加，靠近雅各给他儿子约瑟的那块地。在那里有雅各井。耶稣因走路困乏，就坐在井旁。那时约有午正。有一个撒玛利亚的妇人来打水。耶稣对她说，请你给我水喝。那时门徒们进城买食物去了。撒玛利亚的妇人对他说，你既是犹太人，怎么向我一个撒玛利亚妇人要水喝呢？原来犹太人和撒玛利亚人没有来往。耶稣回答说，你若知道上帝的恩赐，和对你说给我水喝的是谁，你必早求他，他也必早给了你活水。妇人说，先生，没有打水的器具，井又深，你从哪里得活水呢？我们的祖宗雅各将这井留给我们。他自己和儿子并牲畜也都喝这井里的水，难道你比他还大吗？耶稣回答说，凡喝这水的，还要再渴。人若喝我所赐的水就永远不渴。我所赐的水要在他里头成为泉源，直到永生。妇人说，先生，请把这水赐给我，叫我不渴，也不用这么远打水。”

“撒玛利亚的小妇人”：诗中用小词 La femminetta（小妇人）表示她低

微和心地单纯。她“请求恩赐的水”象征耶稣启示的真理，即《筵席》第四篇第十二章中所说的“基督最真实的教义，它是道、真理和光”。

“永远解不了的那种自然的渴”：指人的求知欲。但丁在《筵席》第一篇开端引用亚里士多德《形而上学》开宗明义的话说：“凡人皆自然具有求知欲”，作为笃信基督教的中世纪诗人，他认为人的求知欲只有接受基督启示的真理才能最终得到满足。诗中此处所说的求知欲具体指他想知道炼狱山地震的原因。

② “公正的惩罚”：指犯贪婪罪者的灵魂受到手脚被捆绑着趴在地上眼睛不能仰视的惩罚，这种惩罚是公正的，因为它是上帝规定的，对那些灵魂来说，是罪有应得的。但丁之所以痛心，一则由于目睹他们受苦的悲惨情景，二则由于哀怜他们不幸成为贪欲的奴隶。

③ 当但丁怀着强烈的求知欲和对那些受苦的幽魂的哀怜之情跟随着维吉尔匆忙前进时，一个幽魂突然出现在他们俩跟前。诗中用《新约·路加福音》第二十四章所述基督复活后突然出现在两个行路的门徒跟前的场面来比拟上述情景：“正当那日，门徒中有两个人往一个村子去，这村子名叫以马忤斯，离耶路撒冷约有二十五里。他们彼此谈论所遇见的这一切事。正谈论相问的时候，耶稣亲自就近他们，和他们同行。只是他们的眼睛迷糊了，不认识他。”

“愿上帝赐予你们平安”是《新约·路加福音》同一章中复活后的耶稣对使徒们所说的问候话：“正说这话（指关于耶稣已经复活）的时候，耶稣亲自站在他们当中，说：愿你们平安。”《新约·马太福音》第十章说，耶稣嘱咐使徒们都使用这句问候话。

④ 意即维吉尔用与那个幽魂的话同样亲切的示意动作向他还礼致谢。至于他使用的是什么具体的示意动作，诗中没有说明。

⑤ “永久流放”：指维吉尔永远留在地狱，不得进天国。“正确无误的法庭”：指上帝的公正无误的判决。

“平安”：这里指“永恒平安”（la pace eterna），即天国之福。“享受天国之福者的大会”：指天国。

⑥ “他的阶梯”：指炼狱作为升入上帝所在的天国的阶梯。

⑦ 指看守圣彼得之门的天使在但丁额上刻下的七个 P 字。

⑧ 希腊神话中的三位命运女神（Moirae）是三姊妹，她们主宰人的生死寿夭。“日日夜夜纺线的女神”是拉刻西斯（Lachesis），她昼夜不停地给每个人纺生命之线。克罗托是命运女神中年龄最小的；她“为每个人放在纺锤上绕紧的那一定分量的羊毛”：每个人出生时，她都把一定分量的亚麻放在拉刻西斯的纺锤上，亚麻需要纺多少时间，人的寿命就有多么长。“绕紧”原文是 compila，意即把一定分量的亚麻放在纺锤上后，用手转动纺锤，把羊毛好好地、紧紧地绕在纺锤上。“还没有给

他卸下……那一定分量的羊毛”：意即她还没有给但丁纺完生命之线，也就是说，但丁阳寿未尽，还是活人。

⑨ “他的灵魂是你的和我的姊妹”：因为所有的灵魂都是上帝创造的。“它不按我们的方式看事物”：维吉尔和与他交谈的人都是已经脱离肉体的幽魂；但丁则是活人，灵魂与肉体结合在一起，受到肉体的阻碍，不能像他们那样运用心智（intelletto）清晰地看到真理，所以不能独自来炼狱，而必须有向导带路。

⑩ “地狱的宽阔的喉咙”：指维吉尔所在的“林勃”，它是第一层地狱，最靠外也最宽阔，诗中把它比作通往地狱内部的喉咙。

“我的教导能引导他走多远就引导他走多远”：指维吉尔象征理性和哲学，只能引导但丁走到象征现世幸福的地上乐园。

⑪ “湿润的山脚”：指炼狱山濒海的山麓。

“用一个声音呼喊”：指幽魂们高声齐唱耶稣降生时天使所唱那支赞美上帝的歌（见第二十章注㊼）。

⑫ “给我把线那样准确地穿过我的意愿的针眼”：比拟维吉尔通过他向那个幽魂提出的问题完全猜中了但丁心里渴望知道的事。

“以至于使得我的渴仅仅通过希望就变得不那么难忍了”：意谓由于维吉尔猜中了但丁的心愿，替他向那个幽魂提出了有关的问题，但丁仅仅因为心中的疑问有希望得到解答，急于求知的心情就已经有所缓和了。

⑬ 因为炼狱本部处于气、水、土、火四大要素区域以外。

⑭ “天自身产生的、接受到自身中的力量”：指天的一部分对天的另一部分起作用的力量，由于天是永恒不变的，这种力量也不能产生真正的变化。所以炼狱本部出现的一些现象（例如地震）看来似乎和四大要素区域内的一些现象相同，实际上却是另一回事，其起因完全不同于前者。（根据万戴里的注释）

⑮ “那三磴短小的台阶以上的地方”：指圣彼得之门以内的炼狱本部区域。

⑯ “常常变换方位的陶玛斯之女”：据希腊神话，陶玛斯（Thaumas）是彭图斯（Pontus，大海）和盖亚（Ge，大地）之子。他和海洋仙女埃勒克特拉（Electra）生下象征彩虹的女神伊里斯（Iris）。伊里斯是众神的使者，上天下地传达信息时都架彩虹。她在这里指虹，虹出现在和太阳相对着的方向，太阳在东方，虹就出现在西方，反之亦然，所以诗中说：“常常变换方位”。

⑰ “干燥的地气”：根据亚里士多德的物理学，地上出现的种种自然现象均来源于地中的气体：潮湿的地气升起就造成雨、雪、雹、露、霜等降水现象；干燥的地气如果稀薄，升起就成为风，如果浓重，潜藏在地中是风，一冲出地面，就造成地震。

“那三磴台阶顶端”：圣彼得之门在此处。“彼得的代理人”：指守门天使，因为他手里拿着圣彼得的两把钥匙。“放脚处”：天使坐在门槛上，两脚放在第三磴台阶上。

诗句的大意是：干燥的地气不在炼狱本部升起，所以无风也无地震。

⑱ “那以下的地方”：指炼狱外围区域。“也许有或小或大的地震”：因为炼狱外围仍在大气扰动的范围以内；“也许”表明那个幽魂不敢肯定说那里有地震。但他以肯定的语气说“在这上方（指炼狱本部）从未由于地中潜藏的风发生过地震”。“不知什么缘故”：萨佩纽的注释说，“当一座山的底部被地震震撼时，山的高处怎么能保持不动，的确是神秘不可思议的事。”

⑲ 诗句的大意是：每逢炼狱中的一个幽魂觉得自己已经把罪涤除净尽时，如果它原来坐着（犯忌妒罪者）或者在地上趴着（犯贪婪罪者），它就“站起来”，动身上升天国，如果它原来被限定在某一平台上走动（犯其他罪者），它就一直动身上升天国，在这同时，就发生地震，随后全山就传出高声齐唱赞美上帝的歌声。

⑳ 诗句的大意是：幽魂已经涤除罪孽的惟一证明是意志能完全自由变换居留处所，也就是说，从炼狱上升天国，这种已经完全自由的意志对幽魂有益，因为自由的意志力能促使幽魂站起来和动身上升。

㉑ 托马斯·阿奎那斯在《神学大全》第三卷中把人的意志区分为绝对意志和相对意志或条件意志。绝对意志总是向善的，相对意志或条件意志即诗中所说的“欲望”（talento）则把不好的事物错当成好的事物而倾向它。通过这种区分，他论证了炼狱中的幽魂受苦的自愿性（volontarieta）。这些诗句也突出这一点，大意是：幽魂在觉得自己已经把罪孽涤除净尽以前，就绝对意志来说，当然也想升天，但条件意志（也就是“欲望”）不许可它；正如在世上时，人的条件意志或者“欲望”与绝对意志相反，倾于犯罪，如今在炼狱中，其幽魂在神的正义支配下，感到赎罪的必要性，因而倾向于受苦，受磨练；这是与想使它升天的绝对意志背道而驰的。只有当净罪过程圆满结束，条件意志完全消失在绝对意志中时，幽魂才不再感到任何阻碍而能自由上升天国。

㉒ “我趴在这层平台上受苦已经五百多年了”：我们从下文知道这个幽魂是古罗马诗人斯塔提乌斯（Publius Papinius Statius），在注释中我们已经多次提到他的史诗《忒拜战纪》。他大约死于公元 96 年，从这年算起到 1300 年维吉尔和但丁在炼狱中见到他时，他在炼狱中已停留了一千二百多年：在这层平台上（涤除浪费罪）受苦五百多年，在第四层平台上（涤除怠惰罪）受苦四百多年（见第二十二章），其余的时间可想而知是在炼狱外围和第一、二、三层平台上度过的。

“向更幸福的门槛迈进的自由意志”：“更幸福的门槛”，指天国的门槛。

"自由意志"，指不再受"欲望"（talento）阻碍的意志。

㉓ 斯塔提乌斯自己已经净罪后，祝愿上帝使仍在炼狱中受苦的幽魂们早日升天，表现出真正的基督教徒的爱。

㉔ 这里继续用"渴"来比拟求知欲，意谓求知欲越强烈，得到满足后，内心就越快乐。

㉕ "把你们缠在这里的网"："网"作为比喻指使幽魂们滞留在炼狱中的障碍，即条件意志或"欲望"，它促使幽魂们愿受神的正义规定的刑罚。

"你们怎样从网中解脱"：指通过幽魂们自己意识到净罪过程已经圆满结束。

"这里为什么地震"：指由于有幽魂已经把罪涤除净尽，开始上升。

"你们为什么共同欢呼"：指其他的幽魂统统为此感到和表示欢欣，齐唱赞美上帝的歌。

㉖ "英勇的狄托"：指罗马帝国弗拉维王朝（公元69—96）的建立者韦帕芗（Vespasianus）的长子狄托（Titus）。公元66年，犹太人由于罗马总督劫掠耶路撒冷圣殿及其宝库举行起义，韦帕芗奉命前去镇压，狄托随父出征。70年，韦帕芗被拥戴为罗马皇帝，返回意大利登基，狄托留在巴勒斯坦，继续围攻耶路撒冷，当年九月占领了此城。71年，狄托回到罗马与其父韦帕芗共同举行凯旋仪式，庆祝征讨犹太人的胜利。79年，韦帕芗死后，狄托继承帝位，81年去世。

"靠至高无上的帝王之助"：意即靠上帝的帮助。

"为流出被犹大出卖之血的伤口报仇"：意即为耶稣基督被出卖钉死在十字架上对犹太人进行报复。据史书记载，罗马军队重新占领耶路撒冷后，把被俘的起义者都钉在十字架上处死，以至于"没有地方再立十字架，没有十字架再钉人"。除了死难者外，耶路撒冷居民被卖为奴隶的多达七万人。奥洛席乌斯在七卷《反异教徒史》卷七中把这说成是犹太人因陷害耶稣基督使他被钉死在十字架上所遭受的报复："在占领和摧毁耶路撒冷，……使犹太国家完全灭亡后，被上帝的命令指定替主耶稣基督的血报仇的狄托就和他父亲韦帕芗一起以凯旋的仪式庆祝了他的胜利，关闭了雅努斯（Janus）神庙（译者按：雅努斯是古罗马的门神，战时，罗马广场上的雅努斯神庙庙门大开，表示神保护战士出征，战争结束，庙门关闭，以示和平），……为纪念替主的受难报仇而举行与纪念他的降生所举行的那种同样光荣的庆典，的确是正确的。"但丁接受了他的看法。

"流传最久和最光荣的名称"：指诗人。卢卡努斯在史诗《法尔萨利亚》卷九中说："啊，诗人的工作多么伟大，多么神圣啊！他使一切事物免于毁灭，赋予人以不朽。"作为人文主义的先驱，但丁把诗人看得很高，认为这是“流传最久和最光荣的名称”，因为诗不仅是美，而且是对人生的教导（见第二十二章）。

“尚未有信仰”：意即尚未皈依基督教。这几句诗的大意是：在罗马皇帝韦帕芗在位期间（公元 70—79），当他的儿子英勇的狄托靠上天的帮助摧毁了耶路撒冷，为耶稣基督被钉死在十字架上对犹太人进行了报复时，我在世上是享有盛名的诗人，但还不是基督教信徒。

㉗ “我的诗歌的音调那样悦耳”：古罗马讽刺诗人尤维纳利斯（约公元 60—约 140）的第七首讽刺诗中提到斯塔提乌斯的诗歌音调悦耳：“当斯塔提乌斯答应朗诵一天使这个城市（指罗马）欢乐时，人们成群结队地去听他的悦耳的声音和他的受人们喜爱的《忒拜战纪》；他们的心灵被他的美妙悦耳的诗歌迷住了，听众听他朗诵听得那样入神！……”

“我这个图卢兹人”：图卢兹城在现今法国西南部。其实，斯塔提乌斯并非图卢兹人，他大约于公元 45 年出生在那不勒斯，96 年死在那里。诗中之所以把他误认为图卢兹人，是由于但丁如同其他的中世纪学者一样，把他和同名的修辞学家斯塔提乌斯（Lucius Statius）混淆了，后者于罗马皇帝尼禄执政初年（约公元 58）出生在图卢兹。

“爱神木叶冠”：为什么不授予他桂冠，而授予他爱神木（mirto）叶冠，对此注释家们感到困惑不解。波雷纳猜想，给他戴上爱神木叶冠表示承认他作为爱情诗人的成就，但举不出使用这种冠的事实来证明他的想法。雷吉奥认为，给他戴上爱神木叶冠或许只意味着给他加冠为诗人而已。斯塔提乌斯在罗马确实曾被加冠为诗人，此事见于他的《诗草集》（Silvae）第三卷第五首。此书的手抄本十五世纪才被发现，因而但丁不可能从此书获悉这一事实，而是另有所本。

㉘ “世上的人如今还以斯塔提乌斯这个名字称道我”：斯塔提乌斯在中世纪确实享有盛名。他的两部史诗在学校里被广泛诵读、学习，许多学者都对之进行深入的研究，但丁自己就是最显著的例子。

“我歌咏忒拜”：指他根据希腊七将攻忒拜城的传说，以《埃涅阿斯纪》为楷模，创作史诗《忒拜战纪》十二卷，近万行，历时十二年完成。

“然后歌咏伟大的阿奇琉斯”：指他创作史诗《阿奇琉斯纪》，描述荷马史诗中的英雄阿奇琉斯的生平和业绩，现仅存有关其童年时代的第一卷和第二卷的一半。有人认为作者生前未能写完全书，也有人认为其余部分已经散失。但丁诗中肯定前一种说法。

“但我在担负着这第二个重担的途中倒下了”：“这第二个重担”，指《阿奇琉斯纪》。这个比喻表明斯塔提乌斯生前没有写完此书就去世了。格拉伯尔指出，斯塔提乌斯向维吉尔和但丁说明他的史诗的题材和创作史诗的艰苦劳动，这种艰苦劳动使得他在写作这第二部作品时，累得中途倒下了。“倒下了”（caddi）一词分量极重。断送人性命的死和他作为艺术家经受的巨大磨难这两种意象交融在“倒下”（cadere）一词中。

㉙ “那神圣的火焰”：指《埃涅阿斯纪》。斯塔提乌斯在《忒拜战纪》的结尾就用“神圣”这一形容词说明《埃涅阿斯纪》是千古绝唱，他对自己这部史诗说：“你长存吧！我祈祷，但是不要与神圣的《埃涅阿斯纪》竞争，要远远地跟在它后面，永远尊敬它的足迹。”（《忒拜战纪》第十二卷）

“一千多位诗人”：“一千多位”是不定数，极言其多。

诗句的大意是：我的诗的灵感来源于《埃涅阿斯纪》，无数诗人从这个光辉的典范中受到教益和启发。

㉚ “它对我来说是妈妈又是乳母”：说它是“妈妈”，因为它是我的诗的灵感来源；说它是“乳母”，因为它教会了我作诗的艺术。斯塔提乌斯的话实际上也表达出但丁对维吉尔的热爱和崇敬。托玛塞奥说：“‘妈妈’这个日常用语表示情谊和尊敬，说明但丁觉得维吉尔不仅是养育者，而且是新的美的生育者。”

“我连分量只有一德拉玛的东西都写不出来”：“德拉玛”（dramma）是一盎司的八分之一，约四克。这里作分量极小解。

意即倘若没有《埃涅阿斯纪》这一光辉的典范，我根本写不出任何一部稍微有点价值的作品。

㉛ “我的流放”：指他滞留在炼狱中（流放于天国外）。

斯塔提乌斯大约出生于公元45年，维吉尔死于公元前19年。斯塔提乌斯在诗中说，假若他能生在维吉尔在世时，得以认识这位大诗人的话，他情愿为此在炼狱比规定的期限多留一年再上升天国。这话表达出刚解除了炼狱的磨难，行将升入天国享受永恒之福的斯塔提乌斯对维吉尔的无比热爱和景仰。

㉜ “微笑和哭都紧随其所由来的激情发出来，在最真诚的人身上最不服从意志约束”：“其所由来的激情”即引起微笑和哭的感情：指喜悦和悲痛。“紧随……发出来”：意即人一喜悦就由不得微笑，一悲痛就由不得哭。“在最真诚的人身上最不服从意志约束”：意即越真诚的人，就越自发地表露出内心的喜怒哀乐之情，而非意志力所能抑制；反之，虚伪、阴险之徒则能喜怒不形于色。

㉝ “我只微微笑了笑”：“只”原文是pur，有些注释家作“还是”解，从上下文看，也讲得通。

但丁的微笑是会心的微笑，向维吉尔暗示已经领会了他的无声的命令。

㉞ 斯塔提乌斯见但丁微笑了一下，感到奇怪，就沉默了，仔细瞅着他的眼睛，想从眼神猜度出微笑的原因。

“在那里表情最为集中”原文是ove' l sembiante più si ficca，意谓人的眼睛比脸上其他部分更明显地流露出内心的情感。

㉟ “如此艰苦的旅程”（原文是 tanto labore，这里意译）：指以天国为终极目的的旅程。

“闪现一丝微笑”原文是 un lampeggiar di riso，意谓微笑像闪电一般短促。

㊱ “指引我的眼睛向上”：“向上”（in alto）这个副词在此处意义宽泛含蓄，正如万戴里的注释所指出的，不可把它确定为指天或者确定为指地上乐园。

㊲ “歌咏人和诸神”：这是古代史诗的共同题材。

㊳ 由于对维吉尔的无比热爱和崇敬，斯塔提乌斯不等但丁说完，就情不自禁地俯身去拥抱他的脚。

㊴ 第二章中，但丁和卡塞拉相见时，曾互相拥抱，结果不成，发现卡塞拉已是幽魂而无肉体；第六章中间和第七章开头，维吉尔和索尔戴罗相见时，曾互相拥抱了三四次而并未意识到他们已经是幽魂，这就和第二章中的场面以及此处所写的场面互相矛盾。雷吉奥认为这种矛盾应作为一种美学上的需要来理解。萨佩纽指出，这里的场面和第十九章末尾但丁跪在教皇阿德利亚诺五世身边的场面相似，这两处都袭用了《新约·启示录》中天使对圣约翰所说的那句话。但维吉尔阻止斯塔提乌斯跪下抱他的脚表示敬意时，只是通过向他指出他俩都是幽魂，不复具有肉体，而不像阿德利亚诺那样明白说出谦卑的话语，至多也不过是用“兄弟”一词暗示谦卑之意，也可以说这个词中已经含蓄着那种意思了。

第二十二章

那位擦去我额上的一道伤痕，指点我们去第六层的天使已经留在我们后面了；他曾对我们说，渴慕正义的人有福了，他的话以“sitiunt”结束，没有说别的[①]。我继续向前走，比走别的通道时脚步轻快，因而跟随两位捷足的幽魂攀登毫不吃力[②]，这时，维吉尔开始说：“美德燃起来的爱，只要它的火焰外现，向来都要燃起他人的爱[③]；所以，自从尤维纳利斯降临地狱的林勃中，留在我们中间，使得你对我的情谊为我所知的时候，我就对你怀着那样深的友爱，以至于从来没有更深的友爱把一个人的心同一个未曾见过的人连在一起，因此现在我觉得这些石磴走起来太短了[④]。但是请你告诉我——假如过分的坦率使我说话放纵不羁，你就作为朋友原谅我吧，并且现在就作为朋友同我谈话吧——在你的心中，由于你的勤奋而充满那样大的智慧中间，贪婪怎么能找到一席之地呢[⑤]？”这些话先引起了斯塔提乌斯微微一笑，随后他就回答说：“你的一言一语对于我都是亲切的爱的表示。然而确实常有一些事情出现，由于真正原因不明而带来一些使人产生疑问的理由。你提出的问题使我确信，你一定认为我在世上是贪财的，或许是因为我曾留在那一层的缘故[⑥]。现在我要你知道，贪财这种毛病离开我太远了，这种失之过分的罪使我受了几千个月的惩罚[⑦]。若非我注意到，你在诗中的一处好像对人性感到气愤似的喊道：‘啊，可诅咒的黄金欲，你引导世人的欲望什么邪道不走呢？’我就矫正了我的毛病，如今我一定在滚动着重物，受悲惨的比武之苦呢[⑧]。那时，我领悟到花钱手会张开太大[⑨]，我就忏悔了这种罪和其他的罪。不知多少人由于无知，活着的时候和临终都未能忏悔这种罪，将来要剃光头发重新爬起来呀[⑩]！我还要你知道，凡是与任何一种罪恰恰相反的罪都要同那种罪一起在这里使其青枝绿叶干枯[11]。因此，如果说我曾在那些赎贪财罪的人中间涤除我的罪，我这种遭遇就是由与贪财恰恰相反的罪所致[12]。”那位牧歌诗人说：“当你歌咏伊俄卡斯忒的双重悲哀之间的残酷的战争时，从克利俄同你在那里所讲述的看来，似乎那种信仰尚未使你成为它的信徒，没有这种信仰，单靠善行是不够的[13]。如果是这样的话，那么，什么太阳或者什么蜡烛给你驱散了黑暗，使得你以后扬帆跟从那位渔夫去了[14]?”他对他说：“是你先引导我走向帕耳纳索斯山去喝它洞中的水，是你先启发我向上帝走去[15]。你的诗中写道：‘时代更新了；正义和人类的原始时代重新到来，一个新的后裔从天上降临，’你这样说，就像夜间行路的人，背后提着灯，对自己无用，却使自己后面的人看清了道路[16]。由于你，我成了诗人，由于你，我成了基督教徒；但是，为了使你对我所画的草图看得更清楚，我要动手给它着色[17]。全世界都已充满永恒的王国的信使们传播的真正信仰[18]，上面引用的你那些话又和新的信仰宣讲者们合拍[19]；因此，我养成了和他们交往的习惯。后来渐渐使我觉得他们是那样圣洁，以至于在图密善迫害他们时[20]，他们的哭泣并非没有使我落泪。我活在世上时，一直帮助他们，他们的正直的风尚使我鄙视一切其他的教派[21]。在我尚未写诗叙述希腊人抵达忒拜的河边以前[22]，我就领受了洗礼；但我由于害怕而是秘密的基督教徒，长久假装信奉异教；这种怠惰使我绕着第四层转了四个多世纪之久[23]。你给我揭开了掩盖着我所说的那种善的面纱[24]，那么，趁我们往上攀登的时间还有富余，如果你知道的话，就请告诉我，我们的古老的泰伦提乌斯[25]、凯齐留斯[26]、普劳图斯[27]和瓦留斯[28]在何处，还告诉我，他们是否入了地狱和在哪一处。”我的向导回答说：“他们同佩尔西乌斯[29]和我以及许多其他的人，都同那位受到缪斯的哺育比任何其他的人都多的希腊人[30]一起，在幽冥地狱的第一层[31]；我们经常谈论我们的乳母们永久居住的那座山[32]。欧里庇得斯[33]和我们一起在那里，还有安提丰[34]、西摩尼得斯[35]、阿伽同[36]和许多其他曾头戴桂冠的希腊人[37]。那里可以看到你的人物[38]安提戈涅[39]、得伊皮勒[40]、阿耳癸亚[41]以及仍然和从前一样悲哀的伊斯墨涅[42]。那里可以看到那个指出兰癸亚泉的妇女[43]。那里还有泰瑞西阿斯的女儿[44]和忒提斯[45]以及戴伊达密娅[46]和她的姐妹们。”

现在两位诗人都沉默了，他们上完了石磴，视线不再受石壁遮蔽，现在才注意向周围看[47]。白昼的四个使女已经留在后面，第五个在日车的车辕旁边，一直继续使燃烧着的车辕尖端向着上方[48]，这时，我的向导说：“我想我们应该把右肩转向平台的外沿，像往常那样绕山而行[49]。”这样，习惯在那里就是我们的向导[50]，因为那位高贵的灵魂赞同，我们就怀着更少的疑虑出发[51]。

他们在前面走，我独自在后面走，听他们的谈论，使我在诗艺方面得到了教益。但这愉快的谈论由于我们发现路正中的一棵树[52]而突然被打断了，树上有许多芳香好闻的果子。正如枞树越往上树枝就越小一样，那棵树越往下树枝就越小，我想这是为的不让人上去[53]。在我们的路被屏蔽的那一侧[54]，一泓清水从高大的岩石上落下，沾洒在树叶上。两位诗人向那棵树走近，一个声音从树叶间喊道：“你们将吃不到这种食物[55]。”然后，它又说：“马利亚只想怎样设法使娶亲的筵席体面、周全，想不到她自己的口[56]，这口现在替你们求情[57]。古罗马的妇女们满足于以水为她们的饮料[58]；但以理鄙视御膳，获得智慧[59]。第一个时代如同黄金一样美，那时人饿了就觉得橡子味道可口，渴了就觉得每条小河的水都是玉液琼浆[60]。蜂蜜和蝗虫是那位施洗礼者在旷野中充饥的食物；因此，他如同福音书向你们所启示的那样光荣、伟大[61]。”

注释：

① 萨佩纽指出，三位诗人一面谈，一面急速前行，来到了登第六层平台的通道前，当天使擦掉但丁额上的第五个 P 字，朗诵了耶稣登山训众论福时所讲的福中之一后，他们就拾级而上。诗中其他地方对这一过程的叙述都比较详细，在这里则用寥寥数语加以概括，为的是不打断维吉尔和斯塔提乌斯谈话的线索。

这位天使对他们说的是耶稣所讲的第四福：“饥渴慕义的人有福了，因为他们必得饱足。”（见《新约·马太福音》第五章）这福恰恰“与贪婪相反，因为贪婪的人企图把属于他人者据为己有，正义的人则欲使人人均享有其所应有。”（《最佳注释》）但他并不机械地背诵经文，而是根据具体情况，灵活地加以变动；“他的话以‘sitiunt’结束，没有说别的”：sitiunt 是拉丁文《圣经》经文“饥渴慕义的人有福了”这句中的“渴”字。天使在背诵这句经文时，省去“饥”字，把它留给第六层平台的天使去说，因为第六层是消除贪食罪的地方。有的注释家认为，这句诗意谓天使背诵经文时，还省去了下句“因为他们必得饱足”。

② 但丁拾级而上时，脚步比先前轻快，因为解除了又一种罪的重负。

③ 意谓有道德的爱，只要以某种方式表示出来，总会引起别人的爱，迫使被爱者以爱还爱。这种说法是对弗兰齐斯嘉·达·里米尼的所谓“不容许被爱者不还报的爱”（见《地狱篇》第五章）的修正和限制。弗兰齐斯嘉所指的爱是色情，这里所指的爱则是有道德的爱。“肉体的爱并不总燃起他人的爱，因为它只能燃起淫荡之人的爱；但有道德的爱却总燃起有道德之人的爱。”（布蒂的注释）

④ 尤维纳利斯（Decimus Junius Juvenalis）是古罗马讽刺诗人，约公元 60 年出生于罗马东南的阿奎努姆（Aquinum）。中年以后开始写诗，留下讽刺诗 6 卷 16 首，后来因诗获罪朝廷，年近八旬被遣往埃及（一说不列颠），约公元 140 年死在外地。他和斯塔提乌斯是同时代的人，欣赏后者的史诗《忒拜战纪》。但丁在《筵席》第四篇第十二章和《帝制论》卷二第三章中提到他。

诗句说明自从尤维纳利斯死后灵魂进入“林勃”，把斯塔提乌斯对维吉尔的仰慕之情告诉了维吉尔的时刻起，维吉尔就对这位闻名而不相识的诗人怀有无比深挚的好感或情谊。对闻名而不相识的人发生感情是中世纪宫廷文学中常见的主题之一，普洛旺斯抒情诗中称这种感情为“遥远的爱”。彼特拉克的诗中和薄伽丘的《十日谈》中都讲到这种爱。

“因此现在我觉得这些石磴走起来太短了”：因为不容许我同你长谈。

⑤ “放纵不羁”原文是 m’allarga il freno（放松缰绳），比喻说话言语失控，没有分寸。

“由于你的勤奋”：萨佩纽指出，这是一句客套话，意思是说：“你获得的智慧完全是你自己的功绩”，以此方式委婉回绝斯塔提乌斯对他所说的那些谦卑的感激话。诗句的大意是：在你的充满智慧的心中，怎么容得下贪婪这种卑污的罪呢？也就是说，你这样富有智慧的人怎么会犯贪婪罪呢？

⑥ “那一层”：指犯贪婪罪者所在的第五层平台。

⑦ “贪财”原文是 avarizia，这个词具有“贪财”和“吝啬”两种含义，这里指后者。斯塔提乌斯说“贪财”离开他太远，意即他和“吝啬”相距太远，走另一极端，犯了浪费罪，挥霍无度，也就是“失之过分”（dismisura）。萨佩纽指出，根据亚里士多德的伦理学，各种美德都是两种极端的罪过中间的中庸之道；有节制地使用钱财就是浪费和悭吝

两种过分之罪中间美德；盲目的占有和狂热的挥霍来自同一根源，即对世上的财富的无节制的贪求。

“使我受了几千个月的惩罚”：指他被罚在第五层平台上趴了五百多年，约计六千多个月。

⑧ “在诗中的一处”：指在《埃涅阿斯纪》卷三中，埃涅阿斯叙述波吕多鲁斯的亡魂诉说波吕墨斯托尔背信弃义杀害了他，把他带去的大量黄金据为己有一事（详见第二十章注㊷）的场合。维吉尔就此事借埃涅阿斯之口愤慨地说：“可诅咒的黄金欲，人心在你的驱使下什么事干不出来呢?”（杨周翰译本译文）这句话原文是“Quid non mortalia pectora cogis，auri sacra fames?”但丁在诗中把它译成“Per che〔有些版本作Perché〕non reggi tu，o sacra fame de l’oro，l’appetito de’mortali?”注释家们对但丁的译文大致有两种不同的看法：

有些注释家（如萨佩纽、佩特洛齐、格拉伯尔）认为但丁的译文忠实于拉丁文原文。在他们的校本中采用 Per che，把 sacra fame de l'oro 理解为“可诅咒的黄金欲”，相当于原诗中的 auri sacra fames，把 reggi 理解为“引导”，这句话的含义是：“啊，可诅咒的黄金欲，你引导世人的欲望什么邪道不走呢?”基本上符合原诗的意义。维吉尔的诗句谴责的是世人对金钱的贪欲，悭吝者和浪费者同样受这种贪欲支配：前者为了守财，后者为了能任意挥霍。斯塔提乌斯受到这句诗的启发，认识了自己犯浪费罪的根源，及时忏悔了这种罪，避免了死后灵魂入第四层地狱受苦。从诗中所写的具体场合来看，这种解释是正确的。

有些注释家（如布蒂、波斯科-雷吉奥、彼埃特罗波诺、牟米利亚诺、齐门兹）认为维吉尔的诗句是谴责贪财的，犯浪费罪的斯塔提乌斯能从中受到启发，忏悔这种罪，这在情理上很难说得通，因为在他们看来贪财和浪费是互相对立的。他们在版本中采用异文 Perché；把 reggi 理解为“控制”；把“sacra fame de l’oro”理解为“神圣的黄金欲”，因为意大利文 sacro 通用的词义是“神圣的”（santo），在《神曲》中一般不用作贬词。他们认为，为了说明斯塔提乌斯从维吉尔的诗句中受到启发，及时忏悔了所犯的浪费罪，得以避免死后灵魂入第四层地狱与犯吝啬罪者受同样的惩罚，但丁误解或者有意识地曲解了维吉尔的诗句，把它译成“啊，神圣的黄金欲，你为什么不控制世人的欲望呢?”根据他们的解释，“神圣的黄金欲”意谓对金钱的欲望适中，既不爱财如命，也不挥金如土；“控制世人的欲望”意谓使之不走极端，避免犯悭吝罪和浪费罪，这正是但丁在《筵席》第四篇第八章中以及一些诗中表达的对金钱问题的观点。现在他在维吉尔的诗句中搀用自己这种观点，来说明维吉尔的话给斯塔提乌斯敲了警钟，促使他认识到浪费是罪而及时忏悔此罪，得以死后灵魂不入地狱。这种解释似乎颇能自圆其说，实际上却有不少的破绽：（1）但丁“长久学习和怀着深爱研寻”维吉尔的《埃涅阿斯纪》（见《地狱篇》第一章注㉗），对其中这样一句意义十分明确的话不可能误解。（2）斯塔提乌斯作为诗中的人物，对维吉尔极为爱戴和崇敬，当面引用他的诗句时，公然曲解其意义，也是不可能的事。（3）“黄金欲”即使是适中的，有节制的，也不能说成是“神圣的”。（4）诗中明明说，维吉尔“好像对人性感到气愤似的”，咒骂“黄金欲”；如果把他的话理解为“神圣的黄金欲，你为什么不控制世人的欲望呢?”，那就不再是咒骂而是恳求的话了，这就上下文来看是讲不通的。（5）意大利文 sacro 如同其词源拉丁文 sacer 一样，具有“神圣的”和“可诅咒的”这两种不同的、甚至相反的词义。以《神曲》中 sacro 一般不用作贬词为理由，断定它在这句译文中的含义是“神圣的”，而不是“可诅咒的”，论据也不充足，难以令人信服。

根据以上的评断，译文采用前一种解释。

⑨ 原文是“troppo aprir l’ ali potean le mani a spendere”（直译：“花钱手会把翅膀张开太大”），比喻人挥霍无度，与汉语说“花钱大手大脚”相类似。

⑩ “由于无知”：意即由于不知浪费是罪。“将来要剃光头发重新爬起来呀!”：指受最后审判时，浪费者将剃光头发从坟墓里爬起，表示他们已经倾家荡产，一贫如洗（见《地狱篇》第七章注⑬）。

⑪ “使其青枝绿叶干枯”：原文是 suo verde secca（直译：使其绿色干枯），诗中使用这一大胆的比喻，说明炼狱中的灵魂经受痛苦的磨练使罪孽消失，如同草木枯死一样。诗句的大意是：炼狱中的灵魂凡是犯有与七大罪中的任何一种恰恰相反的罪者，都与犯那一种大罪者的灵魂们在同一层平台上受同样惩罚消除自己的罪孽。从斯塔提乌斯的话看来，这是炼狱中的具有普遍性的法则，实际上，惟一的具体事例是犯浪费罪者和犯贪财罪者的灵魂同在第五层平台上受苦。

⑫ 意即由浪费罪所致。

⑬ “牧歌诗人”：指维吉尔，他最早的重要作品是牧歌十章。

“当你歌咏伊俄卡斯忒的双重悲哀之间的残酷的战争时”：意即当你创作史诗《忒拜战纪》时。

“伊俄卡斯忒的双重悲哀”：伊俄卡斯忒（Jocasta）是忒拜王拉伊俄斯的妻子，和他生下了一个男孩。拉伊俄斯预知这个儿子注定要杀父娶母，就让一牧人把他抛弃。这个弃婴被科林斯王收为养子，取名俄狄浦斯，他长大后，受命运支配，在毫不知情的状况下杀死了自己生身的父亲拉伊俄斯，做了忒拜王，并且娶了生身的母亲王后伊俄卡斯忒，还和她生了两个儿子：厄忒俄克勒斯和波吕尼刻斯，两个女儿：安提戈涅和伊斯墨涅。厄忒俄克勒斯和波吕尼刻斯长大后，强迫父亲俄狄浦斯退位，离开忒拜。俄狄浦斯祷告诸神，让这两个孪生兄弟永远互相仇视。他们约好逐年轮流执政，但厄忒俄克勒斯任期满后，拒不让位。波吕尼刻斯请求阿尔戈斯国王援助他夺回王位，因而发生了七将攻忒拜的战争。后来，这两个结下不共戴天之仇的兄弟在对打时互相杀死（参看《地狱篇》第二十六章注⑮）。对他们的母亲伊俄卡斯忒来说，他们是“双重悲哀”的原因：一来由于他们是乱伦生的，二来由于他们最后是互相杀死的。“从克利俄同你在那里所讲述的看来”：克利俄（C’lio）是九位缪斯中主管史诗、历史的女神。斯塔提乌斯在《忒拜战纪》叙事的过程中多次祈求她的帮助。“在那里”：指在这一史诗中。

“似乎那种信仰尚未使你成为它的信徒”：意谓似乎那时你还不信仰基督教。

“没有这种信仰，单靠善行是不够的”：意谓不信仰基督教，即使行善，也不足以使灵魂得救。

⑭ “太阳”：指神的启示。“蜡烛”：指人的教诲。“黑暗”：指对真理蒙昧无知的状态。“扬帆跟从那位渔夫去了”：“扬帆”，比喻走上某种生活道路。“那位渔夫”，指使徒圣彼得；《新约·马太福音》第五章中说：“耶稣在加利利海边行走，看见弟兄二人，就是那称呼彼得的西门，和他兄弟安得烈，在海里撒网。他们本是打鱼的。耶稣对他们说，来跟从我，我要叫你们得人如得鱼一样。他们就立刻舍了网，跟从了他。”诗句的意思是皈依了基督教。

⑮ “帕耳纳索斯山”（Parnassus）：即今利雅库腊山（Liakoura），坐落在希腊半岛的科林斯湾北面，在雅典西北约一百四十四公里。据希腊神话，此山是阿波罗和九位缪斯居住的地方。山有两峰，因而古典作家常称之为双峰山，还用此山代表诗歌本身。山的南麓得尔福（Delphi）阿波罗神庙的正上方是卡斯塔利亚（Castalia）泉，从泉里涌出的水象征诗的灵感。诗句中所说“它洞中的水”指的就是此泉的水。“走向帕耳纳索斯山去喝它洞中的水”：意即成为诗人。诗句的大意是：首先引导我成为诗人的是你，首先启发我信仰上帝的也是你。

⑯ 这是但丁对维吉尔的第四首《牧歌》5—7行的意译，拉丁文原文是：

magnus ab integro saeclorum nascitur ordo.
iam redit et Virgo, redcunt Saturnia regna;
iam nova progenies caelo demittitur alto.

（世纪的大循环重新开始了。现在那位处女回来了，萨图努斯的统治复返了；现在一个新的后裔从高天降临了。）

这是那不勒斯以北库迈（Cumae）地方的阿波罗神庙的女祭司（西比

尔）的著名预言。这里所说的 Virgo（处女）指正义女神阿斯特拉埃娅（Astraea），所以但丁在译文中使用 giustizia（正义）。“Saturnia regna”（“萨图努斯的统治”）：朱庇特的父亲萨图努斯（Saturnus）被朱庇特逐出奥林普斯，来到意大利，他统治意大利的时期是传说中的“黄金时代”，相当于《圣经》中亚当和夏娃未犯罪前在伊甸乐园中的天真无邪状态，所以译文用“人类的原始时代”来表达。第三句几乎是逐字译出的。

维吉尔的诗句本来是歌颂在奥古斯都的统治下“黄金时代”重新到来。这些诗句大概作于执政官波利奥（Gaius Asinius Pollio，公元前 76—公元 5）的儿子诞生之际，第三句中的“一个新的后裔”指的就是这个婴儿。但是早在基督教兴起的最初时期，这句诗就被牵强附会地说成是预言基督的降生。这种说法给中世纪关于维吉尔是预言家的传说奠定了基础（参看《地狱篇》第一章注⑱）。斯塔提乌斯引用维吉尔这些诗句，并不是说他是预言基督教兴起的先知，而是说他的话启发自己去皈依基督教，他本人却依然滞留于异教的黑暗中。但丁使用了一个美妙的比喻来说明这种情况。注释家们指出，十三世纪的一位波伦亚诗人在一首十四行诗中已经使用过这样的比喻。托玛塞奥还引证圣奥古斯丁的《论象征》中的类似的话：“啊，犹太人哪，你们手里拿着律法的火炬，给别人照明道路，你们自己却被黑暗笼罩着。”这可能是但丁诗中这个比喻的来源。

⑰ “这个比喻来源于绘画技法，特别是壁画技法：先画草图，然后给草图着色。”（雷吉奥的注释）诗句意谓，为了让你更清楚地了解我刚才向你提到的这一点（草图），我要详细地加以说明（着色）。

⑱ “永恒的王国的信使们”：即天国的信使们，也就是传播基督教的使徒们。“真正信仰”：指基督教。“全世界”：“自然是指当时欧洲所知的世界，大致等于罗马帝国的疆域。实际上，在斯塔提乌斯时代，基督教到处在一些小的中心传播，无论哪里都有一点：不管怎样，在圣保罗进行传教活动后，‘福音’就不复局限于东方了。”（雷吉奥的注释）

⑲ 意即我刚才引用的你那些话的意义又与新的布道者所宣讲的教义一致。

⑳ 图密善（Titus Flavius Domitianus）是罗马帝国弗拉维王朝（公元 69—96）的建立者韦帕芗的次子，生于 51 年，81 年其兄狄托死后，即位为罗马皇帝。他实行个人专制，蔑视元老院，以“主上和神”自居。96 年，他在政变中被杀。早期基督教历史家都讲到他迫害基督教徒的罪行。但丁诗中根据的无疑是奥洛席乌斯的七卷《反异教徒史》卷七第十章中有关图密善的话：“在十五年间，这位统治者的邪恶不断升级，经历了一切程度。最后，他胆敢发布几道进行普遍的、最残酷的迫害的敕旨，以根除如今在全世界十分牢固地建立起来的基督教会。”现代

历史家已经否定了有关图密善残酷迫害基督教徒的说法。

㉑ “一切其他的教派”：“教派”原文是 sette（这里不含贬义），包括学派在内。公元一世纪时，有许多宗教和哲学派别在罗马互相竞争。

㉒ 早期注释家拉纳、本维努托和《最佳注释》都认为这句诗的意思是：在我还没有在史诗中写到前来支援波吕尼刻斯的希腊人到达忒拜的伊斯美努斯河和阿索浦斯河的场面以前，也就是说，在我还没有写到《忒拜战纪》第十一卷以前。但是，牟米利亚诺说，“这种解释似乎过于迂腐刻板，也看不出但丁为什么要想提供一部这样详细的编年史。”他认为，诗句的意思是：在写作《忒拜战纪》以前；萨佩纽、雷吉奥、格拉伯尔都提出同样的解释。

㉓ “由于害怕”：意谓害怕受迫害。“长久假装信奉异教”：异教是当时统治阶级信奉的宗教。有些注释家认为副词“长久”（lungamente）属于上句，把这句理解为“我长久是个秘密的基督教徒”，强调其怠惰罪。“这种怠惰使我绕着第四层转了四个多世纪之久”：“怠惰”在于爱善不足。上帝是至善；斯塔提乌斯因害怕受迫害而迟迟不公开自己的基督教徒身份，这说明他爱上帝不足，犯了怠惰罪。为了消除这种罪，他在第四层平台上绕山跑了四百多年。

㉔ “我所说的那种善”：指基督教信仰。全句的大意是：你的诗句揭开了面纱，使我认识了基督教信仰。

㉕ “我们的古老的泰伦提乌斯”：泰伦提乌斯（Publius Terentius Afer），通称泰伦斯（Terence），是古罗马喜剧作家，他的六部喜剧都是依据希腊新喜剧改编的，这些作品全部流传下来，在文艺复兴时期和古典主义时期被译成欧洲其他文字，成为公认的典范。莎士比亚和莫里哀的喜剧都受到其影响。在中世纪时，他的喜剧由于其道德主义精神而颇为人所知，但是但丁似乎没有阅读过，他所引用的《阉奴》一剧中的话，是从西塞罗的著作中得来的（见《地狱篇》第十八章注㉒）。
格拉伯尔指出，泰伦提乌斯（约公元前 195—前 159?）时代早于维吉尔和斯塔提乌斯，所以后者称他为“古老的”泰伦提乌斯。但“古老的”（antico）还含有一位古典作家令人肃然起敬的意味，“我们的”（nostro）则使人感到，对这两位诗人的灵魂来说，泰伦提乌斯是多么亲切。

㉖ 凯齐留斯（Caecilius Statius，约公元前 220—约前 166）是古罗马喜剧作家。据说他写了四十部剧本，但一部都未流传下来。但丁大概是从贺拉斯的《书札》第二卷中和圣奥古斯丁的《天国论》（De civitate Dei）第二卷中得知他的名字的。

㉗ 普劳图斯（Titus Maccius Plautus，约公元前 254—前 184）是古罗马喜剧作家，有二十一部喜剧流传至今。他的喜剧主要是依据希腊新喜剧

改编的，以希腊形式表现罗马现实生活，当时的一些社会问题，如贫富不均、妇女地位卑贱、世风败坏等，都在其中得到反映。中世纪时，由于教会敌视世俗文学，他的喜剧被埋没，十五世纪才被发现，重新受到重视。莎士比亚的《错误的喜剧》就是摹仿他的《孪生兄弟》编写的。法国古典主义喜剧以及十六、十七世纪意大利假面剧和西班牙喜剧都受到他的喜剧的一定影响。但丁肯定没有读过他的剧本，他的名字大概也是从上述贺拉斯的和圣奥古斯丁的书中见到的。

㉘ 瓦留斯（Lucius Varius Rufus）是奥古斯都时期的古罗马诗人，与维吉尔、贺拉斯在同一文人团体内，彼此有深厚的友谊。维吉尔在遗嘱中要求他和作家图卡（Tucca）把《埃涅阿斯纪》手稿焚毁，但他们没有执行，因为屋大维命令他们整理编辑这部史诗，公之于世。瓦留斯写的一部悲剧受到古罗马修辞学家昆提利安（公元一世纪）的推崇，誉为可与希腊悲剧媲美。他还写了两部史诗。这些作品都已失传，只剩下一部史诗中寥寥可数的片断。贺拉斯在《讽刺诗》和《书札》中，维吉尔在《牧歌》中都提到他。此外，但丁自然还可能从某一部维吉尔传记中得到有关他的材料。

㉙ 佩尔西乌斯（Aulus Persius Flaccus，公元34—62）是古罗马讽刺诗人，生当暴君尼禄统治时期。传世的作品有讽刺诗一卷六首，诗中敢于揭露社会罪恶。中世纪时，他的诗很流行，勃鲁内托·拉蒂尼在《宝库》第二卷中两次引用他的诗句，但使用的都是间接得来的材料。但丁对佩尔西乌斯的作品不熟悉。

㉚ 指荷马。在《地狱篇》第四章中，他被称为“诗人之王”。这里以“受到缪斯的哺育比任何其他的人都多”来说明他高于任何其他的诗人。

㉛ 指“林勃”。“幽冥地狱”原文是 carcere cieco（不见天日的牢狱）。

㉜ “我们的乳母们”：指九位缪斯。“那座山”即帕耳纳索斯山，这里指诗。诗句的大意是：在“林勃”中的诗人们经常谈诗。

㉝ 欧里庇得斯（Euripides，约公元前485—前406）是古希腊三大悲剧诗人之一。据说他一共写过九十二部剧本，现存十七部悲剧和一部“羊人剧”。他对罗马和后世欧洲戏剧的影响，比他的两位前辈悲剧诗人埃斯库罗斯和索福克勒斯大得多。但丁在《神曲》中只提到他，而未提他的两位前辈悲剧诗人，大概由于连他们的名字都不知道。关于他，但丁也只是通过亚里士多德、西塞罗、昆提利安等人的著作而略有所知的。

㉞ 安提丰（Antiphon，公元前四世纪）是古希腊悲剧诗人。亚里士多德在《修辞学》第二卷中提到他。普卢塔克把他誉为最伟大的悲剧诗人之一。他的作品只有三部悲剧的片断保存下来。

㉟ 西摩尼得斯（Simonides，约公元前556—前468）是古希腊抒情诗人，生于希俄斯岛，死于西西里。他的诗歌创作具有泛希腊的意义。他歌颂马拉松战役和温泉关战役中希腊将士殊死抵抗波斯侵略的诗非常著名，这些诗作激发人们的爱国热情和民族自豪感。可惜，除少数著名的短诗外，他的作品只有一些残篇传世。但丁是从亚里士多德和西塞罗的著作中间接知道他的。

㊱ 阿伽同（Agathon，约公元前448—约前402）是古希腊悲剧诗人。他的剧本无一流传下来。但丁在《帝制论》卷三第六章中提到亚里士多德在《尼可马克伦理学》卷六第二章中引用的阿伽同的警句。

㊲ 意即许多其他的希腊诗人。

㊳ “你的人物”：指斯塔提乌斯的两部史诗中的人物，这里所说前六个出现在《忒拜战纪》中，后两个出现在《阿奇琉斯纪》中。但丁显然把他们全当作真正的历史人物。

㊴ 安提戈涅（Antigone）是俄狄浦斯和伊俄卡斯忒的女儿，伊斯墨涅的姐姐（参看注⑬），因违犯禁令埋葬她哥哥波吕尼刻斯的尸体，被忒拜的新国王克瑞翁处死。

㊵ 得伊皮勒（Deipyle）是阿尔戈斯王阿德剌斯托斯的女儿，攻打忒拜的七将之一提德乌斯的妻子。

㊶ 阿耳癸亚（Argia）是得伊皮勒的姐姐，波吕尼刻斯的妻子。

㊷ 伊斯墨涅（Ismene）是安提戈涅的妹妹，和她一起被克瑞翁处死。“仍然和从前一样悲哀”：意谓由于生前看到自己的亲人一一死亡，如今在“林勃”中面上仍然带着悲哀的表情。

㊸ 指楞诺斯岛妇人国的女王许普西皮勒（Hypsipyle）。她和伊阿宋相爱，但被他遗弃了（见《地狱篇》第十八章注⑰）。后来，她被强盗抢走，卖给涅墨亚王吕枯耳戈斯做女奴，奉命看顾小王子俄斐尔忒斯。有一天，她抱着小王子坐在森林中，前往攻打忒拜的七将率领大队人马路过那里，焦渴难忍，又找不到水。她把他们带到林中的兰癸亚（Langia）泉，使他们喝到了清凉的水，但她暂时离开后，小王子却不幸被蛇咬死。

㊹ “泰瑞西阿斯的女儿”：指曼图（Manto）。但丁在《地狱篇》中把她放在第八层地狱第四“恶囊”，并且把她说成是“残酷的处女”（见《地狱篇》第二十章注⑯）。在这里，却说她在“林勃”中，同“那些伟大的灵魂”在一起。许多注释家力图说明诗人前后自相矛盾的原因，但都没有足够的说服力。我们只能认为这种矛盾是诗人写作长篇史诗的过程中偶然出现的疏失。

㊺ 忒提斯（Thetis）是海中女神，阿耳戈英雄之一珀琉斯的妻子，特洛亚战争中希腊最大的英雄阿奇琉斯的母亲。

㊻ 戴伊达密娅（Deidamia）是斯库洛斯岛的国王吕科墨得斯的女儿。阿奇琉斯的母亲忒提斯把他装扮成女孩，送到吕科墨得斯的宫廷，以避免他长大后去参加特洛亚战争。他同戴伊达密娅公主生活在一起，和她相爱，使她生了一个儿子。后来，尤利西斯和狄俄墨得斯奉命去斯库洛斯国王的宫廷邀请他参战。他们识破了他的伪装，在他们的劝说下，他同意去参战。他离开斯库洛斯岛后，戴伊达密娅悲痛而死（参看《地狱篇》第二十六章注⑲）。

㊼ 斯塔提乌斯方才对维吉尔说："趁我们往上攀登的时间还有富余"，这话似乎表明，他们二人这样交谈，一登上第六层平台，就要结束。现在他们走完了石磴，登上平台，视线不再被两侧的岩石遮蔽，才得以聚精会神地四下张望。

㊽ "使女"：指作日神使女的时辰女神们（见第十二章注㉗）。"白昼的四个使女已经留在后面"：意即日出后最初的四个时辰已经过去。"第五个在日车的车辕旁边，一直继续使燃烧着的车辕尖端向着上方"：意即她在车辕旁边驾驭着马，一直向上方行驶。这是以形象化的方式说明，太阳在上午第五个时辰仍继续顺着抛物线的路线上升，向中天运行，这个时辰尚未过半，也就是说，现在是上午10时和11时之间。"燃烧着的车辕尖端"：因为这时已经临近中午，太阳的光芒已经很强烈。

㊾ 意即他们应向右转，逆时针方向绕山而行，这是炼狱中的规则。

㊿ "习惯在那里就是我们的向导"：维吉尔和但丁在前五层平台上都是向右绕山而行，现在在六层平台上照例这样走，这就是以习惯为向导之意。"向导"原文是 insegna（旗，麾），这里意译。"如同旗给军队指明应走的路一样，'习惯'，也就是我们在其他各层所遵循的惯例，也在这第六层给我们指路。"（布蒂的注释）

51 "那位高贵的灵魂"：指斯塔提乌斯，他已消除罪孽，即将上升天国。既然他赞同向右走，我们就毫不迟疑了，因为他的话受上天启示，是不会错的。

52 这棵树是用来惩罚贪食罪的，但丁并没有说明它的来源。在距离第六层的出口不远的地方，他将看到另一棵功用与此相同的树（见第二十四章），听到一个声音说，这棵树来源于伊甸乐园中夏娃从上面摘果子吃的那棵树，即分辨善恶的树。由于这两棵树功用相同，多数注释家认为这里所说的这棵树也来源于伊甸乐园（即炼狱山顶上的地上乐园）的分辨善恶的树。

53 这棵树长得非常奇怪，越往下树枝就越短小，仿佛一棵树梢朝下倒栽的枞树似的。但丁寻思它长成这样准是为的不让人爬上去摘果子。实际上，它也具有这种象征的意义。

54 "屏蔽"原文是 chiuso（封锁），指平台的内侧为壁立的岩石所屏蔽。

(55) 意谓你们想吃也吃不到树上的果子，想喝也喝不到从岩石上流下来的清水。这是那个神秘的声音对走近那棵树的人发出的警告。

(56) 发出这句警告后，它接着就针对贪食罪列举一些节制饮食的范例。第一个范例仍然是圣母马利亚的事迹：在迦拿的娶亲筵席上，她操心的是使筵席体面、周全，宾客高兴，而不考虑满足自己的食欲（见《新约·约翰福音》第二章)。她在这个场合所说的“Vinum non habent”（他们没有酒了）这句话，已被引用作为体现爱的范例（见第十三章注⑧)。

(57) 意即“这口现在为你们向上帝祈祷”（本维努托的注释)。雷吉奥指出，“这一细节与作为范例的场面无关，但它给马利亚的慈母形象添加了一笔，写出她的神圣的关怀之情：当初在迦拿的娶亲筵席上，她想不到满足自己的口腹之欲，现在她用自己的口为那些赎罪的灵魂向上帝祈祷。”

(58) 第二个节制饮食的范例是古代罗马妇女。公元一世纪初的罗马历史家瓦雷利乌斯·马克西姆斯（Valerius Maximus）说：“从前罗马妇女们不知道饮酒，因为她们不陷入什么不正当的行动中。”托马斯·阿奎那斯在《神学大全》第二卷中引用他的话，说：“在古代罗马人中，妇女们是不饮酒的。”

(59) 第三个节制饮食的范例是先知但以理。巴比伦王尼布甲尼撒征服耶路撒冷后，命人挑选了但以理等四名以色列贵族中的美少年，教养他们做自己的侍从。他派定将自己所用的膳和所饮的酒，每日赐给他们一份。但以理却立志不以王的膳和王的酒玷污自己，而吃素菜，喝白水，另外那三个少年也同他一起这样做。为了奖励他们，“上帝在各样文字学问上，赐给他们聪明知识。但以理又明白各样的异象和梦兆。”（事见《旧约·但以理书》第一章）

(60) 第四个节制饮食的范例是神话传说中黄金时代的人。关于这个时代，奥维德在《变形记》卷一中写道：“人们不必强求就可以得到食物，感觉满足；他们采集杨梅树上的果子，山边的草梅，山茱萸，刺荆上密密层层悬挂着的浆果和朱庇特的大树上落下的橡子。……土地不需耕种就生出了丰饶的五谷，田亩也不必轮息就长出一片白茫茫、沉甸甸的麦穗。溪中流的是乳汁和甘美的仙露，青葱的橡树上淌出黄蜡般的蜂蜜。”但丁的诗句对此作出了理性主义的解释，使诗人所说的其中流的是乳汁和仙露的河流以及淌出蜂蜜的树木符合于《圣经》中关于伊甸乐园的叙述。

(61) 第五个节制饮食的范例是施洗礼者圣约翰。他在犹太的旷野传道，“吃的是蝗虫野蜜”（见《新约·马太福音》第三章)。耶稣对众人讲论约翰说，“我实在告诉你们，凡妇人所生的，没有一个兴起来大过施洗约翰的。”（见《新约·马太福音》第十一章）

第二十三章

我正像浪费一生时光猎鸟的人惯于做的那样，目不转睛地盯着那片翠绿的树叶时[①]，那位比父亲还亲切的人[②]对我说："儿子啊，现在往前走吧，因为指定给我们的时间[③]须要分配得当，用在更有益的事情上。"我立即把眼睛转向两位哲人[④]，还同样迅速地把脚步跟上他们，他们正在谈论，谈得那样动听，使得我走路一点都不觉得累。这时，突然听见哭着唱道："Labïa mëa，Domine"，这声音那样使得人听了产生喜悦和悲痛[⑤]。我开始说："啊，和蔼的父亲，我听见的是什么声音哪?"他说："那或许是去解他们的罪债的结子的幽魂们的声音[⑥]。"

正如陷入沉思的朝圣者在路上赶上不相识的人们时，就转身向他们看一眼，并不停住，同样，一群沉默、虔诚的幽魂从我们后面走来，走得比我们快，赶上并超过我们时，就惊奇地看我们[⑦]。每个幽魂的眼睛都是黑糊糊的，眍瞜进去，面孔是惨白的，身体瘦得皮都露出骨骼的形状。我不相信，厄律西克同对饥饿感到莫大的恐惧时[⑧]，曾饿得这样，瘦成只剩下一层皮。我心里对自己说："瞧，这就是马利亚啄食她的儿子时，那些失掉耶路撒冷的人的样子啊[⑨]!"他们的眼窝像宝石脱落的戒指[⑩]：凡是在人脸上读出"OMO"的人，一定会在那里清楚地认出M来[⑪]。不知道这是怎么回事的人，谁会相信，一种果子的气味和一种水的气味引起欲望，会造成这般状态呢[⑫]?

我因为还不知道他们消瘦和他们皮肤惨白、干巴、有鳞屑[⑬]的原因，正在惊奇地琢磨着什么使他们饿成了这样，突然间，一个幽魂从头颅深处[⑭]把眼睛转向我，凝视着我；随后就大声喊道："这对我是什么恩泽呀?[⑮]"从他的相貌我决不会认出他来；但他的声音给我显示出他的面孔本身所毁掉的东西[⑯]。这颗火星重新燃起我对这改变了的容颜的全部记忆[17]，我又认出了浮雷塞[18]的面孔。

他祈求说："啊，不要极力注意使我的皮肤变得惨白的那些干巴的鳞屑[19]，也不要极力注意我身体缺少肉[20]，要告诉我你自己的真实情况[21]，告诉我那边那两个给你做向导的幽魂是谁；你可不要不肯对我说。"我回答他说："当初我曾对着你死后的面孔流泪，现在，看到你的面孔这样变了样，在我心中引起的悲痛不小于当时，以至于使得我哭泣[22]。因此，看在上帝的面上告诉我，什么使你这样消瘦吧[23]；在我正惊奇的时候，不要促使我说，因为心里充满别的愿望的人是说不好的[24]。"他对我说："一种力量从永恒的意志降入现在已经留在我们后面的那一泓清水中和那棵果树中，由于这种力量我这样消瘦[25]。所有这些哭着歌唱的人都因生前贪食过度，而在这里通过受饥渴之苦使自己重新变得圣洁[26]。来自那棵果树的香味和来自果树的绿叶上散布着的水珠儿的香味，在我们心中燃起饮食的欲望[27]。在这个地方环山行走，我们的苦重复不只一次[28]：我说苦，其实应说乐[29]，因为，引导我们向那些树走去的，是基督以他的血拯救我们时，引导他欣然说 **Elì** 的那种意志[30]。"我对他说："浮雷塞，从你改换世界到更美好的生活中去那天，至今五年时光尚未流转过去[31]。如果使我们得以与上帝重新结合的那个良好的沉痛时刻来救助你以前，你的再犯罪的可能性就已消失的话，你怎么会已经来到这上边呢[32]？我原以为我会在下边那个以时间补偿时间的地方遇到你[33]。"于是，他对我说："引导我这样快的来饮这苦刑的甜艾酒的是我的奈拉！她以她的痛苦、她的虔诚的祈祷和叹息从须要在那儿等待的山坡上把我拉上来了，还使我免于在其他各层停留[34]。我生前热爱的、我的可怜的遗孀在善行上越显得独一无二，她对上帝来说就越可爱、可喜；因为萨丁岛的巴巴嘉地方的女人们都比我把她撇下在那里的巴巴嘉地方的女人们贞洁得多[35]啊，亲爱的兄弟，你要我说什么呢[36]？一个未来时刻已经在我眼前，对这个时刻来说，此时此刻将不是很古的，在这一时刻，将从布道台上下令禁止厚颜无耻的佛罗伦萨女人们袒胸露乳行走[37]。曾有什么蛮族女人们，什么撒拉森女人们需要教会的禁令或其他的禁令使她们把身体遮蔽起来行走呢[38]？但是，那些无耻的女人

“……告诉我那边那两个给你做向导的幽魂是谁；你可不要不肯对我说。”

倘若知道上天不久就给她们准备的什么，她们早已张开嘴号叫起来[39]；因此，如果我们在这里的预见不欺骗我的话，在现今用催眠曲安慰的婴儿两颊没有生出绒毛以前，她们就要伤心[40]。啊，兄弟呀，你不要再对我隐瞒自己了！你看，不只我，而且所有这些人都注视着你把太阳遮住的地方呢[41]。”因此我对他说：“如果你回忆起当初你同我一起怎样，我同你一起怎样的话，这种记忆如今会仍然是沉痛的[42]。在我前面走的这位几天前使我脱离了那种生活，”我指着太阳说，“当时它妹妹向你们呈现圆形；这位引导我带着这真实的肉体跟随他穿过真实的死者的深夜[43]。从那里他以他的劝导把我拉上来[44]，攀登和环游这座矫正你们被尘世引入斜路者的山[45]。他说，他要陪伴我，直到我走到贝雅特丽齐来到的地方[46]；在那里，我就得没有他做伴了。说这话的人就是维吉尔，”我指着他说，“另外这位就是刚才你们的王国为他震撼各个山坡来使他离开此山的那个幽魂[47]。”

注释：

① 但丁为好奇心所驱使，目不转睛地盯着那棵树的绿叶深处，想知道刚听见的那些话是谁从那里说的。“目不转睛地盯着”原文是 ficcava gli occhi。温图里指出，这个动词很有力，“同时描绘目光的好奇神态及其强烈集中的程度。”诗中用猎鸟者在树林中到处搜索禽鸟的好奇心来比拟但丁凝望着绿色的树叶，想知道说话的人是谁的好奇心，并且表明两种好奇心都是浪费时光，徒劳无益的。中世纪贵族一般都以猎鸟为乐，但丁认为这是一种浪费时光的娱乐。

② 指维吉尔。

③ 指上天限他们旅行的期限。

④ 指维吉尔和斯塔提乌斯两位诗人。中世纪称诗人为哲人，因为诗人不仅是修辞大师，而且是智慧卓越的人。

⑤ “Labïa mëa，Domine”是拉丁文《圣经》《旧约·诗篇》第五十一篇中的话。全文是“Domine，labïa mëa aperies；et os meum annuntiabit laudem tuam”（“主啊，求你使我的嘴唇张开，我的口便传扬赞美你的话。”），犯贪食罪者的灵魂们在赎罪时唱这句诗，因为它恰当地表达出他们的忏悔和决心净罪的心情：“他们好像说：我先前把嘴唇和嘴过分用在吃喝上，现在，上帝呀，求你使我的嘴唇张开，以同样大的热情赞美、歌颂你的名字吧。”

“产生喜悦和悲痛”：歌声产生喜悦，哭声产生悲痛之情。

⑥ “去解他们的罪债的结子”：意谓去还清他们由于犯罪而对上帝欠下的债。

⑦ 波雷纳指出，那些灵魂和朝圣者的类似点并不限于表面上：“那些灵魂由于时而唱歌，时而停顿，而且，如同朝圣者一样，在停顿时的肃静中沉思默想，也使人联想起朝圣者来。”

⑧ 厄律西克同（Erysichthon）是忒萨利亚王子。他鄙视天神。有一次他用斧头砍倒了五谷女神刻瑞斯的树林中的一棵大橡树。刻瑞斯派一名女仙去请饥饿女神惩罚他。饥饿女神趁他酣睡时，向他的喉咙、胸口、嘴里吹气，把自己的精气吹进他的身体，把馋欲送进他的血管。他醒来后，就饿得要命，把几桌酒席吃光，还要吃。肚子吃进去的东西，只能引起他的食欲；他愈吃得多，肚子里愈空虚。他把家财完全吃光，只剩下了一个亲生女儿，只好连女儿都卖了。最后，竟落得用牙咬自己的肉吃，用自己的身体来喂养自己（详见奥维德《变形记》卷八）。“感到莫大的恐惧时”：指厄律西克同最害怕没有东西吃把自己饿死时，由于这种恐惧，他竟吃自己的肉来延长生命。

⑨ 据公元一世纪历史家弗拉维优斯·优素福（Flavius Jesephus）的《犹太战争》卷六第三章记载，公元70年，罗马皇帝韦帕芗的儿子狄托围困耶路撒冷期间，城中绝粮，居民大饥，有一个名叫马利亚的犹太妇女饿得杀死自己的幼儿吃他的肉充饥。“啄食”（diè di beccö）表达出她的兽性，为了活命竟然像猛禽啄食其他鸟类和小动物一样吃自己儿子的肉。

⑩ 犯贪食罪者瘦得眼睛深陷在眼眶里，几乎都看不到，所以眼窝在头颅中就像戒指上镶嵌的宝石脱落后留下的坑儿似的。

⑪ 中世纪有一种很流行的说法，在人脸上可以认出OMO（古意大利语，意义为“人”）一词。M字母（这里指哥特体的大写M）由颧骨和眉弓构成侧面的曲线，由鼻子构成中间的直线；两个O字母由两眼构成。须要注意的是，在铭文上两个O字母都放在M字母的内部：ⓜ。这种写法在我们看来很奇怪，在当时却是非常规范的。犯贪食罪者瘦得颧骨和眉弓的轮廓显得特别突出，所以M字母就变得特别明显。

⑫ 意谓会使得他们瘦成了这个样子。

⑬ “皮肤惨白、干巴、有鳞屑”：原文是 trista squama（悲惨的鳞片），含义晦涩，这里根据注释意译。

⑭ 指眼窝深处。

⑮ 意谓上天让我在这里见到你，对我来说这是多大的恩泽呀！这句话后面虽然是问号，但实际上并非疑问句，而是惊叹句。说话者是但丁的朋友浮雷塞（Forese），他在炼狱中见到但丁，不禁惊喜交集。许多注释家指出，浮雷塞和但丁相见的情形与勃鲁内托·拉蒂尼和但丁相见

的情形（见《地狱篇》第十五章）有相似之处。

⑯ “毁掉”：原文是 conquiso（征服），由这一词义引申为“毁掉”。“他的面孔本身所毁掉的东西”：指浮雷塞生前的相貌。这相貌由于他的面孔如今瘦得变了样已经无法辨认，但他说话的声音并未改变，使得但丁认出了他是老朋友浮雷塞（下句具体说明这点）。

⑰ 但丁“用火星比拟浮雷塞的声音，因为正如前者能燃起整整一场大火，同样，后者足以使浮雷塞的整个形象重现于他的脑海中”。（彼埃特罗波诺的注释）

⑱ 浮雷塞（Forese）属于佛罗伦萨世家窦那蒂（Donati）家族，是黑党首领寇尔索·窦那蒂（Corso Donati）的兄弟和但丁的好友及远亲（因为但丁的妻子杰玛来自这一家族的支派），生年不详，死于 1296 年 7 月 28 日。他和但丁的友谊曾因双方以十四行诗互相指责而受到损害。这些所谓争斗诗（tenzone）共六首，每人各三首，诗中用嘲讽、谐谑的笔调揭发对方，甚至涉及其家属。但丁在两首诗中指责浮雷塞好贪食，在另一首诗中指责他的不正当的生活习惯使他的妻子陷入悲惨的境地。浮雷塞在诗中把矛头指向但丁的父亲，说他是懦夫。他们使用粗鄙放肆的言词互相攻击，主要是受当时托斯卡那的所谓平民诗人（rimatori borghesi）的诗风影响。这些争斗诗都是 1290 年以后写的，属于但丁道德上、思想上误入歧途的时期。这场青年时期的争斗构成两位旧友亲切相见这一场面的历史背景。

⑲ “干巴的鳞屑”原文是 asciutta scabbia，指前面所说的 trista squama（见注⑬）。

⑳ 因为消瘦得出奇。

㉑ 尤其要但丁说明自己是活人怎么能来到炼狱，因为那些幽魂发现他在日光下身体有影子投在地上。

㉒ 大意是：你死去时，我曾对着遗体的面孔流泪，此时此地看到你的面孔消瘦得完全变了样，我的心情如同当初一样沉痛，而不禁声泪俱下。

㉓ 原文是 che sì vi sfoglia。动词 sfoglia 含义是剥去树叶，诗中用来作为隐喻，说明身体皮肤脱屑，肌肉逐渐消瘦，如同冬天树木的叶子枯黄凋落，只剩下光秃秃的枝干似的。

㉔ 意即在我正对于你们这样消瘦感到惊奇，很想知道其原因时，不要促使我回答你所提的那些问题，因为心里对于别的事物怀有疑问而急于得到解答的人，即使让他回答问题也回答不好。

㉕ “一种力量”：指一种超自然的力量。“永恒的意志”：指上帝的意志。诗句的大意是：来自上帝的意志的一种超自然的力量降入我们已经离开的那棵果树中和果树叶子上的水珠儿中，这种力量使树上的果子和树叶上的水珠儿产生一种香味，一闻见这种香味，我们就想吃树上的

果子，喝树叶上的水，但又够不着，因而饿得、渴得我们一天天消瘦。

㉖ 生前放纵口腹之欲者的灵魂在炼狱中通过受饥渴之苦来消自己的罪，他们所受的这种刑罚是典型的报复刑。“重新变得圣洁”：原文是 si rifà santa，意谓重新变得无罪如同上帝把他们创造成的那样。

㉗ “燃起饮食的欲望”：用“燃起”（accende）作为隐喻来表明欲望异常强烈。

㉘ 因为下句说“向那些树走去”，第二十四章后半又说明但丁在这层平台上看到两棵这样的果树。波雷纳指出，但丁只行经这层平台的一小部分，假如作为惩罚这些幽魂的工具的果树就只有但丁所看到的那两棵，那么，平台上很长的一段路就没有果树，因而也就没有为消罪所必需的惩罚了。注释家们认为，从逻辑上推断，平台上应该有好几棵这样的果树，使得这些净罪的幽魂每次绕山一周，都要感受几次饥渴之苦。

㉙ 意即我把这种刑罚叫做“苦”，其实应该把它叫做“乐”：也就是说，这些净罪的幽魂不仅愿意忍受，而且怀着内心的喜悦忍受上帝的正义所判处的刑罚，受完这些刑罚之后，就可获得天国之福。

㉚ “基督以他的血拯救我们时”：指基督为了给人类赎罪而被钉十字架时。诗句的大意是：引导我们向那些棵给我们造成苦难的果树走去的，是当初使基督欣然受钉死在十字架上的刑罚的那种意志，他在受难过程中的最痛苦的时刻，感觉自己被上帝离弃而“大声喊着说：以利，以利，拉马撒巴各大尼？（Elì，Elì，Lamma sabachtani?）就是说，我的上帝，我的上帝，为什么离弃我？”（见《新约·马太福音》第二十八章）

㉛ “从你改换世界到更美好的生活中去那天”：意即从你死那天。“改换世界”：指离开人世到炼狱去；“更美好的生活”：因为从炼狱最后进入天国。

“至今五年时光尚未流转过去”：意即到现在还不满五年。浮雷塞死于1296年7月28日，距离1300年4月但丁的炼狱之行实际上还不到四年。这时间上的差错无关紧要，因为，正如托拉卡所说，那个场合不是计算年数的场合。

㉜ “使我们得以与上帝重新结合”：意谓使我们与上帝和解。“良好的沉痛时刻”：原文是 l’ora del buon dolor，指忏悔时刻。“来救助”（sovvenisse）：因为忏悔使犯罪者的灵魂得与上帝和解。“你的再犯罪的可能性就已消失”：意谓你就到了生命的最后一刻（那时你已不可能再犯什么罪）。

诗句的大意是：如果当初你迟至临终时刻才忏悔的话，那你现在怎么就已经来到这第六层平台呢？

据早期的注释本《最佳注释》，“作者（指但丁）对这些事知道得很清楚，因为他曾同浮雷塞连续不断地谈话；这位作者由于对他的爱和亲密关系而促使他忏悔；他就在死以前对上帝进行了忏悔。”这种说法想必有事实根据。

㉝ 意谓我原以为会在炼狱外围的山坡上遇到你，凡是迟至临终才忏悔的幽魂必须在那里停留到和他们有罪的年数相等的时间，才能进入炼狱本部开始净罪。

㉞ 波斯科-雷吉奥的合注本对这两句诗的断句和标点与佩特洛齐的校勘本以及几乎一切其他的版本不同。它给第一句诗加上感叹号，把“以她的痛哭”这一诗组放在下句诗的句首，使得文气更连贯、有力。这种断句和标点方式是托拉卡首先提出的。译文也照样采用。

“来饮这苦刑的甜艾酒”：意即来服这种既苦而又甜的刑罚。艾酒（assenzio）是一种味苦的酒，这里用作隐喻来比拟炼狱中的刑罚，说明那里的刑罚是痛苦的，但它对灵魂是有益的，因为它能涤除罪孽，使幽魂们上升天国，而为他们所乐于接受。

“我的奈拉”：奈拉（Nella）是浮雷塞的妻子的名字（这个名字可能是乔万娜〔Giovanna〕的昵称乔万奈拉〔Giovannella〕的缩写）。她的姓氏和生平不详。

“须要在那儿等待的山坡上”：指注㉝所说的炼狱外围的山坡上，浮雷塞由于迟迟至临终时刻才忏悔，须要在这里停留到和他有罪的年数相等的时间，才能进入炼狱本部开始净罪。“叹息”：指心情沉痛，忍泪不哭而发出的长吁短叹。“把我拉上来”：意谓感动上天，使我得以离开炼狱外围。“还使我免于在其他各层停留”：意谓还使我能直接来到第六层平台消除贪食罪，而免于在下面的五层平台停留去消除其他的五种罪。

㉟ “我的可怜的遗孀”：原文是 la vedovella mia，vedovella 是 vedova（寡妇）的缩小词，这里作为昵称并在后面加上物主形容词 mia（我的），以强调浮雷塞提到奈拉时，语气充满无限深情。“在善行上”：原文是 in bene operare，指在品行端正上。“独一无二”：原文是soletta，因为除她以外，其他的佛罗伦萨妇女甚至还远不如萨丁岛的巴巴嘉妇女贞洁。但丁在上述的争斗诗的第一首十四行诗里，描写奈拉为她丈夫的行为而悲愤，说他对她失去了感情，忘掉了自己做丈夫的责任。这些含沙射影的话虽然是针对着浮雷塞的，但反过来也伤害了奈拉，因此，但丁在这里借浮雷塞的口称赞她贞洁无比，从而彻底推翻旧作的内容。

“萨丁岛的巴巴嘉地方的女人们”：巴巴嘉（Barbagia）是萨丁岛中部的山区，那里的居民迟至公元六世纪才皈依基督教，在但丁时代还保留着一些野蛮的风俗。据早期注释家说，巴巴嘉人生活放荡，品行不端在中世纪成为谚语。本维努托特别提到巴巴嘉女人好袒胸露乳：“由于气候炎热，风俗淫僻，她们行走都穿着白亚麻布外衣，衣领低得露出乳房。”在但丁时代，巴巴嘉人形成一个半野蛮的独立部落，拒不承认比萨政府的统治。本维努托说，他们是当初比萨从撒拉森人手中夺回萨丁岛后，残留在岛上的撒拉森人。从下句提到“撒拉森女人”这一事实看来，但丁似乎也认为巴巴嘉人来源于那些撒拉森人。

“我把她撇下在那里的巴巴嘉地方”：指佛罗伦萨。但丁把佛罗伦萨说成新巴巴嘉（Barbagia），可能是由于这个地名在他心中引起了有关“野蛮”（barbarie）这一概念的联想，因为以后他又把佛罗伦萨女人与其他蛮族女人相比，而“野蛮”（barbaro）这一概念自然而然地就引出“裸体”（nudo）这一概念来。

㊱ “这句诗既热情又悲怆，以亲密的语气问：‘你要我说什么〔更坏的事〕呢？’以此事引起下句的预言。”（雷吉奥的注释）

㊲ “对这个时刻来说，此时此刻将不是很古的”：意谓他预言的未来时刻距离现在不很远，也就是指最近的将来。然而事实上并无文献或史书证明，在1300年以后不久的年代中；曾由主教下令禁止佛罗伦萨妇女袒胸露乳外出行走。

㊳ “这句话是骂诗中所说的女人们的；他说，妇女首要的行动和最普通的贞操观念就是把情理要求隐蔽着的那些器官遮蔽起来；而合乎情理的事是到处相同的。因此他说：跟我们的风俗距离那样远的蛮族女人们，沉溺于淫欲那样深的撒拉森女人们……都把乳房和胸部遮蔽着；你们（指佛罗伦萨妇女）应该是遵守罗马法生活的，难道还须要被开除教籍，并且在广场上公之于众吗？他还说，不仅主教管区的禁令是必要的，城邦政府也必须颁布禁令。”（《最佳注释》）

㊴ 意谓倘若她们知道，上帝不久就要给她们降下什么可怕的灾难，她们早就吓得张口号叫了。“号叫”原文是urlare，关于这个词，波斯科指出：“但丁不说‘哭’（piangere），也不说‘喊叫’，他这句诗中的‘号叫’（urlo）听不见，看得见；这号叫是，她们面部肌肉挛缩，洋洋自得的心情完全化为乌有：惟有恐怖。……她们是在等候可怕的惩罚时，准备号叫：她们忘掉自己美，也忘掉愿意美了；她们在将要号叫时，把嘴咧着。但丁在这里可能是想起了某些画里被罚入地狱者的形象永恒地张着嘴，在无声地号叫。”

浮雷塞的预言似乎指1300年但丁游炼狱以后不久，佛罗伦萨就要遭受上天的可怕的惩罚。

㊵ 诗句的大意是：在现在的小孩到达青春期以前，这种可怕的惩罚就要降临，使无耻的佛罗伦萨女人们陷入悲惨的境地。浮雷塞的预言是1300年对但丁说的，人的青春期一般在十五岁前后开始，因此这个预言应在1315年前后实现。至于具体指哪年哪一历史事件，注释家们有

种种不同的说法。许多学者都正确地指出，诗句的语气和措词与但丁用拉丁文写的《致穷凶极恶的佛罗伦萨人的信》有相似之处。这封信是在1311年亨利七世南下来意大利，佛罗伦萨准备武装反抗他时写的。但丁在信中警告佛罗伦萨人，预言种种灾祸将降到他们头上：房屋被破坏或烧毁，庶民起来造反，教堂被抢劫，儿童无辜被迫去抵偿父亲的罪，市民大部分被杀或俘虏，少数残余者被驱逐流放。信中还有与这里的诗句“如果我们在这里的预见不欺骗我”（意谓如果我们在炼狱中的预见不欺骗我）相似的话：“如果我的预言的智能没有弄错。”因此，他们认为诗中的预言指亨利七世南下。然而但丁的信中列举的灾祸并未成为事实。萨佩纽认为，也许但丁心里并没有暗指什么具体的历史事件，他在这里只不过表示他坚信上帝一定要惩罚佛罗伦萨，他的正义感和愤怒的良心使他觉得这种惩罚是不可避免的，大致在不久的将来就会实现。

㊶ 意谓现在我已经回答了你的问题，你可得告诉我，你活着怎么来到了这里，陪伴着你的那两个幽魂是谁。你看，我们大家都在惊奇地注视着你的身体的影子呢。

㊷ “这是但丁对于自己在道德上误入歧途所说的最伤感、最沉痛的话。有些人把 meco（同我）和 teco（同你）解释为 verno di me（对我）和 verno di te（对你），认为这句诗仅仅指已经提到的那场争斗（tenzone），这是一种贬低这一片段，‘一种缩小回忆的伤感之情的严重性’（见波斯科的《但丁》〔Dante〕一书第168页）的说法。”（雷吉奥的注释）

“当初你同我一起怎样，我同你一起怎样”：意谓当初你同我和我同你在一起过的是什么生活。这里指的是他们在道德上误入歧途时期的不正当的生活，但丁在《地狱篇》第一章中用幽暗的森林象征这个时期的生活。

“这种记忆如今会仍然是沉痛的”：意谓浮雷塞如今在炼狱中回想起那种生活来，记忆犹新，一定仍然感到沉痛。

㊸ “几天前”：确切地说，是五天前。“在我前面走的这位几天前使我脱离了那种生活”：指象征理性的维吉尔使但丁离开了那种不正当的生活，“走另一条路”（见《地狱篇》第一章注㉘）。“我指着太阳说，‘当时它妹妹向你们呈现圆形’”：在古代神话中，太阳神阿波罗的妹妹是月神狄安娜，这里用她来指月亮；意谓那天（1300年4月8日）是望日，月亮已经圆了；《地狱篇》第二十章末尾曾提到“昨天夜里月亮已经圆了”，指的是同一天（见该章注㊳）。

“真实的死者的深夜”：“真实的死者”指死后被罚入地狱受苦的人，因为这种人精神上已死（萨佩纽、雷吉奥等的解释），永远不会有真正的生命，即在天国永生（牟米利亚诺的解释）。“深夜”指地狱的黑暗。诗中用整个词组指地狱。

㊹ “劝导”原文是 conforti（复数）。许多注释家认为 conforti 在这里指劝告、忠告（consigli）；萨佩纽认为指劝告，忠告和指引（guida）。彼埃特罗波诺认为，安慰所起的作用比劝告、忠告多，维吉尔的种种安慰给但丁注入活力。格拉伯尔认为，conforti 在这里指“鼓励”（incoraggiamenti）等等，总之，指一切起振奋精神作用的力量。

诗句的大意是：维吉尔通过种种劝导促使但丁从地狱“返回光明的世界去”（见《地狱篇》第三十四章末尾）。

㊺ 意谓但丁跟随维吉尔（从右向左）攀登和环游供亡魂们净罪的炼狱山。“矫正”（drizza）：这里指涤除亡魂们的罪，使他们端正纯洁。“你们被尘世引入斜路者”（voi che'l mondo fece torti）：指生前受尘世间种种物欲引诱，误入歧途，犯有各种不同的罪者的灵魂。

㊻ 指炼狱山顶上的地上乐园。雷吉奥指出，这是全诗中但丁惟一的一次对一个幽魂说出自己所爱的女性的名字，但他是对自己的一位认识她的友人说出的。

㊼ 指斯塔提乌斯。

第二十四章

我们说话不误走路，走路也不误说话，而是一面说，一面如同好风推动的船似的快步前进①。那些像死而又死之物②的幽魂觉察到我是活人，都从眼窝深处凝视着我，显露出对我的惊奇。我却把我的话继续下去，说："或许他是为了别人的缘故而往上走得慢些，否则，他不会这样③。但是，告诉我，如果你知道的话，毕卡尔达现在何处④；告诉我，在这些注视我的人中，我是否能看到值得注意的人。""我妹妹，我不知道应该说她更美还是更善，已经欣幸地戴着她的宝冠凯旋于崇高的奥林普斯⑤。"他先这样说；然后又说："在这里不禁止指出每个人的名字，因为我们的相貌由于禁食而这样消瘦⑥。这个人，"他用手指指着说，"是波拿君塔，卢卡的波拿君塔⑦；在他那边的那个比别人面孔更为消瘦露骨的人，曾把神圣的教会抱在怀里：他来自图尔，正在通过禁食来洗清生前贪食博尔塞纳湖鳗鱼和维尔纳洽酒的罪孽⑧。"他向我逐一说出许多别的人的名字；对于说出名字，他们大家似乎都满意，所以我没看到一个为此面带不悦之色⑨。我看到乌巴尔迪诺·达·皮拉⑩和曾用主教权杖放牧众多人群的卜尼法齐奥⑪饿得用牙齿空嚼⑫。我看到马尔凯塞老爷，他先前在福尔里有充分时间开怀畅饮，并不像现在这样口渴⑬，但他是那样嗜酒如命的人，所以永远不感到酒已尽量。

但是，正如一个人先看了一下，然后表示对某一个比对别人更为重视，我对那个来自卢卡的人就是这样，他似乎最知道我的情况⑭。当时他正喃喃自语；从他感到那使他们这样消瘦的正义惩罚之苦的地方，我听见说什么"简图卡"，不知道指的什么⑮。我说："啊，渴望同我说话的灵魂哪，大声清楚地说吧，使我明白你的话，并且通过你说话满足你和我的愿望⑯。"他开始说："一位女性已经出生，但尚未戴上妇女头巾，她将使你喜欢我们的城市，不管人们怎样指摘它[17]。你要带着这个预言去：如果你从我的喃喃自语的话里产生了什么疑问，将来事实会给你解释得更清楚[18]。但是，告诉我，我在这里是否见到了那位以‘懂得爱情的女士们’这首诗开始，创作出新体诗的人[19]。”我对他说：“我是这样的一个人，当爱神给予我灵感时，我就记下来，并且依照他口授给我心中的方式写出来[20]。”他说：“啊，兄弟呀，现在我明白，使得那位公证人、圭托内和我达不到我听见你说的温柔的新体那种高度的症结所在啦[21]！我明白你们的笔紧紧追随着口授者，我们的笔的确不这样做[22]；谁要开始进一步考察，谁就看不出这一诗体和那一诗体之间有什么别的差别。”于是，他就像心满意足似的，沉默了。

正如在尼罗河沿岸过冬的鸟有时在空中聚集成群，然后排成行更快速地飞去，同样，所有在那里的幽魂们统统转过眼去，加紧脚步，由于体瘦也由于净罪心切，走得轻快[23]。正如跑累了的人任凭同伴们前进，自己慢步走去，直到胸中喘息已定，同样，浮雷塞任凭那群神圣的幽魂跑过去，自己同我一起在后面走[24]。他说：“我什么时候再见到你呀[25]？”我回答他说：“我不知道我活多久；但我回到这里肯定不如我渴望到达这海岸那样快；因为我注定生活在那里的地方善日益减少，看来势必趋于悲惨的毁灭[26]。”他说：“现在你去吧，因为我看到那个对此最负有罪责的人被拴在一头牲口的尾巴上，拖往罪孽永不被赦免的谷中去[27]。那头牲口走得一步快似一步，速度总在增加，直到最后给他致命一击，把那毁坏得不成样子的躯体扔下而去[28]。那些轮子不用转许多周，”他眼睛望着天说，“你就会明白我的话不能讲得更清楚的事[29]。现在你留在后面吧；因为时间在这个王国中是宝贵的，所以我和你这样同步行走，损失太大[30]。”

正如有时一名骑兵从袭击敌军的马队中飞驰而出，为争取首先交锋的荣誉；同样，浮雷塞离开我们迈着更大的脚步而去；我单独同那两位生前是世界上那样伟大的统帅者留在路上[31]。当他在我们前面走得那样远了，使得我目送着他如同我的心思索着他的话那样时[32]，另一棵树的果实累累的、欣欣向荣的枝柯出现在我前面，距离并不很远，因为那时我才转向了那边[33]。我看见人们在树下举着双手，不知他们向树叶喊什么，好像想要什么而又够不着的孩子们似的恳求着，但是被恳求者并不回答，却高举着他们想要的东西，不藏起它来，为的使他们的欲望更加强烈[34]。后来，他们似乎已经醒悟，就离开了；我们立刻来到了那棵拒绝那么多的恳求和眼泪的大树跟前。“你们走过去吧，不要靠近：夏娃吃过果子的那棵树在更高处，这棵树就是从它生出来的[35]。”我不知谁在树枝丛中这样说；因此，维吉尔、斯塔提乌斯和我就紧紧地互相靠拢，顺着岩石壁立的一侧向前走去[36]。那个声音说：“你们记住那些云中生成的、被诅咒的东西，他们吃饱喝足时，就挺起双重胸膛同特修斯格斗起来[37]；记住那些希伯来人，他们喝水时显得那样软弱，使得基甸下山去米甸时，不要他们伴随[38]。”

我们就这样紧挨着平台的一侧走过去，不断听到犯贪食罪必遭悲惨的报应的例子[39]。后来，我们彼此散开了，沿着冷清清的路走去[40]，足足向前走了一千多步，每人都沉浸在冥想中，默默无言。“你们孤零零的三人为何这样边走边想啊？”一个突如其来的声音说；我因此吃了一惊，如同受惊的懒散的牲口一样[41]。我抬起头来看是什么人；从来没见过熔炉中的玻璃或金属像我所见的这一位那样明亮、那样红[42]，他说：“你们要愿意上去，就必须在这里拐弯；想去求和平的从这里去[43]。”他的容光夺去了我的视觉，我因此转身跟在我的老师们背后，如同顺着听到的声音行走的人一样[44]。

犹如预告破晓的五月微风吹起，完全渗透了草味和花气，散发出芳香；我觉到一丝这样的微风打在我额部正中，还觉到翅膀扇动，使得这风闻着有天香[45]。我听见说：“这样的人有福了，他们蒙受如此洪恩启迪，使得对美味的爱好在他们心中不激起太大的食欲，他们感到饥饿的总是正义[46]！”

注释：

① 这里用“好风”（buon vento）来比拟良好的愿望：但丁渴望迅速到达旅行的终点，浮雷塞渴望早日消除自己的罪，这种良好的愿望驱使他们快步前进，如同好风推动帆船飞速行驶一样。

② “死而又死”这一词语源于《圣经》：他们“是秋天没有果子的树，死

而又死，连根被拔出来。”（《新约·犹大书》第十二节）诗中用 rimorte（死而又死）来加强语意，说明犯贪食罪的幽魂们饿得瘦成了骨头架子的样子。

③ 这句话接续前一章末后一句。“他”指斯塔提乌斯，“别人”指维吉尔。斯塔提乌斯已经消除一切罪，本来可以迅速离开炼狱，上升天国，为了陪同维吉尔上山，而“走得慢些”，因为维吉尔要给活人但丁带路，不能走得太快。诗句间接表达出斯塔提乌斯对维吉尔的情谊。

④ 毕卡尔达（Piccarda）是浮雷塞的妹妹，但丁将在第一重天（月天）见到她。

⑤ “浮雷塞回答问题说，毕卡尔达身体很美，灵魂很完善，不知是善超过美，还是美超过善，她反抗尘世已经胜利凯旋在天国。”（《最佳注释》）

“宝冠”（corona）：在基督教用语中，指获得天国之福，也意味着为此所必须经历的艰苦奋斗。

“凯旋”（triunfa）：在基督教用语中，指享天国之福。

“崇高的奥林普斯”（l'alto Olimpo）：奥林普斯是希腊高山，据希腊神话，此山为众神所居。但丁在这里借用“崇高的奥林普斯”来指基督教所说的天国，正如他在第六章中借用“至高无上的朱庇特”来指耶稣基督一样。

⑥ “在这里”：指在这一层。“不禁止”：是间接肯定语（litore），意即“必须”。诗句的大意是：在六层平台消罪的幽魂们由于饥饿瘦得面貌无法辨认，所以必须指出他们的姓名。

⑦ 卢卡的波拿君塔（Bonagiunta da Lucca）：托拉卡说，波拿君塔在佛罗伦萨是个常见的名字，所以必须指出这个幽魂是卢卡人波拿君塔。

波拿君塔的家族姓氏是奥尔比恰尼·德·奥维拉尔迪（Orbicciani degli Overardi）。他是十三世纪后半的诗人，生年不详，1296 年还在世。他的诗模仿西西里诗派的风格。康提尼（Contini）在《十三世纪诗人》中说，他是真正把西西里诗派的诗风引进托斯卡那的诗人。他曾和温柔的新体诗派的创立者圭多·圭尼采里（Guido Guinizelli）通信，展开了有关新诗体的论战。但丁在《论俗语》中指摘他的语言的地方色彩（municipale）。格拉伯尔认为，但丁正确地选择了波拿君塔作为代表人物，以突出“温柔的新体”与旧体相比的优点。

⑧ 浮雷塞并未提这个人的名字，大概以为但丁听他的叙说，就知道指的是教皇马丁四世。这位教皇是法国人西蒙·德·勃里（Simon de Brie），约 1210 年生于勃里附近的蒙班塞（Montpincé）。诗中说他来自图尔（Tours），是由于他曾是该城圣马丁大教堂管理财产的司铎。1261 年，升为枢机主教。1264 年，作为教皇使节，受权谈判迎立安茹伯爵查理

为那不勒斯和西西里国王。查理夺取西西里王位，建立安茹王朝后，1280年施加影响，使他当选为教皇，称马丁四世。他利用教皇权力为安茹王朝的利益服务。即位后，就遵照查理的意旨，开除了拜占廷皇帝米凯尔八世的教籍，致使东方和西方教会统一的可能性完全消失。1282年“西西里晚祷起义”，消灭了岛上的法军，使阿拉冈王彼得罗三世登上西西里王位后，马丁四世曾命令后者把此岛交还给查理，但遭到拒绝。他死于1285年，据说因贪食鳗鱼过多所致。关于这位教皇的贪食罪，早期注释家拉纳说，他“除了经常食其他的美味佳肴外，还令人捕捞博尔塞纳湖中的鳗鱼，放在维尔纳洽酒中泡死，然后烤熟了给他吃。”马丁四世贪食鳗鱼的癖性成为当时许多轶事、小说和讽刺作品的题材。

“消瘦露骨”：原文trapunta本义是“刺绣的”。早期注释家解释为“消瘦”“瘦得皮包骨”。现代注释家认为，这个词形容马丁四世的面孔瘦骨嶙峋，凹凸不平，仿佛布满花纹的刺绣品似的。

“曾把神圣的教会抱在怀里”：意即他生前是教皇。中世纪神秘主义者和神学家把教皇比拟作教会的新郎（见《地狱篇》第十九章注⑭）。

“博尔塞纳湖鳗鱼”：博尔塞纳（Bolsena）湖在拉齐奥（Lazio）地区，是意大利中部的大湖，以产鳗鱼闻名。

“维尔纳洽酒”（la vernaccia）：托拉卡的注释说：“维尔纳洽酒是一种白葡萄酒，因出产在维尔纳乔（Vernaccio）而被称为维尔纳洽酒，此地今名维尔纳扎（Vernazza），距离斯培西亚仅数公里，在齐亚瓦里附近……出产大量的维尔纳洽酒，那个地方的酒是最好的。”

⑨ 因为但丁回到人间，能让人们知道他们在炼狱里，并促使他们的亲属为他们祈祷，使他们早日升入天国。

⑩ 乌巴尔迪诺·达·皮拉：此人出身于有权势的乌巴尔迪尼（Ubaldini）家的一个支派，这一支派因其城堡名皮拉（La Pila）堡而被称为皮拉的乌巴尔迪尼家族（Ubaldini dalla Pila）。乌巴尔迪诺是枢机主教奥塔维亚诺·德·乌巴尔迪尼（见《地狱篇》第十章注㉝）和乌格林·迪·阿佐（见《炼狱篇》第十四章注㉟）的兄弟、比萨大主教卢吉埃里（见《地狱篇》第三十三章注①）的父亲。他大概死于1291年3月。

早期注释家讲到他贪食时，各不相同。拉纳说，他放纵食欲，吃得“过量”；《最佳注释》说，他在质的方面过于讲究，刻意“挑选最喜爱的食品”；本维努托说，“他异常精于供应他的口腹之欲。每天都同他的管家商量午餐或晚餐的计划；当被告知菜单上有这样和那样的菜时，他总是说，‘我们也要这种、那种菜。’他的管家从来未能计划出一顿使主人不再另外添加某些特殊菜肴的正餐。”

⑪ 卜尼法齐奥·德·斐埃斯齐（Bonifazio dei Fieschi）出身热那亚贵族世家（斐埃斯齐家族世袭拉瓦涅〔Lavagna〕伯爵封号），是教皇英诺森四世的侄子，1274—1295 年任腊万纳大主教，1285 年，被派往法国协助英王爱德华一世调停，促使阿拉冈王阿尔方斯三世同法王腓力四世和解，并为释放那不勒斯王查理二世（参看第二十章注㉙）进行谈判，死于 1295 年。就其生活作风而言，与其说是教会中人，毋宁说是政治人物。

“曾用主教权杖放牧众多人群”：意即卜尼法齐奥生前是腊万纳大主教，这个教区很大，包括罗马涅地区全部和艾米利亚地区的一部分，受他的宗教权威支配的教徒人数当然很多。

“主教权杖”象征宗教权威，原文是 rocco，这个词又具有“（国际）象棋的车”的含义；据拉纳的注释说：“腊万纳大主教的权杖上端不像其他的大主教的权杖那样弯曲，而是做成国际象棋的车形。”也就是说，上端呈塔形。

⑫ “饿得用牙齿空嚼”：奥维德使用了类似的表现手法描写厄律西克同（见第二十三章注⑧）受到饥饿女神惩罚时的惨状：“他在睡梦中梦见自己在吃酒席，嘴不断地一张一合，但是嚼不着东西，牙齿都嚼痛了。”（见杨周翰译《变形记》卷八）

⑬ “马尔凯塞老爷”（messer Marchese）：指马尔凯塞·德·阿尔戈琉西（Marchese degli Argogliosi）。他属于福尔里的显贵家族，1296 年任法恩扎最高行政官（podestà），是个有名的酒徒。据本维努托的注释说：有一天，他派人把看守他的酒窖的人叫来，问城内的人们说他什么，看守酒窖的人回答说：“老爷，人人都说您什么都不做，老是喝酒”，一听这话，他微笑着说：“他们为什么不说我老是口渴呀？”

“并不像现在这样口渴”：意谓马尔凯塞生前在福尔里有充分时间开怀畅饮当地出产的好酒，而并不像如今在炼狱第六层这样焦渴。浮雷塞说这话带有点嘲讽意味。

⑭ “那个来自卢卡的人”：指波拿君塔。“他似乎最知道我的情况”：原文是 che più parea di me aver contezza（佩特洛齐的校勘本）。aver contezza（知道）有异文作 voler contezza（想知道）；佩特洛齐对此强调指出：“从这一场面的全部上下文清楚地推断出，奥尔比恰尼（按：此乃波拿君塔的姓氏）的表情并不是想知道（voler contezza）什么情况的人的表情，而毋宁说是知道（aver contezza）什么情况要想说的人的表情。”

⑮ “从他感到那使他们这样消瘦的正义惩罚之苦的地方”：意谓从波拿君塔的嘴里。“消瘦”：原文是 pilucca，这个动词本义是“把一串葡萄一粒一粒地摘下来：所以这里意思就是说，使他们瘦得像没有葡萄粒的果柄似的，成了一副一副的骨头架子”（齐门兹的注释）。“正义惩罚之

苦”：指神的正义惩罚犯贪食罪者，使他们吃不到树上的果子，喝不到岩石上流下来的泉水，忍受着饥渴的痛苦；嘴是人最强烈地感到饥渴之苦的地方。

“我听见说什么‘简图卡’，不知道指的什么”：因为波拿君塔喃喃自语，声音低，吐字不清楚，但丁只听到他嘴里仿佛说什么“简图卡”，不明白是什么意思。“简图卡”：原文是 Gentucca，早期注释家几乎都误解为贬义词 gentuccia（小人，卑不足道之徒）。布蒂最先指出，这是一位女性的名字，这位女性就是波拿君塔在预言中所说的那位女性：“作者（指但丁）佯言不知道指的什么，因为，根据他所虚构的情节，预言中所说的这些事尚未发生：他将从佛罗伦萨被放逐到卢卡，将爱上一位名叫简图卡的贵妇人。实际上在作者写这一部分时，已经发生了这事：作者由于不能留在佛罗伦萨而住在卢卡，爱上了罗西姆佩罗（Rossimpelo）家族的一位被称为简图卡夫人（madonna Gentucca）的贵妇人，由于她具有的伟大美德和贞操，并非由于什么别的爱。”

几乎一切现代注释家都同意布蒂的说法，但是很难确定这位贵妇人究竟是谁，因为在当时卢卡的公文档案中发现了好几个名叫简图卡的女性。

⑯ “使我明白你的话”：因为但丁虽然听见他嘴里说什么“简图卡”，但不明白是什么意思。“通过你说话满足你和我的愿望”：但丁看出波拿君塔渴望同自己说话，他一说话，当然就满足了他的愿望；但丁渴望明白“简图卡”是什么意思，他说话加以解释，就满足了但丁的愿望。

⑰ “一位女性已经出生，但尚未戴上妇女头巾”：这位女性即上面所说的名叫简图卡的贵妇人。1300 年（但丁虚构的炼狱之行的时间），她已经出生，但还是个妙龄少女，尚未结婚。“妇女头巾”（benda）：一种遮盖头发、两鬓和下巴的头巾，有带子可以在下巴颏儿下边系起来。当时城邦法令规定，已婚的妇女戴黑色的妇女头巾，寡妇戴白色的妇女头巾（参看第八章注㉑），未婚的少女不戴妇女头巾。“她将使你喜欢我们的城市”：波拿君塔预言，但丁在流放中来到卢卡时，将受到她的殷勤招待，从而对卢卡产生好感。“不管人们怎样指摘它”：当时托斯卡那各城市的居民囿于狭隘的地方主义思想，好说别的城市的坏话。但丁在《地狱篇》第二十一章中也借一黑鬼的口说：“那里（指卢卡）……每个人都是贪污犯；那里为了钱把‘否’说成‘是’”，现在似乎是借波拿君塔的口附带否定自己在前诗中的说法。

⑱ “你要带着这个预言去”：意即你要记着我这个预言去卢卡。至于但丁在流放中何时去过卢卡，遇到这位高贵的女性，可惜没有文献记载。据注释家推测，大概在 1306 年，他在卢尼地区玛拉斯庇纳侯爵宫廷作客期间。

⑲ 这句话并非提出疑问，而是为收到证实的效果而提出的、不必回答的反问（domanda retorica），因为波拿君塔一见但丁，立即认出了他是谁，并且对他说出上述的预言。这个反问句意思就是说："那么，你就是那位以'懂得爱情的女士们'这首雅歌开始，创出新体诗的诗人但丁吗？"波雷纳的注释指出，波拿君塔这句问话表达的是，他见到那位诗人就在自己面前，心中产生的愉快的惊奇之情（meraviglia gioconda）。萨佩纽认为，波拿君塔用这句恭敬的赞扬话把话题引到他最关心的问题上去。

"懂得爱情的女士们"：原文是 Donne ch'avete intelletto d'amore。这是但丁的第一首赞扬贝雅特丽齐的雅歌（canzone）的第一行。这首雅歌在《新生》第十九章中，内容概要如下：诗人向懂得爱情的女士们歌颂他所爱的贝雅特丽齐，来倾诉自己的激动的心情：天使恳求上帝让她去同他们在一起，但是神的慈悲要她仍然留在尘世。诗人叙述她的美德：她无论出现在何处，都使得一切邪恶思想熄灭，使得同她说话的人获得上帝的恩泽。爱神（Amor）自己不知道她怎么会是凡人，认为她是神力所造的，因为她的身体呈美妙的珍珠色，她的眼睛刺中看她的人的心，她的整个面部现出爱的微笑。最后，诗人发出这首雅歌，好让它找到去贝雅特丽齐身边的路，嘱咐它停下来只向高贵的女士和有教养的男人打听她，使他们送它到它能推荐他给爱神的地方去。诗中所说的"爱神"原文是 Amor，并非指古代神话中的爱神，而是把爱情人格化，原文通过第一个字母大写表示出来，译文勉强借用"爱神"一词。

但丁在诗坛享有很高的声誉是从这首雅歌开始的。

据诗人自己说，这首诗发表后不久，"颇在人们中间传诵"，以致人们对他怀有"过高的希望"（见《新生》第二十章）。

"创作出新体诗"："新体诗"（nove rime）指温柔的新体诗，这些新体诗的创作使但丁成为这个诗派的代表人物。

⑳ 但丁用这两句真诚的谦卑话回答波拿君塔的表示赞扬的反问。早期注释家拉纳和佛罗伦萨无名氏对这两句诗作出了在字面上也忠于原作的解释："爱神是口授者，我是他的文书。"萨佩纽指出，这两位注释家准确地领会了但丁的话流露的谦卑意味，他认为，诗句的含义是："我像一些其他的诗人一样，当爱神对我说什么时，我就把他的话笔记下来，然后努力绝对忠实地表达出他所口授给我心中的内容。"通过这话，但丁否认开创新体诗是他个人的功绩，否定自己的创作经验具有独特性，因为这不只是他一个人的经验，而且也是温柔的新体诗派其他诗人的经验；他坚持诗人的灵感的超验性（natura trascendente），认为获得灵感的诗人们的职责只不过是一种做忠实、勤奋记录的次要

工作。

㉑ “现在我明白，……”意谓现在，我听了你的话后，才明白，……

“那位公证人”：指雅各波·达·伦蒂尼（Jacopo da Lentini）。他是西西里王和神圣罗马皇帝腓特烈二世宫廷的公证人和诗人，约死于1250年。这个宫廷的诗人们使用提炼过的西西里方言，模仿普洛旺斯诗人写爱情诗，形成所谓西西里诗派。他们的作品是意大利最早的文人诗歌，虽然大多缺乏真实的感情，但对意大利文学用语的形成起了一定的作用。雅各波·达·伦蒂尼是这一诗派的领袖。但丁在《论俗语》第一卷第十二章中引用他的一首雅歌，作为措词精炼的例子。

“圭托内”：指圭托内·达·阿雷佐（Guittone d'Arezzo）。他大约于1235年出生在阿雷佐，1294年死在佛罗伦萨。1268年法国安茹伯爵查理夺取西西里王国后，意大利文学中心北移到托斯卡那地区，出现了模仿普洛旺斯诗歌的托斯卡那诗派。圭托内是这个诗派的领袖。他的爱情诗缺乏真实的感情，说理过多，语言不纯，往往晦涩难解。但丁在《论俗语》第一卷第十三章和第二卷第六章中以及《炼狱篇》第二十六章中对他和他那一派诗人作出很低的评价。

㉒ “你们的笔紧紧追随着口授者”：意谓但丁和其他温柔的新体诗派诗人的爱情诗忠实地抒写真实的爱情。“我们的笔的确不这样做”：意谓以雅各波·达·伦蒂尼和波拿君塔自己为代表的西西里诗派的爱情诗、以圭托内·达·阿雷佐为代表的托斯卡那诗派的爱情诗，并不忠实地抒写真实的爱情，而只是模仿普洛旺斯诗人的爱情诗的风格。

㉓ “在尼罗河沿岸过冬的鸟”：指灰鹤（gru）。“灰鹤通常成单行飞。这样，这个比喻就符合这里的幽魂们的情况：当他们停下来惊奇地注视活人但丁时，他们改变了沿着平台前进的序列，聚成了一群，现在又像灰鹤似的成单行匆忙前进。”（辛格尔顿的注释）

“转过眼去”：这些幽魂先前注视着但丁，现在把眼光从但丁身上转过去，对着他们前进的方向。

㉔ 雷吉奥指出，这个比喻以字面上都相吻合的方式表达出浮雷塞行走的状态：浮雷塞通常和其他犯贪食罪者一起奔跑，后来，为了不离开但丁，而慢步行走；最后，离开了他，快步跑去，为了追上和他一同净罪的伙伴们。

㉕ 雷吉奥指出，两个朋友离别时，非常自然地说出的这句问话，使整个片段充满兄弟情谊的气氛跃然纸上。显然，只有在但丁将来去世后，他们才重新相见。

㉖ “这海岸”（lariva）：指炼狱海岸。有的注释家认为，指台伯河口附近、亡魂们集合由天使驾轻舟接引到炼狱去的海岸，也讲得通。诗句意谓我回到炼狱肯定不如我所希望的那样快。

“我注定生活在那里的地方”：指佛罗伦萨。“注定”原文是 dioposto，指上天安排但丁生于斯，长于斯。诗句意谓我的家乡佛罗伦萨为善的人越来越少，道德风气每况愈下，看来势必要灭亡。

波雷纳指出，这些诗句表明作家但丁在这里代替了诗中的人物但丁，因为 1300 年春天（幻游炼狱时），但丁在佛罗伦萨政治生活中还非常积极，竟有这样沮丧悲观、想早日离开人世的心情，这简直是不可能的。

㉗ “现在你去吧”：原文是 Or va，波雷纳认为这里的意义是“你放心吧”。浮雷塞向但丁预言，那个对佛罗伦萨的灾难“最负有罪责的人”不久将极不光彩地死去，以此来安慰但丁。这个人就是浮雷塞的胞兄寇尔索·窦那蒂（Corso Donati），但由于在预言中通常都不把话讲得十分明白，也由于指的是自己的兄弟，浮雷塞没有明说他是什么人。寇尔索大约生于 1250 年，为人粗暴专横，竟然从修道院中劫走他妹妹毕卡尔达，把她嫁给佛罗伦萨有势力的罗塞利诺·德拉·托萨（Rossellino della Tosa）。他历任波伦亚、帕多瓦、皮斯托亚、巴马等城市的最高行政官或人民首领。1289 年堪帕尔迪诺之战，他率领皮斯托亚军对阿雷佐军作战。1300 年 5 月 1 日佛罗伦萨春节，窦那蒂家族和切尔契家族两大敌对集团发生了流血冲突，但丁当选为行政官就职后，建议政府将两党首领流放到边境，以稳定社会秩序。寇尔索指望获得教皇卜尼法斯八世的同情，逃往罗马。1301 年 6 月，黑党在三位一体教堂集合，阴谋策划反对政府，执政的白党政府指控他是这一颠覆活动的唆使者，把他缺席判处死刑。他恳求教皇出面干涉。教皇派法国瓦洛亚伯爵查理去佛罗伦萨，以调解两党的争端为名，实则帮助黑党战胜白党。1301 年 11 月 1 日，查理到达佛罗伦萨，不久寇尔索就同一帮被流放的黑党分子冲进城去，打开监狱，带领暴民攻占白党分子的房舍，抢夺烧杀了五天五夜。他们在查理的支持下，推翻了白党政府，对反对党大肆报复迫害，但丁被迫永久流亡，至死未能返回故乡。在黑党夺取政权后最初的几年，寇尔索是佛罗伦萨的实际主宰者；但他不断地施展阴谋，时而与低层民众联合，时而和吉伯林党分子勾结（他是佛罗伦萨的敌人吉伯林首领乌古乔内·德拉·法吉奥拉的女婿），引起了许多同党对手的怀疑，大家联合起来，1308 年 10 月 6 日指控他犯有叛国罪，以共和国政府名义判处他死刑。他在逃跑的途中被抓获杀死。

“因为我看到那个对此最负有罪责的人被拴在一头牲口的尾巴上，拖往罪孽永不被赦免的谷中去”：意即我预见到他被拖往地狱里去，那里和炼狱里不同，罪孽是永不能消除的。

㉘ “直到最后给他致命一击，把那毁坏得不成样子的躯体扔下而去”：意谓最后把他踢死，或者把他摔下马来，碰在岩石上死去，身体遭到惨

重的损坏。

据维拉尼的《编年史》卷八第九十六章中的记载，寇尔索独自逃走，被政府的雇佣军卡塔兰骑兵抓获，押送回佛罗伦萨，走到圣萨尔维（San Salvi）修道院，他许诺以重金酬报，恳求他们放他，但遭到拒绝。他害怕落入仇敌手里，当时手脚又严重痛风，顿时从马上摔下来，被一名骑兵用长矛刺穿咽喉而死。这是历史事实。本维努托和其他的早期注释家从流行的传说中吸取材料，说寇尔索落马时，一只脚别在马镫上，被马拖了好长的一段路。当时一些城邦的法律规定，犯叛国罪者所受的惩罚是：被拴在马尾巴上拖往刑场或者直到拖死为止。此外，许多中世纪传说叙述罪人骑上马后被直接拖到地狱里去。从诗中可以看出，这一切都对但丁的想象力起了作用，使得诗人把罪魁祸首寇尔索·窦那蒂的下场勾勒成阴森恐怖的画面：被拴在一匹鬼马的尾巴上，飞快拖往地狱，躯壳被毁弃在路上，灵魂堕入幽冥世界受永劫之苦。这一画面通过浮雷塞的预言呈现在读者心目中，更添加了一层神秘色彩。

值得注意的是，同一家庭的三个兄弟姐妹由于生前品行各不相同，死后得到不同的归宿：寇尔索怙恶不悛，结果被鬼马（魔鬼）拖入地狱，浮雷塞通过忏悔得以在炼狱涤除罪孽，毕卡尔达品德纯洁，死后灵魂上升天国。

㉙ “轮子”：指一重一重的天。“不用转许多周”：意即过不了许多年。“我的话不能讲得更清楚的事”：指寇尔索之死。他死于1308年，距离但丁虚构的炼狱之行（公元1300）不到八年，所以浮雷塞的预言说过不了许多年。“不能讲得更清楚”：从下句来看，这是由于浮雷塞恐怕一直同但丁一起慢步走去，耽误自己净罪，想独自快速前进；但似乎也可能由于天机不可泄露，不必说破，但丁到时自然就会明白。

㉚ 意谓因为炼狱中的幽魂们都想尽快消除罪孽，早日升入天国，时间对他们来说异常宝贵，浮雷塞和但丁一起慢行，浪费不少时间，损失太大。

㉛ “统帅”原文 marescalco，含义是中古时代的军事统帅，这里用来指维吉尔和斯塔提乌斯在世时都是诗坛领袖；因为上句的比喻来源于军事方面，所以这里使用军事名词与之呼应、配合。

㉜ “使得我目送着他如同我的心思索着他的话那样”：原文是 che li occhi miei si fero a lui seguaci come la mente alle parole sue（直译是：使得我的眼睛成为他的追随者如同我的心成为他的话的追随者那样）。对此注释家们有不同的解释，大多数都认为大意是：浮雷塞在我们前面走得那样远了，我的眼睛已经看不清楚他的背影，如同我的心理解不清楚他的预言一样。牟米利亚诺则认为，这种解释是冷冰冰的，而且是错误的，据

他说，这三行诗的意思是："当他已经离开我们那样远了，使得我的眼睛努力留住他的形象，如同我的心努力记住他的话一样时"，……"这好像是对这位朋友的形象和他的话的亲切的告别。"

㉝ "因为那时我才转向了那边"：原文是 per esser pur allora volto in laci，大多数注释家理解为：这棵树距离我们并不很远，但我起先没看见它，因为它在道路拐弯处的另一边，我的视线被弧形的山坡遮蔽了。那时我才转过弯去看到它。波雷纳认为，如果按照这种说法，转弯处就应该是个急弯，但这是不可能的事，因为各层平台均呈宽弧形。再说，假如转弯处（无论急弯或缓弯）遮蔽了但丁的视线的话，他怎么能望见已经离开很远的浮雷塞的背影呢？他提出了另一种解释："因为那时我才把先前一直凝视着浮雷塞的眼睛转向了那棵树。"雷吉奥认为应该接受这种解释，尽管也有这点不足之处：但丁虽然在同友人谈话，但他连那棵距离不很远的大树和树下那群正在呼喊的人都没看见，这似乎很奇怪。但我们不应该过于吹毛求疵，因为这里所说的是诗，而不是什么详细的情况报告。

㉞ 但丁看见一群犯贪食罪的幽魂在那棵大树下举着双手想摘树上的果子而又够不着，不知他们向树叶丛中喊什么话而没人回答他们。诗中使用了一个美妙的比喻来说明这种情景，这个比喻来源于现实生活，把那些幽魂的动作十分逼真地描绘出来，使之鲜明生动地呈现在读者面前，如同当场见到的一样。

㉟ "他们似乎已经醒悟"：意即他们似乎终于认识到自己不可能摘树上的果子。

"那棵拒绝那么多的恳求和眼泪的大树"：意即那棵不满足他们那样的苦苦哀求而最后使得他们流下失望之泪的大树。

"夏娃吃过果子的那棵树"：指《圣经》中所说的智慧之树，吃了树上的果子就知道善恶。夏娃被蛇（魔鬼所变）诱惑，违背上帝的命令，吃了树上的果子，又给亚当吃，结果受到惩罚（见《旧约·创世记》第三章）。

"这棵树就是从它生出来的"：诗中通过这句话把贪食罪同夏娃的罪及人类的堕落联系起来。雷吉奥在注释中提出这一问题：为什么树枝丛中神秘的声音警告他们不要靠近这棵树，而他们却曾靠近第二十二章中所说的那棵树呢？他解释说，或许是立刻提到夏娃犯罪所吃的禁果对但丁的想象力起了作用。但是，如果树上的果子的香味加强吃果子的欲望，从而加强想吃而吃不到的痛苦的话，为什么还禁止靠近这树呢？或许这个警告不是对一般犯贪食罪的幽魂们、而是只对这三位诗人发出的，其中一位是活人，另一位如今已经解脱了炼狱之苦，第三位不是炼狱中的幽魂。

㊱ 三位诗人听到这个警告后，就互相靠拢，顺着平台内侧，贴着壁立的岩石走过去，为的距离那棵大树越远越好。

㊲ “那些云中生成的、被诅咒的东西”：指肯陶尔（见《地狱篇》第十二章注⑭）。除了其中一个名奇隆者外，这些半人半马的怪物都是忒萨利亚山中拉庇泰（Lapithae）人之王伊克西翁（Ixion）和云女涅菲勒（Nephele）所生。希腊文“云”是 nephele。据神话传说，伊克西翁为了免付他所许诺交付的彩礼而杀死了他的岳父，因此人们都躲避他。宙斯把他带到天上，给他涤净了杀人的罪，但他却滥用天神的厚待，竟然妄图诱奸天后赫拉。宙斯预知他心怀邪念，把一片云变成了赫拉的形象，他以为真是赫拉，就拥抱云变的美女涅菲勒，使她怀孕生下了这群肯陶尔，所以诗中说他们是在云中生成的。最后，他受到宙斯的惩罚，被打入塔尔塔路斯（地狱最深处），绑在不停地转动的火轮上。

“他们吃饱喝足时，就挺起双重胸膛同特修斯格斗起来”：“双重胸膛”指半人半马的胸膛。据古代神话，伊克西翁之子、拉庇泰人之王珀里托俄斯（Pirithoüs）与希波达弥亚（Hippodamia）结婚时，邀请亲友来吃喜酒。新郎那群异母兄弟肯陶尔也都来了，在盛大的宴会上，他们任意大吃大喝，其中最放荡的一个是欧律托斯（Eurytus），他酒后顿起淫心，竟然揪住绝色的新娘希波达弥亚，企图把她抢走，其他的肯陶尔也触起兽欲，各自拉住一个美貌的妇女不放。秩序登时大乱。新郎的好友雅典王特修斯（见《地狱篇》第九章注⑬）挺身而出，奋勇同欧律托斯等肯陶尔格斗，杀死其中的大部分，救出了希波达弥亚和其他的妇女。关于这场格斗，奥维德的《变形记》卷十二有极其生动的叙述。诗中采取了奥维德所讲的这个异教神话故事作为放纵口腹之欲受到惩罚的第一个例子。

㊳ 第二个例子来源于《圣经》。《旧约·士师记》第七章叙述以色列士师基甸（Gideon）率领希伯来人去抗击侵扰他们的米甸（Midian）人。耶和华对他说，带的人过多，凡惧怕胆怯的，可以回去。于是有二万二千人回去，只剩下一万。耶和华说：“人还是过多。你要带他们下到水旁，我好在那里为你试试他们。我指点谁说，这个人可以同你去，他就可以同你去。我指点谁说，这人不可同你去，他就不可同你去。”基甸就带他们下到水旁。耶和华对他说：“凡用舌头舔水，像狗舔的，要使他单站在一处。凡跪下喝水的，也要使他单站在一处。”于是用手捧着舔水的有三百人。其余的都跪下喝水。耶和华对他说：“我要用这舔水的三百人拯救你们，将米甸人交在你手中。其余的都可以各归各处去。”诗中所说的“那些希伯来人”：指上述的其余的希伯来人。“他们喝水时显得那样软弱”：“软弱”原文是 molli，指他们太不能耐渴，为

了喝水方便和尽可能多喝，竟然跪在水边喝起来，毫无节制，显得缺乏军人应有的坚强性格。

“基甸下山去米甸时”：指基甸率领三百人去攻打米甸营时。《圣经》经文说：“米甸营在他下边的平原里”，因而他必须下山去攻打。“不要他们伴随”：意即不要那些软弱的希伯来人同去。

㊴ “紧挨着平台的一侧”：指平台的内侧。

“悲惨的报应”：“报应”原文是 guadagni，直译是“挣到的钱”或“收益”，加上形容词 miseri，意义就变为“惩罚”。

㊵ “我们彼此散开”：三位诗人刚才互相靠拢着、贴着峭壁前行，现在已经过了那棵大树，就不必再那样行走了，因而他们就离开峭壁，彼此之间拉开了一点距离，诗中没有说明他们三人究竟是并排而行，还是维吉尔和斯塔提乌斯在前面走，但丁在后面跟着。彼埃特罗波诺认为三位诗人是并排行走，万戴里认为是但丁跟随两位古罗马诗人行走。

“冷清清的路”：因为大树下那些净罪的幽魂已经离开那里，走得很远了。

㊶ “如同受惊的懒散的牲口一样”：“懒散的”原文是 poltre。有些注释家认为指 puledre（牲口驹子）。一般牲口驹子都胆小，容易受惊。但多数注释家认为指牲口懒散地卧着休息（poltrire）。诗句的意思是：如同牲口在懒散地卧着休息时，受到惊吓一样。这种解释比第一种解释更切合但丁当时的情况。戴尔·隆格认为 poltre 含义是牲口慢慢地往前走，有点打瞌睡的样子，上句的“突如其来的声音”也是比喻的组成部分，就牲口来说，指赶牲口的人的声音。但丁在一面走，一面冥想的状态中，听到那个突如其来的声音，顿时吃了一惊，正如懒散地、慢腾腾地走着的牲口受了赶牲口的人的吆喝声的惊吓一样。

㊷ “我所见的这一位”：指代表节制美德（temperanza）的天使。

“那样明亮、那样红”：根据中世纪的圣像画法，天使的脸常被画成红色以表示他们的幸福的光辉。

㊸ “你们要愿意上去”：天使假装不知道他们想上去，因为善行应该是自觉自愿的（布蒂的注释）。“就必须在这里拐弯”：意即从这儿向左转，那里是上第七层平台去的石级。

“去求和平”：指寻求天国之福的永恒和平。

㊹ “夺去了我的视觉”：指天使的容光异常强烈，照得但丁睁不开眼睛。

“我因此转身跟在我的老师们背后”：意即但丁听到天使的指示后，就转身向左走；因为当时他们三人正在逆时针方向环山前进，天使把守的石级在平台的内侧，无论是和两位古罗马诗人并排而行，还是在后面跟着，但丁都必须向左转弯，尾随他们朝天使说话的方向走去。

“如同顺着听到的声音行走的人一样”：温图里和彼埃特罗波诺都认为

这是真正的比喻，但提出各不相同的解释。前者在《但丁的明喻》中说，“诗人被天使异常明亮的容光照得睁不开眼睛，不得不转身在维吉尔和斯塔提乌斯背后跟着他们，如同盲人听从给他带路的人一样。”后者在注释中说，这句诗意即“如同摸黑走路的人没别的向导而只靠听觉一样”。但许多注释家把这句诗看成形式上的比喻，诗人用这种方式说明他被天使的红光照得睁不开眼睛，而不得不在后面跟随两位古罗马诗人，朝着天使说话的方向走去。

㊺ “打在我额部正中”：指天使扇动翅膀，擦掉但丁额上代表贪食罪的P字。

“使得这风闻着有天香”：“天香”原文是ambrosia，含义是（希腊罗马神话中）神仙的食物，或许但丁以为是一种香草。这里根据萨佩纽的注释意译。

㊻ 这是天使针对贪食罪而说的祝福话，末句用的是《新约·马太福音》第五章中耶稣登山训众论福中“饥渴慕义的人有福了”这句话。但是诗中破例不直接引拉丁文《圣经》的经文，而把它意译为意大利文，省去句中的渴（sitiunt）字，专用饥（esuriunt）字，因为这里是消除贪食罪的地方（参看第二十二章注①）。这段祝福词大意是：这样的人有福了，他们蒙受如此大的神恩启迪，使得人类生来就有的口腹之欲在他们心中不变成贪食无厌的癖性，因为他们如同饥饿一般迫切追求的总是正义，而不是什么别的东西。由于诗中把“正义”（iustitiam）译成quanto è giusto，有些注释家就理解为“适度的”，指的是食欲有节，这种解释固然切合诗中的具体场合，但偏离经文的真正命意太远，因为耶稣在这里所说的“福”恰恰在于“慕义”。

第二十五章

现在是往上攀登刻不容缓的时刻了；因为太阳已经离开子午圈让位给金牛座，黑夜已经离开子午圈让位给天蝎座①。所以我们就像人受急需刺激时，无论什么在面前出现，都不停住，而一直赶路一样，走进了夹道，就一个挨一个地拾级而上，因为石级狭窄，不容登山的人并排行走。

犹如雏鹳因为想飞而抬起翅膀，又因不敢离巢而垂下翅膀，我心里燃起发问的欲望，等到要做出人准备说话的动作时，就又熄灭了这种欲望②。尽管我们走得很快，我的和蔼的父亲还是说："你把话语的弓已经拉得箭头碰着弓背了，射出去吧③。"于是，我放心大胆地开口说："感觉不到营养的需者，何以会消瘦呢?④"他说："假如你想起墨勒阿革洛斯是随着一块燃烧的木头烧完而死的，这事对你来说就不会是那样难以理解的了。假如你想一想，你们稍微一闪动，你们在镜子里的影子就闪动，这件似乎难以理解的事对你来说，就容易理解了⑤。但是，为了使你的求知欲得到充分满足，有斯塔提乌斯在此；我呼吁并恳求他，现在做医治你的伤口的人⑥。"斯塔提乌斯回答说："如果我在你面前给他阐明永恒的真理的话，我就只能以对你不能违命为理由来原谅自己了⑦。"

于是，他开始说："儿子啊，如果你的心接受并且记住我的话，它对于你所问的'何以'将是一盏明灯⑧。完美的血，有一部分后来未被干渴的血管吸收，而如同你从饭桌上撤去的食物一般残留下来，在心脏中获得形成人的一切肢体的能力正如另外一部分在血管中流动以滋养已经形成的肢体一样⑨。这部分完美的血经过再一次消化，就向下流入那个不指名比指名好的地方⑩；以后，它就从那里滴到天然的小容器中别人的血上⑪。在那里，这一种血同那一种血聚在一起，一种天性是被动的，另一种天性是主动的，因为它是从完美的地方流出的[12]；它同那一种血结合后，开始活动，先起凝固作用，然后将生命赋予其使之凝固作为其材料之物[13]。它的主动力先变成灵魂，类似植物的灵魂，不同之点是前者在途中，后者已靠岸[14]；然后它继续起作用，直到能像海绵一样运动和感觉[15]；从这里，它开始给各种以它为种子的能力形成器官[16]。儿子啊，现在那种来源于男性生殖者心脏的能力在自然致力于形成各肢体的地方扩大、延伸[17]。但是它如何从动物变成人，你还不明白[18]。这是个难点，曾使从前一位智慧比你高的人陷于错误，在他的学说中把可能心智与灵魂分离开来，因为他看到没有为这种心智所用的器官[19]。现在敞开你的怀接受我阐述的真理吧；你要知道，胎儿脑的机构一完成，第一原动力就转向它，欣赏自然所创造的这一非凡的艺术品，把充满力量的新的灵气吹入其中，这种灵气把发现在那里活动的因素吸收到自身的实体中，成为有生命、感觉和自省能力的单一灵魂[20]。为了使你对我的话不过于惊异，你就想一想太阳的热力与葡萄树流出的汁液结合而变成酒吧[21]。当拉刻西斯没有了线时，灵魂就脱离肉体，把人性能力作为潜力和神性能力一起带走[22]，其他的能力全都静默；记忆、智力和意志活动比以前还锐敏得多[23]。灵魂片刻不留，神奇地自行落到两河之一的岸上[24]。在那里，它才知道自己的路[25]。那里的空间一包围它，形成力就以对活的肢体所使用的方式和分量向周围辐射[26]。宛如空气饱含水分时，由于另一物体的光射入其中而变得绚烂多彩，同样，在这里，附近的空气呈现出留在那里的灵魂通过自身的潜力印在其中的形象[27]；如同火焰随处跟着火移动一样，这新的形体随处跟着灵魂移动[28]。因为灵魂后来由此而有形，所以被称为幽灵；然后由它给每种感觉，甚至视觉形成器官[29]。我们由它说话，由它发笑；由它流泪、叹息，这些你在这座山上大概已经听到了[30]。根据各种欲望和其他情感对我们的刺激，幽灵呈现出不同的外貌；这就是使你惊异的事情的原因[31]。”

我们已经来到最后的一条环行路上[32]，向右转弯走去，全神贯注在别的须要注意的事上[33]。这里的峭壁喷射火焰，平台沿儿上有风向

那时，我听见大火中间唱道：“Summae Deus clementiae”，使得我同样热切地把眼光转过去。

上吹，迫使火焰倒退，离开那里㉞；因此我们必须沿着平台无屏蔽的一侧鱼贯而行：我这边怕火，那边怕摔下去㉟。我的向导说："在这个地方，眼睛决不可失控，因为稍一疏忽，就会失误啊㊱。"那时，我听见大火中间唱道："Summae Deus clementiae"，使得我同样热切地把眼光转过去㊲；我看到幽魂们在火焰中行走；因此，我不时交替着转移视线，看一下他们，又看一下自己的脚步。那首赞美诗一结束，他们就高呼："Virum non cognosco"㊳；随后，就又开始低声唱赞美诗。唱完了，他们还呼喊："狄安娜留在森林里，赶走中了维纳斯的毒的艾丽绮㊴。"然后，他们又重新唱那首诗；接着，就高声称颂那些符合道德和婚姻要求的贞洁的妻子和丈夫㊵。我相信，在火烧着他们的期间，他们都一直在这样做：必须用这种疗法和这种食物才能使这个伤口最后愈合㊶。

注释：

① 但丁幻游炼狱的时间是春分时节，太阳在白羊宫。在黄道带上，白羊宫之后是金牛宫。"太阳已经离开子午圈"：指天已过了晌午。"让位给金牛座"：指金牛座现已达子午圈。黄道十二宫每宫长30度，太阳需行两小时。因此炼狱现在时间是下午两点钟。"黑夜"这里指午夜，但丁把她人格化，想象她是一颗行星，在另一半球和太阳同时绕着地球运转（参看第二章注②）。太阳在白羊宫时，"黑夜"就在与白羊宫正对面的天秤宫。天秤宫之后是天蝎宫。"黑夜已经离开子午圈"：指时间已经过了午夜。"让位给天蝎座"：指天蝎座现已达另一半球的子午圈。"黑夜"和太阳运转速度相同；炼狱此刻是下午两点钟，耶路撒冷此刻就是早晨两点钟。

② 这里但丁以羽毛未丰的雏鹳抬起翅膀想飞，又怕离开窝摔死，而重新垂下翅膀的本能动作作为比喻，来说明自己心里想提出疑问，又怕在维吉尔正拾级而上之际给他添麻烦，以致话到嘴边而不敢开口的心理状态，使之跃然纸上。

③ "和蔼的父亲"：指维吉尔，他时时注意但丁的表情，发现他胆怯不敢发问，尽管正奋力快步登山，还是亲切地开口，鼓励他把问题提出来。维吉尔的话是隐喻，把但丁已到嘴边而不说出的话比做弓箭手引满了弓而不发出的箭，意思就是，快把你心里想说的话说出来吧。

④ 但丁提出的问题就是：炼狱中的幽魂没有肉体，不需要饮食营养，怎么还会消瘦呢？

⑤ 维吉尔先用有关墨勒阿革洛斯之死的传说启发但丁去思考这一问题。墨勒阿革洛斯（Meleagros）是卡吕冬（Calydon）王俄纽斯（Oeneus）和王后阿尔泰亚（Althaea）的儿子。他出生后不久，三位命运女神就做出预言：克罗托说，他一定会是个勇猛的人；拉刻西斯说，他一定会是个强壮的人；阿特洛波斯把一根木头扔在燃烧着的灶火上说，这根木头能烧多久，他就能活多久。他母亲阿尔泰亚等三位命运女神离开后，就从火里取出那根木头，把它保藏起来。后来，俄纽斯向诸神献祭时，忘了祭女猎神阿耳忒弥斯，女猎神进行报复，使一头大野猪祸害卡吕冬国。墨勒阿革洛斯邀请希腊各国英雄前来会猎，捕杀野猪。阿耳卡狄亚公主阿塔兰塔（Atalanta）也参加会猎，墨勒阿革洛斯爱上了她，他杀死野猪后，就把野猪头送给了她。他的两个舅父不依，从她手里抢去野猪头，他一怒之下，杀死了他们。他母亲阿尔泰亚听到这个消息后，悲愤交加，为了替两个兄弟报仇，就拿出那根木头来烧掉，木头烧完，墨勒阿革洛斯也在痛苦中死去（事见《变形记》卷八）。接着，维吉尔又举出人照镜子时，不论多么迅速、多么细微的动作，都立刻在镜中反射出来这一事实，来启发但丁思考。“这两个例子显然都不是对有关的现象做出的事理性的解释：墨勒阿革洛斯虽然能使人明白，身体也能由于跟营养无关的外在原因而消瘦，甚至消灭，但是并未说明其所以然。镜子的例子用来使但丁明白，幽魂的虚空的形体反映出其所受之苦，犹如镜子反映出人的形象一样，但这也还不是解释。维吉尔将委托斯塔提乌斯去解释。”（雷吉奥的注释）

⑥ “医治你的伤口的人”：意即解决你的疑问的人，因为疑难问题折磨人的心，犹如疼痛的伤口折磨人的肉体一样。

诗中为什么让斯塔提乌斯代替维吉尔解释幽魂不需要营养何以会消瘦？一些早期注释家和不少现代注释家认为，这不仅仅是个哲学问题，而且涉及神学。维吉尔作为理性的代表，由于自身的局限性，对这个疑难问题不能做出全面的解释。斯塔提乌斯生前已经从博学的异教诗人转变为基督教徒，接受了启示的真理，死后在炼狱中已经涤净自己的罪孽，正准备升入天国，因而对此能够胜任。

⑦ 这句话表达出斯塔提乌斯的谦卑和对维吉尔的尊敬。

⑧ “儿子啊”：斯塔提乌斯一开口就这样称呼但丁。“他是经过考虑说的呢？还是自然脱口而出的呢？在这两种情况下，肯定都意味着他对但丁的态度和维吉尔对但丁的态度恰恰相同。”（彼埃特罗波诺的注释）

“你所问的‘何以’”：指幽魂何以消瘦这一疑难问题。

⑨ 为了彻底解决但丁提出的疑难问题，斯塔提乌斯从人的生殖过程讲起。他的讲述主要根据托马斯·阿奎那斯所解释的亚里士多德的理论，内容概括起来有四点：首先讲述关于人的生殖方面的理论，胎儿的逐渐

发育，人体能力即植物性灵魂和感性灵魂的逐渐发展；然后说明理性灵魂如何赋予人体；然后说明肉体死亡后，灵魂存在的方式；最后说明幽魂的来源和状态。

“完美的血”：纳尔迪在《中世纪哲学研究》中指出，根据亚里士多德的学说，食物经过一系列的变化或消化（digestioni）才变成其所滋养的身体的养料，经过这些消化过程，食物不再是不同的（dissimile），而变成完全可以吸取的（assimilabile）。根据阿维森纳的理论，食物必须经过四个消化过程：第一个在胃和腹中完成；第二个在肝脏中完成，在那里，乳糜（chilo=英语 chyle）开始变成血；第三个在血管中完成，在那里，从肝脏中排出的粗糙的、不完美的血被净化，去掉多余的水分，变成完美的血，汇合在心室中；第四个在各个肢体中完成，在那里，血的养料弥补损失，促进发育。

“后来未被干渴的血管吸收”：意即后来未在血管中循环。诗人用“干渴”（assetate）来形容血管，因为血管必须用血来滋养身体的各部分。牟米利亚诺指出，“干渴的血管”使人感觉到由于血液循环而在人体中流动着的生命。从这个实例可以看到但丁如何把科学题材化为生动的诗。“如同你从饭桌上撤去的食物一般残留下来”：意即原封不动地留下来。

“在心脏中获得形成人的一切肢体的能力”：意即这一部分不循环的、残余下来的完美的血，留在心脏中，获得使将出生的婴儿的肢体形成的能力，正如另一部分完美的血在血管中循环来滋养人的已经形成的肢体一样。这里所说的这一部分完美的血指的是将变成精液使女人受孕的血。

⑩ 意即这一部分完美的血再经过最后一个消化（即净化）过程，就变成精液，向下流入男人的生殖器官中去。

⑪ “天然的小容器”：指子宫。“别人的血”：指月经。

⑫ 意谓精液和月经在子宫中汇合在一起，月经准备受胎，精液准备发挥其形成力，使女人受胎，因为它是从完美的地方，即从心脏中来的，在那里，血液经过“消化”变成完美的血液后，被压出来，通过主动脉输送，成为精液。

“一种天性是被动的，另一种天性是主动的”：托马斯·阿奎那斯说，“正如那位哲学家（指亚里士多德）所说，在通过性交生殖的完美的动物方面，主动力在男性的精液；但胚胎物质是由女性提供的”（见《神学大全》第一卷）；又说，“在生殖中，行为有主动与被动之分。因此，全部主动力在男性方面，被动力在女性方面。”（见《神学大全》第三卷）

⑬ “它同那一种血结合后”：意即精液同月经汇合后，开始发挥其主动性，

先使月经凝固，然后赋予生命，使之成为接受它的主动力形成胚胎的材料。

“先起凝固作用”：纳尔迪在《中世纪哲学研究》中指出，“亚里士多德确实把男人的精液对女人的月经所起的作用比拟做凝乳酶对牛乳所起的作用。这种说法被阿维森纳接受并发展后，成为中世纪胚胎学的共同观念。”佛罗伦萨无名氏的注释引用了这个比喻。

⑭ 意谓精液的主动力先变成植物性灵魂，它和一般植物的灵魂一样具有生命，不同之处在于它“在途中”，也就是说，它还要继续发展，而一般植物的灵魂则“已靠岸”，也就是说，已经完成其全部发展过程。

⑮ 意谓精液的主动力变成植物性灵魂后，继续起作用，发展到能像海绵一般运动和感觉的阶段，也就是说，变成了感性灵魂（anima sensitiva）。

但丁在《筵席》第三篇第二章中说：“那位哲学家（指亚里士多德）在《论灵魂》第二卷中分析灵魂的能力时，谓灵魂主要有三种能力，即生命、感觉和理性；他也提到运动；但运动可以与感觉合而为一，因为每个有感觉的灵魂（或是具有一切感觉，或是只具有其中的某些），也都有运动；所以运动是一种与感觉连在一起的能力。”

“直到能像海绵一样运动和感觉”：意即直到它仅仅能像海绵一般运动和感觉。在亚里士多德和中世纪的动物学中，海绵是最低级的动物，介于动物界和植物界之间。

⑯ 意谓从这个阶段，精液的主动力开始给各种感觉能力形成器官（即所谓感官），这些感觉能力都由精液的主动力而生，如同植物由种子而生一样。

⑰ 根据雷吉奥的解释，“自然（natura）致力于形成各肢体的地方”：指胚胎；“自然致力于形成各肢体”：指自然致力于完成整个有机体。

诗句的大意是：现在，从这个阶段，来源于男性生殖者心脏的形成力在胚胎中发展、扩大、延伸，形成各个肢体。

⑱ “如何从动物变成人”：“人”原文 fante 来源于拉丁文 fari（说话），含义是会说话者（parlante）。这个词突出表现人类区别于其他动物的特征：会说话意味着有思想须要表达，有思想意味着能思维，能思维必然具备心智和理性。

诗句的大意是：胎儿发展到有感性灵魂（能感觉和运动）、具备各种感官和肢体的阶段后，自然（natura）已经尽其能事；但它如何具有理性灵魂（anima razionale），也就是说，如何获得心智和理性，成为万物之灵的人，对你来说，还是个疑难问题。

⑲ “曾使从前一位智慧比你高的人陷于错误”：指阿威罗厄斯（见《地狱篇》第四章注㊽）在亚里士多德《论灵魂》一书的注释中作出错误的

解释。

为了理解他的说话，必须指出，一切亚里士多德学派思想家都把人的心智区分为活动心智（intelletto agente o attivo）和可能心智（intelletto possibile o passivo）。前者通过抽象作用使感官提供给我们的种种个别印象形成概念，从而使我们获得感性认识；后者使我们明白普遍原理，也就是获得理性认识，因而是人类真正的高级智力。阿威罗厄斯由于看到人身上没有与这种作为人类的高级智力的可能心智相当的器官，如同眼睛之与视觉，耳朵之与听觉那样，就认为它是一种独特的、超验的普遍性智力（intelligenza universale），这种智力在人活着的时间，为一切个人的灵魂所共同具有，但又与之互相分离，如同太阳和它所照亮的透明的物体一样。人一死亡，就不复具有可能心智，因此他认为人根本没有所谓不灭的个人灵魂。这种说法被经院哲学家视为邪说，特别受到托马斯·阿奎那斯的抨击，因为否定个人灵魂不灭，就意味着否定死后善人得福，恶人受罚的教条。

⑳ “第一原动力”（lo motor primo）：这是亚里士多德使用的哲学名词，经院哲学家用它来指上帝。

“欣赏自然所创造的这一非凡的艺术品”：意谓胎儿脑的机构一完成，上帝就转向胎儿，欣赏它作为自然创造的一件非凡的艺术品。

“把充满力量的新的灵气吹入其中”：意谓上帝把富有思维能力的理性灵魂赋予胎儿。

根据基督教教义，理性灵魂作为人的不灭的部分，是由上帝赋予人的，而非来源于自然。托马斯·阿奎那斯说：“……既然它（指理性灵魂）是非物质的实体，它就不能通过生殖形成，而只能由上帝创造而成。所以认为理性灵魂来源于父亲，只不过是认为灵魂并非永生的，而是随肉体毁灭的而已。因此理性灵魂是随精液遗传而来的说法是邪说。”

“把发现在那里活动的因素吸收到自身的实体中”：意谓理性灵魂把它发现在胎儿中活动的、先变成植物性灵魂、然后变成感性灵魂的形成力吸收到自身的实体中，成为一个浑然一体的灵魂，有了这单一的灵魂后，胎儿就不仅像植物一样有生命，像其他动物一样有感觉，而且还有潜在的思维能力，这种能力使人类成为万物之灵。

㉑ “我的话”：指斯塔提乌斯关于上帝如何把理性灵魂赋予胎儿以及理性灵魂如何吸收植物性灵魂和感性灵魂，成为单一的灵魂的说法。

“过于惊异”：来源于上帝的理性灵魂如何能与来源于自然的植物性灵魂及感性灵魂融合成一个整体，会使但丁感到不可思议，而惊异不置。为此，斯塔提乌斯让但丁“想一想太阳的热力与葡萄树流出的汁液结合而变成酒”这一事实，使他通过类推的方法来理解这一难题。

“葡萄树流出的汁液”：指葡萄树分泌到葡萄中的汁液。诗句的大意是：

太阳的热力与葡萄树分泌到葡萄中的汁液结合就变成葡萄酒，也就是说，由一种来源于葡萄树的物质因素与一种来源于太阳的非物质因素结合而成为新的因素；同样，来源于上帝的理性灵魂与来源于自然的植物性灵魂及感性灵魂融合，就成为浑然一体的单一的灵魂。

㉒ “当拉刻西斯没有了线时”：“拉刻西斯”是给每个人纺生命之线的命运女神（见第二十一章注⑧）；诗句意即人死时。

“把人性能力作为潜力和神性能力一起带走”：“人性能力”，指植物性能力和感觉能力，因为它们都来源于父亲的精液，所以诗中称之为人性能力。“作为潜力”（in virtute = in potenza），指灵魂脱离肉体后，这些能力由于没有器官，不能活动，而处于潜在状态。

㉓ “其他的能力全都静默”：指人性能力，即植物性能力和感觉能力，一概停止活动，处于潜在状态。

“记忆、智力和意志活动比以前还锐敏得多”：记忆、智力、意志是理性灵魂的能力，人死后，这三种能力的活动由于不受肉体阻碍，而比生前还锐敏得多，“因而人们具有能铭刻不忘的记忆，毫无缺陷的智力和坚定不移的意志。”（布蒂的注释）

㉔ “片刻不留”：指脱离肉体的亡魂受内心驱使，立刻离开原地。

“神奇地自行落到两河之一的岸上”：“两河”，指地狱中的阿刻隆河和罗马的台伯河；意即亡魂由于神秘的天命而自行落到这两条河之一的岸上，如果是被罚入地狱的，就落到阿刻隆河岸上，如果是得救入炼狱的，就落到台伯河岸上。

㉕ 意即亡魂落到两河之一的岸上时，才知道自己的命运如何：入地狱受苦还是去炼狱净罪。

㉖ “那里的空间一包围它”：意即阿刻隆河岸上或台伯河岸上充满空气的空间一包围亡魂。

“形成力就以对活的肢体所使用的方式和分量向周围辐射”：意谓“曾在母亲的子宫中形成有机的人体的同一形成力，现在辐射到附近的空气中，开始形成一个更轻的、更灵敏的形体，在这个形体中重新获得完全具备五种感官的植物性和感性灵魂的功能”（纳尔迪在《中世纪哲学研究》中的解释）。这种由空气形成的形体，对亡魂来说，代替了生前具有的肉体。

㉗ “空气饱含水分时”：指雨后空气中充满小水珠时。“另一物体的光”：指日光。“变得绚烂多彩”：指形成红、橙、黄、绿、蓝、靛、紫七种颜色的彩虹。

“留在那里的灵魂”：指落在两河之一的岸上的亡魂。“通过自身的潜力”：原文是 virtualmente；意即通过灵魂自身的形成力（virtu informativa），人死后，这种形成力还作为潜力保存下来。“印在其中”：

意即亡魂通过自身保有的潜力把生前的形象像盖图章一般印在空气中。诗句的大意是：正如日光照射在雨后空气中的小水珠上，由于折射和反射作用而形成绚烂的彩虹，同样，亡魂落在两河之一的岸上，它的形成力向周围的空气辐射，从而给他造成貌似生前的形象。

㉘ 根据亚里士多德的学说，火焰是火印在空气中的形象，也就是说，火被认为是无形的基本要素，在火焰中才具有可见的形象，同样，这新的形体是亡魂自身的形成力向周围的空气辐射造成的，亡魂在空气构成的新的形体中才具有可见的形象；所以诗中的比喻说，亡魂的新的形体随处跟着灵魂移动，如同火焰随处跟着火移动一样。

㉙ “后来由此而有形”：脱离了肉体的亡魂是无形的，后来由于有了空气构成的新的形体才变得有形象可见了。“所以被称为幽灵”：“幽灵”原文是影子（ombra），因为亡魂有了空气构成的形体后，就变成像影子一般看得见、摸不着的物体。“然后由它给每种感觉，甚至视觉形成器官”：意谓亡魂有了形体后，就借以形成各种感觉器官，甚至最复杂的视觉器官。

㉚ 意谓亡魂借新的形体说话、发笑、哭泣、叹息，表达各种情感，这些想必你在这座山上已经听到了。

㉛ 意谓亡魂们因受不同的欲望和情感（恐惧、喜悦、希望等）刺激，而相应地呈现出不同的外貌；这就是使你感到惊异的事——犯贪食罪者的灵魂何以消瘦的原因。纳尔迪解释说：“食欲，毋宁说大吃大喝的欲望，在人世生活中造成贪食者的罪孽，在这里（指炼狱）变成他们所受的惩罚，因为这种欲望引起了得不到满足的饥饿感觉，令人恐怖的消瘦是这种感觉的具体表现。”（《但丁讲座》〔Lectura Dantis〕，《炼狱篇》第二十五章）

辛格尔顿解释说：“幽灵呈现出这样或者那样的外貌；在我们所讲的这一场合，呈现出来的是由食欲产生的极端消瘦的外貌。所以他们貌似消瘦的形体是一种欲望的表现，并非实际上挨饿的结果，挨饿在这里是不可能的事。”

㉜ 意即我们已经来到了最后的一层平台上。“环行路”原文是 tortura，含义为酷刑。有些注释家认为指第七层平台上犯贪色罪者的灵魂所受的刑罚。但本维努托理解为“弯路，环山弯曲的道路”。这两种解释实际上都指第七层平台。译文根据后一种解释。

㉝ “别的须要注意的事”：意即与听斯塔提乌斯的讲话完全不同的事；指下面诗句中所说的被烈火烧着和从平台外沿上摔下去的危险。

㉞ “这里的峭壁喷射火焰”：意即第七层平台内侧的峭壁向平台上喷射火焰。“平台沿儿上有风向上吹，迫使火焰倒退，离开那里”：意谓平台靠外面的边沿儿上有风向上吹，吹得火焰倒退，在那里让出了一条极

其狭窄的路。

㉟ “因此我们必须沿着平台无屏蔽的一侧鱼贯而行”：“平台无屏蔽的一侧”即平台靠外面的边沿；“鱼贯而行”意谓边沿上的路太窄，只容单人行走，所以三位诗人必须排成单行前进。“我这边怕火，那边怕摔下去”：但丁在炼狱中一贯逆时针方向环山而行，所以诗句的意思是：他在这条路上行走时，左边怕火烧着，右边怕从平台上摔下去。

㊱ “眼睛决不可失控”：原文是 si vuol tenere a li occhi stretto il freno（直译：应该对眼睛严加控制），意即不要东张西望。

“稍一疏忽，就会失误”：“失误”原文是 errar，这里指被火烧着或失足摔下去。

㊲ “Summae Deus clementiae”（无上仁慈的上帝呀）：这是但丁时代天主教会星期六早课唱的一首拉丁文赞美诗的首句。犯贪色罪者的幽魂们在烈火中唱这首诗，因为诗中说，“请用正义的火焰焚烧我们的腰和软弱的肝，使得它们严格，远离色情吧。”腰和肝是人体的性欲部位，因而诗中祈求上帝用正义的火焰焚烧，消除色情。

“使得我同样热切地把眼光转过去”：意即我听到唱赞美诗的声音时，不由得像约束自己的眼睛那样热切地把视线转向那里。

㊳ “Virum non cognosco”是拉丁文《圣经》的译文，中文《圣经》的译文是“我没有出嫁”。童女马利亚听到天使向她问安，预报她要怀孕生耶稣时，对天使说：“我没有出嫁，怎么有这事呢?”（见《新约·路加福音》第一章）诗中以马利亚作为童女体现贞洁美德的第一个范例。

㊴ 狩猎女神狄安娜为了保持自己的贞洁，同陪伴她的仙女们一起居住在森林中。阿尔卡狄亚国王的女儿艾丽绮（Elice）是这些仙女之一，朱庇特爱上了她，使她生下一子名阿尔卡斯（Arcas）。因此狄安娜把她赶出去了，以免自己的住处被她玷污。“中了维纳斯的毒”：指艾丽绮犯下色情罪，丧失了贞洁。这个仙女的更为人熟知的名字是卡利斯托（Callisto）。据《变形记》卷二中的叙述，她遭到天后朱诺的忌妒，被变成了母熊，最后，朱庇特把她和她的儿子放在天上，成为大熊星座和小熊星座。诗中以狄安娜作为童女体现贞洁美德的第二个范例。

㊵ 意即幽魂们高声称颂那些品行上符合婚姻道德要求的贞洁的妻子和丈夫。牟米利亚诺认为“道德和婚姻”（Virtute e matrimonio）在这里可以看作是重言法（endiade）：即“婚姻道德”（Virtù matrimoniale）。

㊶ “他们都一直在这样做”：意即他们时而低声唱赞美诗，时而高声呼喊体现贞洁美德的范例，二者一直在交替进行。

“必须用这种疗法和这种食物才能使这个伤口最后愈合”：“这种疗法”，指在烈火中行走。“这种食物”，指唱赞美诗和默想体现贞洁美德的范例作为规定的精神食物。“使这个伤口最后愈合”：“这个伤口”，指贪色罪，具体地指刻在但丁额上的、代表这种罪的 P 字母，因为彼埃特罗波诺的注释说：“在神秘主义者的用语中，罪经常被称为 vulnera（伤口）；因此但丁把天使刻在他额上的 P 字母也叫做伤口。”“最后愈合”，意即完全愈合，收口，也就是说，使贪色罪消灭净尽。

第二十六章

当我们这样顺着平台外沿鱼贯而行时，善良的老师屡次对我说："留神哪，让我的警告对你发生效力吧"[1]；太阳正照在我的右肩上，它的光芒已经把整个西方的天空从蓝色变成白色[2]；我的影子使火焰显得更赤热[3]。我瞥见许多幽魂一面行走，一面直在注意这一如此微细的迹象[4]。这是引起他们谈论我的原因；他们开始你对我、我对你说："那个人好像不是虚幻的形体"[5]；后来，其中的几个尽可能向我靠近，但一直注意不走出他们被火烧得着的范围[6]。

"啊，这位不是由于动作较慢，或许是由于恭敬而走在别人后面的人哪，请你回答我这在渴和火中燃烧[7]的人吧；你的回答不单单对我来说是必要的；因为这些人统统渴望你的回答，比印度人或埃塞俄比亚人渴望冷水还迫切。请告诉我们，你怎么会使自己成为一堵墙遮住太阳，就好像你还没进入死神的网中似的[8]。"其中的一个这样对我说[9]。我本来会立刻说明我的情况，假如我没把注意力放在当时出现的另一件新奇的事上；原来，正有一群人在火燃烧着的路当中向这一群人迎面走来[10]，使我不由得凝视着他们。我看到那时来自双方的幽魂个个都匆忙迎上前去，互相接吻，而不停留，只满足于简短的问安[11]；犹如蚂蚁在它们的褐色队伍中这个同那个碰头，或许为了探询它们的路和它们的运气一样[12]。

他们友好的会晤一结束，每个人在迈出第一步以前，都竭力用高于他人的声音呼喊，新来那群人喊："所多玛和蛾摩拉"[13]，那另一群人喊："帕西淮钻进木制的母牛中，好让那头公牛来满足她的淫欲[14]。"之后，犹如灰鹤，一部分可能飞往黎菲山脉，一部分可能飞向沙漠，前者避烈日，后者避严寒[15]，同样，那群人走过去，这群人走过来[16]；他们都流着泪，重唱先前唱的歌，并高呼对他们最适合的范例[17]；那些曾恳求我回答的人们像原先那样重新挨近我，他们脸上都显露出准备注意听我回答的神情。

我两次看出了他们想要知道的事[18]，开始说："啊，不论等到何时，反正准会获得和平境界[19]的幽魂们哪，我的肢体既非在我未成熟时，也非在我成熟时留在了人世，而是带着它的血液和关节同我一起来到了这里[20]。我由这里往上去，为的是不再盲目[21]；上界的一位圣女[22]为我求得恩泽，使得我能带着肉体来到你们的世界。但是，祝愿你们的最大的愿望[23]很快得到满足，使得那层充满爱的、圈子最广大的天[24]容纳你们成为你们的归宿，请告诉我你们是谁，在你们背后走开的那一群是什么人，使得我还可以写在纸上[25]。"

幽魂们听了以后，一个个的表情都无异于粗犷、村野的山里人进城时，眼花缭乱，惊奇得说不出话来的样子[26]；但是，惊奇在高贵的人心中迅速消失，他们解除了这种情感后，先前向我发问的那个人又开始说[27]："为了死后灵魂得救，而把自己在我们的地区的经历珍藏于心的人哪，你有福了[28]！那一群不同我们一起走来的人，犯的是从前恺撒凯旋时，听到人们嘲讽地对他喊'王后'的那种罪[29]；所以，他们高呼'所多玛'离开我们而去，如同你听到的那样，自己责备自己，以羞愧帮助火烧[30]。我们的罪是在两性合二而一方面[31]；但是，因为我们没遵循人的法度，而像兽一样顺从性欲冲动[32]，我们和他们分离时，就高呼那个在制成兽形的木板片里像兽一般宣淫的女人的名字[33]来羞辱自己。现在你知道我们的行为和犯的是什么罪了；要是你或许还想知道我们每个人的名字，我可没时间说，也说不出来[34]。至于我的名字，我愿意满足你的愿望：我是圭多·圭尼采里，我已经在净罪，因为我在命终以前就及时忏悔了[35]。"

当我听到我的和比我优秀的其他曾写作温柔、优雅的爱情诗的诗人们的父亲[36]说出自己的名字时，我的心情就变得像那两个儿子在吕枯耳戈斯悲愤之际重新见到他们的母亲时一样，但我的感情并未表现到他们那样的程度[37]；我不再听、不再说什么，长时间凝视着他，沉浸在冥想中向前走去；由于火的缘故，我没向他走得更近。在饱看他后，我自己提出愿全心全意为他服务，还通过发誓促使人家相信。他对我说："由于我听到你的那些话，你在我心中留下如此深刻、鲜明的印象，以至勒特河的水都去不掉它，也不能使它模糊[38]。但是，如果你的话刚才发誓说是真的，那你就告诉我，你在说话和注视我当中都表示爱我，是由于什么缘故吧。"我对他说："您的温柔的诗，只要现代用俗语写诗之风[39]持续下去，就会使其手抄本仍然珍贵。""啊，兄弟呀，我用手指给你的这位，"他指着前面的一个幽魂说，"是使用母语更佳的工匠，他超过一切写爱情诗和写散文传奇的作家[40]；让认为那个里摩日人[41]高于他的那些愚人，随口乱说吧。他们面向传言，而不面向真理，不先听艺术和理性的声音，就这样决定他们的看法[42]。许多前辈对待圭托内就是这样，他们口口相传，一直继续赞美他，直到真理由于多数人的正确评价战胜了这种赞誉[43]。好了，既然你有上帝恩赐的这样广大的特权，允许你到基督是修士们的院长的修道院去[44]，就请你为我念主祷文吧，只念我们在这个世界所需要的部分，在这里我们不再有犯罪的可能了[45]。"然后，或许是为让位给他附近的另一个幽魂，他就像鱼潜入水底一般没入火中[46]。

我稍微向前走近他指给我的那个幽魂说，我的愿望为他的名字准备好惬意的地方[47]。他乐意地开始说："您的彬彬有礼的请求使我非常高兴，我不能、也不愿对您隐瞒自己。我是阿尔诺，我哭，我边走边歌唱；我懊悔地看到过去的荒唐，欣喜地看到我所盼望的欢乐在前面。现在我恳求您，看在那引导您到阶梯顶端的力量面上，在适当的时候想起我的痛苦吧[48]！"

"Tan m' abellis vostre cortes deman,
qu' ieu no me puese ni voill a vos cobrire.
Ieu sui Arnaut, qui plor e van cantan;
consiros vei la passada folor,
e vei jausen lo joi qu' esper, denan.
Ara vos prec, per aquella valor
que vos guida al som de l' escalina,
sovenha vos a temps de ma dolor!"

然后，他就隐藏在精炼他的火中。

注释：

① 意即你行走时要留神，希望我提的警告有效，使你不致被火烧着或者摔下去。

② “太阳正照在我的右肩上”：这一细节说明那时天色已晚，夕阳西下，大约是下午四五点钟。但丁顺着平台外沿向西南偏南方向行走，太阳光几乎平射在他的右肩上。

三位诗人下午两点钟开始拾级而上，费了大约两个小时才登上第七层平台。斯塔提乌斯在这段时间详细解答了但丁的疑难问题。

“它的光芒已经把整个西方的天空从蓝色变成白色”：意谓斜阳的光辉使西方的蔚蓝的天空变成白色，天空的其余部分则仍然是蔚蓝色。这是通常的现象。

③ “火焰在日光照耀下，红色减退，变得发白，几乎看不见；但是，如若被什么影子遮盖，致使日光照不到它，它的颜色就变得更鲜明。”（兰迪诺的注释）所以但丁在火焰旁边走过时，火焰就显得比以前赤热。

④ “直在注意这一如此微细的迹象”：托拉卡指出，火焰在影子下比在光照下更明亮，这是明显的事实；但是，在诗人的旅行中，它是第一次在这里出现；幽魂们若干年、若干世纪以来，一直“在火烧的路当中”行走以涤除他们的罪，也是第一次看到这一事实；因此，他们的谈话由于意料不到的原因而以独特的方式开始。牟米利亚诺指出，通过这一细节，但丁“变换了《地狱篇》和《炼狱篇》中幽魂们觉察但丁是活人的习惯方式：不再因为他‘脚碰着什么，什么就动’，或者他呼吸，或者他把影子投射在地上，而是因为他使火焰显得更红。这一迹象并非作为旅行中的奇事孤立地存在，而是嵌入这层平台的介乎戏剧性和绘画性之间的场面中：‘我的影子使火焰显得更赤热’这句话是火的主题最强的着色笔触之一，从第二十五章末尾一直到第二十七章都曲折地贯串着这一主题。”

⑤ “虚幻的形体”：原文是 corpo fittizio，指由空气形成的形体。

⑥ 这几个幽魂被好奇心所驱使，尽可能地走近但丁，但注意不走到火烧不着的地方，因为他们连片刻都不肯中断净罪的进程。

⑦ “在渴和火中燃烧”：“渴”指焦渴般的求知欲，渴望知道但丁是否确是活人。“火”指净罪的火焰。

⑧ 意即你的身体怎么会挡住太阳，就好像你还活着似的。这句话把死神比拟做猎人或渔人张网捕捉猎物或鱼；“网”强调死神抓住所有的人，谁都不可能逃脱的意象。

⑨ 我们从后面的诗句得知，这位向但丁发问的幽魂是诗人圭多·圭尼采里。

⑩ 在这层平台上的烈火中环山而行的犯贪色罪的幽魂们分成两队：和三位诗人一起向同一方向行走的是犯邪淫罪者，向他们迎面走来的是犯鸡奸罪者。“因为三位诗人已经按照炼狱中的常规向右转弯，从左向右行走，犯鸡奸罪者在平台上行走的方向与此相反，从右向左行走，或许这是为强调他们的罪行的违反自然性（innaturalità）。”（齐门兹的注释）

在地狱中，犯邪淫罪者在第二层被狂飙刮来刮去，受永远不得安息之苦。犯鸡奸罪者在第七层第三环受永远在火雨中行走之苦。在炼狱中，这两种罪人都作为犯贪色罪者在第七层平台上的烈火中行走以涤除各自的恶孽。

⑪ “互相接吻”：“他们互相接吻是出于爱和纯洁的友情，他们这样做是为了忏悔荒淫无耻的接吻。”（兰迪诺的注释）在同一动作中，对以往的罪过的痛苦回忆就这样与现在的热烈欢快的友爱之情交织在一起。这种动作使人想起古时的基督教徒互相接吻问安的习俗（见《新约·罗马书》第十六章）。

⑫ “它们的褐色队伍”：指从蚁穴中来的和回蚁穴去的蚁队。

“或许为了探询它们的路和它们的运气”：意谓或许是为了探询它们路上的情况和它们觅食的运气如何。

温图里指出，这个明喻是从自然界观察而来的。但丁以前的诗人，如维吉尔在《埃涅阿斯纪》卷四中，奥维德在《变形记》卷七中，曾描写勤奋忙碌的蚁群。“但他们谁都未注意到但丁诗中确切说出的‘互相接吻’的动作（ammusasi），这一动作是那样自然而且完全是蚂蚁们所特有的：这个动词被他适时地造出来，使得那些幽魂亲切地互相接吻的形象真切生动地呈现在我们面前。”

但丁不仅观察到并描写出这一动作，还力图凭借对这些昆虫的生活的直觉，说明动作的原因：它们有一种语言，或许怀着急切的心情打听路上的情况和觅食的运气好坏吧。

⑬ “所多玛和蛾摩拉”：是巴勒斯坦的两座古城，由于居民犯鸡奸罪而为上帝用天火烧毁（见《旧约·创世记》第十八—十九章）。

新来的那群人是犯鸡奸罪的幽魂，所以他们呼喊这种罪受惩罚的事例，警告自己。

⑭ 据希腊神话传说，克里特岛的国王米诺斯的王后帕西淮对一头公牛产生了强烈的淫欲，她无法达到目的，就与能工巧匠代达罗斯商议。他用木料制造了一头母牛，上面盖上一张母牛皮，然后让王后钻进母牛肚里。那头公牛以为是真母牛，就与之交配，结果，王后怀了孕，生下了上半身是相貌凶恶的人、下半身是公牛的怪物米诺涛尔（参看《地狱篇》第十二章注③）。诗中把帕西淮的淫行作为放纵色欲不加控

制的事例。这一群幽魂是贪色纵欲的人，所以他们呼喊这一事例，进行反省。

⑮ “黎菲山脉”（Le montagne Rife，拉丁文 Rhipaei 或 Rhiphaei）：古代人认为这道山脉位于欧洲东北部，那里天气严寒，山顶积雪终年不消，但具体在什么地方则无法确定。这里泛指北方寒冷地区。

“沙漠”指利比亚沙漠，这里泛指南方温暖地区。

这个明喻中所说的并非自然界的事实，而纯粹是一种假设。勃朗（Blanc）在《关于〈神曲〉的一些晦涩和引起争论之处的语文学性质的解释》第二部分（《炼狱篇》）中，最早指出：“无人看出这个明喻根据的是件不可能的事。因为，这些鸟春天确实向北方移栖以躲避夏季的酷暑，秋天向南方移栖以躲避冬季的严寒，但它们受本能引导，无一例外地统统顺着同一条路飞去；这同一种鸟在同一时间一部分飞往冷地方，另一部分则飞往热地方，是不可能的。惟一可以为诗人辩解的说法是：但丁讲这些鸟飞往方向相反的地方，并非用直陈式现在时 volan，作为一件事实来讲，而是用虚拟式过去未完成时 volasser，作为一种假设（ipotesi）来讲：也就是说，假若这样分飞对它们来说是可能的话，它们就和那两队幽魂在这里分别朝不同的方向走去一样了。”

⑯ 指那队犯鸡奸罪的幽魂向左走，这队犯邪淫罪的幽魂如同三位诗人一样向右走。

⑰ “先前唱的歌”：指他们原先唱的赞美诗。“对他们最适合的范例”：指针对他们各自的罪行的贞洁美德的范例。

⑱ “我两次看出了他们想要知道的事”：“他们想要知道的事”指但丁是不是活人。但丁第一次看出他们想知道此事是在那队犯鸡奸罪的幽魂来到之前，因为当时有一个人以他们大家的名义向但丁提出了这个问题；现在但丁第二次看出他们这一愿望，因为他们脸上都显露出准备注意听他的回答的神情。

⑲ 意谓你们这些幽魂已经得救，迟早肯定会享天国之福。

⑳ “我的肢体既非在我未成熟时，也非在我成熟时留在了人世”：这里以水果作为隐喻，来比拟人的年龄；“未成熟时”指年轻时，“成熟时”指年老时。诗句意谓：我既非在年轻时，也非在年老时死去，遗骸留在了人世。

“而是带着它的血液和关节同我一起来到了这里”：“血液和关节”说明但丁的肉体是活人的肉体，幽魂的由空气形成的形体是没有血液和关节的。诗句意谓：我的肉体是同我的灵魂一起来到了这里。

㉑ “往上去”：意谓往天上去。“盲目”：这里指罪孽使心智迷糊，看不见真理之光。

㉒ “上界的一位圣女”：指贝雅特丽齐。

㉓ “你们的最大的愿望”：指享天国之福。

㉔ “那层充满爱的、圈子最广大的天”：指净火天（即上帝所在的严格意义上的天国），一切超凡入圣的灵魂均在此与上帝在一起。《天国篇》第三十章中说这层天是“充满爱”的天。《筵席》第二篇第三章中说：“这是宇宙最高的大厦，其中包含着整个宇宙，没有任何事物在它之外。”

㉕ “我还可以写在纸上”：诗中没有说明但丁为何要这样做。多数注释家认为，但丁要把这些幽魂的名字和情况笔之于书，向活人传播，使人们记住他们，为他们祈祷。彼埃特罗波诺提出另一种解释，认为但丁所以讲这话，是因为“他在那些幽魂面前，记得自己是上天选定在世人中间重新燃起对更健康、更幸福的生活之光的一位诗人”。格拉伯尔同意他的说法。

㉖ 温图里指出，“‘粗犷’（rozzo）指言语和行为方面；‘村野’（salvatico）指那种孤僻近乎野人般的姿态，使他看来好像是要躲避文明社会似的。”

在这些诗句中，但丁用山里人第一次进城时，面对着目不暇接的新奇事物显露的惊奇表情，比拟那些幽魂听了他那番话时，显露的惊奇表情。温图里指出，这个明喻仅限于表情方面，就内心而言，山里人初次进城时的惊奇是无知者的惊奇，由于对种种事物感到莫名其妙所致，那些幽魂听了但丁的话时的惊奇，则是由于赞赏所致，二者根本不同。“诗人（指但丁）特别了解亚平宁山区的居民第一次来佛罗伦萨的情景：一见高耸的宫殿、文明的市民、非凡的美女，他看都看不饱；这些从未见过的事物使他目不暇接，惊讶不置。诗人在自己家乡曾多次见到山里人这种惊讶的神态。”（本维努托的注释）

㉗ “惊奇在高贵的人心中迅速消失”：因为高贵的人能用理性控制自己的感情。与此相反，山里人的惊奇之情则持续很久。

“先前向我发问的那个人”：指诗人圭多·圭尼采里。

㉘ 这是对但丁当面说的赞赏话。“为了死后灵魂得救”：原文是 per morir meglio（为了更美好的死），这里意译。“珍藏”：原是 imbarche（装上船），意谓把经历“放在心里，如同人把要带的东西放入船里一样。”（布蒂的注释）

㉙ 据公元一世纪历史家苏埃托尼乌斯（Suetonius）的《恺撒传》，恺撒由于少年时代与比提尼亚（Bithynia，在小亚细亚）王尼科墨得斯（Nicomedes）有同性爱关系，在一次公众集会上被一个名叫奥克塔维尤斯（Octavius）的人称为“王后”；在他征服高卢的凯旋式上，兵士们利用在这种场合可以对统帅说嘲讽话的机会，唱道：“恺撒征服高卢人，尼科墨得斯征服恺撒；瞧！征服高卢人的恺撒现在凯旋，征服恺

撒的尼科墨得斯不凯旋。”但丁诗中所说兵士在凯旋式上称恺撒为“王后”，与苏埃托尼乌斯的说法不同。现在注释家们认为，但丁根据的不是苏埃托尼乌斯的记载，而是乌古乔内·达·比萨（Uguccione da Pisa）在他编纂的拉丁文《词源》（Magnae derivationes）中对triumphus（凯旋）一词的解释：“在这一天，任何人均可随意对凯旋者说他想说的任何话。”因此，当恺撒凯旋进城时，有人说：“给秃头国王和比提尼亚王后开城门吧！”这指的是已经秃顶的他曾跟比提尼亚国王同床睡觉。另一个人暗示同一秽行说：“欢迎国王和王后！”

有些注释家认为，但丁只不过借用这个有关恺撒的传说来表明那一群幽魂犯的是鸡奸罪，并非肯定这是事实，因此他在《地狱篇》把恺撒放在“林勃”中，作为罗马帝国的奠基者和名传后世的伟大的灵魂之一。

㉚ “以羞愧帮助火烧”：意谓他们对自己的罪行感到羞愧，羞愧心增加了火焰的净罪效力，也就是说，羞愧心加强了悔罪之情，帮助他们涤除罪孽，与火焰的净罪力共同起作用。原文只用了三个词 aiutan l’ arsura vergognando，言简意赅，显见但丁文笔的凝练。

㉛ “两性合二而一”：原文 ermafrodito 来源于拉丁文 Hermaphroditus。赫尔玛芙罗狄特斯（Hermaphroditus）是希腊神话中天神的使者赫尔墨斯（Hermes）和爱神阿佛洛狄忒（Aphrodite）的儿子（他的名字是由父母的名字合成的）。他生来具有双亲的美貌，因而引起了居住在萨尔玛奇斯（Salmacis）泉水附近的一位仙女对他的爱恋；她试图得到他的爱情，一直没有成功。有一天，他正在泉水中洗澡，仙女乘机拥抱住他，并祈求众神让她永久同他结合在一起。众神答应了她的请求，他们俩的身子就合二而一了，但还保留着男女两性的特征（事见奥维德的《变形记》卷四）。这个人名后来由专有名词演变为普通名词，含义是“两性人”或“阴阳人”。但丁把它作形容词用，指异性之间所犯的性行为方面的罪。

㉜ “人的法度”（umana legge）：指理性的法度。但丁在《筵席》第二篇第七章中说：“须要知道，事物的名称均应从其形式（forma）〔即本质〕的最高贵的部分来定；例如，人这个名称应从理性，而不应从感觉（senso），也不应从其他不及理性高贵的东西来定。因此，当我们说人活着时，我们应理解为他在运用理性，这是人类独特的生活，是他最高贵的部分的行动。所以，谁离开理性，只运用感觉部分，谁就不是作为人，而是作为兽生活。”

诗句的大意是：性行为对繁殖种族是必要的，但人具有天赋的理性，必须以理性控制情欲，不能像兽一样顺从生理上的性行为要求。这些幽魂在世时，在性方面不遵循理性的约束，而一味好色纵欲，乱搞男女关系，所以受烈火中行走之苦来消除这种罪孽。

㉝ “那个……女人的名字”:指帕西淮(见注⑭)。

㉞ 意谓时间紧迫,因为已经是黄昏时分,再者,圭尼采里也不是所有的同伴都认识。

㉟ “圭多·圭尼采里”:圭多·圭尼采里(Guido Guinizzelli)是十三世纪著名的诗人,出生在波伦亚,年份不详。他曾任法官,参加了城邦内部的政治斗争,站在以兰伯尔塔齐(Lambertazzi)家族为首的吉伯林党一边。1274年以杰雷美伊(Geremei)家族为首的贵尔弗党掌权后,被放逐到蒙塞利切(Monselice),1276年死在那里。他继承了普洛旺斯诗人和西西里诗人以及托斯卡那诗派的领袖圭托内的传统,开创了“温柔的新体”诗派。他的作品流传下来的很少,主题都是爱情。晚期普洛旺斯诗人把爱情看成是一种能使人道德高尚的感情。圭尼采里的最著名的雅歌《爱情总寄托在高贵的心中》发展了这种思想,以经院哲学的方式,通过种种比喻,说明爱情来源于高贵的心。高贵的心中潜在的爱情被女性之美激发出来,成为促使人向上的道德力量。这首雅歌可以说是“温柔的新体”诗派的纲领。他的十四行诗抒写自己对爱情的道德力量的感受,把所爱的女性塑造成下凡的天使,诗中带有宗教、神秘的色彩,对但丁的抒情诗影响很大。但丁在《新生》中的《爱情与高贵的心》(Amore e'l cor gentil)这首十四行诗里,称他为哲人(saggio),在《论俗语》第一卷第十五章中,称他为最伟大的圭多(maximus Guido),书中还引用了他另外两首雅歌。

诗句意谓我未到生命的最后一刻之前,就已及时忏悔了,所以如今已在这里净罪,否则,现在我一定还停留在炼狱外围呢。

㊱ 但丁这句充满景慕之情的话肯定圭多·圭尼采里是“温柔的新体”诗派的领袖。“温柔、优雅的爱情诗”:指这一诗派的爱情诗,温柔(dolce)和优雅(leggiadro)这两个词说明其特点。

“比我优秀的其他曾写作温柔、优雅的爱情诗的诗人们”:指的大概是圭多·卡瓦尔堪提和齐诺·达·皮斯托亚(Cino da Pistoia)。这话是但丁自谦之词。

㊲ 这一比喻中的故事来源于《忒拜战纪》第五卷:涅墨亚(Nemea)王吕枯耳戈斯(Lycurgus)命令女奴许普西皮勒(Hypsipyle)看顾他的小儿子俄斐尔忒斯(Opheltes)。有一天,她抱着小王子坐在森林里。前往攻打忒拜的七将率领部队路过那里,焦渴难忍。她把小王子放在草地上,带他们到兰癸亚泉边去喝水,在她暂时离开后,小王子不幸被蛇咬死。吕枯耳戈斯悲愤交加,决定把许普西皮勒判处死刑。在即将行刑之际,她的两个儿子,托阿斯(Thoas)和欧纽斯(Euneus)来到了刑场,“他们一直冲入武装的部队中,二人流着泪急切地向他们的母亲扑过去,轮流把她紧紧地抱在自己怀里”,终于救了她(参看第二十二章注㊸)。

“但我的感情并未表现到他们那样的程度”:原文 ma non a tanto insurgo

(但我并未达到那样的高度)措辞过于简约,意义不明确,这里根据注释意译。大意是:但我并没像那两个儿子冲入武装的部队中去拥抱他们的母亲那样,扑到烈火中去拥抱我们"温柔的新体"诗派诗人的父亲圭尼采里。

㊳ "由于我听到你的那些话":意即由于我听到你说,你是获得上帝的特殊恩泽带着肉体来游炼狱的。

"勒特河的水":勒特(Lethe)河是古代神话中冥界的河,意谓"忘川",因为灵魂喝了河水,就忘记生前一切。但丁想象勒特河在炼狱山顶的地上乐园里,灵魂喝了河水,就忘记生前的罪行,而非忘记一切。在这句话里,"勒特河的水"的作用应照古代神话所讲的来理解。

㊴ "您的温柔的诗":但丁对圭多·圭尼采里说话使用尊称"您",如同对其他敬重的人,法利那塔和勃鲁奈托·拉蒂尼一样。

"现代用俗语写诗之风":《新生》第二十五章中说:"最初出现这些俗语诗人距今并没有许多年。"

㊵ 圭多·圭尼采里听了但丁的话,好像由于谦虚,表示当不起那样的赞美似的,随即指给但丁另一个幽魂,称他"是使用母语更佳的工匠"。根据但丁的语言学观点,"母语"(parlar materno)是从母亲口里学来的话,与文言(Grammatica),即从学校和书本中学来的拉丁文相对立。圭尼采里指的幽魂是十二世纪后半叶著名的普洛旺斯诗人阿尔诺·丹尼埃尔(Arnaut Daniel)。他"是使用母语更佳的工匠":"更佳的工匠"原文是miglior fabbro;意谓他使用普洛旺斯俗语写诗比圭尼采里自己使用意大利俗语写诗的艺术水平高。这位诗人出身贵族,诞生在佩里高尔(Périgord)郡的黎贝拉克(Ribérac)城堡中。生平事迹不详。曾在英王理查一世(狮心王)的宫廷中生活多年。似乎是诗人贝尔特朗·德·鲍恩(见《地狱篇》第二十八章注㉟)的朋友。他的文艺创作全盛时期在1180—1210年间。但丁在《论俗语》第二卷中赞美他,还在抒写自己对一位无情的女性之爱的所谓"石头诗"中模仿他。

"爱情诗"(Versi d'amore)这里指用普洛旺斯语、法语、意大利语写的抒情诗;"散文传奇"(prose di romanze)指用法语写的爱情和冒险故事。诗句意谓阿尔诺·丹尼埃尔高于一切普洛旺斯语作家和法语作家。

㊶ "那个里摩日人":指普洛旺斯诗人吉洛·德·波尔奈尔(Giraut de Bornelh)。他出生在佩里高尔郡埃克斯席德伊(Excideuil)镇附近,邻近里摩日郡(Limousin),因而被圭尼采里称为里摩日人。生于十二世纪中叶,大约死于1220年。当时享有盛名,被称为"行吟诗人们的大师"。他的诗风格比较平易。但丁对他评价很高。在《论俗语》中,把他作为写正义的代表作家,与写爱情的代表作家阿尔诺·丹尼埃尔、写战争的代表作家贝尔特朗·德·鲍恩并列。

㊷ 意谓他们听信传言,人云亦云,不问这位诗人的真正造诣如何;不先考虑艺术上的理由,不先运用理性判断,就贸然决定他们的看法。

㊸ “圭托内”:托斯卡那诗派的领袖(详见第二十四章注㉑)。但丁在《论俗语》第一卷第十三章中指摘他使用地方性的俗语,在第二卷第六章中猛烈抨击那些“无知的追随者”赞美他和其他永不改变他们在用词和句法结构上的粗俗作风的人。

“一直继续赞美他”:原文是 pur lui dando pregio。由于 pur 除了表示“持续”的意义,还具有“只,仅仅”的含义,有些注释家把这几句诗理解为:“他们口口相传,只赞美他,直到真理战胜了这种赞誉,表明许多诗人高于他”,或者“他们口口相传,只赞美他,直到真理由于许多高于他的诗人声誉已经确定而战胜了对他的赞美”。

㊹ 意即允许你去天国,“天国是享受永恒幸福的灵魂们的隐修处,如同修道院是宗教家的隐修处一样”;“如同修道院院长是修士们的父亲和主人一样,基督更是享受永恒幸福的灵魂们的父亲和主人。”(布蒂的注释)

㊺ 意即请为我在基督面前念主祷文,只念我们在炼狱中所需要的部分,省去“不叫我们遇见试探,救我们脱离凶恶”,因为我们在炼狱中不可能再犯什么罪。

㊻ “或许是为让位给他附近的另一个幽魂”:原文是 forse per dar luogo altrui secondo che presso avea。“secondo”在句中的意义不明确,因而注释家们对这句诗有几种不同的解释。译文采用的是格拉伯尔的解释。“他就像鱼潜入水底一般没入火中”:但丁用鱼从水面潜入水底的动作比拟圭尼采里的灵魂没入火中的动作。正如牟米利亚诺所说,“这个比喻赋与那个灵魂在火中消失以一种魅力,使人一时忘掉苦刑的折磨。”

㊼ 但丁由于这个幽魂是诗人,所以用这句委婉动听的客气话询问他的名字。

㊽ 他用自己的母语普洛旺斯语回答。“我边走边歌唱”:意即我一面走,一面唱赞美诗 Summae Deus clementiae。“过去的荒唐”:原文是 la passada folor,指过去的罪恶生活;“folor”是行吟诗人的术语,指色情和色情诗。“我所盼望的欢乐”:指天国永恒的欢乐。“阶梯顶端”:指炼狱的阶梯顶端。“力量”(valor):指上帝。“在适当的时候想起我的痛苦吧!”:言外之意要但丁为他祈祷。

窦维迪奥在《但丁新研究》卷一中说:“阿尔诺……悔恨他过去的荒唐,他的消失在我们心中留下某种温柔的、悲郁的韵味,使我们想起(第五章末尾)毕娅(Pia)的消失。”

第二十七章

太阳把最初的光线射到它的创造者流血的地方，伊贝罗河在高悬的天秤座下奔流，恒河的波浪被午时的日光晒热时，就是这里太阳那时所在的方位[①]；因此，上帝的喜悦的天使出现在我们面前时，白昼渐渐消逝[②]。他站在火焰外的岸上唱"Beati mundo corde!"[③]，声音远比我们凡人的声音嘹亮。"神圣的灵魂们，如果不先让火烧，就不能再往前走；进入火中吧，也不要不听那边的歌声"[④]，当我们走近他后，他对我们说；因此，我听到他的话时，变得如同被放进坑里的人一样[⑤]。我双手交叉着探身，去看那火，在想象中鲜明地浮现出先前看见过的被火烧的人体[⑥]。善良的向导们转身向着我；维吉尔对我说："我的儿子啊，这里会有痛苦，但不会有死[⑦]。你记得，你记得[⑧]！如果我甚至还引导你安全地骑上格吕翁，现在离上帝更近了，你想我要做什么呢[⑨]？你要确信，如果你在火焰的中心待上整整一千年之久，也不会使你秃一根头发[⑩]。如果你或许认为我骗你，那你就去靠近火焰，用你的双手把你的衣服的边缘在火上试验一下。现在把一切畏惧抛掉，抛掉；转身向这里来：放心走进去吧！"

我违背良心，一直固执不动[⑪]。

他见我继续顽梗地站着不动，稍微有些心烦地说："我的儿子啊，现在你瞧，贝雅特丽齐和你之间就隔着这道墙了[⑫]。"

正如皮剌摩斯临死时，听到提斯柏的名字，就张开眼皮看她，那时桑葚变成了红色，同样，我听到我心里经常涌出的那个名字时，我的顽梗态度从而软化，我就转身面向睿智的向导[⑬]；对此，他摇了摇头，说："怎么！我们要待在这边吗？"然后，就像对一个用苹果哄得听了话的孩子似的，微微一笑[⑭]。

于是，他就在我前面置身于火中，并且请求斯塔提乌斯殿后，原先在很长的一段路上，我们一直被他隔开⑮。我一到火中，就真恨不得跳进溶化的玻璃中凉快一下，那里火的热度高得无法计量⑯。我的和蔼的父亲为了慰勉我，一面走，一面不断地讲贝雅特丽齐，说："我好像已经看见她的眼睛了⑰。"

那边有歌声引导着我们；我们一直注意听着，就在登山的地方走出火焰⑱。"Venite, benedicti Patris mei"，声音从那里的一片光芒中响出，这片光芒照得我目眩，不能看它⑲。"太阳将没，"声音补充说，"黄昏来临；你们不要停下来，而要趁西边天色还没有黑加快脚步⑳。"

磴道朝着那样的方向在岩石中间笔直地往上延伸，致使我截断那已经很低的太阳射向我前面的光线㉑。我们刚刚上了几磴台阶，我和我的两位圣哲就觉察到我们背后太阳已没，因为我的影子消失了。在地平线上寥阔的天穹完全变成一色，黑夜占领一切归它统治的领域以前，我们已经各自把一磴台阶作为自己的床㉒；因为这座山的性质使我们失去了再往上攀登的力量和愿望㉓。

如同一群在没吃饱以前曾矫捷大胆地在山顶上乱跑乱跳的山羊，当太阳很热时，在阴凉里安安静静地反刍，由牧人看守，他一直倚着牧杖站着，使它们得以休息；如同野外露宿的牧人在自己的安静的羊群旁边过夜看守着，防备野兽驱散它㉔。我们三人那时就是这样，我像山羊，他们像牧人，这边和那边都被很高的岩石屏蔽着。在那里只看得见一线天空，但我从那一线天空看见星辰比往常又大又明亮㉕。我这样反思、这样凝望着星辰，不觉进入睡梦中；睡梦常常使人在事情发生以前知道消息㉖。

我想，那是在似乎总燃着爱情的火焰的基西拉刚从东方照到这座山上的时辰㉗，我恍惚梦见一位又年轻又美丽的女性在原野中边走边采花，她唱着歌，说："谁问我的名字，就让他知道我是利亚㉘。我边走，边向周围挥动美丽的双手给自己编一个花环。我在这里装饰自己，为了在镜中顾影自喜㉙；但我妹妹拉结却从不离开她的镜子，整天坐着㉚。她爱看她自己的美丽的眼睛，如同我爱用手装饰自己一样。静观使她满足，行动使我满足㉛。"

天边现出了鱼肚白，对此，还乡的游子途次距离家乡越近，就越欣喜[32],四面的黑暗已因此消散,我的睡梦随之消失;所以,看见两位大师已经起来,我就起来了。“世人费尽苦心在那样多的枝柯上寻求的那种甜美的果子,今天将消除你的饥饿了[33]。”维吉尔对我说了这句这样的话;从来没有任何喜讯像这一样令人欢欣[34]。渴望到达上面的意愿就这样一个接着另一个涌上我心头,使得我后来每走一步都觉得好像生长羽毛飞升似的[35]。

当我们迅速走完整条磴道到达最高的一级台阶时,维吉尔眼睛凝视着我,说:“儿子啊,暂时的火和永恒的火你都已见过了[36];你来到了我靠自身的能力不能再辨明道路的地方[37];我已用智力、用技巧把你带到了这里[38];现在你就以你的意愿为向导吧[39];你已经走出陡路,走出狭路[40]。你看照在你额上的太阳[41];你看这里的土地自生自长的嫩草、繁花和小树[42]。直到当初含着泪促使我来到你身边的那一双美丽的眼睛欣喜地来临[43],你可以在这些花草树木中间坐着,也可以在其中走动[44]。不要再期待我说话、示意了[45];你的意志已经自由、正直、健全[46],不照其所欲而行就是错误;因此我给你加王冠和法冠宣告你为你自己的主宰[47]。”

注释:

① 本章开端叙述太阳将没时,一位天使出现在三位诗人前面。诗中以迂回曲折的方式表明这个时间:“太阳把最初的光线射到它的创造者流血的地方”:指北半球的中心耶路撒冷是凌晨时分(6 时前后)。“它的创造者”:指耶稣基督,因为基督教说天地万物都是圣父、圣子、圣灵三位一体的上帝创造的(参看《地狱篇》第三章注③、注④)。“流血的地方”:指耶路撒冷,耶稣基督在那里受难,被钉死在十字架上。“最初的光线”:指曙色。耶路撒冷凌晨,南半球的对跖地炼狱山就是傍晚时分,“太阳那时所在的方位”:就是它贴近西方的地平线上。

诗中还以同样的方式表明北半球大陆极东方的印度(在耶路撒冷以东 90 度)和极西方的西班牙(在耶路撒冷以西 90 度)是什么时间。“恒河的波浪被午时的日光晒热”:恒河是印度著名的河流,这里泛指印度。春分时节“太阳在白羊宫,是在东亚上空,所以恒河的水被‘午时的日光晒热’。”(葛兰坚的注释)诗句说明印度那时是中午。

“伊贝罗河在高悬的天秤座下奔流”:“伊贝罗(Ibero)河”,今名埃布罗(Ebro)河,是西班牙北部的河流,这里泛指西班牙。天秤座在黄道带中与白羊座相对;春分时节太阳在白羊宫,因而天秤座也就与太阳相对;如果太阳中午在印度恒河上空,天秤座午夜就在西班牙伊贝罗河上空,也就是说,与印度相距180度的西班牙那时是午夜。

② 炼狱山其他各层平台都只有一位天使,惟独这层平台有两位:一位在火焰这边,另一位在火焰那边。在火焰这边的是象征纯洁美德(caotità)的天使,他负责守护这层平台。诗中除了说他是"喜悦的"(lieto)外,关于他的外表只字未提。据彼埃特罗波诺的解释,他面带喜悦的表情是因为他看见灵魂们到达净罪进程的终点。

"白昼渐渐消逝":时间是4月12日下午6点钟。

③ "火焰外的岸上":指平台外沿上,三位诗人当时正沿着这条狭路走去。

"Beati mundo corde!":意即"清心的人有福了"。这是拉丁文《圣经》《新约·马太福音》第五章中耶稣登山训众论福的话。下句是"因为他们必得见上帝"。

④ "神圣的灵魂们":指一切将从炼狱上升天国的灵魂。托拉卡认为,天使以这种称呼来缓和他讲的话的严峻性:"如果不先让火烧,就不能再往前走;进入火中吧。"

《旧约·创世记》第三章中说,亚当和夏娃被赶出后,上帝"在伊甸园的东边安设基路伯和四面转动发火焰的剑,要把守生命树的道路"。早期神学家对《圣经》的注解把发火焰的剑说成是一堵围绕伊甸园的火墙。但丁根据这种说法,想象炼狱山上的地上乐园四周被火焰围绕。火焰既是犯贪色罪的灵魂所受的刑罚,又是一切得救的灵魂须要经受的锻炼。《新约·马太福音》第三章中施洗的约翰说:"我是用水给你们施洗,……但那在我以后来的(指耶稣),……他要用圣灵与火给你们施洗。"这里的火焰就是火的洗礼,只有经过这一洗礼,人才回到原来的清白状态。

"那边的歌声":指站在火焰那边的另一位天使唱歌来引导进入火中的灵魂们从火中走出,因此这位天使要三位诗人注意听这歌声。

⑤ "变得如同被放进坑里的人一样":对这句诗注释家们有两种不同的解释:(1)惨白冰冷如同死尸一样。(2)面无人色如同被判头朝下被活埋的刑罚者一样。

⑥ "我双手交叉着探身,去看那火":原文是In su le man commesse mi protesi, guardando il foco。注释家们对这句诗中所说的姿势有不同的理解。著名的但丁学家米迦勒·巴尔比(Michele Barbi)的解释最为合理:但丁用十指交叉的双手把身子尽可能向后按着(以防被火烧着)。

"去看那火":"如同人看他所怕的东西似的。"(布蒂的注释)

"在想象中鲜明地浮现出先前看见过的被火烧的人体":意即但丁从前在世上亲眼看到的受火刑的人被活活烧死的惨状鲜明地浮上他的脑海。

这些诗句描写但丁听到天使的话,身心两方面做出的反应,异常真实深刻,使得他当时的恐怖之情跃然纸上,因而被托玛塞奥誉为诗中最美妙的三韵句之一。

⑦ “善良的向导们”:指维吉尔和斯塔提乌斯。“这里会有痛苦,但不会有死”:“这里”,指在炼狱中。“在这个境界中指定的种种刑罚,还有这火,都使人痛苦,但不致死。因为净罪的地方没有罚入地狱的事,而有消除污点、使人重获幸福生活的刑罚。”(兰迪诺的注释)

⑧ “你记得,你记得!”:“为了证明自己的话的真实性和鼓励但丁,维吉尔提起自己使他摆脱的那样多的危险来;但他这样做时,只简单地说了一句‘你记得,你记得!’,这话使人回忆起一切,而不明确指任何事物。”(格拉伯尔的注释)

⑨ “骑上格吕翁”:事见《地狱篇》第十七章。随后,维吉尔就单单举出此事,因为它是但丁的记忆中最可怕的危险之一。

“现在离上帝更近了,你想我要做什么呢?”:意谓我在地狱中连格吕翁都制服了,现在在距离上帝更近的炼狱中可随时获得上天的救助,你想我还不保证你安全穿过这火吗?

⑩ “火焰的中心”:“中心”原文是 alvo(腹,子宫),这里作隐喻用。

“也不会使你秃一根头发”:耶稣对门徒说:“你们要为我的名被众人恨恶。然而你们连一根头发也必不损坏”(见《新约·路加福音》第二十一章);圣保罗乘船去意大利,途中遇到狂风大浪,众人多日没有吃饭。他劝他们吃,说:“这是关乎你们救命的事。因为你们各人连一根头发也不至于损坏。”(见《新约·使徒行传》第二十七章)诗中大概袭用了《圣经》中的说法。

⑪ “我违背良心,一直固执不动”:意谓我的良心深信维吉尔的话可靠,劝我听从,但是眼前的熊熊烈火的危险威力太大,使得我违背自己的良心,一直固执不动。“固执”:原文是 duro(硬),这里是转义,指态度;“不动”:原文是 fermo,指身体。

⑫ “这道墙”:指火焰。意谓现在只有这火焰构成的墙把你和贝雅特丽齐隔开,你不越过这道墙,就见不到贝雅特丽齐。

⑬ 巴比伦城的青年皮剌摩斯(Pyramus)和少女提斯柏(Thisbe)彼此相爱,渴望结成婚姻,但双方父母反对,禁止他们俩来往。他们私下里约定夜晚出城,在亚述王尼诺(《地狱篇》第五章中所说的女王塞米拉密斯的丈夫)墓前的大桑树下相会。夜晚人静时,提斯柏先到了桑树下。忽然来了一只雌狮,吓得提斯柏急忙藏在一个土洞里,匆忙之中把外套丢在地上。雌狮刚吃了一头牛,来桑树附近的泉边喝水,看见这件衣服,就用带血的嘴把它扯烂,然后回到树林中去。皮剌摩斯来到时,看见野兽的足迹,又看见沾上鲜血的外套,吓得面无人色,料想提斯柏一定被野兽吃了,在绝望中痛不欲生,拔剑刺腹自杀,鲜血浸湿了桑树根,使“桑葚变成

了红色”。提斯柏回来时,发现皮剌摩斯处于垂死状态,就放声大哭,喊道:“皮剌摩斯,是哪里飞来的横祸,把你一把从我手里夺走。皮剌摩斯,回答我呀! 是你最亲爱的提斯柏叫你呢。你听啊,抬起头来吧!”皮剌摩斯听到提斯柏的名字,张开了沉重的眼皮,看了看她,又阖上了。提斯柏悲痛万分,决定跟他一道死,就用那把带血的剑自杀(见奥维德《变形记》卷四)。

“奥维德讲述的这个传说属于中世纪人最喜爱的故事之列,曾多次被意译和改写成一些拉丁语系的语言,广泛流行于民间。但丁把握故事的高潮时刻(一句话,一个名字的神奇的魅力):‘皮剌摩斯,回答我呀! 是你最亲爱的提斯柏叫你呢。’皮剌摩斯听到提斯柏的名字,张开了沉重的眼皮,看了看她,又阖上了,使用缩小技法再现这一故事的感动力。”(萨佩纽的注释)

诗句的大意是:固执不动的但丁听到贝雅特丽齐的名字,疑惧顿时消失,立刻向维吉尔表示愿意进入火中,如同奄奄一息的皮剌摩斯听到提斯柏的名字,立刻张开了沉重的眼皮,看了看她一样。

⑭ “他摇了摇头”:开玩笑地假装表示惊讶和不信之意。

“怎么! 我们要待在这边吗?”:这是他假装不明白但丁转身向他是表示被他最后的一句话说服了,而讲的善意的讽刺话;意谓我说了“贝雅特丽齐和你之间就隔着这道墙了”后,你还不是不想待在火焰这边了嘛!

“微微一笑”:意即维吉尔随后就向但丁微微一笑,如同大人通常对一个用苹果哄得听了话的犟孩子,脸上露出慈祥的笑容一般。

⑮ “他就在我前面置身于火中”:作为向导和榜样。

“请求斯塔提乌斯殿后”:为的是,万一但丁被火烧痛而想后退,斯塔提乌斯好安慰他、鼓励他、阻止他。

“原先在很长的一段路上,我们一直被他隔开”:意谓三位诗人自从顺着很长的石级从第六层平台攀登第七层平台一直到现在,都是维吉尔在前头,斯塔提乌斯在中间,但丁殿后,也就是说,斯塔提乌斯把维吉尔和但丁隔开。

⑯ “真恨不得跳进溶化的玻璃中凉快一下”:溶化的玻璃“是最热的”(本维努托的注释),但和那“热度高得无法计量”的火相比,就像凉水一般。

⑰ 通过这一句话,“这位精明的老师在他的弟子心中唤起对所爱的女性的妩媚的明眸的记忆以及马上能再见她的有把握的希望,来增加他继续走这段很短而极痛苦的路的勇气。”(斯卡尔塔齐-万戴里的注释)

⑱ “那边有歌声引导着我们”:因为三位诗人在火中行走,辨不清正确的方向。“在登山的地方走出火焰”:他们遵照第一位天使的指示,一直全神贯注地听着歌声,得以在攀登山顶的磴道所在的地方从火中走出来。

⑲ “Venite, benedicti Patris mei”:是拉丁文《圣经》《新约·马太福音》第二

十五章中耶稣在最后审判的日子将对得救的灵魂们说的话。意思是"你们这蒙我父赐福的,来吧",中文《圣经》句子全文是"可来承受那创世以来为你们所预备的国"。

"声音从那里的一片光芒中响出":意谓《圣经》中耶稣这句话的声音来自登山的地方的一片光芒中。这就是引导三位诗人在那里从火中走出的那另一位天使的歌声。但丁在火中行走时,不知道歌声是谁发出的,从火中走出后,才觉察到歌声来自一片光芒中,并且听出唱的是耶稣的那句话,但那片光芒照得目眩,不能看它。它就是那位天使的光芒,他站在磴道口守卫着地上乐园。

⑳ 这位天使引用《圣经》中那句话请他们登山时,还敦促他们加快脚步,因为太阳没后,就不能攀登了。"但丁和他的同伴们进入火焰中时,离太阳没只差几分钟,他们从火焰中走出时,太阳还没有没,而且是一小会儿后才没;由此可见他们穿过火焰是在极短的时间完成的,这正是活人但丁对火焰的热所能忍受的限度。"(卡西尼-巴尔比的注释)

格拉伯尔指出,已经到达这样的境界,天使又作出这样美好的诺言,但丁觉得,再去说明额上最后的 P 字母结果如何,是多余的,它很可能被这位天使或者那另一位天使去掉了。译者认为,设想它是但丁穿过火焰时被烧掉的,也讲得通,因为这火焰根本是用来净罪的。

㉑ "朝着那样的方向":意谓朝着东方,也就是说,这条磴道是东西走向。"在岩石中间":指它开凿在岩石中。"笔直地往上延伸":意谓它笔直地通到山顶上的地上乐园(伊甸)。"致使我截断那已经很低的太阳射向我前面的光线":意谓由于磴道向东延伸,我由磴道登山时,我的身体把将没未没的太阳从西方的地平线上射来的光线截断,把影子投在我面前的石级上。

萨佩纽指出,因为当初但丁和维吉尔开始向炼狱山走去时,他们背部对着东方初升的太阳(见第三章),现在则背部对着西方,也就是说,他们盘旋而上,已经绕这座山半周了。

㉒ "完全变成一色":意即一片漆黑。"黑夜占领一切归它统治的领域":意即夜幕笼罩大地。"各自把一磴台阶作为自己的床":意即各自躺在一磴台阶上。

㉓ 意谓上帝为炼狱山订的法规不许日没后登山,这一法规使得我们既没有力量也没有心思继续攀登。

㉔ 正如《最佳注释》所说,这两个以牧人和山羊组成的明喻,第一个主要说明但丁当时的情况,把他比做吃饱后,由牧人看守,安静地休息、反刍的山羊,第二个主要说明维吉尔和斯塔提乌斯当时的情况,把他们比做牧人夜间在野外过夜守护自己的羊群。

㉕ "看见星辰比往常又大又明亮":因为夜间天空那样晴朗,他们又已经上

到那样的高处。

英国但丁学家穆尔(E. Moore)指出,“我们读到这段,就到了第三天的末尾,也就是说,四月十二日星期二的末尾,诗人们现在已经到了炼狱本部的尽头。”

㉖ “反思”:原文是 ruminando(反刍),继续上述明喻中山羊的意象,但这里是其引申义(心中反刍),意谓回想自己所见的种种事物和所克服的种种困难,吸收所获得种种知识和智慧。

“睡梦常常使人在事情发出以前知道消息”:尤其是凌晨的梦常常预示即将发生的事(见《地狱篇》第二十六章和《炼狱篇》第九章)。

㉗ “我想,那是在似乎总燃着爱情的火焰的基西拉刚从东方照到这座山上的时辰”:“基西拉”(Cytherea)是希腊伯罗奔尼撒半岛东南沿海的一个小岛。据说爱神维纳斯是从这个小岛附近的海浪泡沫中诞生的,岛上的人特别崇拜她,给她建造了庙宇,因此基西拉成为她的名号之一。由于天文学家用“维纳斯”(Venus)来指金星(太白星),但丁在这里就用“基西拉”来指金星(太白星)。金星早晨出现在东方时叫启明星,晚上出现在西方时叫长庚星。但丁诗中指的是启明星(他在第一章第14—15行曾说日出前不久金星出现在炼狱的地平线上);实际上,在1300年这个时节,金星晚上才出现。

“总燃着爱情的火焰”:因为基西拉(维纳斯)是爱情。

这句诗表明但丁做梦大概是在天快明的时候。“我想”:意谓但丁在睡梦中不能肯定具体的时辰。

㉘ 利亚(Lia,希伯来文含义是“疲劳的”):雅各的母舅拉班的大女儿,雅各的第一个妻子。神学家以她象征行动生活(vita attiva)。诗中把她写成美丽的女性,其实她并不美(“眼睛没有神气”),只是生育力强(见《旧约·创世记》第二十九章和第三十章)。

㉙ “向周围挥动美丽的双手给自己编一个花环”:意即用美丽的双手四处选折好花给自己编一个花环。

“美丽的双手意味着做出体现美德的行为,这些行为像各种花一样,给把它们采来戴在头上的人构成美誉和光荣之冠。”(布蒂的注释)

“我在这里装饰自己”:意即我用这一个花环装饰自己。

“为了在镜中顾影自喜”:意谓“为了照镜子时对我自己感到满意;也就是说,当我在〔我的〕良心中检查和考虑我的德行如何时,〔因为〕良心是我们每个人的镜子”。(布蒂的注释)

㉚ 拉结(Rachele,希伯来文含义是“小绵羊”):雅各的母舅拉班的小女儿,雅各的第二个妻子(参看《地狱篇》第四章注⑯),“生得美貌俊秀,但长久不孕”(见《旧约·创世记》第二十九章)。神学家以她象征冥想生活(vita contemplativa)。

“从不离开她的镜子”:“镜子”(miraglio)这里是其引申义“沉思”“冥想”;意即拉结一直在专心冥想,从不分心。

“整天坐着”:“整天”(tutto giorno)意即“经常”“不断”;“坐着”:意即“静坐冥想”。(本维努托的注释)

㉛ “她爱看她自己的美丽的眼睛”:但丁在《筵席》第四篇第二章中说:“进行哲学思考的心灵不仅思考真理,而且还对自己的思考本身以及其美进行思考。”这就是这句诗的寓意。

“静观使她满足,行动使我满足”:意即冥想生活使拉结感到满足,行动生活使利亚感到满足。萨佩纽指出,人通过行动生活的途径达到现世幸福的目的,通过冥想生活的途径达到享受天国永恒幸福的目的。前一种幸福就是实现人自身的能力,而以地上乐园为其象征;后一种幸福就是见到上帝的福,这是人自身没有神的光辉帮助力所不及的,它以天上乐园(天国)为其象征(见《帝制论》卷三第十六章)。在但丁的梦中,利亚和拉结分别预示他即将在地上乐园中遇到的两位女性的形象:一是玛苔尔达,她象征人通过爱他人和为善获得现世的幸福;二是贝雅特丽齐,她象征人通过认识启示的真理获得天国永恒的幸福。

㉜ “鱼肚白”:原文是 li splendori antelucani。antelucano 含义是“天亮前的”;splendore 据《筵席》第三篇第十四章中的释义,是反射的光。整个词组意即天亮前由东方天空反射出来的太阳光,相当于中文的“鱼肚白”。

“对此,还乡的游子途次距离家乡越近,就越欣喜”:意谓还乡的游子在途中距离家乡越近,就越急于到家,如果天黑被迫在旅店过夜,就盼望天明,早点儿上路,因此,一见天边现出了鱼肚白,就特别高兴。

㉝ “那种甜美的果子”:这里是比喻,指世人渴望得到的“福”,即《帝制论》卷三第十六章中所说的“以地上乐园为其象征的现世幸福”。

“在那样多的枝柯上”:这里是与“果子”相连贯的比喻,意即“以各种不同的方式、方法”。

“世人费尽苦心……寻求的”:这句诗中的思想来源于公元五六世纪间的罗马哲学家波埃提乌斯(Boethius)的《论哲学的安慰》第三卷中的话:“世人都为各种心事所苦,这些心事的由来固然不同,但都力图达到同一目的,即幸福的目的。”“消除你的饥饿”:继续上句的比喻,意谓使你的愿望完全得到满足。

㉞ “这句这样的话”:意谓这句如此庄严的、意味深长的话。

“喜讯”:原文 strenne 是 strenna 的复数,strenna 原义为新年的礼物;由于礼物可以说成为好运的征兆,词义就引申为预告(annunzio),预兆(augurio)。所以拉纳把 strenne 解释为 novelle(新闻,信息)。巴尔比认为这样解释就上下文来看比解释为 dono(礼物)还好。

㉟ “渴望到达上面的意愿就这样一个接着另一个涌上我心头”:“上面”指

炼狱山顶上。"一个接着另一个":意谓但丁心中原先就有迅速登上山顶的愿望,现在听了维吉尔这句话,受到很大的鼓舞,从而产生了新的、更强烈的登上山顶获得那种幸福的愿望。"羽毛":指翅膀,即力气。维吉尔曾对但丁说过,这座山越上越容易,最后的一段路将如顺水行舟一般轻松(见第四章和第十二章);现在果然如此,但丁觉得拾级而上就仿佛生了翅膀往上飞似的。

㊱ "暂时的火和永恒的火你都已见过了":意谓我已经引导你游过地狱和炼狱了。"火":这里指有罪的人死后在来世所受的刑罚。托马斯·阿奎那斯的《神学大全》补遗附录中说:"罚入地狱者的刑罚是永恒的,根据《新约·马太福音》第二十五章第四十六节所说,'这些人要往永刑里去'("刑"字拉丁文《圣经》作"火")。但炼狱的火是暂时的。"因此,诗中所说的"暂时的火"指炼狱的刑罚(它存在到最后审判日为止)。"永恒的火"指地狱的刑罚。

㊲ "你来到了我靠自身的能力不能再辨明道路的地方":指但丁到达了地上乐园,在那里,象征理性和哲学的维吉尔不能再做他的向导,而必须由象征信仰和神学的贝雅特丽齐来代替(参看《地狱篇》第一章注㊳)。

㊳ "智力":原文是 ingegno,这里指由智力而来的办法;"技巧":原文是 arte,这里指将办法付诸实施的方式。

㊴ 意谓你灵魂已经纯洁,意志已经自由,能"从心所欲不逾矩",自动奔向至善。

㊵ 意谓"但丁现在已经达到精神自由的境界:'陡路和狭路'不仅要从物质意义上,还要、而且尤其要从精神意义上理解。"(雷吉奥的注释)

"在道德自由的境界中,美德不再是不断奋斗和艰苦努力的结果:在那里,'按照美德去生活非但不困难,而且是极大的乐趣'〔兰迪诺语〕。"(萨佩纽的注释)

㊶ 从字面上理解,意即但丁面向东站着,因而清晨的阳光射在他额上;寓意则是:太阳象征上帝的恩泽,现在对但丁来说是惟一的向导。

㊷ 这句诗是下一章地上乐园风景描写的前奏。"自生自长":意即"自然生长起来,不经过人工种植培育,如同奥维德所说(《变形记》卷一),在黄金时代那样;解释《圣经》的基督教神学家们也把最初的人在地上乐园中的生活理解为无任何劳动"。(萨佩纽的注释)

㊸ 意谓直到贝雅特丽齐来临为止。"当初含着泪促使我来到你身边":指贝雅特丽齐从天上来到"林勃",请求维吉尔前去拯救被母狼挡住去路的但丁:"她对我说了这番话以后,就把含泪的明眸转过去,使我来得更快。"(见《地狱篇》第二章)

"那一双美丽的眼睛":《地狱篇》第二章中维吉尔说,"她眼睛闪耀着比星星还明亮的光芒。"彼埃特罗波诺指出,"关于这位温柔的圣女,维吉尔首先看到的是她的美丽的眼睛:他思慕这一双眼睛,将对之永远怀念和向往。"

"欣喜地来临":意谓贝雅特丽齐现在将由于但丁已经得救而欣喜。格拉伯尔指出:"那一双先前因但丁迷失正路而含着泪的美丽的眼睛,现在将由于欣喜看到他得救而更加明亮。"

㊹ 意谓"你可以坐着,如同拉结一样,观赏它们的美;也可以走动,如同利亚一样,去采花"。(彼埃特罗波诺的注释)

㊺ "我说话、示意":意谓我通过言语或者各种示意动作所表达的劝告。(萨佩纽的注释)

㊻ "自由":意谓"摆脱了罪孽的束缚。"(布蒂的注释)

"虽然每人心中均有自由意志,但在肉欲对抗理性的人心中,这种自由就十分暗淡,好像欲望变成了暴君似的;然而在涤净了罪的人心中都有真正的意志自由,因为他的意志是正直的(retto),也就是说,它不偏离真理之路,而且是健全的(sano),因为它不为任何邪恶的贪心所压抑。这就是为什么这样的人的心不需要任何人领导。"(兰迪诺的注释)

㊼ "加王冠和法冠"(corono e mitrio):这里并没有任何政治意义,维吉尔只不过以此表示他这样宣告是郑重其事的。萨佩纽指出,"'加王冠和法冠'这一词组——有些早期注释家(《最佳注释》、布蒂、兰迪诺)曾理解为暗指世俗权力和宗教权力这两种权力——毋宁说是一种固定的程式,具有一般的含义。维吉尔实际上不能授予他人宗教权力,那是超出他的权限的;但丁自己也没有成熟到可以接受这种权力。"

"维吉尔讲话的简洁有力的结尾,其中有如此热烈的感情激动着——这是他的最后的话——庄严地结束了他作为向导和老师的崇高使命。"(格拉伯尔的注释)

牟米利亚诺指出,"维吉尔的意味深长的凝视伴随着他的庄严的告别词。他的讲话概括了他的使命并且圆满完成了这一人物形象的塑造。"

第二十八章

渴望探察这座繁密、欣欣向荣、使晨光变得不刺眼的圣林的内部和周围,我不再等待,就离开台地边沿,取路原野,在处处散发着香气的土地上慢慢走去①。一种自身无变化的、温柔的微风打在我额上,犹如通常和风掠面一样轻柔;因此,随风颤动的树枝都朝着这座圣山投下它最初的影子的方向温顺地倾斜②;但并未过于偏离天然姿态,以至于使树梢上的小鸟停止施展它们的一切技能③;相反,它们在树叶间唱歌,喜洋洋地迎接清早的时辰,树叶的沙沙声为它们的歌伴奏,这种沙沙声犹如埃俄洛斯释放出西洛可风时,基雅席海岸上的松林中枝柯与枝柯间形成的松涛一样④。

缓慢的脚步已经把我带入这座古老的森林那样深⑤,我都望不见我是从什么地方进来的了,忽然瞥见一条小河挡住了我的去路,河中的细小的波浪使岸边生出的草向左倾斜⑥。这条小河虽然是在从来不让日光或月光射入的永恒的林荫下暗中流动,却清澈见底,和它相比,世上一切最纯净的水都会显得有些杂质。

我的脚步停下了,眼睛却越过小河去观赏彼岸万紫千红、美不胜收的花枝;正如某一令人惊奇得抛弃一切其他思想的事物突然出现一样,那里一位淑女独自出现在我眼前,一面走,一面唱着歌采集一朵一朵的花儿,她的路全由花绘成⑦。我对她说:“啊,美丽的淑女,如果我可以相信通常是内心的明证的面容,你在感受爱的光辉的温暖⑧,恳请你劳步向前走得离这条小河那样近,使我能听懂你唱的什么。你令我想起普洛塞皮娜当母亲失去她、她失去春天时,她在什么样的地方,是什么样的容貌⑨。”

正如淑女跳舞转身时,脚掌贴地,互相靠拢,几乎不把一只脚放在另一只前面移动,她就那样转身在红的和黄的小花上向我走来,犹如一位含羞垂下眼睛的处女[10];她使我的祈求得以满足,走得离我那样近,她的悦耳的歌声连同歌词含义一起传到我耳边。一来到嫩草被优美的小河的波浪浸湿的地方,她就惠然向我抬起她的眼睛[11]。我不信维纳斯被她儿子完全违反他的习惯刺伤时,她的眼睑下曾发出这样明亮的光芒[12]。她亭亭玉立在河的对岸上微笑着,用手编她采来的这高地上无种子而生的各种颜色的花。这条河使我们相隔只有三步远;然而薛西斯渡过的赫勒斯滂托斯海峡——至今还是约束世人一切狂妄行动的缰绳——由于在塞斯托斯和阿比多斯之间波涛汹涌而受到莱安德的憎恨,都不比这河水由于当时不分开而受到我的憎恨更深切[13]。她开始说:“你们是新来的,或许因为我在这被选定作人类的窠巢的地方微笑,你们感到惊奇,怀着一些疑问[14]。但是诗篇 Delectasti 发出的光会驱散你们心中的疑云[15]。这位在前头的、曾祈求我的人[16],如果你还想听我讲什么别的,那你就说吧;因为我来是准备回答你每个问题的,直到你完全满意为止。”我说:“这水与森林的声音在我心里反驳我所相信的新近听到的一种与这一事实相反的说法[17]。”为此她说:“我要告诉你,令你惊奇的事如何由其自身的原因产生,我要驱散困扰你的迷雾[18]。

“那只有他自己使自己喜悦的至高之善把人创造成性善的和向善的,并且把这个地方给了他作为天国至福的保证[19]。由于他的过错,他留在这里时间很短[20];由于他的过错,他把正当的欢笑和快活的娱乐换成了眼泪和劳苦[21]。为了使那随着太阳的热尽可能上升的、由水和地散发的气在下边引起的扰动不至于危害人,这座山向天空耸起那样高,它从锁着的地方起就不受那些扰动[22]。且说,因为整个大气层永远同原动天一起旋转,除非其旋转在某一部分被某种障碍打断,这种运动冲击这个完全高耸入纯净的空气中的山巅,使得这座森林由于茂密而发出响声[23];受冲击的植物具有那样强大的力量,使得其生殖力浸透大气,大气在旋转中,随后就把种子向周围散布;那另一陆地根据其土壤性质和气候条件,从各种不同的种子的生殖力受精,生出各种不同的植物[24]。听了这番话,如果世上有什么植物在那儿扎了根而未经人播种,就没有什么可惊奇的了。你要知道,你所在的神圣的原野充满了一切

缓慢的脚步已经把我带入这座古老的森林那样深，我都望不见我是从什么地方进来的了。

植物的种子，还有世上摘不到的果子㉕。

“你所看到的水不像水量时增时减的河流那样，从水蒸气遇冷变成雨来补充水量的泉中涌出；而从水量不变的、也不枯竭的泉中涌出，这个泉的水分别向两边流去，它流出多少，就依照上帝的意旨重新得到多少㉖。向这边流的水有消除人罪行的记忆的功能；向那边流的水有恢复人一切善行的记忆的功能㉗。向这边流的水名叫勒特河㉘；向那边流的水名叫欧诺埃河，如果不先尝向这边流的水和向那边流的水，它就发生不了效力：这水的味道在一切其他的味道之上㉙。尽管你的求知的欲望可以说已经完全得到满足，即使我不再向你揭示什么，我还是要自动奉献给你一个补充说明；如果我的话超出我对你许诺的范围，我想你也会同样爱听。那些歌颂黄金时代及其幸福状况的古代诗人，或许曾在帕耳纳索斯山梦见这个地方㉚。在这里，人类的始祖曾是天真无邪的；在这里，四季常春，什么果实都有；这河水就是他们每人所说的仙露㉛。”

于是，我完全转过身去面向那两位诗人，看到他们听了这最后的一些话脸上带着笑容㉜；随后，我又转过脸来面向这位美丽的淑女㉝。

注释：

① 牟米利亚诺指出，三位诗人走完全部石级后，地上乐园（伊甸）当然就已呈现在他们眼前，然而但丁并没有讲，而是当攀登刚一结束，诗中就使维吉尔开始讲他的告别话。这样一来，乐园中的圣林之美刚刚隐约出现在维吉尔的话里，立即吸引住但丁的注意力，所以维吉尔的话一落，他就开始“在处处散发着香气的土地上慢慢走去”。

“圣林”：是“上帝为人类创造的住处，具备一切美和乐事”（布蒂的注释）。“耶和华上帝在东方的伊甸立了一个园子，把所造的人安置在那里。耶和华上帝使各样的树从地里长出来，可以悦人的眼目，其上的果子好作食物。”（《旧约·创世记》）因为伊甸的森林是上帝的神力造的，所以但丁称之为圣林。

“读者在这以前并不知道山顶上有一座森林，更不知是‘圣林’，这个形容词足以造成一些悬念，直到后来才说明其存在的理由。”（辛格尔顿的注释）

地上乐园的圣林和《地狱篇》开端所说幽林在形象上和寓意上均截然相反：前者繁密、欣欣向荣，后者荒野、艰险、难行；前者象征纯真无邪的幸福状态，后者象征人陷入罪恶和谬误时的悲惨状态。

“内部和周围”：“内部”一词使人感到圣林之深，“周围”一词使人感到圣林之大。

“我不再等待”：意即不再等待维吉尔的指示，这是但丁重新获得意志自由的标志。

“慢慢走去”：为了观赏各种美景。

② “自身无变化”：指风的强度和方向永远不变。

“朝着这座圣山投下它最初的影子的方向温顺地倾斜”：意谓这座圣山在日出时把影子投向西方；被微风吹动的树枝也都随风向西倾斜。

③ “它们的一切技能”：本维努托、布蒂和兰迪尼都认为主要指小鸟们唱歌；有些注释家则认为，也指小鸟们从这一树枝飞到那一树枝以及在树上搭窝，因为这时正是春季。

④ “埃俄洛斯释放出西洛可风”：指古代神话，埃俄洛斯（Aeolus）是风神，他把各种风关在一个山洞里，随意释放出其中任何一种。“西洛可”（Scilocco=Scirocco）是从撒哈拉沙漠越过地中海向意大利吹来的炎热的东南风。

“基雅席海岸上的松林”：“基雅席”（Chiassi）东临亚得里亚海，是腊万纳古时的港口，沿着海岸有一座绵延好几公里的大松林。但丁在流亡中晚年寓居腊万纳，肯定多次到过这里，当东南风吹来，林中的松涛声想必给他留下了深刻的印象。他在诗中描写地上乐园的圣林时，记忆犹新，就用来作为比喻。诗句意谓这座圣林中随着微风颤动的树叶发出的沙沙声，犹如西洛可风吹来时，基雅席海岸上的松林中响起的松涛声一样。

应该附带一提的是：五个世纪后，英国诗人拜伦（公元1788—1824）在这座松林中写出“但丁的预言”一诗，译出《神曲·地狱篇》第五章有关弗兰齐斯嘉·达·里米尼的片段；他的杰作讽刺史诗《唐璜》中关于这座松林有这样美妙的诗句：

“黄昏的美妙的时光呵！在拉瓦那（即腊万纳）
　那为松林荫蔽的寂静的岸沿，
参天的古木常青，它扎根之处
　曾被亚得里亚海的波涛漫淹，
直抵恺撒的古堡；苍翠的森林！”

（引自查良铮的译本第三章第一〇五节）

⑤ 但丁“由于赏心悦目而几乎没意识到自己在行走：不是他迈开脚步，而是脚步带动他，使得他不知道怎样就已经在圣林深处了”。（彼埃特罗波诺的注释）

⑥ 这条小河由南向北流去，但丁正由西向东走，在左岸（即西岸）被河水挡住了去路。因为小河向北流，河里的细小的波浪轻轻地拍打着河岸，使

得岸边生出的草也都向北弯曲,对于左岸上的但丁来说是"向左倾斜"。

⑦ "淑女":原文是 donna,译者觉得,在这里译成少女、女郎、圣女、仙女,都不恰当,但也想不出确切的译法,只好勉强译成淑女。

我们读到《炼狱篇》末尾才知道她的名字是玛苔尔达(Matelda),她的职务是把灵魂们浸入勒特河水中,然后带他们去喝欧诺埃河的水,以完成他们净罪的过程。关于她的象征意义,注释家们有不同的说法:早期注释家和多数现代注释家认为,玛苔尔达如同但丁梦中所见的她的先驱者利亚一样,是行动生活的象征;萨佩纽则认为,与其说她象征行动生活,不如说她象征现世幸福,即亚当未犯罪前在伊甸园里处于天真无邪状态的幸福。但丁在《帝制论》中称之为现世幸福,认为人类有原罪以后,在现世生活中,如果行为上能遵循伦理的和心智的道德原则(secundum virtutes morales et intellectuales operando),就能获得这种幸福。波斯科-雷吉奥的注释倾向于此说。

辛格尔顿认为,玛苔尔达是人类居住在地上乐园中犯罪以前的情况的象征;如今她仍然居住在那里,作为实例来说明犯罪以前的人性是什么样子,假如当初没有犯罪,会继续是什么样子。

注释家们还提出玛苔尔达是否指某一同名的历史人物问题。一切早期注释家和许多现代注释家都认为,诗中的玛苔尔达就是著名的托斯卡那女伯爵玛蒂尔达(contessa Matilda di Toscana,公元 1046—1115),这位女伯爵在教皇格利高里七世与皇帝亨利四世争夺任命主教权的斗争中支持教皇。后来皇帝迫于形势,来到她的卡诺沙(Canossa)城堡中屈辱地向教皇请罪,历史上称为卡诺沙事件。她还将其托斯卡那领地作为遗产奉献给教皇。但丁一贯反对教皇掌握世俗权力,似乎不可能以地上乐园中的天人般的玛苔尔达来指这样一位女伯爵。

牟米利亚诺断言,玛苔尔达是想象的人物,而非历史人物。他认为,在《炼狱篇》末尾,但丁才借贝雅特丽齐之口说出她的名字来,这一事实就足以证明此点。假若她是历史人物,但丁就不会附带说出她的名字,而必然像对诗中其他主要的历史人物(维吉尔、卡托、斯塔提乌斯)一样加以强调。

正如波斯科-雷吉奥的注释所说,玛苔尔达这一人物形象充满了诗意的美,被诗人安置在地上乐园的梦幻空灵的妙景中显得十分协调,她似乎是自然生长在那里作为这种妙景的补充。

克罗齐说,在玛苔尔达这一形式完美的人物身上,"青春、美、爱和微笑的魅力均浮现于每个意象中。"(见《但丁的诗》第四章《炼狱篇》)

"她的路全由花绘成":意谓她的路上繁花满地,仿佛画出来的一样。

⑧ "通常是内心的明证的面容":在《新生》第十五章的十四行诗第 5 行,但丁表达了同样的意思:"我的脸色显露我的心的颜色。"

“感受爱的光辉的温暖”:这里“爱”指圣爱(amore divino)。格拉夫(A. Graf)在《但丁讲座》中说,当然指圣爱,然而不总是爱,它增加一切其他魅力的力量。

⑨ 普洛塞皮娜(Proserpina)是众神之王朱庇特和“地母”克瑞斯(Ceres)生的女儿。有一天,她正在西西里岛亨那(Henna)城外不远的林中游戏、采花,冥王普鲁托忽然出现,对她一见钟情,即刻把她抢走,从此她就成为冥界王后。奥维德在《变形记》卷五中描述了这一场面:

> “在亨那城外不远,有一个深邃的池塘,名叫佩尔古斯。池上天鹅的歌声比利比亚的卡宇斯特洛斯河上的天鹅的歌声还要嘹亮。池塘周围的高岗上有一片丛林,像一把伞似的遮挡住炽热的阳光。树叶发出沁人的清凉,湿润的土地上开着艳丽的花。这地方真是四季如春。普洛塞皮娜这时候正巧在林中游戏,采着紫罗兰和白百合,像个天真的姑娘那样一心一意地在把花朵装进花篮里,插在胸前,想要比同伴们采得多些,不想却被普鲁托瞥见了。他一见钟情,就把她抢走,爱情原是很冒失的。姑娘吓坏了,悲哀地喊着母亲和同伴们,只是叫母亲的时候更多些。因为她把衣服的上身撕裂了,她所采的花纷纷落了出来,她真可以算是天真的姑娘,就在这样的关头,还直舍不得这些花呢。”(引自杨周翰的译本)

但丁在塑造玛苔尔达这一人物形象时,除了受“温柔的新体”诗派某些诗人的作品影响外,显然还从奥维德的描写中吸取了一些细节。

“当母亲失去她、她失去春天时”:指冥王普鲁托把她抢走时。注释家们对“春天”(primavera)在这里的意义提出了不同的解释:布蒂认为,指“普鲁托把她抢走时,她正在那儿采花的草地和田野”;拉纳认为,指“她所采集的花”,当她被普鲁托突然抱住时,这些花从她的怀里纷纷落了出来。多数注释家同意这种解释。但是 primavera 在但丁以及十四世纪其他作家的作品中还有 floritura(开花及开花时节)的含义。因此,牟米利亚诺把“她失去春天”理解为“她失去百花盛开的土地,因为普鲁托把她带入冥界”;萨佩纽理解为“她失去她在其中像天真的孩子般游戏的、百花盛开、四季如春的世界”;雷吉奥则理解为“她失去那个地方存在的永恒的春天”,这种解释更接近诗句的字面意义。

这三行诗的大意是:你令我想起普洛塞皮娜被冥王抢走时,她所在的亨那丛林风景多么绮丽,她的容貌多么美。言外之意就是,这位淑女所在的圣林风景和亨那丛林一样绮丽,她的容貌和普洛塞皮娜一样美。

⑩ “脚掌贴地”:意即擦着地移动;“互相靠拢”:意即两脚互相对合;“几乎不把一只脚放在另一只前面移动”:意即小步向前移动。这是中世纪跳舞的方式。诗中用来作为明喻,贴切地说明玛苔尔达听到但丁的请求后,转身在红的和黄的小花上向他走来的姿态。这个明喻和第二个明喻

“犹如一位含羞垂下眼睛的处女”加在一起，使得这位淑女端庄娇羞的神情和苗条轻盈的体态跃然纸上。“转身在红的和黄的小花上向我走来”形容她身子似乎轻得都踩不坏那些娇嫩的小花似的。

⑪ “她就惠然向我抬起她的眼睛”：原文是 di levar li occhi suoi mi fece dono。诗句的大意是：她向河边走来时，“犹如一位含羞垂下眼睛的处女”，一到河边，就向但丁抬起她的眼睛，这是给予他的“最大的厚礼，最期望的恩惠”。（格拉伯尔的注释）

⑫ 意谓我不信爱神维纳斯爱上了美少年阿多尼斯（Adonis）时，她的眼睛发出的光芒，像玛苔尔达抬起头来望我时，眼睛发出的光芒那样明亮。这一神话故事情节来源于奥维德《变形记》卷十，其中写道：

> 阿多尼斯长大成人后，“比以前出脱得更加俊美了。甚至连维纳斯看见了也对他发生爱情，……原来维纳斯的儿子，背着弓箭，正在吻他母亲，无意之中他的箭头在母亲的胸上划了一道。女神受伤，就把孩子推到一边，但是伤痕比她想象的要深，最初她自己也不觉得。她见到这位凡世的美少年之后，便如着迷一样，……”（引自杨周翰译本）

“被她儿子完全违反他的习惯刺伤”：凡中维纳斯的儿子小爱神箭伤者，必堕情网。小爱神惯于有意识地放箭射伤他所选定的目标；这次却不然，他“正在吻他母亲，无意之中他的箭头在母亲的胸上划了一道”，也就是说，使母亲受箭伤“完全违反他的习惯”。

⑬ “薛西斯渡过的赫勒斯滂托斯海峡”：赫勒斯滂托斯（Hellespontus）海峡即达达尼尔海峡。古代波斯国王薛西斯（Xerxes，公元前 486—前 465 在位）是个野心勃勃的君主，公元前 480 年，亲率海陆大军渡过赫勒斯滂托斯海峡远征希腊；但陆军攻入雅典时，居民都已事先撤离，海军则在海面狭窄的萨拉米湾几乎全被歼灭，薛西斯遭到惨败后，被迫重新渡过赫勒斯滂托斯海峡逃回亚洲。

“至今还是约束世人一切狂妄行动的缰绳”：意谓薛西斯渡过赫勒斯滂托斯海峡远征希腊，遭到惨败，被迫重新渡过海峡，逃回亚洲，这一事实至今还是制止世人一切狂妄行动的鉴戒。

“在塞斯托斯和阿比多斯之间波涛汹涌”：“塞斯托斯”（Sestos）在色雷斯，“阿比多斯”（Abydos）在小亚细亚，两城之间隔着赫勒斯滂托斯海峡最狭窄的部分。

“莱安德”（Leander）：据古代神话传说，他是阿比多斯城的美少年，与塞斯托斯城维纳斯神庙的女祭司赫萝（Hero）相爱。他每天夜里都游过赫勒斯滂托斯海峡去同她幽会；但在一暴风雨之夜，波涛汹涌澎湃，他不幸溺死，赫萝因而痛不欲生，跳海身亡。奥维德《列女志》（Heroides）第十八—十九篇叙述这个故事，这大概是但丁诗中有关的典故的出处。

“这河水由于当时不分开”:意谓勒特河挡住了但丁的去路,使得他无法走近站在对岸上的玛苔尔达,因而他痛恨这河水当时没像红海的水那样分开,使海成了干地,让逃出埃及的以色列人得以安全走过去(参看第十八章注㉟)。诗中强调甚至莱安德对赫勒斯滂托斯海峡的痛恨都超不过但丁对这河水的痛恨。

⑭ 诗句的大意是:你们(指但丁、维吉尔和斯塔提乌斯)是新来地上乐园的。或许因为看到我在这个被上帝选定为人类居住的地方微笑,你们心里感到惊奇,怀有一些疑问。

从玛苔尔达的话看来,她大概认为,他们或许由于看到她在这令人想起亚当和夏娃犯罪招致人类堕落的地方微笑,而感到惊奇,显然是他们不知道她欣喜微笑的原因。

⑮ 她对他们说,诗篇 Delectasti 可以解释他们的疑问,使他们知道她欣喜微笑的原因。她所说的“诗篇”是拉丁文《圣经》《旧约·诗篇》第九十一篇(中文《圣经》《旧约·诗篇》第九十二篇),“Delectasti”(你叫我高兴)是这一诗篇第四行的第二个词。她认为其中的下列诗句足以说明她何以欣喜微笑:

> “因你,主啊,藉着你的作为叫我高兴,我要因你手的工作欢呼。主啊,你的工作何其大。”(引自中文《圣经》,译者根据英文《圣经》把引文中的“耶和华”改为“主”。)

由此可见玛苔尔达是由于观看伊甸园中上帝所创造的种种美妙的奇迹感到欣喜而微笑。辛格尔顿的注释解释得更为透彻:“我们不仅要知道,玛苔尔达对上帝亲手创造的这些奇迹感到喜悦和快乐,正如亚当在这里时一定曾感到的那样。玛苔尔达通过引用这一诗篇来告诉我们,她所感到的快乐是爱的快乐,她的歌(这首歌的歌词我们没有听到)是一首赞美创造这些事物的造物主的情歌。这样但丁立刻就明白,他初次瞥见这位淑女时,她正在爱慕。假定我们要问:什么叫‘正在爱慕’?她既是独自一人在伊甸园里,她的爱的原因和对象是什么呢?现在由诗篇 Delectasti‘驱散我们心中的疑云’来回答这个问题:正如诗篇作者一样,玛苔尔达是为上帝的创造物而欣喜,她的歌是一首赞美上帝的歌。”牟米利亚诺认为,“从她讲这话起,这位单独的美丽女性的形象开始变得苍白:诗的魅力消失了,继之而来的主题是阐述学理,这一主题占去了本章其余部分。引证诗篇 Delectasti 代替了直接表达幸福的情感,这种情感从这位单独的女性唱歌和编花的姿态中肯定已经更好地表露出来。”

⑯ 指但丁,他进入圣林中后,一直在维吉尔和斯塔提乌斯前头行走;他刚瞥见玛苔尔达唱歌和采花时,曾请求她走近些,使得他能听懂她唱的什么。

⑰ “我所相信的新近听到的一种与这一事实相反的说法”:指但丁在第五层平台上听到斯塔提乌斯说,炼狱山门以上的地方无雨、雹、霜、露、电、雷

等大气变化(参看第二十一章注⑮、⑯、⑰)。他相信这种说法,但是现在他看到了这河水,听到了森林树叶的沙沙声;他想,有河水必然有水源,有水源必然有雨、雪来提供、补充;这一事实和斯塔提乌斯的说法恰恰相反,因而他心里感到困惑。

⑱ “由其自身的原因产生”:意谓由其特殊的原因产生,这种原因不是你所设想的那种原因。

“驱散困扰你的迷雾”:这一比喻类似上面的比喻“驱散你们心中的疑云”。

⑲ “那只有他自己使自己喜悦的至高之善”:“至高之善”(Lo sommo Ben)指上帝。“只有他自己使自己喜悦”:意谓只有上帝自己使上帝感到喜悦,因为只有他自己是绝对完美无缺的。

“把人创造成性善的和向善的”:意谓上帝把人创造成天性善良和趋向善行的。《旧约·传道书》第七章末句说,“……上帝造人原是正直。”

“把这个地方给了他作为天国至福的保证”:意谓上帝把地上乐园(伊甸园)赐予人居住,以此来保证以后让他进入天国享受至福(la pace eterna)。

⑳ “由于他的过错”:意谓由于亚当违背上帝的禁令,吃了夏娃摘下来给他吃的分别善恶树上的果子(见《旧约·创世记》第三章)。

“他留在这里时间很短”:亚当在第八重天上亲口对但丁说,他在地上乐园中仅仅待了六个多小时(见《天国篇》第二十六章)。

㉑ “正当的欢笑和快活的娱乐”:泛指地上乐园的幸福生活。正如如今玛苔尔达一样,亚当和夏娃当初在那里过的曾是这种生活。

“眼泪和劳苦”:泛指他们被逐出地上乐园后,过的悲惨劳苦的生活。上帝对亚当说:“你既听从妻子的话,吃了我所吩咐你不可吃的那树上的果子,地必为你的缘故受诅咒;你必终身劳苦,才能从地里得吃的。地必给你长出荆棘和蒺藜来,你也要吃田间的菜蔬。你必汗流满面才得糊口,直到你归了土,因为你是从土而出的;你本是尘土,仍要归于尘土。”(见《旧约·创世记》第三章)

诗中连用“由于他的过错”,以此强调亚当咎由自取,应对失乐园负道德责任。

㉒ 诗句大意是:根据当时的气象学说,水和地散发出来的气随着太阳的热尽可能上升,在地上和炼狱外围引起扰动:水气引起的是雨、雪、雹等,地气引起的是风和地震。为了防止这些扰动危害在地上乐园中的人,上帝使炼狱山耸入云霄,从圣彼得门起就不受这些扰动的影响。

㉓ “且说”:原文是 Or = ora,表示话题转了。玛苔尔达上面的话只不过证实斯塔提乌斯的说法,现在她开始回答但丁提出的问题,说明不受大气扰动影响的地上乐园中所以有水和风的特殊原因。

关于有风的原因,她指出,大气层永远同原动天(Primum Mobile)一起环绕地球旋转,除非其旋转在某一部分被某种障碍打断,例如碰到山和树。这种旋转运动冲击耸入太空的炼狱山巅,使枝叶茂密的圣林沙沙作响,换句话说,使圣林发出响声的不是地气形成的风,而是大气层的旋转运动冲击炼狱山巅引起的风。

㉔ 玛苔尔达讲清了关于风的来源问题后,接着就说明地球上的植物的来源,这并不是但丁提出的问题,但与大气层旋转冲击炼狱山巅引起的风有关。诗句的大意是:伊甸园中受大气层旋转运动冲击的各种植物有足够强大的力量,使其种子的生殖力浸透大气;大气在环绕地球旋转中,使这里的植物种子的生殖力降落到地球上各个地方;人类居住的北半球大陆(诗中所说的“另一陆地”)根据土壤的性质和气候条件,从各种不同的种子生殖力受精,生出各种不同的植物。托马斯·阿奎那斯在《神学大全》第一卷中说,地球上一切植物原来都是上帝在伊甸园中创造的,从那里各种植物的种子散布到人类居住的大陆上。诗中根据这种说法。

㉕ “神圣的原野”:指地上乐园(伊甸园)。“充满了一切植物的种子,还有世上摘不到的果子”:《旧约·创世记》第三章中说:“耶和华上帝使各种的树从地里长出来,可以悦人的眼目,其上的果子好作为食物。园子当中又有生命树和分别善恶的树。”

㉖ 玛苔尔达现在说明地上乐园中有水的原因:她说,这水并不像一般河流那样来源于靠雨来补充水量的泉,而是来源于依照上帝的意旨水量永远不变、也永不枯竭的泉(在第三十三章中,但丁将亲眼看到此泉),从泉中涌出的水分为两股,向彼此相反的方向流去,成为两条同源的河。

㉗ “向这边流的水”:即挡住但丁的去路的小河(名勒特河);当时但丁面向东方,这条小河从他左边流过来,也就是从北向南流;“向那边流的水”:指从南向北流的河(名欧诺埃河)。

㉘ “勒特河”:“勒特”(Lethe)即希腊文 λήθη,含义为“忘”,勒特河意即“忘川”,是古代神话中冥界的河,“鬼魂们喝了忘川的水就忘却了忧愁,永远忘却了一切。”(见《埃涅阿斯纪》卷六)所以但丁游地狱时,曾向维吉尔询问此河在何处,维吉尔回答说,“勒特河你以后会看到的,但它是在这深渊之外,在灵魂们通过忏悔解脱罪过后前去洗净自己的地方。”他所指的就是炼狱山顶上的地上乐园。由于哲理上和艺术上的原因,但丁把古代神话中这条冥界河改变成基督教《圣经》所说的伊甸园中的河流。不仅如此,他还把这条河水的功能仅仅限于使灵魂们饮后忘掉生前的一切罪行。

㉙ “欧诺埃河”:欧诺埃(Eunoe)相当于希腊文 ϵ'ύνους。这是但丁利用中世纪词典中提供的两个希腊字 ϵυ(好,善)和 νους(心,记忆)编造的河名,含义是记忆善行的河。诗句的大意是:如果不先喝勒特河的水然后再喝

欧诺埃河的水,欧诺埃河的水就不能发生效力,因为"如果对自己的过失的记忆使人一直心情沉重,就不可能充分享受到对自己的善行记忆犹新之乐";"欧诺埃河的水味道之美超过任何其他的味道,因为人对善行的记忆感到的乐趣是忘掉罪过的乐趣所不能比的。"这是巴尔比提出的解释,格拉伯尔、萨佩纽、雷吉奥均同意此说。

斯卡尔塔齐-万戴里的注释本的解释与此不同。这一注释本在"向那边流的水名叫欧诺埃河"这句诗后面不用逗号,而用分号;认为"发生不了效力"(non adopra)的主语不是欧诺埃河,而是本段首句中"你所看到的水",也就是勒特河和欧诺埃河两河的水;认为诗句的大意是:"如果不把两河的水都尝到,水就不能产生其真正的效果,这种效果就是使人得以完全配升天国;因为灵魂们为了升天国,不仅须要忏悔和涤净自己的罪过,还必须去掉对罪过的记忆(喝勒特河的水)和重新唤起心中对善行的记忆(喝欧诺埃河的水),才会专心向善,只习惯于为善";认为"这水的味道在一切其他的味道之上",指的不是欧诺埃河水的味道,而是勒特河和欧诺埃河两河的水的味道。这种解释为牟米利亚诺、彼埃特罗波诺、辛格尔顿所接受。但这种解释有两个弱点:(1)把"你所看到的水"作为"发生不了效力"的实际主语,在句法结构上,主语和谓语距离太远,不符合但丁诗中行文的习惯;(2)认为"这水的味道在一切其他的味道之上",指的不是欧诺埃河的水的味道,而是勒特河和欧诺埃河两河的水的味道,也不符合但丁自己的说法,因为诗人在第三十三章末尾只把欧诺埃河的水誉为"使我永远也喝不足的甘美的饮料"。

㉚ "那些歌颂黄金时代及其幸福状况的古代诗人":主要指奥维德,他在《变形记》卷一中描写了人类黄金时代的状况。"或许曾在帕耳纳索斯山梦见这个地方":帕耳纳索斯山是缪斯和阿波罗的神山,通常用来代表诗的灵感或者诗的创作本身。在中世纪,诗常被视为一种隐含真理的寓言。古代异教诗人描写黄金时代时,在诗的意境中隐隐约约地反映出地上乐园中的状况。人类最初在那里的全部真实状况是《旧约·创世记》中的描述。古代异教诗人关于黄金时代的描写只不过是对基督教《圣经》中所说的伊甸园的预示而已。

㉛ "人类的始祖":原文是 l' umana radice(人类的根),指亚当和夏娃,他们原是天真无邪的,后来因违背上帝的禁令吃了分别善恶树上的果子,才被逐出伊甸园。

"在这里,四季常春,什么果实都有":《变形记》卷一中也说,在黄金时代,"四季常春","土地不需耕种就生出了丰饶的五谷。""这河水就是他们每人所说的仙露":"他们每人",指古代那些歌颂黄金时代的异教诗人,尤其是奥维德,他在《变形记》卷一中说,"溪中流的是乳汁和甘美的仙露"。所谓"仙露"(nettare)即众神所饮的玉液琼浆。

㉜ “这最后的一些话”:指玛苔尔达的补充说明。维吉尔和斯塔提乌斯听了她这些话,面上露出会心的微笑。

㉝ 希望知道一些其他的真理。

第二十九章

她刚一说完话，紧接着就如同充满了爱的淑女一般继续唱歌，唱道："Beati quorum tecta sunt peccata[①]！"那时，她在河岸上逆着水流的方向走去，犹如那些在林荫中独自行走，有的愿见日光，有的愿避日光的仙女似的[②]；我迈小步伴随她的小步，和她并排走去[③]。她的脚步和我的脚步加在一起走得还没有一百步远，两边的河岸就拐了同样的弯，使得我又面向东方[④]。我们朝这个方向还没走多远，那位淑女就全身转过来面向着我，说："我的兄弟，你看、你听！"瞧！一种突如其来的光闪过这座大森林的各个部分，这光那样强烈和突然，以至于使我疑心是闪电[⑤]。但是，由于闪电刚一闪现就停止，这光却持续存在，越来越亮，我心里就想道："这是什么东西呀？"而且还有一种悦耳的旋律在明亮的空气中回荡；因此义愤使我责备夏娃，在天与地皆服从的地方，她作为女人和惟一的、刚被造成的女人，胆敢不忍受蒙着什么面纱[⑥]，倘若当初她温顺地忍受着，我早就享受到那些无法表达的快乐了，而且会享受更长的时间[⑦]。当我全神贯注地在这么多使我预先尝到永恒之福的新鲜事物中前进，并渴望更大的喜悦时[⑧]，在我们前面，绿树枝下的空气看起来像一片燃起的火光；那悦耳的声音现在听得出来是合唱的歌曲[⑨]。

啊，极神圣的处女们哪，如果我曾为你们忍受饥、寒和熬夜之苦，崇高的动机现在促使我向你们祈求报酬[⑩]。现在赫立康必须给我倾注泉水，乌拉尼娅必须和她的女伴们一起帮助我把难以想象的事物写成诗[⑪]。

我们再往前走了不远，一些事物由于和我们还隔着一段长的空间，而被误认为是七棵金树；但是，当我走得距离它们那样近，以致那欺骗感官的共同对象不会由于距离而失去其任何特点时，那为理性准备素材的能力就确知它们实在是七个大烛台，听出歌声中唱“和散那”[12]。那美好的一套器物上面放射着火焰的光，比望日午夜晴空的月色明亮得多[13]。我充满惊奇转身向着善良的维吉尔，他用惊奇不下于我的目光回答我[14]。于是，我又转过脸向着那些崇高的事物，它们正向我们慢慢地移动，慢得会被正去结婚的新娘超过[15]。那位淑女大声责备我道：“你为什么只贪看那些强烈的光芒，而不注意后面来的什么呀？”于是，我就看见一队身穿白衣的人像跟随他们的向导们似的在后跟着来了[16]。那样白的颜色世上从未有过。河水在我们左边闪闪发光[17]，如果我向它看，它就像镜子一般照出我左半边身子[18]。当我在这边的岸上走到和行进的仪式队伍只有这一水之隔的地方时，为了看得更清楚些，就停止了脚步[19]，只见那些火焰向前移动，犹如挥动着的画笔一般，给后面的空气涂上颜色[20]；致使那里的上空一直呈现七道条纹，全部是太阳做他的弓、德丽娅做她的腰带所用的那些颜色[21]。这些旗帜向后伸展得超出了我的视野[22]；据我的估计，最靠外面的那两道条纹相距有十步[23]。在这像我所描写的那样美丽的天穹下，有二十四位长老两个两个地并排走来，头上戴着百合花冠[24]。他们都唱：“你在亚当的女儿们中是有福的，愿你的美千秋万代受到祝福[25]！”

那些高贵的人从我对面的河岸上的花和嫩草中间走过去后，接着，四个活物就像一个星座接替一个星座在天空出现似的，在他们后面走来，每个头上都戴着绿叶冠[26]。它们各有六个翅膀；羽毛上充满了眼睛[27]；假若阿尔古斯活着，他的眼睛就会是这样[28]。读者呀，我不再浪费诗句描写它们的形状；因为其他方面的需要迫使我不能对此多费笔墨；你去读以西结的书吧，他描写它们说，他曾见它们和风、和云、和火一起从寒冷的地方来[29]；你在他的书中看到它们是什么样子，它们在这里就是什么样子，只是关于翅膀的数目，约翰书中所说的与我所看见的相合，而与他所说的不同[30]。

这四个活物当中的空间有一辆两轮凯旋车，套在一只格利丰的脖子上拉来[31]。他的两翼分别向上伸到正中的那一条光带和左边的三条光带之间及右边的三条光带之间的空间，把这些光带隔开而不触及、阻断任何一条[32]。这两翼一直伸展到望不见了的高度[33]；他的肢体鸟形的部分是金色的，其余的部分是白色带朱红色的[34]。不仅罗马未曾用这样豪华的凯旋车庆祝阿非利加努斯的或者奥古斯都的胜利，而且日神的车和它相比都会显得简陋[35]；后者走错路时，在大地的虔诚祈求下，被焚毁了，朱庇特执行了他的神秘的正义[36]。凯旋车的右轮旁边，三位仙女围成一圈儿舞蹈着而来，一位颜色那样红，她若在火中会难以辨认；另一位似乎她的肉和骨都是绿宝石做的；第三位颜色有如新降的雪[37]；看来她们似乎时而由白色的，时而由红色的领导跳舞；根据后者的歌声，其他的仙女们决定她们舞蹈的节奏快慢[38]。在凯旋车的左轮旁边，四位穿鲜红衣服的仙女按照其中的一位头上有三只眼睛者的舞蹈节奏跳舞作乐[39]。在我所描写的这一队后面，我看到两位衣服不同，但态度同样端庄、严肃的老人[40]。一位显示出他是大自然为了其最珍贵的活物而生的最卓越的希波革拉底的门徒[41]；另一位显示出他的用心相反，手持一把明亮、锋利的宝剑，使我隔岸都望而生畏[42]。接着，我又看到四位其貌不扬的老人[43]；在所有的人后面走来一位孤独的老人，他正在睡梦中，脸上显露出睿智[44]。这七位老人穿的衣服和第一队相同，但他们头上戴的花冠不是用百合花，而是用玫瑰花和其他的红花编成的[45]；从稍远的地方望见他们的人会发誓说，他们的眉毛以上都真在冒火焰呢[46]。当凯旋车到达我对面时，只听一声雷响，那些高贵的人似乎被禁止再前进，就同先头的旗帜一齐停在那里[47]。

注释：

① “如同充满了爱的淑女一般继续唱歌”：原文 Cantando come donna innamorata显然是化用圭多·卡瓦尔堪提的诗《我在林中看到一牧女》(In un boschetto trova' pasturella)中的话：cantava come fosse' nnamorata(她仿佛充满了爱一般在唱歌)。但卡瓦尔堪提诗中的牧女的爱是世俗的男女之爱，玛苔尔达的爱则是圣洁的爱，即对上帝所怀的爱；诗句意谓她为这种爱所激动而唱歌。“Beati quorum tecta sunt peccata”：引自拉丁文《圣经·旧约·诗篇》第三十一篇，相当于英文和中文《圣经·旧约·诗篇》第三十二篇，这句诗全文是“Beati quorum remissae sunt iniquitatis, et quorum tecta sunt peccata”(得赦免其过，遮盖其罪的，这人是有福的)。但丁把它压缩成“Beati quorum tecta sunt peccata”(得遮盖其罪的，这人是有福的)，使之更像耶稣登山训众论福的话。“遮盖其罪”一语中的“遮

……右轮旁边，三位仙女围成一圈儿舞蹈着而来，一位颜色那样红，她若在火中会难以辨认；另一位似乎她的肉和骨都是绿宝石做的；第三位颜色有如新降的雪。

盖”(tecta)意谓被上帝赦免。布蒂指出,这一诗篇引用得切合主题,因为作者就要渡过消除罪行记忆的勒特河去。

② “她在河岸上逆着水流的方向走去”:意即玛苔尔达顺着河岸向上游走去,也就是说,这时她向南走去,因为勒特河在这里向北流。

“犹如那些在林荫中独自行走,有的愿见日光,有的愿避日光的仙女似的”:但丁用古代神话中居于山林水泽的仙女(ninfe)比拟玛苔尔达,以表达她顺着河岸行走时,优美轻盈的姿态。

③ 意谓但丁迈着同样的小步,和她隔河并排行走。

④ “她的脚步和我的脚步加在一起走得还没有一百步远”:意谓我们各自走了还不到五十步。

“两边的河岸就拐了同样的弯”:意谓两边的河岸均以同样的角度拐了弯,看来是转成了直角,因为它使得顺着河岸行走的但丁“又面向东方”了:但丁进入地上乐园时,面向东方前进,后来被向北流的勒特河挡住了去路,接着,就和在对岸上的玛苔尔达隔河逆着水流的方向并排小步南行,走到了河岸急转弯的地方,于是被迫向左转,重新面向东方:这就是说,勒特河拐弯转成了直角。雷吉奥认为,这里肯定含有象征意义:“勒特河发源于东方(太阳是上帝的象征),在上述的急转弯后向北流,也就是流向人类居住的北半球,地狱的入口在那里,河水从而把世人的罪冲入地狱的深渊中去(参看《地狱篇》第十四章):但丁向东方前进,也就是说,向着上帝启迪人心的恩泽(la Grazia divina illuminante)前进。”

⑤ 只是暂时疑心而已,因为斯塔提乌斯和玛苔尔达曾先后向但丁说明,炼狱本部和地上乐园都不受大气的干扰。

⑥ “义愤”原文是 buon zelo,指但丁对夏娃胆敢违背上帝的禁令,吃了分别善恶树上的果子,致使人类失去伊甸园的罪行产生的愤怒。

“天与地皆服从的地方”:意谓天地万物皆服从上帝的意旨的地方,指伊甸园。“她作为女人和惟一的、刚被造成的女人”:这句诗强调夏娃具有三种特性,这三种特性使她当初理应服从上帝的禁令:(1)她是女人,因而更不该自己做主;(2)她是惟一的女人,因而不会有好胜心,想超过别的女人,也不会受到别的女人胆大妄为的恶劣影响;(3)她是刚被造成的女人,因而是天真无邪的。“胆敢不忍受蒙着什么面纱”:“面纱”(velo)这里作为比喻来指无知状态(ignoranza)。当初蛇诱惑夏娃违背上帝的禁令,劝她吃分别善恶树上的果子时说,上帝不许你们吃,“因为上帝知道,你们吃的日子眼睛就明亮了,你们便如上帝能知道善恶。”(见《旧约·创世记》第三章)“不忍受蒙着什么面纱”:意即不肯停留在上帝规定的认识范围之内。

托马斯·阿奎那斯在《神学大全》第二卷中说,夏娃的罪“比男人(亚当)的罪更严重”,因为夏娃率先犯罪,对人类的原罪负有罪责。

⑦ “我早就享受到那些无法表达的快乐了”:意谓夏娃倘若温顺地遵从上帝的意旨,人类就不至于有原罪,但丁和所有的人就会自出生之日起享受伊甸园中的快乐,一直享受到最终升入天国之时。

⑧ “这么多使我预先尝到永恒之福的新鲜事物”:指突然闪现的光辉和在明亮的空气中回荡的悦耳的旋律;目睹耳闻地上乐园中这些新鲜事物使但丁预先体验到天国永恒之福。

“更大的喜悦”:指见到贝雅特丽齐。

⑨ “在我们前面”:指东方。

“绿树枝下的空气看起来像一片燃起的火光;那悦耳的声音现在听得出来是合唱的歌曲”:大意是,当我们渐渐走近时,那片突然闪现的光辉看起来像燃起来的烈火照得森林中的空气通红;那种悦耳的旋律原来隐隐约约地传来,现在听出来是歌手们合唱的歌曲。

⑩ “极神圣的处女们”:指九位文艺女神缪斯(Muse)。在第一章开头,但丁向她们祈求帮助时,曾称呼她们为“神圣的缪斯”(sante Muse);现在须要动笔描写极神奇的事物,不得不再祈求她们,在称呼她们时,使用“极神圣的”(saerosante)一词。

“为你们忍受饥、寒和熬夜之苦”:指但丁为热爱诗和献身于诗歌创作而经受的种种苦,尤其指他在异乡流亡的艰苦生活中创作《神曲》。

“崇高的动机现在促使我向你们祈求报酬”:“崇高的动机”,指须要描写难以想象的神奇事物,原文是 cagion,根据萨佩纽的注释意译。“报酬”(mercé),指对但丁为诗的创作所经受的饥、寒和熬夜之苦的酬劳。

⑪ “赫立康”(Helicon):山名,在雅典以北的彼奥提亚(Boeotia),据希腊神话,为九位缪斯所居,最高峰达 1748 米,有阿迦尼佩(Aganippe)和希波克雷内(Hippocrene)二泉,泉水能使诗人产生灵感。

“乌拉尼娅”(Urania):司天文的缪斯。但丁现在须要写有关天上的事物,所以特别向她祈求帮助。“她的女伴们”:原文是 coro(合唱队),指其他的缪斯。

“难以想象的事物”:意谓这些事极为神奇,简直不可思议,更不用说用文字来表达。

⑫ “共同对象”(obietto comune):即经院哲学家所谓 sensibile commune,这一名词来源于亚里士多德的《论灵魂》第二卷。雷吉奥的注释指出,亚里士多德在书中区分“独特感知对象”(sensibili propri)和“共同感知对象”(sensibili comuni);前者是单由一种感官感知的,例如光和色都是单由视觉感知的,这种对象不会欺骗感官,例如眼见是光就是光;后者是由一些感官共同感知的,运动、静止、数目、形状、大小均属于这一范畴,例如运动是由视觉、触觉两种感觉器官感知的,这种对象会欺骗感官,使之产生错觉。但丁在《筵席》第三篇第九章和第四篇第八章中讲述了亚里士多

德书中此说,并沿用了原来的名称“共同感知对象”,现在则简称为“共同对象”。

“那为理性准备素材的能力”:指“认识外界事物真相,从而为理性准备进行思考,也就是说,进行推理和判断的素材”的能力(托玛塞奥的注释);经院哲学家称之为 vis estimativa 或 vis cogitativa。(辛格尔顿的注释)

诗中使用经院哲学名词,结果成为一种文字障碍,致使诗句意义不易理解。简单地说,大意就是:起初由于距离远,那些事物的形状作为“共同〔感知〕对象”使但丁产生了错觉,误认为那是七棵金树;当他走近时,看清楚了它们的形状,才知道那实在是七个烛台。

“烛台”原文是 candelabri,含义是枝形大烛台(复数)。雷吉奥认为,诗中指的究竟是可插许多枝蜡烛的枝形大烛台(candelabro),还是只插一枝蜡烛的普通烛台(candeliere),还成问题。但丁由于距离远而把烛台误认为金树这一事实似乎说明诗中指的是枝形大烛台,但从诗中的描写和这些事物的象征意义看来,应该设想这七个烛台上面都各插着一枝蜡烛。但丁之所以使用带学术色彩的名词 candelabro(来源于拉丁文 candelabrum)代替普通的名词 candeliere,主要是由于描写伟大的景象在文体上的需要,尤其因为他发现 candelabrum 这个拉丁文名词出现在所有那些给他的想象力提供养料的《圣经》章节中。

注释家们认为,这七个烛台可以溯源于《圣经》中所说的在圣幕(古代犹太人的移动式神堂)前点着的七盏灯(见《旧约·出埃及记》第二十五章和《旧约·民数记》第八章)。但其直接出处则是《新约·启示录》第一章中圣约翰所说,他“既转过来,就看见七个金灯台,灯台中间,有一位好像人子〔指救主耶稣基督〕,……七灯台就是〔亚细亚的〕七个教会”,第四章中所说,他“见有一个宝座安置在天上,又有一位坐在宝座上,……又有七盏火灯在宝座前点着,这七灯就是上帝的七灵”。诗中所说的七个烛台即圣约翰所见的这七盏火灯,因而象征“上帝的七灵”,也就是《旧约·以赛亚书》第十一章中所说,由七种因素形成的上帝的灵(il settemplice spirito di Dio),此乃圣灵的七种恩赐(见注㉑)的来源。

“听出歌声中唱‘和散那’”:“和散那”(Hosanna)来源于希伯来文 hōshi‘ah-nnā,原是求救的呼声,后来成为称颂的话。《新约·马太福音》第二十一章中,耶稣骑驴进耶路撒冷时,“前行和后随的众人喊着说,和散那归于大卫的子孙,奉主名来的是应当称颂的。高高在上和散那。”托玛塞奥指出,“在诗人青年时代的一首雅歌中〔指《新生》第二十三章中抒写但丁病中梦见贝雅特丽齐死去的那首雅歌(canzone)〕,天使们唱和散那,送贝雅特丽齐的灵魂升天。”

⑬ “那美好的一套器物”(il bello arnese):指“那套秩序井然的烛台”(布蒂的注释)。arnese(套)一词在早期意大利语作集体名词用,表示一切有共

同的特点或形成一体的事物的整体。bello(美好)这里形容排列整齐。

“上面放射着火焰的光”:“上面”(di sopra)被大多数注释家理解为烛台的顶端插蜡烛之处。但萨佩纽采用布蒂的注释:“即在其上空,在空气中。”译者认为这种解释更确切,因为,正如格拉伯尔所说的那样,“在‘上面’诗人不仅看到火焰,还看到火焰发出的光逐渐减弱,越远越柔和。”

但丁用“比望日午夜晴空的月色明亮得多”形容那七个烛台上面放射着的光,是很贴切的。安东奈里(Antonelli)指出,诗人“在两行诗中总括了月光最明亮的一般情况:‘晴空’空气清新,连一片透明的薄云都没有;‘午夜’距离清晨的曙色和黄昏的残照最遥远,漆黑的夜幕把月光衬得更明亮;‘望日’……即月亮完全呈现所谓‘望’的月相〔地球上看见圆形的月亮〕那天。”

诗人以最明亮、柔和的月光作为比喻,来说明“在从来不让日光或月光射入的永恒的林荫下”(见第二十八章第二段)闪耀着的那七个大烛台上的火焰的光辉,可谓恰到好处,倘若用日光代替月作为比喻,就会失之比拟不伦。

⑭ 但丁不明白这七个神奇的大烛台是怎么回事,就转过身去用惊奇的目光望着维吉尔,默示请他解释之意;但维吉尔已经来到他“靠自身的能力不能再辨明道路的地方”(见第二十七章末尾),解答不了但丁的疑问,而用同样充满惊奇的目光回答他。

⑮ “那些崇高的事物”(l’alte cose):指七个大烛台。多数注释家认为,但丁用形容词 alto 的转义“崇高的”作定语,因为它们是神奇的事物。但也有人按照 alto 的原义“高的”来理解这一词组,认为指的是七个大烛台上的火焰。

“慢得会被正去结婚的新娘超过”:因为她们“贞洁,在离开娘家时走得缓慢”(托玛塞奥的注释)。温图里在《但丁的比喻》中指出,“这个比喻很美,它以妙龄的新娘们在路上行走缓慢这一特点表示某种端庄、贞洁的姿态”。十四世纪后半的作家弗莱奇(Frezzi)在《四王国诗》(Quadriregio)模拟了这个比喻:“犹如正去结婚的新娘在路上缓步而行,眼睛向下,满面含羞,一言不发。”

⑯ 即下文所说的二十四位长老,详见《新约·启示录》第四章。他们跟在七个大烛台后面而来,“像跟随他们的向导们似的”:七个大烛台“是上帝的七灵”,诗句的寓义是:他们以上帝的七灵为向导。

⑰ “河水在我们左边闪闪发光”:但丁和维吉尔、斯塔提乌斯三人顺着勒特河岸逆流朝东走去,和对岸上向他们迎面移动而来的七个大烛台相距越来越近了,烛台上的火焰照得他们左边的水面“闪闪发光”。

⑱ 波雷纳怀疑此句有寓义,因为但丁在河岸上看不到自己在水中的影子,除非探身去看,即使这样,他也只能看见自己的头部。雷吉奥认为,这

“过分从现实出发理解诗中的意境,是这位极敏锐的学者的特点”。

⑲ 意谓但丁顺着河这岸向东走,以七个大烛台为前导的仪式队伍顺着对面的河岸向西走,当但丁走到恰好和仪式队伍隔河相望的地方,也就是相距最近的地方,就停下来,以便仔细观察。

⑳ “犹如挥动着的画笔一般”:原文是 di tratti pennelli avean sembiante。早期注释家和许多现代注释家(斯卡尔塔齐-万戴里、彼埃特罗波诺、格拉伯尔、萨佩纽)都这样解释。美国但丁学家辛格尔顿指出,“这个比喻是贴切的。每个烛台上的火焰和烛台本身被恰当地比作画家的画笔,火焰相当于笔毫,烛台相当于笔杆。再者,由于这些烛台在向前移动,在其上空‘画出’(dipinto)彩色的条纹,所以它们可以比作画笔蘸上颜料后,在一个平面(这里似乎是天花板)移动或者划过,每个在后面都留下一道有色的条纹。而且火焰在空气中移动时向后面倒,正如画笔在天花板上画时会向后弯曲一般。”

十六世纪注释家但尼埃罗(Daniello)则把 tratti pennelli 解释为“打着的旗子或(中世纪意大利城邦的)旌旗”,因为 pennello 的另一意义是“三角旗”,而且下文中有“这些旗帜”一语与此相呼应。这种解释也被许多现代注释家采用。译文根据前一种解释。

㉑ “那里的上空”:指行进中的仪式队伍的上空。“七道条纹”:指七个大烛台上的火焰在空中呈现的七条光带,象征来自“上帝的七灵”的所谓“圣灵的七种恩赐”(i sette doni dello Spirito Santo):智慧、聪明、谋略、能力、知识、虔诚、敬畏上帝(见《筵席》第四篇第二十章)。

“全部是太阳做他的弓、德丽娅做她的腰带所用的那些颜色”:“太阳做他的弓”,指太阳在对面的天空造成的彩虹。“德丽娅做她的腰带”,指月亮在其周围造成的月晕;“德丽娅”(Delia)即月神狄安娜,由于诞生在爱琴海的提洛斯(Delos)岛上而有此别名,这里指月亮。

这句诗的意义不很明确。有些注释家理解为,每道条纹都有彩虹的七种颜色,有些注释家认为,如果是这样的话,这七道条纹的颜色就完全相同,却又象征七种不同的事物,这似乎不合乎情理,因此他们理解为,每道条纹各有彩虹的一种颜色,七道条纹合起来呈现彩虹的七种颜色,这样解释比较合乎逻辑。

㉒ “这些旗帜”:这里指上述的七道条纹或七条光带。“向后伸展得超出了我的视野”:意谓它们向后面的天空延伸得极远,我纵目去望都望不见其尽头;诗句的寓意是:圣灵的七种恩赐的益处无穷无尽。

㉓ 意谓最靠外面的两道条纹相隔十步,也就是说,七道发光的条纹合在一起形成的光束有十步宽。关于这句诗的寓意,早期注释家大多认为,“十步”象征上帝在西奈山上向摩西宣布的十诫(见《旧约·出埃及记》第二十章),遵守这十诫就使人获得圣灵的七种恩赐。

㉔ “天穹”(cielo):指七条光带在天空形成的绚烂多彩的华盖。

“二十四位长老”:指上述那“一队身穿白衣的人”,他们的出处是《新约·启示录》第四章中的话:“宝座的周围,又有二十四个座位,其上坐着二十四位长老,身穿白衣,头上戴着金冠冕。”

《新约·启示录》中这二十四位长老代表《旧约》中的十二族长和《新约》中的十二使徒。

圣杰罗姆(Jerome)在对其所译的拉丁文《圣经》所作的序言中,计算《旧约》全书共二十四卷:1.《创世记》,2.《出埃及记》,3.《利未记》,4.《民数记》,5.《申命记》,6.《约书亚记》,7.《士师记》,8.《撒母耳记》,9.《列王纪》,10.《以赛亚书》,11.《耶利米书》,12.《以西结书》,13. 十二小先知书(算作一卷),14.《约伯记》,15.《诗篇》,16.《箴言》,17.《传道书》,18.《雅歌》,19.《但以理书》,20.《历代志》,21.《以斯拉记》和《尼希米记》(算作一卷),22.《以斯帖记》,23.《路得记》,24.《耶利米哀歌》。他认为《新约·启示录》中的二十四位长老象征《旧约》全书二十四卷。但丁在诗中根据他的说法。

“头上戴着百合花冠”和“身穿白衣”象征《旧约》的教义和对未来的弥赛亚(耶稣基督)信仰的纯洁性。

㉕ 颂歌第一句“你在亚当的女儿们中是有福的”显然套用天使和以利沙白对马利亚所说的话:“你在妇女中是有福的”(见《新约·路加福音》第一章),但丁把“你在妇女中”改为“你在亚当的女儿们中”,含义完全一样,而且十分恰当,因为二十四位长老是在伊甸乐园中唱这一赞歌的。他还在这句后面加上了一句对她的非凡的美表示赞颂和祝福的话。

关于歌中赞颂的女性是何人,注释家们有两种不同的说法:早期注释家布蒂认为她是马利亚,拉纳认为她是贝雅特丽齐。现代注释家们有的赞同前者的说法,有的赞同后者的说法;萨佩纽代表前者,认为“这首赞美救世主之母的颂歌放在这些人物的口中是恰当的,因为《旧约》充满对弥赛亚的信心十足的期待和预感”。牟米利亚诺代表后者,他说,这些人物“唱出‘和散那’后,现在又对一位未知的人物唱这一神秘的颂歌。在这些诗句的描写中,最精彩之处是这一场面使人充满了悬念(sospensione),不知其结果如何。这种悬念感……为贝雅特丽齐的胜利降临庄严地作好准备,这一严肃的仪式队伍全是为了她而出动的”。

㉖ “那些高贵的人”:指二十四位长老。

“四个活物”:但丁在诗中告诉读者,出处是《旧约·以西结书》和《新约·启示录》。先知以西结在《旧约·以西结书》第一章中说,“我观看,见狂风从北方刮来,随着有一朵包括闪烁火的大云,……又从其中显出四个活物的形象来,他们的形状是这样:有人的形象。各有四个脸面,四个翅膀。”圣约翰在《新约·启示录》第四章中说,“宝座中和宝座周围有四个活物,前后遍体都长满了眼睛。第一个活物像狮子,第二个像牛犊,第三个脸面像人,第四个像飞鹰。四活物各有六个翅膀,遍体内外充满了眼睛。"

这"四个活物"象征《新约》中的四福音书:第一个像狮子的象征《马可福音》,第二个像牛犊的象征《路加福音》,第三个脸面像人的象征《马太福音》,第四个像飞鹰的象征《约翰福音》。

"就像一个星座接替一个星座在天空出现似的":意谓二十四位长老过去后,接着就来了四个活物,如同恒星天环绕地球旋转,一个星座转过去后,就有一个星座转过来占它的位置一样。"这个比喻是恰当的,因为,正如夜间一颗星继一颗星之后在天空出现,照临世界,起初《旧约全书》的光芒在黑暗时代照临世界,后来在蒙恩〔指耶稣诞生后的〕时代,又有更大的光芒照临世界,这就是四福音书。"(本维努托的注释)

"在他们后面走来":因为《新约》四福音书比《旧约全书》(二十四位长老)年轻。

"每个头上都戴着绿叶冠":绿叶象征希望。诗句的寓意是:"福音书给被赎了原罪的人类带来拯救灵魂的希望。"(拉纳的注释)

㉗ "它们各有六个翅膀":六个翅膀是撒拉弗(最高级天使)所特有的(见《旧约·以赛亚书》第六章),神学家对之有不同的解释。根据拉纳、布蒂、佛罗伦萨无名氏的注释,诗句中"六个翅膀"的寓意是四福音书的传播向高度、广度和深度发展。

"羽毛上充满了眼睛":圣杰罗姆在拉丁文《圣经》的序中,把《新约·启示录》第四章所说的四个活物的翅膀上充满了眼睛,解释为他们知道过去和未来的事。但丁这句诗的寓意大概也是这样。

㉘ "阿尔古斯"(Argus):古代神话中的百眼人。众神之王朱庇特爱上了河神的女儿伊俄(Ino)。由于妻子朱诺忌妒,朱庇特把伊俄变成了一头白牛。朱诺仍不放心,就使阿尔古斯监视她。后来,朱庇特命令天神的使者墨丘利(Mercurius)用巧计杀死了他。他死后,朱诺取下他的眼珠,放在她的爱鸟孔雀的羽毛上(见《变形记》卷一)。

㉙ "从寒冷的地方":相当于《旧约·以西结书》中的"从北方"(参看注㉖引文)。

㉚ 《旧约·以西结书》中说,四个活物各有四个翅膀,《新约·启示录》中则说,它们各有六个翅膀。雷吉奥认为,关于四个动物的翅膀的数目,但丁以《新约·启示录》的说法代替《旧约·以西结书》的说法,或许有什么用意,但我们无从知晓。

㉛ "这四个活物当中的空间有一辆两轮凯旋车":意即这四个活物排成正方形的队,当中有一辆凯旋车。注释家们都认为这辆凯旋车象征教会;据多数注释家的解释,凯旋车的两轮,象征作为教会权威的根基的《旧约》

和《新约》;但是,二十四位长老和四个活物已经分别被解释为《旧约》和四福音书的象征,现在又以此“两轮”象征《旧约》和《新约》,就嫌前后重叠了。此外,还有这“两轮”象征行动生活和冥想生活,或者象征智慧和爱,或者象征爱上帝和爱他人等说法。

“格利丰”(Grifone):是狮身鹰头鹰翼的怪兽。注释家们都认为这只上半身鹰形、下半身狮子形的怪兽象征具有神性和人性的耶稣基督。西班牙塞维利亚主教伊西多尔(Isidor,约公元 560—636)在《词源》(Etymologiae o Origines)中形容格利丰为半鹰半狮子形,还把基督比做狮子和鹰。这可能是但丁诗中这只怪兽及其象征意义的直接出处。

“套在一只格利丰的脖子上拉来”:象征基督引导教会前进。

㉜ 大意是:这只格利丰拉着凯旋车,跟在七个大烛台和二十四位长老后面,沿着这个仪式队伍的中轴线,在上空的七条彩色光带正中的那一条下面前进;两个翅膀各自向上伸着,分别把这条光带和左边的三条以及右边的三条隔开而不触及、阻断任何一条(根据萨佩纽的解释,大概象征耶稣的教义与圣灵的智慧之间完全协调一致)。

㉝ “这无疑象征复活了的基督,他升了天,为我们的目力所不及。”(辛格尔顿的注释)

㉞ “他的肢体鸟形的部分是金色的”:意即他的鹰头鹰翼是金色的;“其余的部分是白色带朱红色的”:意即他的狮身是白色带朱红色的。注释家们认为鹰头鹰翼乃基督的神性部分,这部分是金色的,象征神性的完美,或者根据本维努托的解释,象征神性的不可损坏和永存不灭;狮身乃基督的人性部分,这部分是白色带朱红色的,正如人的肌肤是白里透红的一样;本维努托则认为,白色表示他的人性纯洁,带朱红色是他受难流的血所致。

㉟ “阿非利加努斯”(Africanus):指罗马大将西庇阿(Publius Cornelius Scipio,公元前 234—约前 183)。公元前 202 年扎玛(Zama)之战,西庇阿最后战胜了迦太基大将汉尼拔,迦太基被迫求和,结果罗马成了西地中海的霸主。次年,他回到罗马,举行了凯旋式庆祝他的胜利,并获得“阿非利加努斯”(阿非利加的)这一称号。

“奥古斯都”:罗马帝国第一位皇帝屋大维的尊号(见《地狱篇》第一章注㉓)。

“日神的车”:(见《地狱篇》第十七章注㉒)这辆车异常豪华,“车轴是黄金打的,套杆是黄金打的,轮子也是黄金打的,一圈轮辐是银的。套圈上整整齐齐地嵌着翡翠和珠宝,日神一照,射出夺目的光彩。”(见《变形记》卷二)

㊱ 大意是:当日神之子法厄同驾着父亲的车在天空盲目驰行,致使大地上到处燃起熊熊烈火时,慈母般的大地惊慌失措,虔诚地祈求众神之父的

朱庇特道:“如果海洋、陆地和天空都毁了,我们就回到原始的混沌状态了。挽救那些还没有烧掉的东西,考虑一下宇宙的安全吧!”于是,朱庇特执行了正义,用雷击死了法厄同,日神的车也被雷电烧坏,“他就这样用火克制了火”(见《变形记》卷二,参看《地狱篇》第十七章注㉒)。诗中所以谓之“神秘的正义”,或许因为这里是以儿子遭雷殛惩罚其父之罪的缘故。再者这里大概是以朱庇特来指上帝,正如第六章中曾以朱庇特指耶稣基督一样,对于见解短浅的世人来说,上帝的正义永远是不可思议的。萨佩纽认为,这里可能还隐含着但丁希望上帝像用雷霆击中被法厄同驾驶走错了路的日神之车那样,用雷霆击中被其领导者引入歧途的教会之车的意思。这种推测可从但丁写给意大利的枢机主教们的信中的话加以证实:“你们居于战斗的教会〔指全体基督教徒〕首要的百人队队长的地位,玩忽了引导教会〔原文是上帝的新娘〕之车走耶稣基督〔原文是被钉死在十字架上者〕指示的道路的职责,你们离开了正路,与错误的驾驶者法厄同无异。”

㊲ “右轮旁边”:是下手(位置较尊的一侧)。“三位仙女”:象征信、望、爱三超德,这三德是基督教的基础,各有象征其特性的颜色:象征信仰的仙女是白色的,象征希望的仙女是绿色的,象征爱的仙女是红色的。

“围成一圈儿舞蹈着而来”:这与其他的人物举止庄严肃穆形成鲜明对照,或许含有什么寓意,但难以确定。

㊳ 她们时而由象征“信德”的仙女,时而由象征“爱德”的仙女领导舞蹈,象征“望德”的仙女则随着她们一起舞蹈,因为希望是信仰和爱的结果,永不可能是原因。象征“信德”的和象征“望德”的仙女都根据象征“爱德”的仙女的歌声调整各自的舞蹈节奏,因为信、望、爱这三德“其中最大的是爱”(见《新约·哥林多前书》第十三章)。

㊴ “左轮旁边”:是下手(位置较卑的一侧)。“四位穿鲜红衣服的仙女”:象征义、勇、智、节四枢德(枢德意即行动生活中的基本道德)。她们都穿红衣,因为红色“象征爱德和爱的热情,任何人没有爱都不会有此四德”(兰迪诺的注释);托马斯·阿奎那斯说:“没有爱德其他伦理道德是不可存在的。”

“按照其中的一位头上有三只眼睛者的舞蹈节奏跳舞作乐”:“有三只眼睛者”,指象征“智德”的仙女。她有三只眼睛,因为智德“要求对过去见到的事记得准确,对现在的事知道得清楚,对未来的事有预见”(见《筵席》第四篇第二十七章)。另外那三位仙女都按照她的舞蹈节奏跳舞,因为但丁在《筵席》第四篇第二十七章中说,智德乃一切“伦理道德〔即枢德〕的主导”。

㊵ 这两位老人象征《新约》中圣路加所著的《使徒行传》和圣保罗所写的《罗马书》《哥林多前书》《哥林多后书》《加拉太书》《以弗所书》《歌罗西

书》等使徒书（epistole），而非如一些注释家所说，指圣路加和圣保罗自己。

㊶ 意谓圣路加所穿的衣服显示他是医生（圣保罗在《新约·歌罗西书》第四章中称他为“所亲爱的医生路加”）。

大自然的“最珍贵的活物”：指人类，因为人是万物之灵。为了保护人类的健康，大自然生下古希腊最著名的医学家希波革拉底（见《地狱篇》第四章注㊺）；他的门徒泛指古今一切医生。

㊷ 意谓圣保罗手持宝剑，显示他的用心与医生相反：医生诊治人身体的疾病，圣保罗则“拿着圣灵的宝剑，就是上帝的道”（见《新约·以弗所书》第六章）来刺中人的灵魂。有些注释家认为，圣保罗手持宝剑说明他是武士或军人。这种说法与事实不符，因为他从来不是武士或军人，而是制造和出售帐篷的商人。

㊸ “四位其貌不扬的老人”：象征《新约》中的《雅各书》《彼得书》《约翰书》《犹大书》。“其貌不扬”（in umile paruta）：因为此四使徒书篇幅短，在《新约》中是次要的。

㊹ 这位老人象征《启示录》。他是“孤独”的，因为《启示录》是一卷独特的书，与《新约》中其他各卷完全不同。“在所有的人后面走来”：因为《启示录》是《新约》最后一卷。“他正在睡梦中”：因为《启示录》中讲述的“必要快成的事”都是圣约翰在拔摩岛上“被圣灵感动”在梦幻中的灵见（visioni）。“脸上显露出睿智”：意谓脸上“表现出洞察力和智慧”（戴尔·隆格的注释），因为他象征一卷旨在预示未来的书。

㊺ “这七位老人穿的衣服和第一队相同”：意即他们也像那二十四位长老一样穿白衣服。白色象征信仰：《旧约》信仰未来的基督，《新约》信仰到来的基督，二者具有共同的信仰基础。

“但他们头上戴的花冠不是用百合花，而是用玫瑰花和其他的红花编成的”：红色象征爱。正如代表《旧约》的二十四位长老头戴白色的百合花象征对未来的基督的信仰，同样，这七位象征《新约》的老人头戴玫瑰花和其他的红花编成的花冠，说明“在预定的时候，在爱的律法〔指耶稣基督的教义〕中，实现了古时〔指《旧约》〕的诺言”（罗迦的解释）。另外一些注释家的解释是：这七位老人头戴玫瑰花和其他的红花编成的花冠，象征爱是基督教的基础。

㊻ 意即他们头上戴的花冠像火焰一般红，使得从稍远的地方（不像但丁那样从近处）望见他们的人都会发誓说，他们的头上都真在冒火苗呢。

㊼ “先头的旗帜”：指七个大烛台。

第三十章

第一重天的北斗星从来不知没与升，除罪过外，从来不被别的雾遮住[①]；它在那里使每个人知道它的责任，如同较低的北斗星指引掌舵的人到达港口一般[②]；它停住了：那些在格利丰和它之间最先来到的体现真理的人，都转身向着凯旋车，仿佛向着他们达到的目标似的[③]；其中的一位似乎是天上派来的，连唱"Veni，sponsa，de Libano"三次，其余的人都跟着唱[④]。

正如一听到最后的召唤，圣徒们将立即从各自的墓穴中站起来，用刚才恢复的声音唱哈利路亚，同样，ad vocem tanti senis，一百位永恒生命的使者和信使就从那辆神圣的车上飞起来[⑤]。他们都说："Benedictus qui venis！"一面向上、向周围散花，一面说："啊，manibus date lilia plenis[⑥]！"

从前我曾看到，清晨时分，东方的天空完全是玫瑰色，天空其余的部分呈现一片明丽的蔚蓝色；太阳面上蒙着一层薄雾升起，光芒变得柔和，眼睛得以凝望它许久，同样，天使们手里向上散的花纷纷落到车里和车外，形成了一片彩云，彩云中一位圣女出现在我面前，戴着橄榄叶花冠，蒙着白面纱，披着绿斗篷，里面穿着烈火般的红色的长袍[⑦]。我的心已经这么久没在她面前敬畏得发抖，不能支持了，现在眼睛没认清楚她的容颜，通过来自她的神秘力量，就感觉到旧时爱情的强大作用[⑧]。

当我尚未超出童年时代以前，这种高贵的力量就曾刺穿我的心，这时它一击中我的眼睛，我就像小孩害怕或者感到为难时，怀着焦急期待的心情向妈妈跑去似的，转身向左，对维吉尔说[⑨]："我浑身没有一滴血不颤抖：我知道这是旧时的火焰的征象[⑩]"；但维吉尔已经走了，让我们见不着他了，维吉尔，最和蔼的父亲，维吉尔，我为了得救把自己交给了

同样，天使们手里向上散的花纷纷落到车里和车外，形成了一片彩云，彩云中一位圣女出现在我面前，戴着橄榄叶花冠，蒙着白面纱，披着绿斗篷，里面穿着烈火般的红色的长袍。

他[11]。我们的古代的母亲所失去的一切,都不足以阻止我那被露水洗净的两颊沾满泪水,重新变得模糊[12]。

“但丁,你为维吉尔已去,且不要哭,且不要哭;因为你须要为另一剑伤哭呢[13]。”

正如一位海军上将站在船头和船尾,视察在别的船上履行职责的人们,鼓励他们做好工作;同样,当我听见直呼我在此处必须记载的自己名字的声音,转身去看时,只见那位在天使们散花形成的彩云遮蔽下初次出现在我面前的圣女站在车上靠左的一边,把眼光投向河这边的我身上[14]。虽然从那戴着弥涅耳瓦树叶花冠的头上垂下的面纱不容看清楚她的容貌,她态度仍然像女王一般高傲,如同演说家把最激烈的话留到后面讲似的[15],继续说:“你向这里看!我就是,我就是贝雅特丽齐。你怎么认为你配来到这山上?你不知道人在这里是幸福的吗[16]?”我把眼睛低垂到清澈的小河里,但我一瞥我的影子在水中,就把眼睛转移到草上,莫大的羞愧之情沉重地压在我头上;我觉得她对我无情,就如同儿子觉得母亲对他严厉一样,因为声色俱厉表现的慈爱是有苦味的[17]。

她沉默了;天使们立刻唱起:“In te, Domine, speravi;”但唱到 pedes meos 为止[18]。

正如意大利的脊背上活的木材间的积雪,被斯拉沃尼亚阵阵的风吹得冻结在一起,只要失去影子的地带的风吹来,就如同火熔化蜡烛一般,化为雪水,渗入自身内层滴下来;同样,在那些永远按照诸天运转的声音唱歌的天使唱歌以前,我一直没有泪和叹息;但是后来我一听出他们在那悦耳的音调中对我表示同情,好像说:“圣女呀,你为何这样挫伤他呢?”凝结在我的心周围的那层冰就化为叹息和泪水,从胸中憋闷吃力地冲口、夺眶而出[19]。

她继续站在车上靠上述的那一边不动,随即向那些慈悲的天使这样说:“你们在永恒的光中醒着,使得黑夜和睡梦不能从你们眼前偷去世人在其所行的路上迈出的任何一步[20];所以,我的回答毋宁说是为了让在那边哭的那个人理解我,从而使他的痛苦和过错相当[21]。这个人不仅由于诸天体根据每人诞生时与诸天体会合的不同的星座把人引向特定目的的那种作用，而且还由于从我们的视力所不能接近的极高的云降下的深厚的神恩，在他的新生中蕴藏着那样的潜力，使得他的一切良好的志趣一经化为行动，就会产生非凡的成果㉒。但是播下不良的种子、不进行耕作的田地，土壤肥力越大，就会变得越坏、越荒芜㉓。有一段时间，我以我的容颜支持着他：让他看到我的青春的眼睛，指引他跟我去走正路㉔。当我一到人生第二时期的门槛，离开了人世，他就撇开我，倾心于别人㉕。我从肉体上升为精神，美与德在我均增加后，对他来说，就不如以前可贵、可喜了㉖；他把脚步转到不正确的路上，追求福的种种假象，这些假象决不完全遵守其任何诺言㉗。我曾求得灵感，通过这些灵感在梦中和以其他的方式唤他回头，均无效果：他对此无动于衷㉘！他堕落得那样深，一切拯救他的办法都已不足，除非让他去看万劫不复的人群㉙。为此我去访问死者之门，哭着向引导他攀登到这里的那位提出了我的请求㉚。假若让他不付出流泪忏悔的代价，就渡过勒特河，尝到这样的饮料，那就破坏了上帝的崇高的谕旨㉛。”

注释：

① “第一重天的北斗星”：指七个大烛台。“第一重天”即上帝所在的最高的净火天，从地球上往上数是第十重天。七个大烛台象征上帝的七灵和圣灵的七种恩赐，在这里被比作净火天的北斗星，这北斗星与地球上所见的北斗星不同，“从来不知没与升”，意谓“圣灵的恩赐无始无终……也无变化”（布蒂的注释），而且“除罪过外，从来不被别的雾遮住”，意谓“它不像我们上空的北斗星那样常常由于阴暗和云雾而见不到，除了被罪过蒙上眼睛，我们不会由于其他事物遮蔽而看不见它，因为只有罪过能使人见不到圣灵的恩赐”。（兰迪诺的注释）

② “较低的北斗星”：指我们上空的北斗星，这一星座在恒星天，恒星天是从地球上往上数第八重天，在净火天之下，因而这一星座被称为“较低的北斗星”。

诗句的大意是：这七个大烛台在地上乐园中作为仪式队伍的领队使各个队员知道应该做什么，如同北斗星在天空给舵手指明方向，使他到达港口一样。

③ “体现真理的人”：指象征《旧约》二十四卷的二十四位长老。他们体现真理，因为《旧约》是在上帝的启示下写成的，全书都是永恒的真理。“在格利丰和它之间最先来到”：指在仪式队伍中，他们在格利丰前面和七个

大烛台后面来到但丁对面的岸上。当七个大烛台停止前进时,他们“都转身向着凯旋车,仿佛向着他们达到的目标似的”:“凯旋车”象征耶稣基督创建的教会。“仿佛向着他们达到的目标似的”:因为“《旧约》中所作所为,目的在于建立圣教会,基督是为了这一目的而来的”(布蒂的注释)。

④ “其中的一位似乎是天上派来的”:指二十四位长老中象征所罗门的歌即《雅歌》的长老,他似乎是上帝从天上派来的。歌词“Veni, sponsa, de Libano”见拉丁文《圣经》《雅歌》第四章第八节,含义是“我的新妇,求你与我一同离开黎巴嫩”(中文《圣经》译文)。根据注释《圣经》的神学家们的解释,“新妇”象征教会。但丁诗中已用凯旋车象征教会,“新妇”在这里不可能再象征教会。许多注释家认为“新妇”在这里肯定指贝雅特丽齐,因为《筵席》第二篇第十四章、第三篇第十五章中说,《雅歌》中的“新妇”象征神学,而《神曲》又恰恰以贝雅特丽齐代表神学。

“连唱……三次”:在《雅歌》中,“求你与我一同离开黎巴嫩”这句歌词接连出现两次。

“其余的人”:指其余的二十三位长老。

⑤ “最后的召唤”:指世界末日到来时,天使们将吹起号角,让一切世人的灵魂集合,去听候基督对他们的最后审判。那时每人的肉体都将与灵魂重新结合而得以复活,复活后,复归完美,苦和乐的感觉也随之增加,因而升天国的圣徒们复活后,将更感到福和乐(参看《地狱篇》第六章注㉒和注㉓)。

“用刚才恢复的声音唱哈利路亚”:意谓圣徒们肉体与灵魂重新结合而复活后,将感到异常喜悦,因而用刚才恢复的肉体发音器官唱哈利路亚,歌颂上帝。

“ad vocem tanti senis”:含义是“一听到这样一位高贵的老人的声音”。为了和下面两句拉丁文引文押韵,但丁用拉丁文写了这行诗。

“一百位永恒生命的使者和信使”:即天使,他们执行上帝的命令,传达上帝的指示。“一百位”是不定数,意即一大群。

⑥ “Benedictus qui venis!”:拉丁文《圣经》《新约·马太福音》第二十一章中耶稣骑驴进耶路撒冷时,众人欢迎他的话,中文《圣经》译文为“奉主命来的,是应当称颂的”(诗中引文省略 in nomine Domini〔奉主命〕)。

“manibus date lilia plenis!”:《埃涅阿斯纪》卷六第 883 行诗句,含义为“给我满把的百合花〔洒出去〕吧!”这是埃涅阿斯的父亲安奇塞斯在冥界中赞美奥古斯都的外甥和女婿玛尔凯鲁斯(Marcllus)的话,但丁断章取义借用此句来表现天使们散花欢迎贝雅特丽齐降临的情景。

⑦ 这是全诗中最美妙的比喻之一。诗人用朝日在薄雾中升起的景象来比拟贝雅特丽齐在天使们散花形成的彩云中出现的情景,使得她的超凡入

圣的高贵形象跃然纸上。

“白面纱”“绿斗篷”“烈火般的红色的长袍”：象征信、望、爱三超德。

“橄榄叶花冠”：根据雷吉奥的解释，可能是和平的象征，但由于橄榄树是智慧女神弥涅耳瓦(Minerva)的神树，它也可能象征智慧(sapienza)，或许后一种象征意义可能性较大，因为贝雅特丽齐在诗中代表神学。

但丁在《新生》中叙述，贝雅特丽齐曾穿着红衣(书中第二章第三节、第三十九章第一节)和白衣(第三章第一节)出现在他面前；他曾在病中梦见她死，妇女们给她蒙上白面纱(第二十三章第八节)。

⑧ “这么久”：贝雅特丽齐于1290年去世，但丁游炼狱在1300年，相隔十年之久。

“敬畏得发抖，不能支持”：但丁在《新生》第二章第四节、第十一章第三节、第十四章第四—五节、第二十四章第一节等处都说，他见到贝雅特丽齐时感到这样。

“现在眼睛没认清楚她的容颜”：她蒙着白面纱在万紫千红的花朵形成的彩云中出现，但丁看不清楚她是贝雅特丽齐。

诗句大意是：我看不清楚她的容颜，由于来自她身上的一种神秘的力量使我感觉到旧时爱情的伟大作用，而直觉地认出是她。

⑨ “当我尚未超出童年时代以前”：童年时代延续到十岁；但丁初次见到贝雅特丽齐是在他九岁，她八岁时(见《新生》第二章)。

“这种高贵的力量”：指贝雅特丽齐的爱情的力量。

“一击中我的眼睛”：原文为“Tosto che ne la vista mi percosse……”雷吉奥解释说，percuotere in 多次出现在但丁的诗中，它是爱情诗，特别是“温柔的新体”诗派特有的词藻，用来表现所爱的女性的形象映入热恋中的诗人的眼帘对他所起的作用。

“我就像小孩害怕或者感到为难时，怀着焦急期待的心情向妈妈跑去似的，转身向左，对维吉尔说”：辛格尔顿指出，这时但丁正面对着小河；维吉尔和斯塔提乌斯一直在后面跟着他，所以那时维吉尔正站在但丁左边。他认为，但丁在诗中常称维吉尔为父亲，现在却把他比作母亲，而此刻声色俱厉的贝雅特丽齐今后将时常被比作母亲。“母亲”一词可说是从第一位向导过渡到第二位向导的标志。

牟米利亚诺指出，但丁面对地上乐园中目不暇接的种种神奇景象，已经忘了维吉尔，现在一感到贝雅特丽齐的爱情的威力，就想起了他，因而按照向他求助的老习惯转身向他倾吐衷肠。

⑩ “我知道这是旧时的火焰的征象”：这句诗原是迦太基女王狄多(见《地狱篇》第五章注⑮)对埃涅阿斯发生爱情后，对她妹妹安娜所说的话(《埃涅阿斯纪》卷四第二十三行)，原文是 Adgnosco veteris vestigia flammae，但丁直译为 conosco i segni de l' antica flamma。“火焰”：指爱情的火

焰。这句诗意即狄多感到她对埃涅阿斯的新的爱情像她旧时对希凯斯的爱情那样热烈。但丁引用此句来说明他心中感到旧时对贝雅特丽齐的爱情的火焰复燃。

许多注释家认为,但丁在这一章中引用了维吉尔的诗句两次,是他对即将一去不复返的老师和向导表示崇高的敬意和无限惜别之情。

⑪ “但维吉尔已经走了,让我们见不着他了”:“我们”指但丁和斯塔提乌斯(辛格尔顿认为也包括贝雅特丽齐在内)。“维吉尔是突然出现(见《地狱篇》第一章)和突然离开的,如同卡托一样(见《炼狱篇》第一章):他悄悄地、未被察觉地离开,在读者心中留下短暂的、神秘的印象。在这里也显示出伟大诗人的天才:倘若描写他如何离开,就会使其失去一切效果,把它推入理性的和散文的领域中去。”(牟米利亚诺的注释)

“维吉尔,我为了得救把自己交给了他”:意即但丁把维吉尔作为艰难的旅途的向导而完全依靠他。雷吉奥指出,但丁在这个三韵句中,每行开头都重复维吉尔的名字,中间一行使用热情洋溢的词语“最和蔼的父亲”(dolcissimo patre),最后一行确认自己完全信赖、依靠这位老师的和蔼的引导,这些,一方面就如同萨佩纽所说,把早期注释家们强调的寓意(“理性”让位于“神学”)化为极富有人情味的场面,另一方面还重新证实他一贯把维吉尔的形象放在充满热情的氛围中。

⑫ “我们的古代的母亲”:指夏娃。“所失去的一切”:指地上乐园的一切美景。“我那被露水洗净的两颊”:指维吉尔用露水把但丁在地狱中沾满烟尘的面颊洗净(见第一章末尾)。

诗句意谓:但丁为亲爱的老师一去不复返悲怆万分,地上乐园中美不胜收的景物都不足以阻止他泪流满面。

⑬ “且不要哭,且不要哭”:原文是 non pianger anco, non piaangere ancona,意谓“不要急忙为这件事哭:有别的事等着你哭呢”。(齐萨里〔Cesari〕的解释)

“为另一剑伤”:原文是 per altra spada,意谓“为被另一种武器所伤,这另一种武器就是贝雅特丽齐即将对但丁说出的无情的责备话,这些话将把他的心刺得更痛”(斯卡尔塔齐-万戴里的注释);或者说:“为更大的痛苦;也就是说,为你(指但丁)的过错感到的羞愧”(萨佩纽的注释);这两种解释都讲得通。

⑭ 萨佩纽指出,“海军上将”这一形象化的比喻强调说明贝雅特丽齐这个人物所具有的崇高的权威和严肃关切的态度这一特征,她在这里同时是听忏悔的神甫、法官和教师。

牟米利亚诺指出,除了“海军上将”这一形象化的比喻以外,整个复合句“只见那位……圣女站在车上靠左的一边,把眼光投向河这边的我身上”都描写贝雅特丽齐的威严的女王气概。

“我在此处必须记载的自己名字”:《神曲》中只有此处记载着但丁的名字;在别处,即使有人问他的名字,他都不说。因为他在《新生》第一章第二节中写道:“除非有必要,修辞学家不许人讲自己。”他在此处有何必要写出自己的名字呢?根据《最佳注释》,贝雅特丽齐在此处由于两个原因必须对但丁直呼其名:一是因为要明确指出她向众人所讲的话是对其中何人说的;二是因为通常对人表示好感时,如果直呼其名,所说的话就显得更温柔,同样,在斥责人时,对受斥责者直呼其名,斥责的话就显得更尖锐。总之,此处由贝雅特丽齐直呼但丁之名,从而使他得以载入《神曲》中,并非出于诗人的虚荣心,而是以此来加深其羞愧之情。

⑮ “弥涅耳瓦树叶花冠”:即上述橄榄叶花冠(参看注⑦)。

“如同演说家把最激烈的话留到后面讲似的”:指贝雅特丽齐把最重要的内容、最激烈的斥责留到最后讲。诗人在《筵席》中已经说过,“演说家应经常把打算主要讲的问题留在后面讲,因为最后讲的内容会在听众的心中留下更深的印象。”

⑯ “你怎么认为你配来到这山上?”:原文是“Come degnasti d'accedere al monte?”注释家对此有两种不同的解释。动词 degnare 在古意大利语含义为 potere(能,会),但丁时代的文学用语中还保留着这一特殊含义,布蒂根据这种含义把这句诗解释为:“你怎么能来到这座神山,如果你并不配享受人在这里所享的福?”这样来理解就意味着贝雅特丽齐并非不知道但丁能够来到这里是由于神的恩泽,而是用这话引起他对自己误入歧途的回忆而加以斥责。兰迪诺则按照 degnare(屈尊,屑于)在近代意大利语的含义来理解,把这句诗解释为讽刺话,“你怎么屑于登上这座山啦? 难道你不晓得人在这里享真正的福吗?”(言外之意是:你一直迷恋着尘世间虚妄的事物,不屑于追求真正的福。)现代注释家有的采取第一种解释,有的采取第二种解释。雷吉奥认为,从上下文来看,贝雅特丽齐对但丁说了义正词严的话之后,又用带刺儿的话嘲讽他,似乎很奇怪,因而他选择了第一种解释。译者也觉得,如果理解为讽刺话,就与下面所说的“声色俱厉表现的慈爱”(La pietade acerba)不相符合。译文根据第一种解释。

⑰ “声色俱厉表现的慈爱”:指母亲为了儿子好,而声色俱厉地教训他,所表现的慈爱。诗句意谓“正如受到母亲斥责时,儿子觉得母亲对他严厉一样,我当时觉得贝雅特丽齐对我无情,实际上她是慈爱的”。(兰迪诺的注释)

⑱ 天使们唱的是拉丁文《圣经》《旧约·诗篇》第三十篇第二—九节(相当于中文《圣经》《旧约·诗篇》第三十一篇第一—八节)。“In te, Domine, speravi”含义是“主啊,我投靠你”。(中文《圣经》译为“耶和华呀,我投靠你”;译者认为不妥,因为中文《圣经》是从英文《圣经》重译的,而英文

《圣经》中这句诗的译文是 In thee, o Lord, do I put my trust，与拉丁文译文完全一致，想必《旧约》希伯来文原文就是这样。）"pedes meos"含义是"我的脚"。现将中文《圣经》《旧约·诗篇》第三十一篇第一—八节全文摘录如下：

"耶和华呀，我投靠你，求你使我永不羞愧，凭你的公义搭救我。求你侧耳而听，快快救我，作我坚固的磐石、拯救我的保障。因为你是我的岩石、我的山寨，所以求你为你名的缘故引导我，指点我。求你救我脱离人为我暗设的网罗，因为你是我的保障。我将我的灵魂交在你手里，耶和华诚实的上帝呀，你救赎了我。我恨恶那信奉虚无之神的人，我却倚靠耶和华。我要为你的慈爱高兴欢喜，因为你见过我的困苦，知道我心中的艰难。你未曾把我交在仇敌手里，你使我的脚站在宽阔之处。"

天使们唱到"你使我的脚站在宽阔之处"为止，因为其余的部分不适合但丁的情况。

雷吉奥指出，在贝雅特丽齐对但丁说了那些严肃的话后，天使们就立刻介入，这肯定不仅是由于诗和心理原因，而且还有礼拜仪式的目的。实际上，天使们唱起了《旧约·诗篇》第三十篇的前八节，试图在贝雅特丽齐面前说明但丁登上这座山的理由。他们在这里行使了一种礼拜仪式的职能，不仅对诗人表示了同情，而且还使自己成为他的思想的解释者，代表他来说明上山的理由。使用《圣经》中这一热烈表达希望和确信神的慈悲的诗篇中的词句，正体现出这种礼拜仪式性质。

⑲ "意大利的脊背"：指纵贯意大利半岛南北的亚平宁山脉。

"活的木材"（vive travi）：指森林中生气勃勃的成材树（这些树经过初步加工后将成为木材）。

"斯拉沃尼亚阵阵的风"：指从南斯拉夫刮来的寒冷的东北风。

"失去影子的地带的风"：指从非洲刮来的热风。在非洲的赤道地带，每年有两次太阳中午时分直射在头顶上，一切物体都没有影子。

"渗入自身内层滴下来"：意谓积雪外层先融化，化成雪水后，渗入内层滴答下来。这一细节说明但丁对事物的观察极为精确。"就如同火熔化蜡烛一般"：这一比喻中的比喻，说明积雪融化如同火使蜡烛慢慢地熔化一样。

"那些永远按照诸天运转的声音唱歌的天使"：意谓"正如好音乐家按照乐谱中标出的音符唱歌一样，天使们观察着诸天的永恒运转所产生的影响和作用，唱出他们在神意注定的必然秩序中所见到的一切"。（兰迪诺的注释）

"你为何这样挫伤他呢？"："挫伤"指贝雅特丽齐严词责备但丁，致使他痛苦、沮丧。

"凝结在我的心周围的那层冰":这是上句的"积雪"比喻的延续,指但丁内心凝结的痛苦。

萨佩纽指出,这一精心构想的比喻通过层次分明的细节,分析但丁心理情况的发展,从内心的痛苦凝结成冰到感情激动得哭出来这一瞬间的过程,使人感到郁结在心头的苦闷最后得以发泄是痛苦、吃力的。

⑳ "你们在永恒的光中醒着,使得黑夜和睡梦不能从你们眼前偷去世人在其所行的路上迈出的任何一步":意谓天使们在净火天永远醒着,凝神观照上帝的光,从其中看到世上过去、现在、未来的一切事,而不像人那样受黑夜和睡梦的限制,所见甚微(有的注释家认为"黑夜"和"睡梦"〔sonno〕寓意是"愚昧无知"和"懒惰")。

㉑ "我的回答毋宁说是为了让在那边哭的那个人理解我":"我的回答"指贝雅特丽齐在下面就天使们在歌中对但丁表示同情所作的回答。由于天使们无所不知,所以她的话实际上并非回答天使们,而是说给在河对岸哭的但丁听的。

"从而使他的痛苦和过错相当":意即使得但丁的悔恨深度与其过错的严重程度相当。

㉒ "诸天体根据每人诞生时与诸天体会合的不同的星座把人引向特定目的的那种作用":指诸天体对人产生的自然影响。"诸天体":原文为 rote magne(巨轮),指随同月天、水星天、金星天、日天、火星天、木星天、土星天运转并作为各重天的名称来源的诸行星:月球、水星、金星、太阳、火星、木星、土星。"与诸天体会合的不同的星座":指黄道十二宫的双子、金牛、白羊……等星座,这些星座各有其独特的功能,对人发生不同的影响,例如,根据占星学家的说法,受双子座影响的人,生来就赋有文学天才。但丁诞生时,太阳在双子宫,也就是说,它与双子座会合,因而具有非凡的诗才,他在《天国篇》第二十二章中承认自己的才华受惠于双子星座。

"从我们的视力所不能接近的极高的云降下的深厚的神恩":"我们"指天使们和包括贝雅特丽齐在内的在天国享福者。意谓上帝的恩泽来源于上帝的意愿,如同雨来源于云一般;上帝的意愿的奥秘不可思议,诗中把它比作极高的云,连天使们和一切在天国享福者都感到可望而不可即。"在他的新生中"(en la sua vita nova):意即在他的青少年时期(giovinezza)。但丁曾采用"新生"(vita nova)一词作为他的第一部文学作品的名称。

诗句的大意是:但丁不仅由于诸天的有利的影响,而且还由于上帝的深厚的恩泽,在青少年时期就蕴藏着极高的才华,因而他的一切良好的志趣一经化为行动,就会产生非凡的成果。

㉓ 言外之意是:人也如同田地一样,天资越优秀,如果接受外来的不良影响

而不培养美德，就越会走上邪路，蜕化变质。

㉔ “有一段时间”：指1274年但丁初次遇见贝雅特丽齐到1290年她去世这十六年间。“我以我的容颜支持着他：让他看到我的青春的眼睛，指引他跟我去走正路”：意谓贝雅特丽齐在这段时间常常与但丁相见，让他看到她的青春的精神之美，以自己的道德力量支持他走正确的人生之路。《新生》中有许多处讲到但丁所受贝雅特丽齐的深刻的道德影响，例如，第十一章第一节写道：“……每逢她出现在什么地方时，我由于希望受到她的效果不凡的招呼而感到自己已无任何敌人，不仅如此，在我心中还燃起博爱的火焰，使得我原谅任何得罪过我的人。”

㉕ “当我一到人生第二时期的门槛”：但丁在《筵席》第四篇第二十四章中说：“人生分为四个时期。第一时期叫做青春期，即‘生命增长’时期。第二时期叫做成年期，即‘成就’时期。”又说：“关于第一时期没有什么疑问，但所有的哲人都一致认为，它一直延续到二十五岁。”诗中所谓“人生第二时期的门槛”意即成年期开始之际。“离开了人世”：原文为 mutai vita，直译是“我转变了生活”，即由尘世生活进入天国永生。根据《新生》第二十九章第一节的叙述，贝雅特丽齐于1290年6月刚满二十五岁时，也就是成年即将开始之际逝世。“倾心于别人”：注释家们大都认为“别人”指《新生》中所说的“高贵的女性”（donna gentile）：但丁在贝雅特丽齐死后极度悲痛之时，有一天，瞥见“一位非常年轻貌美的高贵的女性从一个窗口”望着他表示同情，结果他就爱上了这位女性（见第三十五—三十九章）。后来他为此感到懊悔和内疚，认为这是对已故的贝雅特丽齐不忠。在《筵席》第二篇第十二章中，他赋予这位高贵的女性一种特殊寓意，以她来代表“极高贵的、极美妙的哲学”。事实上，在贝雅特丽齐死后，为了在悲痛中寻找精神上的安慰，但丁曾潜心研究哲学，先后阅读了波依修斯的《论哲学的安慰》、西塞罗的《论友谊》和阿拉伯哲学家阿威罗厄斯的著作，并且通过托马斯·阿奎那斯对亚里士多德著作的诠释上窥亚里士多德。雷吉奥认为，贝雅特丽齐指责但丁走上歧途，似乎可以从两种意义上来理解：一是在道德方面，他倾心于另外的女性，二是在求知方面，他相信在神的启示之外能在各种哲学学说中找到真理。

㉖ “从肉体上升为精神”：意谓“贝雅特丽齐从具有肉体的凡人变成纯粹精神。但这种变化同时是升高和完善，因为她从短暂的人生进入永生，超凡入圣，美与德随之俱增”（格拉伯尔的注释）。

㉗ 意谓“但丁走上了一条错误的道路，追求那些表面的、虚妄的尘世利益的蜃景，这些尘世利益决不会完全兑现其给人带来幸福的诺言”。（萨佩纽的注释）

㉘ 意谓贝雅特丽齐从上帝求得了灵感，通过这些灵感试图通过托梦和其他的方式唤他回头，转到正路上来，结果无效，他对此毫不动心。《新生》第

三十九章和第四十二章以及《筵席》第二篇第七章都提到但丁在梦幻中见到贝雅特丽齐(这些“灵感”产生了一些良好的效果,但效果是暂时的,不足以使但丁彻底悔悟,改过自新)。

㉙ “他堕落得那样深”:意即但丁已经迷失正路太远了,《地狱篇》第一章开端所说的“幽暗的森林”即其象征。

“除非让他去看万劫不复的人群”:意即除非让他去看被罚入地狱的人群受苦的情景,以引起他对罪恶的恐惧。

㉚ “为此我去访问死者之门”:意即为了拯救但丁,贝雅特丽齐亲自去访问“林勃”——“真正的死人们”(见第二十三章注㊸)所在的幽冥世界的门槛。

“哭着向引导他攀登到这里的那位提出了我的请求”:即哭着向维吉尔提出了她的请求(见《地狱篇》第二章倒数第二段末尾)。

㉛ “这样的饮料”:意即“像勒特河水这样的使人忘掉一切罪过的饮料”。(布蒂的注释)

“上帝的崇高的谕旨”:即天命。“崇高”:意谓深奥不可思议。

第三十一章

她这番旁敲侧击的话已经使我感到辛辣，随后，她又开口，把话锋转向我[1]，说："啊，你这站在圣河那边的人哪，"随即不停顿地接下去，"你说，你说，我这些话是不是实情；你对这样的指责必须忏悔[2]。"我惊慌失措，声音刚一振动，尚未从发音器官中发出就消失了[3]。她只忍耐了片刻；随后就说："你在想什么？回答我吧；因为你心中那些惨痛的记忆[4]尚未被这河水消泯。"慌乱和恐惧混合在一起从我口里榨出了那样一个"是"字，这个"是"字须借助于眼睛才听得出来[5]。

正如弩弓在发射时拉得过紧，弦和弓就拉断，箭射中鹄的力量就较小，同样，我被沉重的精神负担压得涌出了泪水和叹息，话音经过其通路时因而减弱[6]。于是，她对我说："你对我的爱慕引导你去爱在其外别无可以追求的那种善[7]，在这种爱慕过程中，你发现了什么横沟或者铁索[8]，因而你就得这样放弃前进的希望？其他的福[9]表面显示出一些什么方便或者利益，使你由不得去追求它们？"我发出一声痛苦的叹息后，几乎没有声音回答，嘴唇难以把声音构成言语。我哭着说："您的容颜一隐没，眼前的事物就以它们的虚伪的美，把我的脚步引上了歧途[10]。"她说："假若你不说出或者否认你现在所坦白的，你的罪过同样会被察觉：有那样的法官知道嘛[11]！但是，当责备罪过的话从自己的口中迸出时，在我们的法庭里，磨刀石就转过来对着刀刃[12]。然而，为了使你现在对自己的罪过感到羞愧，将来听到塞壬们的歌声时可以坚强些，你就放下流泪的种子，听我讲吧[13]：这样你就会听明白何以我的被埋葬的肉体本来应该推动你朝着相反的方向前进[14]。自然或艺术从未向你呈现出那曾经包着我、如今已在地中解体的肢体那样的美；如果这无上的美我一死你就失去了，后来还有什么尘世上的事物应该吸引你去爱它呢[15]？中了虚妄的事物的第一箭，你本应奋起跟随我上升，我已不再是虚妄的事物了⑯。你不应该让少女或者其他只能享受短暂时间的虚妄的事物引诱你展翅向下飞,等待再受打击⑰。新生的小鸟等待受两、三次;但在羽毛已丰的鸟眼前张网或放箭都是徒劳⑱。”

正如孩子们对自己所犯的过错感到羞愧,站在人前聆听训斥时,默不做声,眼睛看着地,脸上流露出认错和悔恨的表情,我站在那儿就是这个样子;她说:“既然你听了我的话就这样痛心,抬起你的胡须来看,你会觉得更加痛心⑲。”粗壮的栎树不论是被本洲的风还是被从雅尔巴斯的国土吹来的风连根拔起时,对风的抵抗,都弱于在她命令我抬起下巴时,我所显示的抗拒⑳;当她用胡须来指脸时,我完全明白她的措词的尖刻意味㉑。我的脸一抬起来,视觉就觉察到那些最初的创造物已经停止散花㉒;我的仍然迟疑的眼光瞥见贝雅特丽齐已经转过身去俯视那只一身兼有二性的猛兽㉓。她虽然蒙着面纱而且在河的那边,但是,在我看来,如今她超过旧时自身的美比她在世时超过其他女子的美还多。那时懊悔之情像荨麻一般那样剧烈地刺痛了我,使得其他的事物当中最令我入迷的变成了我所最憎恨的。悔罪的情绪把我的心折磨得那样苦,致使我支持不住倒下了㉔;后来我的情况如何,只有是我晕倒的原因的那位㉕知道。

后来,当我的心恢复了对外界的知觉时,我瞥见先前发现的那位孤独的淑女在我上面,她说:“拉住我,拉住我!”她已经把我浸入河中,河水没到我喉部,她正拖曳着我,擦着水面走去,像梭一般轻快㉖。当我靠近幸福之岸时,我听见唱“Asperges me”㉗,这歌声是多么美妙,我记都记不得,更谈不到去描写了。这位美丽的淑女张开两臂,抱住我的头,把它浸入水中,使我不得不喝几口河水㉘。于是,她把我拉上岸来,我已被河水洗净,她就把我领到那四位跳舞的美女当中;每位就都用手臂掩护我㉙。“我们在这里是仙女,在天上是星辰;贝雅特丽齐降临世上以前,我们被指派给她做侍女㉚。我们将把你领到她眼前;但是在车那边的那三位仙女看得更深,她们将使得你的眼睛明亮,足以观照她眼中的喜悦的光芒㉛。”她们开始这样唱道;然后,她们就把我带到了格利丰胸前,贝雅特丽齐正站在那辆车上面向着我们㉜。她们说:“你可要看个饱啊;我们已经把你带到这双祖母绿般的明眸前面,当初爱神从这双明眸向你发射了他的武器[33]。”千种比火焰还热的愿望迫使我的眼睛一直凝视着这双继续把视线固定在格利丰身上的明眸[34]。如同太阳映在镜中一样，这只双性猛兽映在那双明眸中反射着光芒，忽而现出这种，忽而现出那种姿态[35]。读者呀，你想我看到此物自身静止不变，它的映象却不断改换姿态[36]时，惊奇不惊奇。

当我的心灵充满惊奇和喜悦正在品尝这令人吃饱了还想再吃的食物[37]时，另外那三位在仪态上显示出属于更高的品级的仙女，按照她们的天使般的歌的节奏跳着舞，走上前来[38]。“贝雅特丽齐，转过你的圣洁的明眸，转过去向着忠于你的人吧，他为了见你，走了这么远的路！愿你为施惠予他而惠允我们所求，揭开遮住你的口的面纱，让他看到你所隐藏的第二种美吧。”这就是她们唱的歌[39]。

啊，永恒的生命之光反射的光芒啊，当你在天与地配合差堪模拟你的美的地方揭开面纱，在澄澈的空气中现出自身时，哪一个在帕耳纳索斯山的林荫下变得苍白瘦弱，或者喝过这山的泉水的人，假若试图如实描写你，会不显得心余力绌啊[40]？

注释：

① “旁敲侧击”：原文 per taglio 含义是“用(剑)刃”砍。诗人继续用前章中“剑”伤这一隐喻，把贝雅特丽齐的话比做一把利剑。她回答天使们时说的那段指责但丁的话，是间接说给但丁听的，犹如用剑刃砍伤人一般，已经使他感到触动了痛处。

“把话锋转向我”：意谓她直接对但丁说。“话锋”原文是 per cunta，含义是“用(剑)尖”刺，这比“用(剑)刃”砍使人受伤更重。

② “圣河”：指勒特河。

“你说，你说”：连续说两次显示出贝雅特丽齐催促但丁回答时情绪激动。

“我这些话”：指前章中她回答天使们时说的那段指责他的话。

“对这样的指责必须忏悔”：意谓听了这样严正的指责，你必须忏悔自己的罪过。犯人忏悔是当时诉讼程序的主要组成部分，此外，从寓意和圣礼的角度上来说，“如若不先忏悔，罪是不能洗清的。”(布蒂的注释)

③ “尚未从发音器官中发出”：意即尚未从喉咙和口腔中发出。

④ “惨痛的记忆”：指对自己的罪过的记忆。

⑤ “慌乱和恐惧”：指“对所犯的罪过的羞惭”和“对惩罚的恐惧”(兰迪诺的注释)。“这个‘是’字须借助于眼睛才听得出来”：意谓为了听出他口中

迸出来的是个"是"字,单靠听觉是不够的,还必须用眼睛看他嘴唇的动作和脸上的表情。

⑥ 诗句的大意是:正如战士发射弩弓时拉得过紧,就会把弦和弓拉断,箭射中目标的力量也就随之减弱,同样,但丁当时在慌乱和恐惧情绪交集的精神压力下,不禁涌出泪水和叹息,"是"字从口中发出时受其影响,而变得异常微弱,几乎听不出来。"弩弓是一种古代武器,由一张金属制的弓横着固定在一根木杆上构成,常安放在一种三角架上,向敌军放箭。弩弓的弓和弦可以用手拉,也可以使用轮子和齿轮装置,在第二种情况下,弓和弦的张力显然更大。"(雷吉奥的注释)

⑦ "在其外别无可以追求的那种善":意谓至善,即上帝,因为愿望和爱只有在上帝那里才能完全满足而无需再追求什么。辛格尔顿指出,但丁对贝雅特丽齐的爱慕引导他去爱上帝,是她在《新生》中对但丁所起的重要作用。

⑧ "横沟":指中世纪城堡周围的护城壕;"铁索":指设置在路上、桥头或大门口以禁止通行的铁索,这里用来比拟但丁在向往至善的过程中遇到的障碍。

⑨ "其他的福":原文是 li altri(阳性代词复数),注释家理解为其他的尘世幸福。异文作 le altre(阴性代词复数),注释家理解为其他的女性。但是,但丁在贝雅特丽齐死后走上歧途,并非仅仅在于爱恋其他的女性,贝雅特丽齐对他的责备也不能简单地归结为出于恋人的忌妒心。因此译文根据第一种解释。

⑩ "您的容颜一隐没":意即您一逝世。

"眼前的事物":指各种"看得见、摸得着的现世之福:财富、名誉、光荣、娱乐、世俗学术等"。(斯卡尔塔齐-万戴里的注释)

牟米利亚诺指出,贝雅特丽齐对但丁说话时用"你"称呼他,但丁对贝雅特丽齐说话时则用尊称"您",在天国中仍然这样,直到他们到达净火天后,贝雅特丽齐回归原位,但丁向她唱赞歌致谢时,他才用"你"称呼她:那时,但丁的旅程已经告终,他和贝雅特丽齐之间的距离已经消失,只有那时,他才对她以"你"相称。

⑪ "那样的法官":意谓那样崇高的法官,指上帝。

诗句的大意是:即使但丁不坦白或者否认自己的罪过,也隐瞒不了,因为上帝知道,贝雅特丽齐和天使们通过对上帝的观照会看到但丁的罪过。

⑫ "从自己的口中迸出":指罪人自己忏悔。"迸出"原文是 scoppia(爆发),意谓受痛苦的悔恨之情驱使,用力发出。

"我们的法庭":指天国的法庭。

"磨刀石就转过来对着刀刃":这里所说的磨刀石和我们常用的磨刀石不同,它是凿了孔、能像轮子一般转动的粗大的砂石,使用时,要对着刀身转动，如果转过来对着刀刃，反而会把刀磨钝。这里用它作为比喻，诗句的大意是：由罪人自己的口中忏悔罪过，在天国的法庭里得以减轻执法的严厉性，“犹如磨刀石对着刀刃转动，就会把它磨钝、磨粗一样。”（佛罗伦萨无名氏的注释）

⑬ “塞壬们的歌声”：塞壬们（sirene）是一种以她们的悦耳的歌声迷住航海者使之遇险身亡的海仙（详见第十九章注⑥）。塞壬们的歌声象征种种尘世之福的诱惑。

“流泪的种子”：意即流泪的原因，指慌乱和恐惧。这一奇异的辞藻可能脱胎于《旧约·诗篇》第一百二十六篇中“流泪撒种的，必欢呼收割”这句诗。

“放下流泪的种子”：意即去掉慌乱和恐惧心情。

⑭ “我的被埋葬的肉体”：言外之意是我一死肉体就消失了。“这句直言不讳的话旨在强调她的形体之美的空虚性。”（雷吉奥的注释）

“朝着相反的方向前进”：意谓朝着与但丁选定的方向正好相反的方向前进，不追求尘世的，而追求天国之福。

⑮ “那曾经包着我、如今已在地中解体的肢体”：“我”指贝雅特丽齐，她已死去多年，现在是她的灵魂对但丁说这话。“曾经包着我”指她在世时肢体作为外壳包着灵魂。

诗句意谓大自然或者艺术曾经向你呈现的美都比不上我的肢体的美，但我死后肢体埋在地中腐烂，变为尘土，其无与伦比的美亦随之消失；既然这无与伦比的美都随着我的肉体一起化为乌有，那么尘世间还有什么别的事物能使你觉得它那样美，以至心中产生占有它的欲望呢？

⑯ “中了虚妄的事物的第一箭”：意谓受了贝雅特丽齐之死的打击。这里“虚妄的事物”指在世时的贝雅特丽齐，因为她虽然具有无比的形体之美，但她一死，这种美就消失了。“你本应奋起跟随我上升，我已不再是虚妄的事物了”：意谓她死后进了天国，获得永生，已不再是虚妄的事物，既然但丁热恋尘世间的女子贝雅特丽齐，在她死后，就应该使自己的爱升华，而钟情于已经超凡入圣的贝雅特丽齐。

⑰ “少女”（pargoletta）：但丁在贝雅特丽齐死后，曾热恋一些别的少女，在表示他对她们的爱情的诗里，均使用这个词。但多数注释家认为，这个词在这里泛指这些少女，而不专指其中的任何一个。卡西尼-巴尔比的注释说：“贝雅特丽齐在这里只是一般地谈到那些在她死后引起了但丁的爱致使他走上歧途的少女：‘最令她痛心的与其说是他的罪过，毋宁说是他的心离开了正路。假若特别提某些人和某些事的话，就不合乎她的极其端庄的品格，而且对她来说也毫无必要，因为但丁完全知道那些事实……她的目的并不是叙说这位诗人的种种轻率行为，而是要在他心中引起懊悔之情’。”（引自彼埃特罗的《但丁讲座》论《炼狱篇》第

三十一章）

“展翅向下飞”：这个比喻寓意与上句中“跟随我上升”正好相反。

“等待再受打击”：意谓重受失望的痛苦。

牟米利亚诺指出，“这是但丁通过贝雅特丽齐的责备对他的过错所作的忏悔：全诗的结构要求他的忏悔采取这种间接的、更富有戏剧性而且更刚劲有力的形式；但丁秉性反对感情奔放的和公开表现自身的风格，他这种性格也要他的忏悔采取这一形式。此外，他借贝雅特丽齐之口忏悔他的过错和他借卡洽圭达之口描述他作为流放者的种种痛苦（见《天国篇》第十七章）是由于同一原因：在这两种情况下，诗中的场面都更富于戏剧性、更刚劲有力，而且获得更宽泛的意义。”

⑱ 这个比喻的大意是：尚未生羽毛的雏鸟受猎人两三次射击后，才谨慎起来，知道及时逃避危险；而羽毛已丰的鸟由于富有避祸的经验，猎人要张网去捕或者放箭去射它，结果就枉费心机。后一句化用《旧约·箴言》第一章第十七节：“好像飞鸟，网罗设在眼前仍不躲避。”

这个比喻言外之意是：你已经是成年人，理应努力克服种种物欲，以免重受失望的痛苦；此外，在义理上还和下文“抬起你的胡须来”前后相呼应。

⑲ “胡须”：这里指下巴颏儿，泛指脸。贝雅特丽齐使用这个字眼儿有讥讽但丁之意，暗指他如今早已不是小孩子，行为举止理应像成年人的样子。

“你会觉得更加痛心”：意谓但丁抬头看到贝雅特丽齐如今的天人之美，就会更悔恨在她死后忘了她而去追求尘世间种种虚妄的福。

⑳ “本洲的风”：指从北欧向意大利吹来的风。

“从雅尔巴斯的国土吹来的风”：指从非洲向意大利吹来的风。雅尔巴斯（Iarbas）是利比亚国王，曾向狄多求婚（见《埃涅阿斯纪》卷四）。“雅尔巴斯的国土”这里泛指非洲。

㉑ “她的措词的尖刻意味”：她在这句话里用胡须一词来指脸，言外之意是：“你已不是无知的小孩子，犯的错误可以原谅；你已经是成年人，犯的错误不能以无经验为理由受到原谅。”（卡西尼-巴尔比的注释）

㉒ “那些最初的创造物”：指天使们，因为他们是与诸天同时被上帝首先创造的。他们已经停止散花，为的是不妨碍但丁看清楚贝雅特丽齐的容颜。

㉓ “我的仍然迟疑的眼光”：意谓但丁由于羞愧和恐惧，因而眼光投到贝雅特丽齐身上时，仍然显露出迟疑的神情。

“转过身去俯视那只一身兼有二性的猛兽”：贝雅特丽齐本来站在凯旋车上左侧面向河那边对但丁说话，现在她已转身站在车上正中，俯视车前的猛兽格利丰，这只猛兽一身兼有狮子和鹰两种性质，分别象征基督的人性和神性。

“这一诗句说明贝雅特丽齐直到这里都以指责和处罚他的过错者的姿态

出现在他心里;这时则以观照降世为人的圣子基督者的姿态出现,她在这一姿态中比在任何其他的姿态中都更美。"(布蒂的注释)

㉔ 诗句的大意是:内心的悔罪之情折磨得我不堪其苦,结果昏倒在地,像死了一般,"这种神秘的死是从罪过中解脱出来"(彼埃特罗波诺的注释),内心净化,从而获得新生。

㉕ 指贝雅特丽齐:但丁因为先听到她的责备,后来又看到她的容颜,而对自己的罪过悔恨和痛心得昏倒在地。

㉖ "当我的心恢复了对外界的知觉时":意谓当但丁苏醒过来时。根据中世纪生理学家的说法,人在昏倒时或高度兴奋时,全身各肢体中的血液都流入心脏,致使各个其他器官的功能均随之停顿;当危机状态一过去,心脏就使血液流回各肢体中,各个其他器官的功能随之恢复,人就苏醒了。

"我瞥见先前发现的那位孤独的淑女":指玛苔尔达,但丁起初发现她独自一人在圣林中(见第二十八章)。

"在我上面":我们将从以下的诗句了解到但丁和玛苔尔达已开始过河,玛苔尔达在水面上走,但丁被浸入水中,她拉着他前进,因而诗中说她在他上面。

"拉住我,拉住我!":玛苔尔达急切地对但丁说这句话,以免他被河水冲走。

"像梭一般轻快":原文是 lieve come scola。古意大利语 scola 一词具有"小船"和"梭"两种含义,因而注释家们对这句诗提出两种不同的解释。有的注释家如雷吉奥等人都认为诗人是用小船或威尼斯轻舟在水上行驶来比拟玛苔尔达在勒特河上行走,以说明她身体动作多么轻快。但彼埃特罗波诺指出,"尽管小船和威尼斯轻舟都很轻,但其船身总要稍微入水,而玛苔尔达在勒特河上行走时,只脚掌擦过水面。"他以及另一些注释家认为,诗人是以织布机上的梭轻轻擦过所织的布作为比喻,来形容玛苔尔达在水面上行走如何轻快。雷吉奥反对这种解释,因为玛苔尔达只是渡河奔向对岸,并不像织布机上的梭那样来回地运动。温图里在《但丁的明喻》中断定但丁是用"梭"作为比喻,并把它列入用以说明"快速"的比喻门类中。他认为诗人是从"轻"的概念(leggerezza)出发用梭作为比喻的,因为织工在织布时轻轻地投梭,以免折断纬线;但这个比喻也表达出"快"的概念,因为织工织布时把梭投过来投过去,速度很高。我们认为,诗人在这里用梭或用小船作为比喻都很恰当,但用前者尤其能使玛苔尔达在水面上行走时身体动作之轻快跃然纸上,因此译文采用前者。

㉗ "幸福之岸":指勒特河彼岸,"那里真正是幸福之境的开始"(彼埃特罗波诺的注释)。"Asperges me":拉丁文《圣经》《旧约·诗篇》第五十篇第九节第一句,相当于中文《圣经》《旧约·诗篇》第五十一篇第七节第一

句,译文是“求你(指上帝)用牛膝草洁净我”;下文是“我就干净。求你洗涤我,我就比雪更白”。

据《最佳注释》,“教士在向已经忏悔的罪人洒圣水赦他的罪时,念这一节诗”;所以天使们在玛苔尔达把但丁浸入勒特河这一仪式中单唱这一节诗。

㉘ “河水原来没到但丁的喉咙;现在玛苔尔达把他的头(记忆的器官脑海所在处),浸入水中,迫使他喝下河水,从而失去一切罪过的记忆。”

“但丁已经悔悟(contrito)、忏悔(confesso)、悔改(pentito)了,现在被浸入勒特河中洗净,并且喝了河水,忘掉一切罪过,而终于获得了彻底解脱或赦罪。”(以上是斯卡尔塔齐-万戴里的注释)

㉙ “四位跳舞的美女”:指四位在车左边跳舞的象征谨慎(即智慧)、正义、勇敢、节制四种基本品德(通称智、义、勇、节四枢德)的美女(见第二十九章)。

“每位就都用手臂掩护我”:她们手拉手围着但丁跳舞,伸出的手臂在他头上交叉成十字架形掩护他。“义德的手臂防备不义,智德的手臂防备愚蠢,勇德的手臂防备怯懦,节德的手臂防备贪欲、淫欲。”(兰迪诺的注释)

㉚ “我们在这里是仙女”:据古希腊神话,仙女们(ninfe)居于山林水泽。四位象征四枢德的美女出现在地上乐园的圣林中,诗中称之为仙女,正如第二十九章开端把在勒特河边行走的玛苔尔达比作在林荫中独自行走的仙女一样,是由于她们当时所处的环境的原因。

“在天上是星辰”:即但丁看到的南极天空中那“四颗除了最初的人以外谁都未曾见过的明星”(见第一章)。

“贝雅特丽齐降临世上以前,我们被指派给她做侍女”:贝雅特丽齐象征启示的真理,四位仙女象征四枢德,因而诗句的寓义是:“四枢德在异教时代已经为启示的真理、为基督教的到来作了准备。”(牟米利亚诺的注释)

㉛ 这三位仙女象征信、望、爱三超德。“看得更深”:“三超德是观照的美德(contemplative virtues),四枢德则是行动的美德(active virtues),所以这三德比那四德看得更深。”(辛格尔顿的注释)

“她眼中的喜悦的光芒”:指贝雅特丽齐的明眸闪耀着的喜悦的光芒。

诗句意谓:“三超德使头脑变得更聪明,能观照神圣的事物”(兰迪诺的注释),也就是说,人具有三超德才心明眼亮,得以领会启示的真理。

㉜ “她们开始这样唱道”:意即她们用唱歌的声音开始这样说。

“她们就把我带到了格利丰胸前,贝雅特丽齐正站在那辆车上面向着我们”:贝雅特丽齐一直站在凯旋车上,现在离开了左侧,站到正中,眼睛看着车前的怪兽格利丰;四位仙女把但丁带到了格利丰胸前,所以这时贝雅特丽齐在车上面向着他和四位仙女。

㉝ “这双祖母绿般的明眸”:指贝雅特丽齐的眼睛。根据大多数注释家的理解,意谓她的眼睛像祖母绿一般闪闪发光。但是雷吉奥指出,“在(中世纪论述各种宝石特性的)宝石志中,祖母绿这种宝石除了象征纯洁外,还象征公正。此外,根据勃鲁内托·拉蒂尼在《宝库》(Tésor)第三卷第十三章第十六节中所说(这肯定是诗人所本的直接出处),碧绿的眼睛(祖母绿的颜色)被认为女性美的一种特征。最后还得补充指出,祖母绿这种宝石曾具有镜子的功能,而诗中把贝雅特丽齐的眼睛恰恰比做一面镜子。这一新的解释……可以视为定论。”

“当初爱神从这双明眸向你发射了他的武器”:意谓当初在但丁少年时代,爱情从贝雅特丽齐的明眸向但丁射出了她的箭。根据罗马神话,维纳斯的儿子小爱神丘比特的箭射伤谁,谁就发生爱情。“温柔的新体”诗派的爱情诗常常使用这一神话典故来表现爱情的萌生,例如《新生》第十九章中雅歌第12节的诗句:“她(指贝雅特丽齐)的明眸不论转向何处,都有充满热情的爱神从那双明眸中出来,把注视她的人的眼睛射伤”,表明贝雅特丽齐的眼睛之美是但丁对她的爱的起因。

㉞ “这双继续把视线固定在格利丰身上的明眸”:根据辛格尔顿的注释,贝雅特丽齐的眼睛专盯住基督的象征——具有鹰、狮两性的格利丰——意味着她现在正体现出她作为启示的真理的意义。

㉟ 诗句意谓格利丰的形象映入贝雅特丽齐眼中,如同太阳映入镜中一样,发射出耀眼的光芒,它在她眼中的映象一会儿是鹰的姿态(象征基督的神性),一会儿是狮子的姿态(象征基督的人性)。

“格利丰映在贝雅特丽齐眼中,一会儿是鹰的姿态,一会儿是狮子的姿态。这两种映象交替出现,或许如萨佩纽所说,意谓世人只能把基督的神性和人性理解为两性不同的性质,但实际上,根据神学的解释,二者在基督本身只是单一的统一体。”(雷吉奥的注释)

㊱ “‘此物自身’当然指格利丰自身;当但丁停在它前面凝视贝雅特丽齐的明眸时,它一直站在那儿静止不变;而它映在贝雅特丽齐眼中的形象则忽而现出这种姿态,忽而现出那种姿态。”(辛格尔顿的注释)

㊲ “这令人吃饱了还想再吃的食物”:在《圣经》经外书《智慧》第二十四章第二十九节中,智慧讲到她自身时,说:“凡吃了我一些的,将仍然饿,凡喝了我一些的,将渴望再喝”;在《新约·约翰福音》第四章第十三节中,耶稣对撒玛利亚妇人说:“凡喝〔我〕这水的,还要再喝。”诗中这话显然化用上面所引的经文。这句诗所说的“这食物”象征“那种乃心灵的真正食物的神圣真理〔即启示的真理〕”。(彼埃特罗波诺的注释)

诗句的大意是:“我正在凝神观照贝雅特丽齐的明眸,在观照中我感到满足,同时又对观照产生更强烈的愿望。”(卡西尼-巴尔比的注释)

㊳ “另外那三位在仪态上显示出属于更高的品级的仙女”：指象征信、望、爱三超德的三位仙女（见第二十九章注㊲），她们在品级上高于象征智、义、勇、节四枢德的四位仙女，因为三超德是观照的美德，四枢德是行动的美德。

“按照她们的天使般的歌的节奏跳着舞”：“天使般的歌”原文是 angelico caribo，有些注释家理解为天使们所唱的歌；但是彼埃特罗波诺不以为然，他正确地指出，根据第二十九章中的有关诗句和本句下文“这就是她们的歌”来看，“angelico canto”指的是三位象征三超德的仙女自己所唱的歌。译文采用这种解释。

“走上前来”：三位仙女原先在凯旋车右轮旁边围成一圈儿跳舞（见第二十九章），现在她们载歌载舞走上前来，请求贝雅特丽齐把眼光从格利丰身上转向但丁，并且揭开遮住她的口的面纱，让他看到她的第二种美。

㊴ “走了这么远的路！”：指但丁跟随维吉尔下到地狱底层，再由地心上到南半球炼狱山脚下，然后登山到达地上乐园这一漫长、艰险的路程。原文 ha mossi passi tanti 直译是“迈了这么多步”或“走了这么多步远的路”。句中 mossi 和 passi 两词第二音节均由双辅音 ss 和元音 i 一起构成，这两个词连用，后面又使用以元音 i 结尾的 tanti 一词，这些因素合起来，似乎表达出路途遥远的意味。

牟米利亚诺指出，诗句“指从地狱到地上乐园的全部旅程。应从字面意义上和寓意上来理解这一诗句：净罪的旅行使但丁能配得上贝雅特丽齐，使他得以观照启示的真理”。

“愿你为施惠予他而惠允我们所求”：原文 Per grazia fa noi grazia 仅由五个词构成，十分简练，并且巧妙地连用 grazia 两次。译者对此苦于力不从心，勉强采取这样的译法。

“你所隐藏的第二种美”：几乎一切注释家都认为，“第二种美”指贝雅特丽齐的口（第一种美指她的眼），因为但丁在《筵席》第三篇第八章中说：“灵魂在面部起作用主要是在两个地方，……即在眼和口。”象征四枢德的四位仙女已经引导但丁去观照贝雅特丽齐的眼睛，现在这三位象征三超德的仙女请求她揭开面纱，使他得以观照她的口（即第二种美）。F·马佐尼（Francesco Mazzoni）则认为，“第二种美”指贝雅特丽齐的整个面部（包括眼和口）所反射的神的光芒之美。

“这就是她们唱的歌”：意即这些话就是三位仙女合唱的歌词。

牟米利亚诺认为，贝雅特丽齐的七位仙女的舞蹈，而且一般来说，本章整个最后部分，都是但丁涤除罪过的主题向第三十二章和第三十三章中贝雅特丽齐预言教会未来种种事变的主题过渡的场面。

㊵ “永恒的生命之光反射的光芒”：指贝雅特丽齐。“永恒的生命之光”乃上帝之光，贝雅特丽齐犹如明镜一般反射着它，这种反射的光芒就是她

的口浮泛着的微笑之美,即诗中所谓第二种美(这种“美”妙不可言,译者觉得,我们看达·芬奇的《蒙娜丽莎》肖像画时,仿佛对此有所领会)。

“在天与地配合差堪模拟你的美的地方”:原文 Là dove armonizzando il ciel t'adombra 比较晦涩,注释家们一致认为指地上乐园,对其含义则提出了种种不同的解释,其中最可靠的是安东奈里的说法:“那里的天与这片纯洁无垢之地配合,勉强可以模拟你(指贝雅特丽齐)的美。”托拉卡也赞同把 adombra 理解为“模拟”(imita)或“描绘”,他说:“无论地上乐园中的天光多么明朗,它都不可能和贝雅特丽齐脸上反射的‘永恒的生命之光’完全相等。”简单地说,诗句的大意是:在其无限绮丽的自然风光差堪比拟你的天人之美的地上乐园。

“在帕耳纳索斯山的林荫下变得苍白瘦弱”:帕耳纳索斯山是阿波罗和九位缪斯居住的地方,古代作家常用它来代表诗歌(见第二十二章注⑮)。诗句意谓由于刻苦研究诗歌艺术而日益消瘦苍白。

“喝过这山的泉水”:帕耳纳索斯山的卡斯塔利亚(Castalia)泉涌出的水常被古代作家用来象征诗的灵感(见同一注)。诗句意谓曾汲取诗的灵感。

“假若试图如实描写你”:意谓假若他试图如实描写贝雅特丽齐揭开面纱,现出的微笑的容颜之美。

但丁自己也未描写这种美,而是对它表示热烈的赞叹,这段诗的大意是:任何一位诗艺精湛的或者充满灵感的诗人都描写不出这种美。

第三十二章

我目不转睛地看着她来满足十年的渴望，致使我的其他感官通通失去了效用①。我的眼睛这边和那边都有一堵漠不关心的墙——圣洁的微笑用旧时的情网把我的眼光吸引住了②！——就在这时，我的脸被那些女神迫使转向了我左边，因为我从她们口中听到了一声“看得太入神了③！”那时，我的视力如同眼睛刚被太阳刺激后一样，一时什么都看不见④。但是，当视力恢复到能辨别光度弱的对象后（我所谓“光度弱的对象”，是就它与我的眼睛被迫离开的那个光度很强的对象相比而言），我就看到那支光荣的部队已经向右转，面向着太阳，由那七条火焰在前面引导着往回走⑤。

正如一支队伍为了自卫在盾牌掩护下退却时，先随军旗转弯，然后整个纵队才掉头行进一样，这支天国部队的前卫全部从我们面前走过后，那辆凯旋车才掉转车辕⑥。于是，那些仙女都回到车轮旁边⑦，格利丰就那样拉着这辆有福的凯旋车前进，翅膀上的羽毛一根都不曾因此晃动⑧。曾拉着我渡河的那位美丽的淑女、斯塔提乌斯和我都跟在那个转弯时划了较小的弧线的车轮后面⑨。我们就这样走过这座由于那个听信蛇的话的女人的过错而变得空无一人的深林⑩，一支天使的歌使得我们的脚步协调⑪。我们走了大约三箭之地，贝雅特丽齐就下了车。我听见人们通通嘟哝“亚当”⑫；然后他们就在一棵每个枝上的花和叶子都已被剥光的树四周围成了一个圈子⑬。那些枝柯越靠上的伸得越长，其高度会使印度森林里的人惊奇⑭。

“你有福了，格利丰，你不用嘴啄食这棵味道甘美的树的任何部分，因为那样就腹痛得痉挛⑮。”那棵坚固的树周围的人们这样喊道；那个双重性质的动物说：“一切正义的种子就这样保存下来⑯。”他转身向他所拉的车的车辕，把它拖到那棵无花无叶的树下⑰，用这棵树的树枝把它绑在这棵树上就离开了[18]。

正如我们的植物在太阳的光芒和天上的鲤鱼后面的星座所放的光合在一起射下来时，萌发幼芽，然后在太阳把它的骏马套在另一星座下以前，就都重新呈现出各自的色彩[19]；同样，这棵原先枝柯那样光秃秃的树变得面目一新，开满颜色比玫瑰暗淡、比紫罗兰鲜明的花[20]。那时人们都唱起一首人间从未唱过的颂歌来，我听不懂歌词，也未能支撑着听完全歌[21]。

假如我能描绘阿尔古斯在听有关绪任克斯的故事时，他那些残酷的眼睛，那些因持续睁着而付出那样高的代价的眼睛，如何闭上进入睡乡，我就要像照着范本去画的画家一样描绘我是如何睡着的[22]；但是谁想描绘入睡的过程，就让他能如实地描绘出来吧[23]。因此，我就略过去而描写我醒时的情况，我说那时一道光辉穿透了我的睡梦的面纱，一个声音喊道："起来吧；你做什么呢[24]？"

正如彼得、约翰和雅各被带去观看那棵使天使们贪食它的果子而在天上摆永久的喜筵的苹果树的一些花时，他们一看见就晕倒在地，后来，一听见那唤醒了更沉酣的梦的话，就苏醒过来，看见他们那一群人中少了摩西，又少了以利亚，他们的老师的形象变了样；我就像那样醒了，只见当初沿着河行走作为我的向导的那位慈悲的淑女站在我旁边弯身向着我[25]；我充满疑惧[26]说："贝雅特丽齐在哪里？"她说："你看，她就在那一片新生的树叶下，坐在树根上[27]。你看，她的同伴们在她周围[28]：其余的人都唱着更悦耳、更深奥的歌[29]跟着格利丰升天去了。"我不知道她的话是否继续下去了，因为我已经在凝望那位使得我顾不及注意其他事物的圣女[30]。她独自席地而坐，好像留在那里看守那辆我看见被那个两性动物绑在那棵树上的凯旋车似的[31]。那七位仙女围成了一个圈子给她作围墙，各自手里举着不会被北风、也不会被南风吹灭的灯[32]。

"你将在这里短时做森林中的人[33]，然后你将同我一起永久做基督是罗马人的那个罗马的公民[34]。因此，为了对邪恶的世界有所裨益，现在你要把眼光集中在这辆车上，回到人间后，要把你所看见的写下来[35]。"贝雅特丽齐这样说；我是完全虔诚地拜倒在她的命令的脚下

我看见一个巨人站在她身边，好像是防备她被人从他手里夺去似的；他们一再互相亲嘴。

的[36],立即把心和眼睛转向她所说的地方。浓云中射出的闪电从极辽远的高空降下时,从未像我看见朱庇特的鸟从那棵树上俯冲下来那样迅猛,它摧毁了一部分树皮和一些花和新生的叶子;随即用全力猛击那辆车;因此那辆车就如暴风雨中的船被波涛冲击得忽而向右舷,忽而向左舷倾斜一般[37]。随后,我又看见一只似乎从未吃过良好的食物的狐狸跳进凯旋车的车箱[38];但是,我那位圣女斥责它犯下卑鄙龌龊的罪行,迫使它以瘦得皮包骨的身体所能跑的速度逃去[39]。随后,我又看见那只鹰从它初次飞下来的地方降落在车箱中,把自己的一些羽毛散布在那里[40];一个像悲怆的心中发出来的声音从天上发出,这样说:"啊,我的小船哪,你装载了多么有害的货物啊[41]!"随后,两个车轮之间的土地似乎裂开了,我看见从地中钻出一条龙来,翘起尾巴把车底戳穿;随后,就像马蜂缩回毒刺一般,缩回凶恶的尾巴,拖曳着扯下来的一部分车底,蜿蜒而去[42]。剩余的部分如同肥沃的土地被杂草覆盖上一样,很快就被那一层或许是诚心善意奉献的羽毛覆盖上了,两个车轮以及车轴也都在比张开嘴叹一口气还短的时间被羽毛覆盖上[43]。经过这样变化后,这件神圣的器物各部分都长出头来,车辕上长出三个,车身每个犄角各长出一个;前面那三个都像牛头一般各有两角,另外那四个都只额上有一角;这样的怪物还从未见过[44]。随后,就有一个淫荡的娼妇出现在我眼前,如同高山上的城堡一般,泰然自若地坐在这个怪物上,用她的媚眼左顾右盼[45];我看见一个巨人站在她身边,好像是防备她被人从他手里夺去似的;他们一再互相亲嘴[46]。但是,因为她把充满情欲的、灵活的眼睛转向了我,那凶恶的情夫就从头到脚鞭打了她一顿[47]。他满怀醋意,因怒火中烧而心肠残忍,随后就把那个怪物解开,拉到森林深处去,结果,他仅以森林作盾牌就把我挡住,使我再也看不见那个娼妇和那个野兽了[48]。

注释:

① "十年的渴望":贝雅特丽齐于1290年逝世;但丁虚构的地狱、炼狱、天国之行是1300年。前后相距已十年之久。
"其他感官通通失去了效用":但丁的心神完全集中于视觉,使得其他感觉器官均不起作用。

② “我的眼睛这边和那边都有一堵漠不关心的墙”:这一隐喻说明但丁全神贯注于凝视贝雅特丽齐,再也无心去注意其他的事物,仿佛周围有一堵墙隔断了他与外界的联系。

“圣洁的微笑”:指贝雅特丽齐的微笑的嘴,即其第二种美。

“旧时的情网”:指旧时的爱的魅力。

③ “那些女神”:指那三位象征信、望、爱三超德的仙女。这时,但丁站在格利丰前面,面向凯旋车和贝雅特丽齐;三位仙女已经从车的右轮旁边走上前来,站在但丁左边。

“看得太入神了”:关于三位仙女说这句话的用意何在,注释家有不同的解释。有的认为,她们以此来告诫但丁,不要由于对已经超凡入圣的贝雅特丽齐的第二种美观之不足,而沉浸在对旧时的少女贝雅特丽齐之爱的回忆中。有的认为,应从寓意上来解释。贝雅特丽齐象征启示的真理。三位仙女告诫但丁,在智慧尚未达到应有的高度以前,不要刻意探究启示的真理。

④ 意谓但丁的眼睛凝视贝雅特丽齐后,就如同刚被太阳的强烈的光芒照射后一样,一时什么都看不见。

⑤ “光度弱的对象”:指仪式队伍的七个大烛台的光焰和其他较小的亮光,这些光与贝雅特丽齐的容颜所反射的上帝之光相比,都显得微弱。

“我的眼睛被迫离开的那个光度很强的对象”:指贝雅特丽齐的容颜。

“那支光荣的部队”:指仪式队伍。“那七条火焰”:指七个大烛台的光焰。仪式队伍是从东向西沿着勒特河岸走来的,现在它开始往回走,就必须向右转,因为勒特河在它的左边;这时地上乐园大约是早晨十时,它掉头后由西向东走,自然面向着太阳。

⑥ “这支天国部队的前卫”:指在凯旋车前排成行列行进的那二十四位长老。

“在但丁的明喻中,军队这一意象和诗中所说的‘天国部队’这一意象是互相协调的;这个明喻在其细节方面是极贴切的。一个长队得先一部分一部分地转弯,才能全部转换方向:实际上是打旗子的先锋先转弯,然后大队逐步转弯,最后后卫转弯。这里也是这样,作为先导的七个大烛台先转弯,然后二十四位长老的行列转弯,最后凯旋车转弯。”(引自温图里的《但丁的明喻》)

⑦ 象征义、智、勇、节四枢德的四位仙女本来在凯旋车左轮旁边舞蹈,象征信、望、爱三超德的三位仙女本来在凯旋车右轮旁边舞蹈(见第二十九章);后来,前者为引导但丁看贝雅特丽齐的明眸,后者为请求她揭开面纱,让他看到她的“第二种美”,都来到了凯旋车前(见第三十一章);现在这七位仙女均回到了原处。

⑧ 凯旋车被称为“有福的车”,因为贝雅特丽齐站在车上。“翅膀上的羽毛

一根都不曾因此晃动”：意谓格利丰毫不费力地拉着这辆车前进，他的翅膀依然向上挺立，一点也不摇摆。关于这句诗的寓意，注释家们有不同的解释：(1)一些早期注释家认为，意谓从《旧约》到《新约》的过渡和基督教的兴起，这一重大的发展并未使上帝关于正义和宽恕的安排有任何改变。(2)有的现代注释家认为，意谓耶稣基督引导他的教会前进，使用的是非物质的工具。(3)托玛塞奥和安德雷奥里(Andreoli)都认为寓意是：基督的教义的传布不使用暴力，这种和平进展是其力量的表征。

⑨ “曾拉着我渡河的那位美丽的淑女”：指玛苔尔达，她拉着但丁渡过勒特河，到达彼岸(见第三十一章)。诗中一再使用“美”这个词形容她，但一直还未说出她的名字。罗马诗人斯塔提乌斯一直都和但丁一起在场，但他自从维吉尔离开时起，从未被提到过一次。

“转弯时划了较小的弧线的车轮”：指凯旋车的右轮，它转弯时划的弧线比左轮小些，因为整个仪式队伍是向右转。玛苔尔达、斯塔提乌斯和但丁都到右轮旁与三位象征三超德的仙女会合，一同前进。

⑩ 诗句意谓这座森林因夏娃听信蛇的谎言，违犯神的禁令，摘了那棵分别善恶的树上的果子吃，又给亚当吃，他们二人都被逐出伊甸园，从此以后，就一直无人居住(事见《旧约·创世记》第三章)。

⑪ 这支歌大概是那些散花迎接贝雅特丽齐来临、在但丁受责备时对他表示同情的天使唱的。它的节奏使但丁、斯塔提乌斯等在深林中行走脚步协调一致。

⑫ 意谓但丁听见仪式队伍中的人异口同声责备亚当犯了违犯神的禁令罪，致使全人类生来就有所谓“原罪”，正如《圣经》经外书《以斯得拉》(Esdras)第四卷第七章中所说：“啊，亚当啊，你做下什么事啦？因为犯罪的虽然是你，堕落的却不只是你一人，而是你的后代我们全人类。”

⑬ 在字面的意义上，这棵树就是伊甸园中上帝禁止亚当摘上面的果子吃的那棵分别善恶的树。根据《筵席》第二篇中的说法，诗中的事物除字面的意义外，还有寓言的、道德的、奥秘的这三种意义。在下一章中，贝雅特丽齐明确指出，从道德的意义上看，这棵树就是体现在不许动它这一禁令上的“上帝的正义”。实际上这就是但丁自己的说法。注释家们以此为根据，阐释了这棵树包含着的寓意：

葛兰坚在注释中说：“律法理所当然地采取‘你不可’的禁令形式；分别善恶的树，作为上帝对人的最初的禁令的主题(见《旧约·创世记》第二章)，是神的律法的恰当的象征”；纳尔迪在《但丁的境界》中说：“从道德的意义上看，伊甸园中这棵极高的树是‘上帝的正义’的象征……由于最初的人不顺从上帝，犯了违背正义的过错，如今这棵树‘每个枝上的花和叶子都已被剥光’，……”；辛格尔顿在注释中说，“这棵树上所有的叶子、花和果子都被剥光，明确地显示出亚当的罪在一般人性中的后果，象征人类由于始祖的罪如今忍受的痛苦。”

⑭ 意谓这棵树的枝柯越靠近树梢就伸得越长，构成了那样高的树冠，甚至印度森林中的居民看到这样高的树都会惊奇不已。“印度……森林中生长着极高的树，一箭的射程都达不到其参天的树梢。”（维吉尔的《农事诗》卷二第122—124行）

这棵树的形状和犯贪食罪者所在的第六层平台上那两棵树完全一样，诗中还说明那两棵树是这棵滋生出来的（见第二十四章注㉟），它们长成这种形状，“为的是不让人上去”（见第二十二章注(52)、注(53)），作用与这棵相同，形状本身就显示神的禁令。

⑮ 仪式队伍中的人先责备亚当违犯神的禁令，吃了分别善恶的树的果子，然后赞美格利丰（即耶稣基督）顺从神命，不啄食这棵树的任何部分。

“因为那样就腹痛得痉挛”：彼埃特罗波诺指出，诗句强调味觉尝到的甜头和腹部感受的剧痛、贪欲可望得到的“甘”和随后必然要受的“苦”之间的对照。

⑯ “一切正义的种子就这样保存下来”：这是格利丰所说的惟一的一句话，意谓遵守神的正义就保存了一切正义的基础（雷吉奥的注释），也就是说，一切正义的基础在于遵守神的正义（萨佩纽的注释）。注释家们都指出，格利丰这句话和耶稣在施洗的约翰表示自己不配给他施洗时，回答的话：“……我们理当这样尽诸般的义”，意思吻合，也就是说，遵照上帝的命令去做，就是正义，如同圣保罗在《新约·罗马书》第五章中所说：“因一人〔指亚当〕的悖逆，众人成为罪人；照样，因为一人〔指耶稣基督〕的顺从，众人也成为义人。”

⑰ 注意“车辕”（temo = timone）这里是单数，表明格利丰拉的车只有一根车辕，和我们常见的车不同。

⑱ 原文是 e quel di lei a lei lasciò legato，句中的 di lei 意义不明确，因而注释家们对这句诗有不同的解释。本维努托把 di lei 理解为“用这棵树的树枝”，认为诗句意谓格利丰用这棵树的树枝把车辕绑在这棵树上；布蒂则把 quel di lei 理解为“这棵树的木头做的车辕”，认为诗句意谓格利丰把这棵树的木头做的车辕绑在这树上，他说，根据中世纪广泛流行的传说，“基督的十字架是用那棵树〔指分别善恶的树〕的木头做的；而且十字架确实是圣教会的车辕。”

许多现代注释家赞同本维努托的解释：卡西尼-巴尔比认为，这种解释最为简明而且符合但丁在诗中的寓意：耶稣基督通过以身作则顺从上帝之命来约束教会去顺从上帝之命。格拉伯尔认为，根据诗句的意义看，最合乎逻辑的解释是：用这棵树的一个枝子把车辕绑在这棵树上。波斯科-雷吉奥的注释认为布蒂的说法站不住脚，因为车辕如果是基督牺牲的象征，它就根本不可能变成后面所描述的那些怪异的形象了。这一论断很有说服力。因此译文根据本维努托的解释。

“就离开了”(lasciò):意即格利丰把车辕绑在树上就升天了。

⑲ “我们的植物”:指北半球大陆生长的植物。“在太阳的光芒和天上的鲤鱼后面的星座所放的光合在一起射下来时”:指春天。“天上的鲤鱼”即双鱼座,它后面的星座是白羊座。太阳进入白羊宫为春分,在白羊宫的时间约一个月(见《地狱篇》第一章注⑬)。“在太阳把它的骏马套在另一星座下以前”:另一星座指金牛座。太阳套它的骏马这一意象来源于古代神话:日神赫利奥斯早晨驾着驷马车辇从东方的宫出发,晚上到达西方的宫(《埃涅阿斯纪》卷一第568行使用了这个典故)。意谓在太阳从白羊宫进入金牛宫以前,也就是说,不到一个月的时间。

“就都重新呈现出各自的色彩”:指各种植物都重新长出绿叶,开遍不同颜色的花。诗句的大意是:正如我们人间的植物春天开始发芽,不到一个月的时间,就呈现一片郁郁葱葱、万紫千红的新气象。

⑳ 诗句的大意是:如同人间的植物春天开始发芽,不久便生出绿叶,开遍各种颜色的花一样,格利丰刚把车辕绑在枝柯光秃秃的分别善恶的树上,这棵树就变得面目一新,长出了绿叶,开满了颜色比玫瑰暗淡、比紫罗兰鲜明的花。

关于诗句的寓意,帕罗狄(Parodi)说,格利丰用那棵树的树枝把车辕绑在那棵树上,那棵树就长满了绿叶,开满了花;他〔也就是耶稣基督〕就这样完成了其神圣的事业:恢复被破坏了的人和神之间的联系。辛格尔顿指出,诗人用“变得面目一新”(s'innovò)这个动词来表现这棵无花无叶的树重新欣欣向荣,以此来强调通过基督的血和赎罪〔即赎亚当的罪,这罪使此树变得无花无叶〕才能得来的新生。早期注释家大多认为,树上开的花颜色比玫瑰暗淡、比紫罗兰鲜明,是基督受难牺牲所流的血的颜色,他的血是赎救的象征和教会的基础。

㉑ 仪式队伍中的人们看到车辕被格利丰绑在那棵树上,树枝上长出了绿叶,开满了红花,就都唱起一首颂歌来庆祝。这首颂歌是人间从未唱过的。但丁听不懂歌词,但曲调极其美妙悦耳,使他心醉,未到曲终便恍惚睡去。

㉒ “阿尔古斯”:古代神话中的百眼人。他奉朱诺之命去看守已被变成白牛的仙女伊俄。在他睡觉时,他的一百只眼睛轮流着闭上,睁着的继续看守,使伊俄无时不受到他的监视。朱庇特不忍她受这种迫害,就命墨丘利去杀死阿尔古斯。墨丘利扮成牧羊人,吹起芦笙催他入睡。但有的眼睛闭上了,有的眼睛仍然睁着。阿尔古斯还问芦笙是怎样发明的,墨丘利就乘机给他歌唱半羊半人的林神潘(Pan)追逐仙女绪任克斯(Syrinx,希腊文意为“管”,“笙”)向她求爱的故事,阿尔古斯在听他歌唱这个故事时,瞌睡得一百只眼睛都闭上了。墨丘利就挥刀砍下了他的头(详见

《变形记》卷一)。

“那些残酷的眼睛”:因为阿尔古斯用这些眼睛残酷地监视着伊俄。

“因持续睁着而付出那样高的代价”:因持续睁着眼盯住伊俄而终于被墨丘利杀死。

诗句的大意是:假如我能描写百眼人阿尔古斯在听墨丘利歌唱林神潘追求仙女绪任克斯的故事时,受悦耳的歌声的催眠作用,他的一百只眼睛怎样一一合上而进入睡乡,我就会像照着范本绘画的画家那样容易地描写出我在听那首悦耳的颂歌时,为美妙的曲调所陶醉,如何闭目入睡的了。

原文是条件句:从句中的助动词 potessi(“能”)和主句中的动词disegnerei(“描绘”)都是虚拟式过去未完成时,说明诗句表现的内容与事实相反,也就是说,但丁未能描写他听那首颂歌时,是如何睡着了的。

应当指出,奥维德在《变形记》中只告诉读者,墨丘利说到芦笙一直沿用绪任克斯的名字时,“还要说下去,阿尔古斯的眼睛早已全部睁不开了,都睡着了”,并未具体描述他入睡的过程。因此奥维德书中的描写不能作为但丁的范本。

㉓ 诗句意谓别人谁想要描写入睡的过程,就让他如实描写出来吧,言外之意是,但丁本人不想勉为其难。

雷吉奥指出,奥维德如果写阿尔古斯入睡的过程,那还是客观的描写,他在书中都未做出;但丁如果写自己入睡的过程,那就是主观的描写,当然难度更大,因为人一瞌睡,就恍恍惚惚,以至于人事不知,也就记不得自己当时是如何睡着的了。

㉔ “一道光辉穿透了我的睡梦的面纱”:有的注释家认为,这光辉是向天空上升的格利丰和仪式队伍的光辉,有的则认为是七个大烛台和贝雅特丽齐周围的代表三超德、四枢德的七位仙女的光辉。

“一个声音喊道”:这是玛苔尔达的声音。

㉕ 这个明喻取材于《圣经》中耶稣变容的故事。《新约·马太福音》第十七章中的有关记载如下:“过了六天,耶稣带着彼得、雅各和雅各的兄弟约翰暗暗的上了高山,就在他们面前变了形象,脸面明亮如日头,衣裳洁白如光。忽然有摩西、以利亚向他们显现,同耶稣说话。……忽然有一朵光明的云彩遮盖他们,且有声音从云彩里说,这是我的爱子,我所喜悦的。你们要听他。门徒听见就俯伏在地,极其害怕。耶稣进前来,摸他们的手说,起来,不要害怕。他们举目不见一人,只见耶稣在那里。”

在明喻中,“苹果树”指耶稣基督;典故来源于《旧约·雅歌》第二章:“我的良人在男子中,如同苹果树在树林中。”“一些花”指三位门徒见耶稣基督变容时预先尝到的天国之福。“它的果子”指天使们所享的观照耶稣基督之福。“在天上摆永久的喜筵”:意谓在天上充分赐予他们这种福,也就是说，使他们永久观照他的容光，如同赴永久不散的喜筵一般；典故来源于《新约·启示录》第十九章：“天使吩咐我说，你要写上，凡被请赴羔羊的婚筵的有福了。”“那唤醒了更沉酣的梦的话”：指耶稣的话，“起来，不要害怕”；他的话能“唤醒更沉酣的睡梦”，意谓能起死回生，例如他使拿因城寡妇之子复活时，说“少年人，我吩咐你起来”，那死人就坐起，并且说话（见《新约·路加福音》第七章），又如他使拉撒路复活时，大声呼叫说“拉撒路出来”，那死人就出来了，手脚裹着布，脸上包着手巾（见《新约·约翰福音》第十一章）。“以利亚”：《旧约》中的先知之一（见《旧约·列王纪上》第十七章）。“他们的老师的形象变了样”：“形象”原文为 stola（衣裳），这里是广义，泛指耶稣的形象。当时他在三个门徒面前变得“脸面明亮如日头，衣裳洁白如光”；现在他的形象又变得和平时一样。

“当初沿着河行走作为我的向导的那位慈悲的淑女”：指玛苔尔达。当初但丁在勒特河左岸上行走时，曾以在对岸朝同一方向前进的玛苔尔达作为向导（见第二十九章）。“站在我旁边弯身向着我”（原文只用了 sovra me starsi 三个词，异常简练）：这个姿态表示保护但丁之意。

这个明喻的大意是：正如彼得、约翰和雅各被耶稣带上高山去看他变容时，一见他变得脸面明亮如日头，衣裳洁白如光，同显现在面前的摩西和以利亚说话，又有声音从一朵彩云中说“这是我的爱子，我所喜悦的。你们要听他”，他们就吓得昏倒在地，后来，一听见耶稣说“起来吧；不要害怕”，他们就苏醒过来，发现摩西和以利亚不见了，只有耶稣在那里，他的形象和从前一样，同样，但丁在听那首曲调异常悦耳的颂歌时，不禁为之心醉，恍恍惚惚地倒在地上睡去，后来，一听见有声音说“起来吧；你做什么呢？”他就醒了，发现贝雅特丽齐、格利丰和仪式队伍都不见了，只有玛苔尔达站在他旁边弯身向着他。

温图里在《但丁的明喻》中指出，“这个明喻比一般的长，是不甚清晰的明喻之一，所含的概念都很美，但被过多寓言的表现方式掩盖上了。”这一论断是确切的。

㉖ “充满疑惧”：意谓但丁恐怕贝雅特丽齐丢下他而去。

㉗ 诗句的寓意是：神学（贝雅特丽齐）坐在那里守护刚被基督（格利丰）连结在神的正义（分别善恶的树）上的教会（凯旋车），也就是说，守护神和已被赎救的人类之间的新关系。

㉘ 意谓象征三超德、四枢德的七位仙女在她周围。

㉙ 意谓比但丁至今听到的一切歌曲，或者比他方才听到那首令他心醉的颂歌，音调更悦耳，含义更深奥。

㉚ 指吸引着但丁的全部注意力的贝雅特丽齐，但丁只顾凝望她而没理会玛苔尔达是否还说了别的话。

㉛ “席地而坐”:原文是 sedeasi in su la terra vera。多数注释家把 terra vera 解释为 terra nuda(无覆盖物的土地),认为诗句意即贝雅特丽齐席地而坐,句中不含任何寓意。有些注释家则认为她席地而坐象征原始教会的清贫。雷吉奥指出,这种说法根本站不住脚,因为贝雅特丽齐象征神学而不象征教会。译文根据多数注释家的解释。

“留在那里看守那辆……凯旋车”:寓意是“启示的真理应守护、保卫教会。”(彼埃特罗波诺的注释)

㉜ 多数注释家认为,七位仙女手里举着的灯即第二十九章中所说的那七个烛台。但是,那七个烛台必然是异常巨大的,否则但丁从远处看,就不会误认为那是七棵金树。这样巨大的烛台如何能举在手中?读者自然会发生这样的疑问。或许可以设想,诗人在这里侧重诗中事物的象征意义,而不大注意其实际状况。有些注释家认为,这七盏灯指基督教的七大圣典(洗礼、圣餐、坚信、忏悔、临终涂油、圣职、结婚)。从诗句的上下文来看,这种说法不如前一种恰当。

“不会被北风、也不会被南风吹灭”:在意大利,北风和南风比较猛烈;诗句意谓这七盏灯任何狂风都吹不灭。

㉝ 意谓你将在这座森林中待很短的时间。贝雅特丽齐在这里预言但丁得救(这已在《地狱篇》中零星地提到过):这句诗显然暗指诗人死后在炼狱中完成净罪的过程之后,穿过这座森林的时间很短暂。(雷吉奥的注释)

㉞ 意谓然后你将和我一起永久做天国的公民,也就是说,永远在天国中。这里以基督为其第一公民的天上的罗马来指天国。雷吉奥指出,诗中不以天上的耶路撒冷而以天上的罗马来指天国,说明在但丁的心目中,罗马作为帝国和教会的中心具有的世界意义。

㉟ “因此”:意即由于你是被上帝选中的人,能够教育世人。“为了对邪恶的世界有所裨益”:意即为了使走上邪路的人类得到教益。诗句简括地申明了但丁作为诗人所负的历史使命和他写作《神曲》所要达到的目的。

“把眼光集中在这辆车上”:意即注意这辆象征教会的凯旋车发生什么情况,也就是说,注意教会的种种遭遇和患难。

“回到人间后,要把你所看见的写下来”:贝雅特丽齐这句话和《新约·启示录》第一章中耶稣嘱咐圣约翰的一些话很相似:“你所看见的当写在书上”,“……你要把所看见的、和现在的事、并将来必成的事,都写出来。”意在令但丁担负起“先知”的使命。

㊱ 意谓我是全心全意准备遵从和执行她的一切命令的。万戴里认为“拜倒在她的命令的脚下”一语颇有十七世纪作家那种矫揉造作的风格的味道。雷吉奥说,其实这是本着中世纪流行的一种富于形象的、藻饰华丽的文体风格写出的。与但丁同时而稍早于他的诗人圭托内·达雷佐,和

稍晚于他的诗人彼特拉克都有类似的诗句。诗中使用这一意象是为表示诗人的忠诚态度,虔诚拜倒这一动作则是强调贝雅特丽齐的命令几乎具有宗教意义。

㊲ “朱庇特的鸟”:指鹰。《埃涅阿斯纪》卷一中“朱庇特的神鹰从苍穹俯冲下来”之句可能是但丁此语的出处。雷吉奥认为,鹰迅猛地俯冲下来,毁坏了那棵树的树皮、花和叶子,并且猛烈袭击那辆车,象征尼禄、戴克里先诸帝统治下的罗马帝国对基督教徒的残酷迫害,这些迫害违反了神的正义,严重打击了教会。齐门兹认为,毁坏树皮寓意或许是对正义的真正违反,而毁坏花和叶子则是对耶稣基督赎救人类的成果的破坏。在年代顺序上,古罗马帝国的迫害是教会的第一次灾难。

诗人在这里用船作明喻来比拟教会,因为船是教会的传统象征。

㊳ “狐狸”:指异端邪说。“狡猾的狐狸比任何其他的事物都适合于象征异端邪说;它奸诈、欺骗。”(圣奥古斯丁语)诗中所指的是被早期教会的思想家驳倒的那些试图破坏教会的教派,如诺斯替教派(gnosticismo)、阿利乌斯教派(arianismo)等。

异端邪说的进攻是教会遭遇的第二次灾难。

“从未吃过良好的食物”:“良好的食物”指启示的真理。寓意是:异端邪说依据的都是谬误、虚妄的道理。

“跳进凯旋车的车箱”:企图在教会内部进行破坏。

㊴ “我那位圣女”:指贝雅特丽齐。

“卑鄙龌龊的罪行”:龌龊是异端邪说罪的特色;这种罪经常由卑鄙的动机产生。

“迫使它以瘦得皮包骨的身体所能跑的速度逃去”:意即贝雅特丽齐迫使这只瘦骨嶙峋的狐狸仓皇逃去,能跑多快就跑多快。

诗句的寓意是:启示的真理战胜了形形色色的异端邪说。

但是这句诗的含义究竟是它跑得快,还是跑得慢,并不明确。卡西尼-巴尔比和格拉伯尔都理解为它跑得慢,理由是瘦得这样的狐狸没有气力快跑,而且从寓意上说,异端邪说是不能迅速清除的。彼埃特罗波诺则认为它跑得快,因为瘦骨嶙峋的狐狸跑起来轻快、灵便,例如犯贪食罪者的灵魂们瘦成了骨头架子,但走得比但丁、维吉尔和斯塔提乌斯还快;从寓言上说,也是这样,因为异端邪说在启示的真理面前,犹如黑暗在初升的太阳的照射下一样,顷刻间即消失净尽。这两种解释均能自圆其说。

㊵ “那只鹰从它初次飞下来的地方降落在车箱中”:意即那只鹰从树梢上沿着树干飞下来,降落在车箱中。

“把自己的一些羽毛散布在那里”:指君士坦丁大帝迁都君士坦丁堡,把罗马赠赐给教皇席尔维斯特罗一世,史称“君士坦丁赠赐”(参看《地狱篇》第十九章注㉘)。鹰在这里象征君士坦丁皇帝;“把自己的一些羽毛散布在那里”:指他把所执掌的一部分世俗权力让给教皇。这是教会的第三次灾难。“君士坦丁赠赐”这一事件的文书后来才证明是伪造的。但丁作为中世纪人相信它的真实性,在《帝制论》中对这一事件加以深刻的批判,因为他断定教会腐败的根本原因在于教皇掌握了他不应拥有的世俗权力,而“君士坦丁赠赐”乃教皇执掌政权的开端。

㊶ “我的小船”:即圣彼得的小船,指教会。“你装载了多么有害的货物啊!”:寓意是:“君士坦丁赠赐”使教会掌握了不应该由它执掌的世俗权力,以致蜕化变质。有些注释家认为这句伤心话是圣彼得说的;雷吉奥认为这也可能是基督自己的心声。但丁之子彼埃特罗的注释中说,根据君士坦丁传说中的记载,在君士坦丁赠赐时,听见天上喊道:“今天毒药灌入上帝的教会了。”这可能是这句诗所本。

㊷ 这条龙来源于《新约·启示录》第十二章的经文:“有一条大红龙,七头十角”,“大龙就是那古蛇,名叫魔鬼,又叫撒旦。”早期注释家拉纳认为,诗中这条龙的破坏行为象征七世纪初年,穆罕默德创立伊斯兰教,制造分裂夺去基督教许多地盘,阻碍基督教传遍世界(参看《地狱篇》第二十八章注⑫)。这是教会的第四次灾难。

“从地中钻出一条龙来”:指魔鬼来自地狱。“翘起尾巴把车底戳穿”:指他在教会内部制造分裂,进行破坏活动。

“拖曳着扯下来的一部分车底,蜿蜒而去”:指伊斯兰教夺去基督教许多信徒。

“蜿蜒”原文是 vago vago,词义晦涩,注释家们有种种不同的解释。萨佩纽认为含义是 serpeggiando(蜿蜒),形容龙爬的样子。译文根据这种解释。此外,释义还有“心满意足”“高高兴兴”“慢慢腾腾”“摇摇晃晃”等,也各有理由,这里不再一一加以说明。

㊸ 凯旋车车底剩余的部分以及两个车轮和车辕很快就都被一层羽毛覆盖上,根据辛格尔顿的解释,指八世纪后半叶法兰克王矮子丕平及其子查理大帝对教会的赠赐。诗中认为,这些赠赐或许是出于诚心善意,但造成了严重的恶果:教会拥有更多的财产和世俗权力后,从教皇、主教到教士各级神职人员上行下效,迅速贪婪成风。所以这次赠赐是教会的第五次灾难。

㊹ “经过这样变化后”:意谓经过这次赠赐而贪婪成风后。

“这件神圣的器物”:指凯旋车(教会)。

“各部分都长出头来”:指教会蜕化变质,面目全非。这是教会的第六次灾难。第五次和第六次灾难之间的因果关系非常明显。

“车辕上长出三个,车身每个犄角各长出一个;前面那三个都像牛头一般各有两角,另外那四个都只额上有一角”:总共七头十角,意谓凯旋车(教会)变成了七头十角的怪物。

这个怪物的形象来源于《新约·启示录》第十七章。圣约翰在经文中说:"天使带我到旷野去。我就看见一个女人骑在朱红色的兽上,那兽有七头十角。"但丁曾在《地狱篇》第十九章中使用这个典故,但他根据所要表达的思想内容,把经文中所说的女人和七头十角的兽的形象合并起来,用七头十角的女人象征当时的教会。在这里,诗人又把二者合成的形象分开,单用七头十角的兽象征蜕化变质的教会。"七头十角"的寓意也和《地狱篇》第十九章中不同:在那里,"七头"象征圣灵施与初期教会的七种恩赐(智慧、聪明、学问、训诲、幸运、怜悯、敬畏上帝),或者象征教会的七种圣礼(洗礼、坚信、圣餐、补赎、结婚、神职、临终涂油),"十角"象征十诫;在这里,"七头十角"象征蜕化变质的教会丢弃了三超德(信、望、爱)、四枢德(智、义、勇、节)和十诫,沾染上七种大罪(骄傲、忌妒、愤怒、怠惰、贪财、贪食、贪色)。车辕上长出的三个头各有两角,象征骄傲、忌妒、愤怒三罪既得罪上帝又得罪他人,车身四个犄角长出的四头额上各有一角,象征怠惰、贪财、贪食、贪色四罪只得罪他人。这是多数早期和现代注释家的解释。

㊺ "淫荡的娼妇":即《新约·启示录》第十七章中所说的那个骑在七头十角的朱红色的兽上的女人,经文中称之为"坐在众水上的大淫妇",还说"地上的君主与她行淫"。在这里,她象征但丁时代的腐败透顶的教廷及其首领罗马教皇。

"如同高山上的城堡一般,泰然自若地坐在这个怪物上":意谓由于掌握着教权和政权而自信可以安全地高踞于教会之上。

㊻ "我看见一个巨人站在她身边":一般指在背后支配罗马教廷的法国王室,特别指法国国王腓力四世(但丁在第七封书信中曾以《旧约·撒母耳记》上卷第十七章中被大卫用机弦甩石子打死的巨人歌利亚指腓力四世)。"他们一再互相亲嘴":象征教皇乌尔班四世、克力门四世、马丁四世、尼古拉四世等同法国王室互相勾结。

㊼ "她把充满情欲的、灵活的眼睛转向了我":有些注释家认为,这指教皇卜尼法斯八世和腓力四世失和后,转而靠拢别的君主,如神圣罗马皇帝阿尔伯特一世或西西里王斐得利哥二世,以为外援。另一些注释家则认为,在这里,但丁代表信奉基督教的人民,特别是意大利人民。后一解释更为确切。

"那凶恶的情夫就从头到脚鞭打了她一顿":注释家们一致认为,这指1303年腓力四世派密使去罗马勾结卜尼法斯八世的仇敌,带兵到教皇的家乡阿南尼逮捕并污辱了教皇,致使他愤恨成疾而死。

㊽ 意谓这个巨人心中充满忌妒的情绪,在盛怒之下更加狠毒,顿时把格利丰绑在树上的凯旋车解开,拉到森林中很远的地方去,结果,他只利用森林茂密的枝叶就遮蔽了我的视线,再也看不见那个娼妇和野兽(指变成

怪物的凯旋车)。注释家们都断言,这肯定指 1308 年腓力四世授意教皇克力门五世把教廷迁往邻近法国边境的阿维农城,从此教廷直接受法国控制。这一事件发生在但丁虚构的炼狱之行后八年,诗中作为预言以象征的形式加以表述。

但丁力图借助他所创造的那些象征上述七大灾难的鲜明的艺术形象,唤醒意大利人民促使教会进行改革,恢复原来的纯洁性,重新担负起上帝赋予的使命,以造福于基督教世界。

第三十三章

“Deus, venerunt gentes”,那些仙女时而三人,时而四人,流着泪应答轮唱起悦耳的赞美诗来[①];贝雅特丽齐满怀同情,听她们唱,一面叹息,面色变得几乎和马利亚在十字架旁一样[②]。但是,当其他的处女们给了她说话的时机后,她就直身站起来,脸色红得像火似的,回答说[③]:“我的亲爱的姊妹们哪,modicum, et non videbitis me; et iteram modicum, et vos videbitis me[④]。”然后,她就让她们七人在她前面走,而仅示意要我、那位淑女和那位留下来的哲人在她后面走[⑤]。她就这样向前走去;我想她迈的第十步还没着地[⑥],她就把炯炯的目光转向我的眼睛,面带安详的神色对我说:“走快点儿,我跟你说话时,你好听得清楚。”我以应有的恭敬态度刚来到她身旁,她就对我说:“兄弟呀,现在你同我一起走,你为什么不敢向我发问呢[⑦]?”

正如人们遇到在自己的上级面前说话的场合,因为过于恭敬而话到嘴边吞吞吐吐,我的情况就是这样,开始低声嗫嚅地说:“圣女呀,您知道我的需要和用什么来满足。”她对我说:“我愿你今后从畏惧和羞怯中解脱出来,说话不再像做梦的人似的[⑧]。你要知道,那件被蛇破坏的器皿先前有,如今没有了[⑨];但是,让那些对此应负罪责者相信上帝的惩罚是不怕吃汤的[⑩]。在凯旋车上留下羽毛,致使凯旋车变成怪物,随后变成猎获物的那只鹰不会永无继承者[⑪];因为我确实看见,所以告诉你,一切障碍、一切拦挡均不能阻止的星辰已经临近,它将为我们带来一个时刻,在这一时刻,上帝派遣的一位‘五百、十和五’将杀死那个女贼和同她一起犯罪的巨人[⑫]。我这话像忒弥斯和斯芬克斯的话一样隐晦,或许难以使你相信,因为它如同她们的话一样闭塞你的心智[⑬];但事实不久将是解开这个难解之谜的纳伊阿得斯,而不损失羊群和收成[⑭]。你记住,我这些话怎么说的,你就怎么传达给那些正处在向死奔跑的人生进程中的人们[15]。你想着,写下这些话时,不隐瞒你所看到的那棵现在已经在这里被掠夺两次的树情况如何[16]。谁掠夺这棵树或者损坏它,谁就以亵渎行为冒犯上帝[17],他为了使它专为自己所用,把它创造成神圣的树[18]。第一个灵魂因为吃这棵树的果子,而在痛苦中和在渴望中等待了那个在自己身上惩罚他吃那一口禁果之罪的人五千多年[19]。如果你的智力判断不出这棵树那样高耸,树梢部分那样倒置,是由于特殊的原因,他就是在打瞌睡[20]。如果虚妄的思想并未像厄尔萨河的水使浸在其中的物体石化那样使你的头脑僵化,这些思想的乐趣并未像皮剌摩斯的血使桑葚变色那样污染你的精神[21],你仅仅从这些情况就会认识到,从其道德的意义上说,这棵树是禁令所体现的神的正义的象征[22]。但是,既然我看到你在智力上变成了石头,头脑模糊不清,致使我的言语的光芒照得你头晕目眩,我仍愿你即使不详细地、至少要简括地把这些话记在心里,这样做的目的和朝拜圣地者把棕榈叶缠绕在朝圣者使用的手杖上带回去一样[23]。"我说:"现在您的话印在我的脑海里,如同封蜡上盖了印章,印记永远不变一样[24]。但是,您这些我所渴望听到的言语为何飞得超过我的视力所及的高度,使得我越努力去领会,就越把握不住它呢[25]?"她说:"为了使你认识你所信仰的那个学派,看出它的学说怎么能理解我的言语;而且看出你们的道和神的道相距之远,如同运转最速的天离地球一样[26]。"于是,我回她说:"我不记得我曾和你疏远,也未曾因此受过良心的责备[27]。"她微笑着说:"如果你不记得,现在你就回想一下你今天喝了勒特河的水吧;如果见了烟就可以断定有火,那么,你忘记曾和我疏远,就清楚地证明你有把心转向他处的过错[28]。但我今后的话将那样简明,足以使你的迟钝的智力能够理解。"

光芒更明亮、运行步子更缓慢的太阳正占据着根据观察的地点而移动到这里或那里的子午线[29],这时,那七位仙女如同走在人们前头做向导者,如果发现新奇的事物或其迹象就停步一样,在森林不很幽暗之处的边缘停了下来,那里的树荫如同绿叶和黑枝掩映下的山峦投在寒溪中的影子一般[30]。我似乎看到,她们前面,幼发拉底河与底格里斯河从同一源头涌出,如同朋友们离别似的,各自慢慢地流去[31]。

“啊，光啊，啊，人类的光荣啊[32]，这里从同一源头涌出，分成两股各自流去的是什么水呀?”贝雅特丽齐回答我的问题说:“你请求玛苔尔达告诉你吧[33]。”那位美丽的淑女如同为自己开脱的人似的回答说:“我已经告诉他这是什么水和另外的事了；我确信勒特河的水没有使他忘记这些[34]。”贝雅特丽齐说:“或许是他更注意某些事物，这常常会削弱记忆力，因而他的心智的眼睛模糊了[35]。但是，你看欧诺埃河从那里流过来:你带他到河边去，像你经常做的那样，使得他的昏厥的功能苏醒过来[36]。”正如高贵的灵魂在他人的意愿刚以某种方式表示出来时，不找借口推脱，而是以他人的意愿为自己的意愿，同样，那位美丽的淑女拉住我后，就往前走，同时以女性的优雅姿态对斯塔提乌斯说:“跟他一起来[37]。”

读者呀，假若我有更长的篇幅可以写下去，我还要部分地歌颂这永不能使我喝够的河水；但是，由于为这第二部曲规定的篇幅已经完全写满，艺术的法则不许我再进行下去[38]。

我从最神圣的水波中返回，如同新的树木生出新叶一般得到新生，身心纯洁，准备上升到群星[39]。

注释:

① “Deus, venerunt gentes”:拉丁文《圣经》《旧约·诗篇》第七十八篇(相当于中文《圣经》《旧约·诗篇》第七十九篇)开头三个词，这一诗篇哀诉圣城耶路撒冷为外邦人(巴比伦人)所毁的惨状。在象征教会的凯旋车变成怪物，一个娼妇坐在上面和一巨人调情，最后闹翻，连车带人一起被巨人拖走之后，七位仙女就流着泪应答轮唱起这一诗篇来。她们借用这一诗篇来哀诉罗马教廷为一些买卖圣职、贪求世俗权力的教皇所玷污，不久将在法国国王腓力四世的授意下迁往阿维农，并且祈求上帝伸张正义，惩罚罪魁祸首。诗中并未告诉我们七位仙女唱了多少段。考虑到她们唱这一诗篇目的在于哀诉教会正在遭的和即将遭的灾难，并为此祈求上帝进行干预，注释家大多认为她们所唱的是这一诗篇的前八段，中文《圣经》这前八段的译文如下:

上帝呀，外邦人进入你的产业，
污秽你的圣殿，使耶路撒冷变
成荒堆。把你仆人的尸首交与
天空的飞鸟为食，把你圣民的

肉交与地上的野兽。在耶路撒冷
周围流他们的血如水，无人葬
埋。我们成为邻国的羞辱，成为
我们四围人的嗤笑讥刺。耶和华
呀，这到几时呢？你要动怒到
永远吗？你的愤恨要如火焚烧
吗？愿你的忿怒倒在那不认识
你的外邦和那不求告你名的国
度。因为他们吞了雅各，把他
的住处变为荒场。求你不要记
念我们先祖的罪孽，向我们追
讨。愿你的慈悲快迎着我们，因
为我们落到极卑微的地步。

"应答轮唱"：这正是教会的礼拜仪式中格利高里赞美诗的唱法；这里七位仙女唱诗篇也依照人间的礼拜仪式进行。

"时而三人，时而四人"：意即象征三超德的三位仙女为一组，象征四枢德的四位仙女为另一组，一组唱完一段，另一组接着唱下一段，两组互相接替唱完八段。

② "满怀同情，听她们唱，一面叹息"：意谓听她们唱时，对教会遭遇那七次灾难充满同情，悲叹不已。

"面色变得几乎和马利亚在十字架旁一样"：圣母马利亚在十字架旁望见耶稣基督死在十字架上，不禁脸色苍白，悲痛欲绝；贝雅特丽齐当时内心的悲痛，脸色的苍白，几乎和她在十字架旁一样。

③ "当其他的处女们给了她说话的时机后"：意谓当仙女们唱完了诗，使她得到说话的机会后。

"她就直身站起来，脸色红得像火似的，回答说"：当仙女们唱诗时，贝雅特丽齐一直还坐在树根上；等仙女们唱完后，她就站起来说话，由于满怀先知的热情和对教会遭受祸害的义愤，脸色红得像火似的，和方才极端苍白的脸色形成鲜明的对比。

④ "Modicum，et non videbitis me；et iteram modicum，et vos videbitis me"：拉丁文《圣经》《新约·约翰福音》第十六章中耶稣基督在最后晚餐时对门徒们说的话，中文《圣经》译文是"等不多时，你们就不得见我，再等不多时，你们还要见我"，这些话是预言他不久将死，但不久又将复活。根据许多注释家的解释，贝雅特丽齐借用这句话预言罗马教廷不久将迁往阿维农，以后不久必将迁回罗马。但是，萨佩纽的注释说，或许应该认为这句话具有更宽泛的意义：说明教会道德败坏已经达到极点，不久必将开始深刻的改革。波斯科-雷吉奥的注释和辛格尔顿的注释都提出了与此相

同的看法。

⑤ 贝雅特丽齐在前几章中均以圣女的崇高身份和姿态出现，现在屈尊称她的侍女七位仙女为“我的亲爱的姊妹们”，让她们在她前面走，态度变得亲切近人。

“那位淑女”：指玛苔尔达。“那位留下来的哲人”：指斯塔提乌斯，因为他是诗人，所以称他为“哲人”（savio）；维吉尔走后，他留下来，同但丁在一起。贝雅特丽齐叫七位仙女在她前面走，而仅招手或者点头示意要但丁、玛苔尔达和斯塔提乌斯在她后面走，并没对他们说话。

⑥ “我想她迈的第十步还没着地”：也就是说，贝雅特丽齐刚走了九步。雷吉奥指出，“九”这个数字在《新生》中多次与贝雅特丽齐的情况和行为相关联；这里说她走完九步也一定有寓意，但不容易确定。那些认为贝雅特丽齐借用《新约·约翰福音》第十六章中耶稣所说的话预言教廷不久将迁往阿维农、但不久必将迁回罗马的。但丁学家都认为她走完九步的寓意是：在十年之内教廷将迁回罗马；教廷迁往阿维农在1305年，迁回罗马大约应在1315年，这个年份和后面所说的“五百、十和五”的预言有关。

美国但丁学家葛兰坚也认为，“迈出的‘这九到十步’很可能表示九年多的时间：即从1305年克力门五世受腓力四世的劝诱把阿维农作为教廷的所在到1314年克力门和腓力二人通通死去这一段时间。他们死后，情况变得比较有利于基督教世界所期望的拯救者出现。”

⑦ 贝雅特丽齐称但丁为“兄弟”，表示亲爱，因为现在他已完成净罪过程。炼狱中的灵魂们通常也都以兄弟相称呼。

⑧ “我愿你今后从畏惧和羞怯中解脱出来”：“畏惧和羞怯（如同第三十一章中所说的‘慌乱和恐惧混合在一起’一样）形成一套绳索，缠住但丁的感情和思想，因而也缠住他的言语。”（托玛塞奥的注释）

“说话不再像做梦的人似的”：意谓说话不再声音低微、含糊其辞，像说梦话似的。

⑨ “那件被蛇破坏的器皿”：指被龙破坏的那辆象征教会的凯旋车。

“先前有，如今没有”：《旧约·启示录》第十七章中说，“你所看见的兽先前有，如今没有”；贝雅特丽齐套用《圣经》中的说法。意谓教会已经这样腐化变质，就像如今它不复存在一样。

⑩ “那些对此应负罪责者”：指贪图世俗权力的教皇和与他们勾结的法国王室。

“上帝的惩罚是不怕吃汤的”：早期注释家都证明佛罗伦萨有一种风俗，杀人者在行凶后的前九天内能天天在被害者的坟上吃一次汤，被害者的亲属就不得再为他报仇，因此吃汤成为杀人犯免遭被害者亲属报复的手段。诗句意谓上帝的惩罚是无法逃避的，迟早会降到罪人们头上。

⑪ 这里所说的鹰指的是神圣罗马帝国。“在凯旋车上留下羽毛”:指皇帝使教会拥有一些土地和世俗权力。“致使凯旋车变成怪物”:意谓教会因此蜕化变质。“随后变成猎获物”:指教会迁到阿维农,受法国国王腓力四世摆布。

“不会永无继承者”:意谓帝位不会永久虚悬。但丁认为,自从 1250 年腓特烈二世逝世以来,帝位一直虚悬,因为当选的皇帝均未来意大利加冕(见《筵席》第四篇第三章),但他相信这种情况不会永久继续下去。

⑫ “我确实看见”:因为贝雅特丽齐从上帝的心中观照出未来的事物。

“一切障碍、一切拦挡均不能阻止的星辰已经临近”:意谓我确实看见天上吉祥的星辰即将升起,什么障碍也阻止不住,它将给世人带来一个可喜的时刻,也就是说,它将施加有利的影响促使这个时刻到来。

“上帝派遣的一位‘五百、十和五’将杀死那个女贼和同她一起犯罪的巨人”:毫无疑问,这里所说的“女贼”(fuia)和“巨人”即第三十二章末尾所说的“娼妇”和与她狎昵调情的巨人。诗人把那些像娼妇似的勾搭法国国王的教皇称为“女贼”,是非常恰当的,因为他们窃据教皇的宝座,盗取属于帝国的世俗权力;雷吉奥认为这很可能具体指克力门五世。至于“上帝派遣的一位‘五百、十和五’”指的是什么人,由于诗中所说的话像我国古代的图谶一般隐晦,注释家们有种种不同的见解,其中最有说服力的是下面的说法:

“五百、十和五”写成罗马数字为 DXV,把后面两个字母掉换位置,就形成拉丁文 DVX(领袖)一词。关于这位领袖指的是何人,注释家们意见分歧;大多数认为指亨利七世(卢森堡伯爵,1308 年当选为皇帝)。他于 1311 年南下来意大利加冕,声称要伸张正义,消除各城市、各党派的争端,使一切流亡者返回故乡,还要重新建立帝国和教会之间的良好关系,实现持久和平。但丁得知这一消息后,对亨利七世抱着很大的希望,写了《致意大利诸侯和人民书》,号召他们对皇帝表示爱戴和欢迎,大概还亲自到意大利北部谒见皇帝,向他致敬。当佛罗伦萨联合贵尔弗党诸侯和城市武装反抗皇帝时,但丁写了《致穷凶极恶的佛罗伦萨人的信》,愤怒声讨他们的罪行,又上书给皇帝,敦促他从速进军讨伐。他还撰写了《帝制论》,从理论上捍卫皇帝的权力,并且在《神曲》中为“高贵的亨利的灵魂”在净火天上保留了一个宝座(见《天国篇》第三十三章)。应当指出,用数字表示预言中的人物,在但丁之前早有先例:圣约翰的《新约・启示录》第十三章末尾用“六百六十六”来指罗马皇帝尼禄。但丁在这里用“五百五十”来指亨利七世,显然受到《新约・启示录》的启发。

⑬ “我这话像忒弥斯和斯芬克斯的话一样隐晦”:意谓我的预言像忒弥斯的神示和斯芬克斯的谜语一样难解。

“忒弥斯”(Themis):希腊神话中的正义女神。她是乌拉诺斯(天)和盖亚

(地)之女,掌管预言,得尔福是她的神示所;后来阿波罗才司掌此职。据神话说,世界进入黑铁时期后,人类罪恶滔天,引起朱庇特的震怒,使洪水泛滥,淹死所有的人,只有最善良的人丢卡利翁和妻子皮拉乘坐他父亲普罗米修斯为他造下的小船逃到高出洪水的山上,幸存下来。洪水退去后,丢卡利翁和皮拉向忒弥斯祈祷,恳求女神告诉他们,如何再创造出人类来,使大地重新充满生机。忒弥斯的神示说:"蒙着你们的头,解开你们的衣服,一路走,一路把你们的母亲的骨头扔到你们身后。"他们对这神秘的话百思不解,后来丢卡利翁恍然大悟,对皮拉说:"大地是我们的母亲,她的骨头是石头,神示要我们扔到身后去的就是石头啊!"于是,他们俩一面走,一面扔石头,结果丢卡利翁扔下的都变成了男人,皮拉扔下的都变成了女人。

"斯芬克斯"(Sphinx):希腊神话中带翼的狮身人面女妖。她蹲在忒拜城外一座悬岩上,要求每个过路的人解答她出的谜语,凡是猜不中谜底的,统统被她撕碎、吞食。忒拜王拉伊俄斯的儿子俄狄浦斯路过那里,斯芬克斯让他猜:"早晨用四只脚走,中午用两只脚走,晚上用三只脚走的动物是什么?"俄狄浦斯毫不迟疑地回答说:"是人,在生命的早晨,他是软弱的婴孩,用两手两脚爬行,在生命的中午,他成为壮年人,用两脚走路,临到生命的迟暮,他年迈力衰,需要扶持,因而拄着手杖行走,作为第三只脚。"斯芬克斯一听谜底被俄狄浦斯猜中,顿时羞愤交加,纵身跳下悬岩摔死了。

"闭塞你的心智":意谓使心智昏昧,思想开不了窍。

⑭ "事实不久将是解开这个难解之谜的纳伊阿得斯":意谓事实不久即将说明我的预言所说的"五百、十和五"是何人。

"纳伊阿得斯"(Naiades)是居住在泉水旁边的仙女,能预言未来。

《变形记》卷七叙述俄狄浦斯猜中谜底后,斯芬克斯跳岩自杀的诗句是:"拉伊阿得斯〔(Laiades)即拉伊俄斯(Laius)的儿子俄狄浦斯(Oedipus)〕解答了前人所不能理解的谜语之后,斯芬克斯一头栽倒在地,……"但丁诗中则用仙女纳伊阿得斯代替拉伊阿得斯作为解答谜语的人。注释家们认为,但丁根据的《变形记》手抄本肯定是把 Laiades 误写成 Naiades 了。一字之差完全改变了故事的原意。

"而不损失羊群和收成":斯芬克斯因谜底被猜中而羞愤自杀后,忒弥斯决意惩罚忒拜,给她报仇。为此,她派一个野兽去吞食忒拜人的牲畜,毁坏他们的庄稼,使他们遭受重大的损失。诗句意谓事实不久将说明贝雅特丽齐预言的"五百、十和五"是谁,而不会像斯芬克斯的谜语被猜中使忒拜人损失羊群和收成那样,给世人带来灾害,相反,会使世人普遍受益。

⑮ "那些正处在向死奔跑的人生进程中的人们":指活在世上的人们。"向

死奔跑的人生进程”:强调现世人生极其短促,只不过是向死奔跑而已,与天国永生形成鲜明的对比。“人生进程只不过是向死奔跑”一语出自奥古斯丁的《天国论》(De civitate Dei,直译是《上帝之城》)。

⑯ “你所看到的那棵现在已经在这里被掠夺两次的树情况如何”:这里所说的树指分别善恶的树。“被掠夺两次”:拉纳认为,第一次是亚当摘树上的果子,扯掉一些树叶,第二次是第三十二章末尾所说的巨人从树上把凯旋车解下来,拖入森林中;本维努托认为,第一次是亚当捋掉树叶摘果子吃,第二次是鹰冲下来,损坏了一些新叶、花朵和树皮;布蒂则认为,第一次是鹰毁坏了一些新叶、花朵和树皮,第二次是巨人把凯旋车解下来拖走。

这三种解释各有优点和弱点,现代但丁学家有的赞同这种,有的赞同那种。巴尔比认为布蒂的说法更为中肯,因为从上下文来看,诗人把“or”(现在)一词放在“已经在这里被掠夺两次”前面,表明贝雅特丽齐所说的两次掠夺指的都是但丁亲眼看到刚才在那里发生的事,至于亚当摘果子吃一事,则在下句中才讲到。萨佩纽也赞同这种解释。不过布蒂的说法并非无懈可击:鹰从树上冲下来,毁坏了一些新叶、花朵和树皮,只可说是损坏了这棵树,不能说是对它的掠夺,因为鹰并未把那些新叶、花朵和树皮据为己有。诗句之所以很难解释圆满,就在于下句所说的“掠夺”和“损坏”两种行为在这句中交叉的缘故。

应当指出,贝雅特丽齐嘱咐但丁记住,写下她的话时,不要隐瞒这棵树是什么情况:情况指树的形状(高大,枝柯越靠上的向外伸得越远)和种种遭遇。

⑰ “谁掠夺这棵树”:例如亚当摘树上的果子吃,巨人从树上解下凯旋车拖到森林中去。“或者损坏它”:例如鹰冲下来,损坏了树叶、花朵和树皮。“谁就以亵渎行为冒犯上帝”:这种罪比用言语亵渎上帝更大。

⑱ 意谓上帝为了使这棵树体现他的正义而把它创造成神圣不可侵犯的树。

⑲ “第一个灵魂”:指人类的始祖亚当(上帝创造的第一个人)。

“那个在自己身上惩罚他吃那一口禁果之罪的人”指耶稣基督自身无罪而甘心钉死在十字架上来赎亚当食禁果之罪(人类的原罪)。

“在痛苦中”:指亚当被逐出伊甸园后,在世上的生活,和伊甸园中完全不同,因为上帝对亚当说,“地必为你的缘故受咒诅,你必终身劳苦才能从地里得吃的。地必给你长出荆棘和蒺藜来,你也要吃田间的蔬菜。你必汗流满面才得餬口,直到你归了土。”(见《旧约·创世记》第三章)

“在渴望中”:指亚当死后,灵魂在“林勃”中渴望基督来临。

“等待了……五千多年”:亚当在世九百三十年(见《旧约·创世记》第五章);在“林勃”中四千三百零二年(见《天国篇》第二十六章),才被基督带到净火天上去(见《地狱篇》第四章注⑩),一共五千二百三十二年。

⑳ “树梢部分那样倒置”:指树梢部分越靠上向外伸得越远,和世上的树木形态恰恰相反。

“由于特殊的原因”:上帝为了禁止人摘树上的果子吃,而使这棵树的形态表明人是爬不上去的。“打瞌睡”:比拟智力处于迷离恍惚的状态,不能发挥其思考、推理和判断的功能。

㉑ “虚妄的思想”:根据贾卡罗尼的注释,指谬误的学说。

“厄尔萨河”(Elsa):阿尔诺河的支流,发源于锡耶纳迤西的山中,向西北流去,在佛罗伦萨和比萨之间与阿尔诺河汇合,某些河段的水含有大量的石灰质,物体浸入水中不久,附着在物体上的石灰质就构成一层水碱。诗中以这种现象比拟虚妄的思想使但丁头脑僵化。

“皮剌摩斯的血使桑葚变色”:据《变形记》卷四中叙述,青年皮剌摩斯和少女提斯柏相爱,受到双方父母禁止。二人约好夜晚在城外一棵大桑树下相会。皮剌摩斯来到时,在月光下看见尘土中有野兽的足迹,又发现提斯柏的外套在地上沾满血渍,认为是她先来到那里,不幸被野兽吃了,顿时痛不欲生,拔剑刺入自己腹部而死,鲜血溅到桑葚上,使白色的桑葚变成了红色(详见第二十七章注⑬)。诗中以皮剌摩斯的血使桑葚变色比拟但丁耽于虚妄的思想使他精神受其污染。

应当指出,在语法上,这句诗是条件复合句中的条件从句,其所假设的条件是不现实的,也就是说,但丁的智力实际上受到虚妄的思想的危害,因而认识不到贝雅特丽齐在主句中所说的道理。

㉒ “道德的意义”:但丁在《筵席》中谓诗具有四种意义,即字面的、寓言的、道德的、奥秘的四种意义。这是中世纪流行的概念。诗句的大意是:上帝吩咐亚当说,你不可吃分别善恶树上的果子(见《旧约·创世记》第二章)。这条禁令体现上帝的意旨。神的意旨是公正的,因而从道德的意义上看,这棵树是这条禁令体现的神的正义的象征(参看第三十二章注⑬)。

㉓ 诗句的大意是:贝雅特丽齐看到但丁深受谬误的学说的危害,不能理解她的言语蕴含的真理,如同人们不能注视太阳的光芒一般,但她仍然嘱咐但丁,即使不详细地、至少要简括地把她的话记在心里,作为他这次旅行的纪念和证明,正如朝拜圣地的人们回归故乡时,都把圣地的棕榈叶缠绕在朝圣者使用的手杖上,作为到过圣地的纪念和证明一样。

㉔ 中世纪人对印章和封蜡的形象很熟悉,因为那时公函、文书等均须在这些文件的封蜡上盖公章才有效;在富于象征的意义的中世纪文艺作品中,印章和封蜡的意象也经常出现。

㉕ “为何飞得超过我的视力所及的高度”:意谓你的言语为何如此深奥,使我难以理解。

㉖ “你所信仰的那个学派”:“学派”在这里泛指单纯凭理性求真理的哲学。

在贝雅特丽齐死后,但丁为寻求精神上的安慰,曾潜心研究哲学。他赞美说:“哲学是最崇高的东西,对哲学的热爱正在驱散、消灭一切其他的思想。”(见《筵席》第二篇第十二章)

“它的学说”:泛指哲学学说,特指亚里士多德的学说。在贝雅特丽齐看来,但丁热爱哲学是思想上误入歧途。

“我的言语”:贝雅特丽齐代表神学,她的言语所表达的是启示的真理。

“你们的道和神的道相距之远,如同运转最速的天离地球一样”:这句话很像《旧约·以赛亚书》第五十五章中上帝的话,“我的意念非同你们的意念,我的道路非同你们的道路。天怎样高过地,照样我的道路高过你们的道路,我的意念高过你们的意念。”

诗中所谓“你们的道”指人凭借理性认识到的哲理,所谓“神的道”指神所启示的真理(以贝雅特丽齐为其代表)。

“运转最速的天”:指原动天,这是托勒密天文体系的第九重天,距离地球最远。“根据托勒密天文体系,运转最速的天是原动天(Primo mobile)。由于这重天的推动,在其下面的各重天都一齐运转,显而易见,最高的、距离共同的中心(地球)最远的天是运转最速的”。(安东奈里的解释)

全句的大意是:贝雅特丽齐回答但丁说,她的言语之所以如此深奥难解,是为了使他认识到他所信仰的纯理性哲学及其哲理贫乏浅薄,不足以领会她的言语所表达的启示的真理,也是为了使他认识到哲学的道理和启示的真理相比,有霄壤之别。

㉗ 但丁这句话的寓意是:他不记得自己曾犯醉心于哲学的研究而忽视神学(和贝雅特丽齐疏远)的罪过,也不记得自己曾因这种罪过受到良心的责备。

㉘ 诗句的大意是:贝雅特丽齐提醒但丁,他今天刚喝了勒特河的水;他忘记曾和她疏远(忽视神学),恰恰证明他犯了这种罪过,他的心转向了别处(潜心研究哲学),正如有烟之处必然有火一样,因为勒特河水的特性是使人喝了就忘记所犯一切罪过。

牟米利亚诺指出,“她微笑着说”比她方才称但丁为“兄弟”更清楚地说明,从她责备但丁的场面一直到现在他们二人之间的心理距离已经消失了;“兄弟”的称呼表达的是一种宗教情感,“微笑着说”表达的则是人的情感,因而更亲近。

㉙ “太阳正占据着……子午线”:指时间是正午。子午线(亦名子午圈)是为测量地球而假设的一条南(午)北(子)方向的线,即通过地面某点的经线。

“根据观察的地点而移动到这里或那里”:意谓“子午线是根据观察者所在的地点的经度而移动到此处或彼处的”。(安东奈里的解释)

“光芒更明亮、运行步子更缓慢”:萨佩纽指出,中午的太阳显得更明亮是事实,因为那时它的光线几乎是垂直射下来;它走得好像慢些则纯属视错觉。

㉚ 诗句的大意是:中午时分,那七位代表三超德和四枢德的仙女,如同走在前面做向导者一发现什么新奇的事物或者这种事物的迹象就停下来一样,走到森林不很幽暗的地方的边缘,忽然停止了脚步,那里森林已不像她们走过的路段那样幽暗,诗人用比喻加以说明:"那里的树荫如同绿叶和黑枝掩映下的山峦投在寒溪中的影子一般。"也就是说,如同树木荫翳的山峦倒映在寒溪的水面上,由于水光的反射作用,影子显得不很幽暗一般。

㉛ 诗句的大意是:中午时分,那七位仙女在森林的边缘树荫比较疏朗之处停了下来,但丁从后面看见她们前面有两条河,如同幼发拉底河和底格里斯河那样从同一泉源涌出,朝不同的方向慢慢地流去,好像朋友们舍不得分别似的。

波依修斯在《论哲学的安慰》卷五第一章中说,"底格里斯河与幼发拉底河一起从同一泉源中涌出,然后河水分开,朝不同的方向流去。"但丁受他的话启发,设想勒特河与欧诺埃河同出一源,如同底格里斯河与幼发拉底河一样。《旧约·创世记》第二章中说,伊甸园中有四条河从同一泉源中流出:第一条名叫比逊河,第二条名叫基训河,第三条名叫希底结河(即底格里斯河),第四条名叫幼发拉底河。但丁从地上乐园的道德意义上着眼,设想园中只有勒特和欧诺埃两条河,而把底格里斯河与幼发拉底河作为比喻来说明那两条河来自同一源头,对比逊与基训两河则根本不提。

㉜ 但丁这样称呼贝雅特丽齐,因为她代表神学,象征启示的真理。

㉝ 到现在读者才从贝雅特丽齐口中得知这位美丽的仙女的名字是玛苔尔达(Matelda)。她影射哪一历史人物,是但丁学家多年来争论不休的问题。早期注释家们一致认为她指托斯卡那女伯爵玛蒂尔达(Matilda,公元1046—1115)。但是她在教皇格利高里七世与皇帝亨利四世之间为争夺主教的任命权而发生冲突时,全力支持教皇;亨利被开除教籍,取消皇权后,曾到她在卡诺沙的宫廷向教皇屈辱地请罪;她临终遗嘱还把她在托斯卡那的领地献给教廷。我们很难想象,坚决反对教皇掌握世俗权力的诗人但丁会以玛苔尔达影射她这样一位历史人物。此外,但丁学家们还提了一些其他的历史人物,但均不具有足够的说服力。也有人认为玛苔尔达影射《新生》中的某一位女性,甚至猜想这个名字是但丁把两个希腊文词根拼在一起造成的,含义为"对智慧之爱"。

㉞ 玛苔尔达认为贝雅特丽齐这句话旨在提醒她尽她的职责,就像为自己开脱似的回答说,她已经把河名和其他有关的情况告诉但丁了,她确信勒特河的水并未使他忘记她的话,因为人喝了这条河的水只忘记自己的

罪过。

㉟ “更注意某些事物”：早期注释家均未说明指什么事物。现代注释家大都认为指仪式队伍游行、贝雅特丽齐出现等场面，这些都是但丁在听了玛苔尔达说明河的名称以及其他有关的情况以后才看到的。

“常常会削弱记忆力”：意谓注意力过度集中于某些事物上经常会使人容易忘事。

“他的心智的眼睛模糊了”：意谓但丁看到勒特和欧诺埃两河时，由于上述那些事物特别引起了他的注意，一时想不起玛苔尔达曾对他提到过这两条河的名称，因而也不知道流过来的水是欧诺埃河的水。

㊱ “像你经常做的那样”：因为玛苔尔达的职务是把一切净罪后准备升天的灵魂先浸入勒特河去喝河水，使之忘记生前的罪行，然后浸入欧诺埃河去喝河水，使之恢复对生前的善行的记忆。但丁作为活人由神恩特许带着肉身去游天国，也必须先喝这两河的水。

“使得他的昏厥的功能苏醒过来”：牟米利亚诺指出：“‘昏厥’和‘苏醒’的对比是强烈的，这种对比迅速而鲜明地揭示出《炼狱篇》中一切灵魂所处的悔恨的心理状态：他们总想生前所作的恶，从来不想所行的善。由此可见，双重洗涤的构想是天才的、合乎诗中情理的创造：这双重洗涤消灭了灵魂们作恶的记忆，从他们在各层平台上的忧悒心情的压力下，把他们解放出来，在他们心中换上已被悔恨的心理熄灭的行善的记忆。这句诗仅仅是个暗示，但对细心的读者来说，点明了压在整个第二部曲中的灵魂们心上的精神负担。”

㊲ “刚以某种方式表示出来”：意谓用言语或示意动作（如手势、眼色等）表示出来。

“跟他一起来”：玛苔尔达让斯塔提乌斯跟但丁一起随她去欧诺埃河边，因为他也和所有其他已经净罪的灵魂一样，必须先喝两河的水，才能升天。诗中虽未明言他已经喝过勒特河的水，但那是不言而喻的，因为玛苔尔达曾告诉但丁，如果不先喝勒特河的水，然后再喝欧诺埃河的水，后者就不能发生效力（见第二十八章注㉙）。

㊳ “我还要部分地歌颂这永不能使我喝够的河水”：意谓我还要就我的艺术才能所及歌颂使我永远喝不够的欧诺埃河的水。

“艺术的法则”：这里指作品各部分之间比例匀称的法则，例如《神曲》三部曲均由三十三章构成（加上作为全书序曲的第一章共一百章），每部曲均有四千七百余行，篇幅大致相等。

㊴ 意谓但丁喝了欧诺埃河的水，回到贝雅特丽齐身边，犹如新树生出新叶一般获得了新生，准备跟随她上升天国。